하나님께 나가는 길
365
PATHWAYS TO HIS PRESENCE

하나님께 나가는 길 365

지은이 • 찰스 F. 스탠리
옮긴이 • 허이행
펴낸이 • 채주희
펴낸곳 • 엘맨출판사
등록 • 제10-1562호
주소 • 서울시 마포구 합정동 433-62
E-mail • elman1985@hanmail.net
전화 • 02-323-4060
팩스 • 02-323-6416
2008년 1월 1일 초판 1쇄

값 10,000원

하나님께 나가는 길 365

PATHWAYS TO HIS PRESENCE

찰스 F. 스탠리 지음 | 허이행 옮김

ı 좋은 책으로 하나님의 사람을 만들어 가는 ı

엘 맨

PATHWAYS TO HIS PRESENCE

| CHARLES F. STANLEY |

CHARLES F. STANLEY

PATHWAYS TO HIS PRESENCE

IS PRESENTED *TO*:

BY: --

ON: --

길의 매력적인 유혹을 견딘다는 것은 쉬운 일이 아니다.

- 숲 속 깊은 곳에 이르게 하는 꾸불꾸불한 오솔길
- 물가에 있는 한적한 휴양지에 이르게 하는 오솔길
- 평화로운 뜰로 통하는 멋진 골목길
- 웅장한 모습을 뽐내는 바위투성이의 비탈길

그러나 훨씬 더 매력적인 것은 하나님의 말씀 속에 드러난 영적인 길이다. 이 길들을 따라서 나아가면, 전능하신 하나님께로 우리들을 인도하는 성경적인 지침들을 만난다. 이 길들은 그분 앞에 이르게 하는 길이다.
이 경건 지침서는 여러분을 하나님께로 인도하는 12가지 영적인 길에 초점을 맞추고 있다. 여기에 한 해 동안 우리가 함께 답사해야 할 길이 있다.

01 | 하나님의 뜻에 이르는 길
02 | 용서에 이르는 길
03 | 승리에 이르는 길
04 | 십자가에 이르는 길
05 | 기도에 이르는 길
06 | 믿음에 이르는 길
07 | 자유에 이르는 길
08 | 평화에 이르는 길
09 | 확신에 이르는 길
10 | 성공에 이르는 길
11 | 성숙에 이르는 길
12 | 장래에 이르는 길

당신이 이 길을 걸을 때, 불가능한 상황에서도, 당신은 오직 하나님께 대한 신뢰를 갖고 전진하도록 부르심을 받았던 성경의 영웅들의 긴 명부에 합류하게 될 것이다. 물론 언제나 이 위대한 사람들, 즉 아브라함과 사라, 야곱, 모세, 다윗, 그리고 그 밖의 많은 사람들도 예외 상황과 심지어 두려움으로 가득 차 있었다. 그러나 하나님의 손에 생명을 맡기고, 그분의 부르심을 따르겠다는 선택을 함으로서, 그들 각자는 주님의 이름으로 크고도 놀라운 일들을 수행할 수 있었다.

오직 우리의 앞을 두어 서넛 걸음만 비추는 희미하게 켜진 등불같은 하나님의 안내를 받으며 삶의 길을 걷는다는 것은 어려운 일이 될 수 있다. 우리는 더 많이 알기를 원하고, 앞에 놓여있는 것을 보기를 원한다. 그리고 우리는 우리가 성공할 것이라는 보장을 받기를 원한다. 그러나 우리의 미지의 세계에 대한 염려와 두려움이 하나님을 제한하지 못한다. 대신에 그분은 우리 각자가 믿음으로 앞으로 나아가기를 원하신다. 그분은 우리가 앞으로 나아갈 때, 우리가 간절히 바라는 대로 안내하시겠다는 약속을 하셨다.

"내가 네 갈 길을 가르쳐 보이고 너를 주목하여 훈계하리로다"(시 32:8).

올 한 해 동안 우리의 여행을 인도하시는 분은 우리 주 예수 그리스도이시다. 그분은 이렇게 선언하신다.

"내가 곧 길이요 진리요 생명이니 나로 말미암지 않고는 아버지께로 올 자가 없느니라"(요 14:6).

우리의 기도는 시편 기자 다윗이 했던 그 기도이다.

"내가 다닐 길을 알게 하시옵소서 내가 내 영혼을 주께 드림이니이다"(시 143:8).

당신은 준비되었는가? 바로 첫 번째 길이 앞에 놓여있다.

01
하나님의 뜻에 이르는 길

"너희가 오른쪽으로 치우치든지 왼쪽으로 치우치든지
네 뒤에서 말소리가 네 귀에 들려 이르기를,
이것이 바른 길이니,
너희는 이리로 가라 할 것이며" (사 30:21)

하나님과 동행함

본문읽기 ★ 창 6:9-7:1

요절 ★ 여호와께서 노아에게 이르시되 너와 네 온 집은 방주로 들어가라 이 세대에서 네가 내 앞에 의로움을 내가 보았음이니라 (창 7:1)

동행한다는 것은 오로지 각별한 누군가와만 있어서, 그 사람에 대해서 더 많이 알아가는 아주 멋진 길이다. 오늘의 성경 구절에서 우리는 노아가 그의 생애에서 가장 중요한 분과 동행하면서 그의 일생을 보내기로 결심한 것을 본다. 주님과 이런 친밀한 관계 때문에, 성경은 가장 놀라운 방법으로 "그는 하나님과 동행하였으며"(창 6:9)라고 노아를 평한다.

창세기 6-9장에서 노아와 대홍수에 대한 모든 이야기는 이 사람이 그의 주님과 보조를 맞추었다는 것을 보여준다. 노아가 하나님과 동행하는 것을 모든 사람들이 비웃었음에도 불구하고 확고한 믿음으로 기꺼이 하나님을 신뢰하였다는 것을 보여준다.

하나님과의 동행이 창조주와의 개인적인 관계에 관심을 기울이지 않았던 세상의 악인들과 그를 구별시켰다.

더 주목해야할 것은, 노아가 하나님과 동행한 것은 분명히 그가 주님과 즐겁게 경험했던 교제를 나타낸다. 세상이 가장 어두운 시대에 부닥쳤을 때, 주님은 노아를 보시고 말씀하셨다.

"이 세대에 내 앞에 의로움을 내가 보았음이니라"(창 7:1)

오늘 당신을 향한 놀라운 소식은 하나님께서 노아와 교제하셨던 것처럼, 당신과 함께 시간을 보내시는 것을 즐거워하신다는 사실이다. 당신은 그분이 보시기에 귀한 존재이며, 그분은 당신과의 친밀한 교제를 발전시켜 나가기를 원하신다. 그분은 당신에게 새로운 방법으로 그분의 놀라운 사랑을 보여주시기를 원하신다. 당신은 그분과 동행하겠는가?

주님, 주님이 창조하신 길에서 벗어나지 않도록 나의 발걸음을 인도하시옵소서. 나의 일생동안 내 편에 계신 주님과 동행하기를 원하나이다.

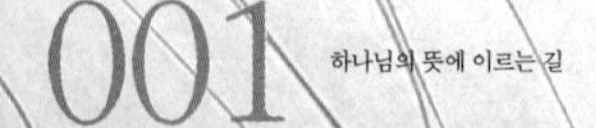

열린 문 앞에 서기

본문읽기 ★ **딤후 2:1-9**
요절 ★ 내게 광대하고 유효한 문이 열렸으나 대적하는 자가 많음이라 (고전 16:9)

우리가 세상의 소문에 귀를 기울이게 되면, 삶의 초점을 잃을 수 있다. 우리 삶에서 하나님의 구속의 큰 그림을 이해할 수도 있고 잊어버릴 수도 있다. 우리 앞에 넓게 열린 기회의 문을 놓칠 수 있다.

우리가 하나님과 교제할 때, 그분이 우리에 대해 관심을 가지고 있는 만큼, 세상 사람들에 대해서도 관심을 갖고 계심을 발견하게 된다. 그리고 하나님과의 교제가 깊어지게 되면 그분에게 중요한 것이 똑같이 우리에게도 중요한 것이 되어야 한다.

사람은 하나님에게 중요한 존재이다. 그분이 인류에 대해 관심을 가지고 계신다는 사실은 그의 독생자 예수 그리스도를 이 땅에 보내셔서 우리 죄를 위해 죽게 하신 동기에서 알 수 있다. "우리 구주 하나님은… 모든 사람이 구원을 받으며 진리를 아는 데에 이르기를 원하시느니라"(딤전 2:3-4).

그러므로 여기서 우리는 주위에 둘러싸인 기회들 곧 영원한 방법으로 세상에 영향을 줄 수 있는 기회들과 함께 새해 벽두에 서 있다.

하나님은 우리들에게 그것들을 단순히 보이시려고 문을 열어놓은 것이 아니라 하나님의 나라의 일을 할 수 있도록 능력을 주실 것이라는 믿음으로 그것들을 통과하게 하려는 것이다.

열린 문 앞에 서는 것은 단순한 삶의 변화만을 가져오는 것이 아니다. 열린 문으로 걸어가는 것은 수많은 생명을 변화시키는 것이다. 당신은 기꺼이 그 길을 걸어가겠는가?

주님, 저에게 주님이 나를 위해 열어놓으신 문을 찾도록 단순한 마음을 주시고 그것을 통해 걸어갈 수 있는 용기를 주시옵소서.

좋은 기회

본문읽기★ 시 78:1-8

요절★ 이는 그들로 후대 곧 태어날 자손에게 이를 알게 하고 그들은 일어나 그들의 자손에게 일러서 (시 78:6)

편협한 마음은 사람들을 그리스도에게로 이끌고 세상에서 영향을 미치는데 장애물이 된다. 그리스도인이 된다는 것은 세상에서 인생의 종말을 앞두고 지옥을 피하는 것 이상의 의미를 지니고 있다.

신자인 우리 앞에 놓인 기회의 문은 위대하다. 우리가 그리스도를 위해 다른 사람의 생명을 위해 투자한다면, 그 보상은 영원하다. 하나님은 영원하신 분으로 언제나 우리와 함께 계시고 영원토록 함께 계실 것이기 때문에 우리가 그분을 위해 하는 모든 것도 영원히 지속될 것이다.

"여호와께서 증거를 야곱에게 세우시며 법도를 이스라엘에게 정하시고 우리 조상들에게 명령하사 그들의 자손에게 알리라 하셨으니 이는 그들로 후대 곧 태어날 자손에게 이를 알게 하고 그들은 일어나 그들의 자손에게 일러서 그들로 그들의 소망을 하나님께 두며 하나님께서 행하신 일을 잊지 아니하고 오직 그의 계명을 지켜서" (시 78:5-7).

우리가 어떻게 온 세상에 영향을 줄 수 있을지가 우리를 압박할 수도 있다. 그러나 단순히 우리가 있는 곳에서 시작할 수 있다. 우리가 오늘 하는 일은 현재나 미래에 영향을 준다. 우리 모두는 개인적으로 예수 그리스도를 알지 못하는 사람을 알고 있고, 우리의 말과 행동으로 그들에게 믿음을 나눔으로서 하나님의 구원계획에서 한 역할을 할 수 있다. 우리에게 주어진 기회들을 붙잡음으로 하나님이 세상을 변화시키는데 우리를 사용하기 시작하시는 것이다.

주님, 나는 때때로 다른 사람과 믿음을 나누는데 있어서 부족함을 느끼나이다. 나에게 주님의 구원의 선물을 다른 사람과 나눌 때 지혜와 민감함을 주시옵소서.

하나님이 일하신다

본문읽기 ★ 출 1:7-14

요절 ★ 여호와께서 이르시되 내가 애굽에 있는 내 백성의 고통을 분명히 보고 그들이 그들의 감독자로 말미암아 부르짖음을 듣고 그 근심을 알고 (출 3:7)

바로의 압권 통치는 이스라엘 백성이 더 이상 견딜 수 없을 정도가 되었다. 그들의 수는 점점 증가하였고 바로의 마음은 더 완악해졌다.

성경은 애굽 사람들이 "어려운 노동으로 그들의 생활을 괴롭게 하니"라고 기록한다(출 1:14).

이스라엘 백성들이 노예생활로 압박을 당할 때 그들은 그들의 조상의 하나님께 부르짖었다. 왜? 그들은 하나님이 아브라함과 이삭 그리고 야곱에게 신실하신 분이시라는 것을 알고 있었기 때문이다. 그들은 어떻게 하나님이 요셉을 강한 통치자로 삼으셨고 어떻게 그분의 섭리로 심한 가뭄에서 구원해 주셨는지를 알고 있었다. 그들은 하나님은 신실하셔서 그들의 부르짖음에 응답해 주실 것을 알고 있었다.

인생에서 성도들이 낙심될 때, 첫 번째 반응은,어떤 환경에 놓이든지,하나님의 방법이 최선이라고 확신하고,하나님께 부르짖어야 한다.

아미 카미첼(Amy Carmichael)은,"우리가 확신하는 것은 기도를 들으신다는 것이다. 기도는 응답된다. 능력은 주 예수님의 이름으로 드리는 기도에 의해 나타난다. 그 능력은 멈출 수 없으며 성취될 때까지 계속될 것이다. 사랑은 시작한 것을 온전케 한다. 하나님은 일을 그만두지 않을 것이다."

하나님은 이스라엘 백성의 부르짖음을 들으셨고 바로의 손에서 그들을 구원해 주셨다. 그분은 그들 안에서 시작하신 일을 중단하지 않으셨다. 그분은 당신을 구원하는 일을 결코 멈추지 않을 것이다.

주님, 고난의 때와 성공의 때에 나의 입술에 당신의 이름이 있게 하시옵소서. 나로 언제나 당신은 나의 구원자이심을 기억하게 하시옵소서.

하나님의 선물

본문읽기 ★ 약 1:1-27
요절 ★ 온갖 좋은 은사와 온전한 선물이 다 위로부터 빛들의 아버지께로부터 내려오나니 그는 변함도 없으시고 회전하는 그림자도 없으시니라 (약 1:17)

금년에 하나님의 가장 좋은 것을 체험하는데 몇 가지 필요조건들이 있다.

● 열려있고 소원하는 마음. 당신이 하나님의 축복을 체험하기 전에 하나님의 사랑과 뜻에 마음을 열어야 한다. 그분은 하나님을 사랑하는 자들에게 복주시기를 가장 기뻐하신다. "구하라 그리하면 너희에게 주실 것이요"는 예수님이 제자들에게 하신 말씀이다. 하나님의 축복에 마음을 여는 것은 단지 그로부터 오는 좋은 것 만을 받으려고 하는 것은 아니다. 받으려는 것이 아니라 그분이 우리에게 주시는 것은 무엇이든지 기꺼이 받겠다는 의미이다. 어떤 경우에는, 당신이 받고 싶지 않는 것을 보내실 지도 모른다. 그러나 모든 선물은 궁극적으로 선한 것이고 당신에게 가장 유익한 것으로 자비로운 아버지로부터 온 것이라는 것을 확신할 수 있다.

● 순종. 이것은 하나님의 선하심을 받아들이고 즐거워하는 열쇠이다. 우리가 순종하는 것이 남에게 알려지지 않을 수도 있지만 하나님은 다 아신다. 순종하기 위해 한 걸음을 나아갈 때, 주님은 언제나 우리의 앞길에 축복을 주신다.

● 꿈꾸는 능력. 하나님은 우리가 그 축복을 기다리기를 원하신다. 하나님의 선하심을 꿈꾸거나 생각하고 있지 않으면, 우리 속에 있는 것들도 사라지게 된다. 장래에 대한 꿈이 아주 작을지라도 그것을 손으로 꼭 잡도록 하라. 필요하다면,하나님께서 그것을 새롭게 고치시게 하고, 언제나 당신의 소망과 꿈에 응답해 주실 것이라는 사랑의 하나님의 능력을 믿으라.

주님, 열린 마음과 소원하는 마음을 주시옵소서. 나로 복종하게 하시고, 나로 꿈꾸는 자가 되게 하시옵소서.

하나님께 복종하는 모험

본문읽기 ★ 눅 5:1-11
요절 ★ 말씀을 마치시고 시몬에게 이르시되 깊은 데로 가서 그물을 내려 고기를 잡으라 (눅 5:4)

예수님께서 갈릴리 바다의 해변에서 무리에게 말씀하고 계셨다. 그들이 듣고 있을 때, 더 많은 사람들이 몰려왔다. 예수님은 어부들이 그물을 씻고 있었고 바다 끝 쪽에 매여 있는 배 두 척을 보시고, 시몬 베드로의 배에 오르셔서 계속 가르치셨다.

말씀을 마치시고 예수님은 베드로에게 말씀하시기를, "깊은 데로 가서 그물을 내려 고기를 잡으라"(눅 5:4)고 하셨다. 베드로는 하나님께 순종할 것인지 불순종할 것인지를 선택해야 했다. 그는 순종을 선택했다. 그 결과로 그물이 찢어질 만큼 많은 고기를 잡았다.

단순히 순종을 통해서 베드로는 기적을 체험하였다. 그는 그분의 말씀을 이해할 수 없었지만 예수님은 가장 좋은 것을 준비하고 믿었다. 베드로는 밤새도록 수고하였으나 고기를 한 마리도 잡지 못했었다. 그러나 기꺼이 순종하였던 것이다.

하나님은 당신이 하기 싫어하는 것을 하라고 당신에게 요구하시는 것이 있는가? 우리가 하나님께 순종하지 못하고 주저하는 많은 이유가 있는데 곧 실패의 두려움과 자신의 삶을 통제당함, 그리고 하나님이 우리에게 요구하실 어떤 댓가에 대한 두려움 등등이다.

하나님이 어떤 하찮은 일로 당신을 성가시게 하시겠는가? 하나님은 당신이 작은 일에도 신뢰하고 순종하기를 원하신다. 하나님께 억지로 순종함으로 당신을 위해 준비하신 축복을 잃어버리지 않도록 하라. 하나님이 무엇을 하라고 요구하실 때마다 당신을 위해 예비해 놓으신 좋은 것들이 있다.

아버지, 나를 위해 좋은 것을 준비하고 있음을 알고, 작은 일에서도 하나님을 신뢰하도록 도와주시옵소서.

주님을 신뢰하라

본문읽기 ★ **잠 3:1-6**
요절 ★ 너는 범사에 그를 인정하라 그리하면 네 길을 지도하시리라 (잠 3:6)

엘리자베스 1세 시대의 크고 하얀 목걸이를 두른 귀엽고 작은 개를 보는 것은 당신을 혼자서 웃게 만들지도 모른다. 이 크고 원뿔 형태의 악세사리는 그 강아지가 자라면 부적절한 것처럼 보이지만, 그것은 실제로 매우 가치 있는 역할을 한다.

인기 있는 동물 인터넷 사이트를 보면, 이 목걸이는 "강아지들이 치료받고 있는 상처가 악화되지 않도록 하고 상처에 치료제 역할을 한다."고 나온다. 개들은 왜 악세사리를 하는지 이해하지 못하지만, 목걸이는 상처가 생기지 않게 해준다.

매우 놀랍게도, 인생에서 하나님이 허용하신 많은 장애물이 그와 같이 당신을 보호하는데 유익한 것이다. 계획이 수포로 돌아가거나 행사가 기대했던 만큼 잘 되지 않았을 때, 처음에는 종종 그 절망으로 하나님을 원망하기도 한다. 그런데 잠언 3장 5-6절에는 다른 말씀이 있다. "너는 마음을 다하여 여호와를 신뢰하고 네 명철을 의지하지 말라 너는 범사에 그를 인정하라 그리하면 네 길을 지도하시리라."

하나님은 당신의 미래에 대해 당신보다 훨씬 더 잘 알고 계신다. 하나님의 최고의 선물인 당신을 헛되지 않게 하기 위해 장애물을 허락하시는 것이다. 자기 연민에 굴복하지 않고 하나님이 왜 계속하지 못하도록 막으시는지를 숙고해 보라. 하나님이 당신을 어떻게 치료하고, 보호하며, 지도하는지를 더 깊이 이해하게 될 것이다. 그리고 당신은 그분이 정말 신실한 분이라는 것을 배우게 될 것이다.

주님, 나는 이해하기 전에 신뢰하는 것이 어렵나이다. 그러나 당신은 모든 것을 알고 계시니, 좋을 때나 나쁠 때나 나의 인생을 위해서 가장 좋은 것이 무엇인지를 알고 계심에 경배를 드리나이다.

탁월한 인생

본문읽기 ★ **잠 3:7-12**
요절 ★ 대저 여호와께서 그 사랑하시는 자를 징계하시기를 마치 아비가 그 기뻐하는 아들을 징계함 같이 하시느니라 (잠 3:12)

영국의 위대한 시인 중 하나인 존 도니(John Donne)는 인생 초기에 논쟁적인 시와 종교에 대해 풍자적인 작품으로 유명했다. 영국교회에 등록하고 앤 모어와 결혼한 후, 도니는 말로 표현할 수 없는 고통을 당했다. 그와 앤(Anne)은 12명의 자녀들 중 5명을 잃었고, 극심한 가난 속에서 침체와 육체적인 고통과 계속 싸워야 했다. 사람들은 그 고통이 도니를 하나님으로부터 더 멀어지게 할 것이라고 생각했으나 사실은 그 반대였다.

나의 마음을 때려 부수소서.
삼위 하나님이시여.
이제껏 당신은 고치기 위해서 두드리시고,
숨을 돌리게 하시고, 닦으시고 애를 쓰셨나이다.
나를 붙잡아 당신께 가두소서.
왜냐하면 나는 당신이 나를 노예로 삼지 않으시면,
결코 자유의 몸이 되지 못할 것이기 때문이니이다.

도니는 모든 시련이 그를 하나님께로 더 가까이 하게 한다고 이해했다. 잠언 3장 12절은 말씀하신다. "대저 여호와께서 그 사랑하시는 자를 징계하시기를 마치 아비가 그 기뻐하는 아들을 징계함 같이 하시느니라." 만약 큰 고통을 당하고 있다면, 하나님이 당신을 버렸다고 생각지 말라. 오히려 도니같이 하나님이 당신을 탁월한 인생으로 만들어 주실 것이다.

아버지, 나는 당신에게 질책을 받고 있나이다. 나는 당신이 나를 버리지 않으셨음을 알고 있나이다. 나의 인생에서 풍성하게 만들어 주시옵소서.

거룩한 경외심

본문읽기 ★ 시 25:1-22
요절 ★ 여호와를 경외하는 자 누구냐 그가 택할 길을 그에게 가르치시리로다 (시 25:12)

인생은 어릴 때부터 황혼까지 결정을 반복하는 과정이라고 할 수 있다. 종종 당신에게 있어서 결정하는 것이 매우 어렵고도 심각할 수 있다. 하나님은 당신의 삶 가운데서 만나는 모든 환경 속에서 분명하게 안내해 주시기를 기뻐하신다. 그런데 그분은 당신의 인생 가운데서 정확히 주목을 받고 중요하게 여김을 받기를 원하신다. 사실상, 그분은 당신에게 하나님을 경외할 것을 요구하신다.

존 오웬은 설명하기를, "죄로부터 지키고 영혼을 하나님께 더욱 견고하게 붙어있게 하는 경외심은 맹종적인 것이 아니라 하나님과 그분의 말씀에 대한 거룩한 두려움이며 정당한 존경심이다."라고 하였다.

하나님을 존경하는 것은 당신 자신 대신에 하나님을 섬기는 것이 아니라, 그분의 주권을 이해하고 그분의 성품에 대해 확신을 가지는 것을 의미한다. 하나님은 지식이 완전하시고, 능력이 충만하시며, 사랑이 무조건적이라는 것을 이해하는 것은 미래에 하나님을 신뢰하는데 있어서 열쇠가 된다. 성공하는 자는 하나님을 경외하고, 존경하고, 경배하고, 간구하고, 그분의 마음을 알기를 원하는 자이다. 실은 시편 25편 12절에서 약속하신다. "여호와를 경외하는 자 누구냐 그가 택할 길을 그에게 가르치시리로다."

지금 어려운 상황에 처해 있는가? 당신의 마음을 점검하고 하나님을 향한 태도를 꼼꼼히 살펴보라. 당신의 상황을 하나님의 신실한 성품의 빛으로 재평가해보라.

주님, 나는 사람이 헤아릴 수 없는 당신의 위대함 앞에 무릎을 꿇고 나의 영이 경배하나이다.

당신의 마음을 만족케 하는 것

본문읽기 ★ 골 3:12-17

요절 ★ 그리스도의 평강이 너희 마음을 주장하게 하라 너희는 평강을 위하여 한 몸으로 부르심을 받았나니 너희는 또한 감사하는 자가 되라 (골 3:15)

당신이 25센트를 지불하고 향기나는 자바산 커피를 마시게 되면 인생은 좀 더 단순해 지지 않겠는가? 오늘날에는 커피를 마시기 위해서는 수백 번 마음의 결정을 해야 한다. 라떼, 카푸치노, 익스프레소, 마치아토 그리고 프라푸치노중에 어느 것을 드시겠습니까? 목카, 카라멜, 바닐라, 아마레또 아니면 헤이즐럿을 곁들이겠는가? 카페인이 함유된 커피를 마시겠는가? 아니면 카페인을 뺀 커피를 마시겠는가? 선택은 끝이 없고 당신의 마음에 원하는 것들을 선택했을 때 만족하려고 한다. 마음이 복잡해질 때 상황이 혼란스러워 지는 것은 당연하다.

그런데 성경은 마음에 대해 이렇게 고발한다. 예레미야서 17장 9절에 "만물보다 거짓되고 심히 부패한 것은 마음이라 누가 능히 이를 알리요마는" 이라고 가르치고 있다.

때때로 상황이 복잡해도 해결책은 정말 간단하다. 당신이 무엇을 할 것인지를 알고 있어도, 결정하는데 많은 용기와 헌신이 필요한 것이다. 당신이 즉흥적으로 떠오르는 해결책을 발견하려고 기다리게 되면, 해답을 발견하는 것이 점점 어려워지게 된다.

유일한 답은 하나님이 당신을 인도하시도록 하는 것이다. 골 3장 15절에서 "그리스도의 평강이 너희 마음을 주장하게 하라."고 하신다. 당신의 마음을 주장하고 길을 인도하시는 그리스도가 계시는가? 그리스도이신 주님은 당신이 알고 있는 것 중에서 가장 큰 만족을 준다.

주님, 나의 마음이 제멋대로 헤매고 있나이다. 나의 마음을 드리오니, 나 자신을 열망하는 함정에서 인도해 주시옵소서.

중요한 결정하기

본문읽기 ★ **요 16:7-15**
요절 ★ 내가 이것을 너희에게 이름은 너희로 실족하지 않게 하려 함이니 (요 16:1)

하나님은 각 사람을 향한 분명한 계획을 가지고 있고 모든 결정에 관심을 갖고 관여하신다. 이런 사실에 비추어 볼 때 우리가 어떻게 중요한 결정을 내려야 하겠는가?

주님은 진심으로 우리 생활에서 모든 순간마다 관심을 갖고 계신다. 하나님이 우리에게 마음을 기울이지 않거나 가장 좋은 것을 주지 않으려고 하실 때가 없다. 시편 16편 11절에 약속하신 이유는 생명의 길을 우리에게 보여주시기 위함이다. 그리고 시편 32편 8절에서, 하나님은 우리가 가야 할 길을 가르쳐 보이고 우리를 인도하겠다고 약속하신다.

《하나님이 기독교에 대해서 그리스도인들이 알기를 원하시는 것》이란 책에서 저자인 빌리 그레이엄은 하나님은 우리의 인생의 행렬 위에서 "헬리콥터식 시각"을 가지고 계신다고 연상시킨다. 행진할 때 우리는 오직 그 행렬만 보게 되지만,하나님은 행렬의 앞부분, 중간부분, 뒷부분을 다 보고 계신다. 그런데 왜 우리는 주님에게 중요한 결정을 내리는 것뿐만 아니라 매일 선택하는 일에 있어서 인도해 주시기를 간구하고 있지 않는가?

당신은 늘 선택을 앞에 두고 기도하는 마음으로 주님께 순종하는가? 당신은 방향을 찾는 조종사로서 그분이 성령을 주셨다는 사실을 즐거워하는가? 그렇지 않으면 개인적인 생각으로 순종하는 것보다 용서를 구하는 것이 좋다고 생각하고 먼저 당신의 안내자 없이 나아가고 있지는 않은가? 왜 당신의 안내자와 함께 먼저 점검하지 않고 진행하는가?

사랑하는 하나님, 나의 길을 인도해 주시는 성령님께 감사하고 중요한 결정을 할 수 있는 지혜를 주심을 감사하나이다.

하나님의 인도하심을 구하라

본문읽기 ★ 시 32:1-8
요절 ★ 내가 네 갈 길을 가르쳐 보이고 너를 주목하여 훈계하리로다 (시 32:1-8)

주님의 인도하심을 구함에 있어서, 우리의 길에 놓여있는 함정을 경계해야 한다. 육체적으로 강한 욕망과 악한 계획, 성급함과 의심 그리고 억압과 같은 시험에 굴복하면 하나님이 주시고자 하는 가장 좋은 것보다 안좋은 상태에 빠지게 된다.

다음은 하나님의 인도하심을 구하는데 있어서 필요한 것들이다.

● 정결함 : 죄는 하나님과의 관계를 방해하는 것이 아니라 하나님과의 교제를 방해한다. 만약 당신이 성도라면 하나님과의 관계는 보증되어 있다. 그러나 죄는 하나님과의 교제를 방해하고, 죄에서 떠날 때까지는 하나님은 아무 일도 하지 않을 것이다.

● 순종 : 하나님은 당신을 사랑하고 당신의 최상의 상태를 원하신다.
왜 하나님을 믿으면서 귀하게 여기는 세속적인 장식을 벗어던지고 믿음으로 나가지 않는가?

● 간구 : 야고보는 말하기를 우리가 얻지 못하는 것은 구하지 않거나 나쁜 동기로 구하기 때문이다. 하늘에 계신 아버지는 종종 순수한 마음으로 단순하게 구하기를 원하신다.

● 묵상 : 당신은 얼마나 말씀 속에서 하나님의 약속을 찾고 그것을 묵상하면서 결정하는가?

● 믿음 : 믿음이란 신뢰하고 순종하는 것이다. 성경은 그분의 계명을 가지고 지키는 자마다 하나님을 사랑하는 자라고 말씀하신다.

● 기다림 : 기다림은 어려운 일이다. 그러나 주님께서 우리 영혼을 창조하시고 최선을 다하여 역사하고 계신다.

주여, 나는 당신의 뜻에 굴복하나이다. 당신을 기다리고 묵상할 때 나를 정결케 하시옵소서.

하나님의 음성을 알기

본문읽기 ★ 왕상 19:1-18
요절 ★ 또 지진 후에 불이 있으나 불 가운데에도 여호와께서 계시지 아니하더니 불 후에 세미한 소리가 있는지라 (왕상 19:12)

사람에게 제공된 최고의 강력한 보청기는 성경이다. 성경은 당신에게 일어나는 모든 메시지를 대조하여 시험해 볼 수 있는 진리의 기준이다.

중요한 문제를 결정하는 것은 대단히 어렵다. 때때로 두 개 또는 여러 개의 소리를 듣는 것처럼 보일지도 모르고 그 모든 것들이 겉으로는 좋은 것 같지만 당신을 엉뚱한 방향으로 이끌어가기도 한다. 이 때 하나님의 음성을 구별하는 것을 배우는 것은 중요하다.

당신이 듣는 것이 하나님으로부터 오는 것인지를 판단하기 위해 적용할 수 있는 원칙들이 여러 가지 있다. 그러나 가장 기본적인 것은 그 메시지가 성경과 충돌되는지를 알아보는 것이다. 하나님은 인류를 위해 기록하신 책에 거역하는 것을 행하라고 말씀하시지는 않을 것이다. 그러므로 하나님의 음성을 아는 가장 좋은 방법은 그분을 알아가는 것이다. 하나님의 말씀과 함께 시간을 보내고 그 진리에 흠뻑 젖어라. 하나님의 교훈을 사탄이나 육신이 주는 메시지로부터 구별하기 전에 하나님의 말씀을 먼저 알아야 한다.

조사관이 위폐를 구분하기 위해 어떻게 훈련을 받는지 아는가? 그들은 위폐를 만드는 최신 기술에 정통하려고 시간을 쏟지 않는다. 대신 그들은 무엇보다도 먼저 원본 곧 진폐를 부지런히 연구한다.

그리고 나서 표준을 지키라. 그러면 모조품은 눈에 띄게 된다.

사랑하는 주님, 주님의 음성을 구분할 수 있도록 도와주시옵소서. 나는 당신의 메시지를 다른 모든 것으로부터 구분하기를 원하나이다.

하나님이 지금도 말씀하시는가

본문읽기 ★ 시 81:11-16
요절 ★ 내 백성아 내 말을 들으라 이스라엘아 내 도를 따르라 (시 81:13)

만약 당신이 하나님께서 이 시대에도 자기 백성들에게 말씀하신다는 것을 의심한적이 있다면 오늘의 말씀을 그 해답으로 주는 것으로 알고 활용하도록 하라. "내 백성이 나를 청종하며"(시 81:13). 하나님은 백성들이 청종하기를 원하신다. 그러므로 그분은 지금도 틀림없이 말씀하신다. 하나님이 시편에서 이스라엘 나라에 먼저 말씀하고 계신 한편 그분의 음성은 지금도 그분의 자녀들을 인도하시고, 견고케 하시고, 훈련시키고 보증해 주고 계신다.

일반적으로 하나님이 말씀하시는 데 네 가지 이유가 있고 또 말씀하시는 데 있어서 네 가지 방법이 있다. 하나님은 그분의 가장 귀한 창조물인 우리와 교제하고 성경의 인물들을 사랑하신 것처럼 우리를 사랑하기를 원하신다. 하나님은 우리가 어려운 세상에서 분명한 방향을 필요로 한다는 것을 아신다. 하나님은 우리가 아브라함과 모세, 베드로와 바울 그외의 사람들만큼 위로와 확신이 필요한 것을 알고 계신다. 가장 중요한 것은 하나님은 우리가 그분을 알아가기를 원하신다는 것이다.

그러나 하나님이 우리에게 말씀하실 때를 어떻게 알 수 있는가? 오늘 그분은 우리와 그분의 마음을 나누는 데 네 가지 기본적인 방법들을 사용하신다. 첫째는 하나님의 말씀인데, 하나님이 진리를 알리시기 위해 사용하는 도구이고, 둘째로 성령인데, 우리 영혼에 증거하시는 분이며, 셋째로 성령과 함께 동행하는 성도들이고, 마지막으로 하나님께서 섭리 가운데 두시는 환경들이다. 조용하고 작은 음성일지 모르지만 하나님의 음성이기 때문에 크게 울려 퍼지는 것이다.

주님, 당신의 말씀, 성령, 성도들 그리고 섭리하시는 환경을 통해 나에게 말씀하시옵소서.

당신은 듣고 있는가

본문읽기 ★ **행 9:1-9**

요절 ★ 오직 강하고 극히 담대하여 나의 종 모세가 네게 명령한 그 율법을 다 지켜 행하고 우로나 좌로나 치우치지 말라 그리하면 어디로 가든지 형통하리니 (수 1:7)

하나님이 오늘날 우리에게 말씀하시는 두 가지 방식이 있는데 곧 속삭임과 외침이다. 종종 우리가 그분의 음성에 민감하지 않음으로 하나님이 우리에게 집중을 요구하는 방법으로 그것을 사용하게 된다.

여호수아와 사울의 생애에 일어난 사건들은 하나님의 속삭임과 외침 원칙이 있음을 설명한다. 여호수아는 하나님의 명령을 마음에 새겼다. "좌로나 우로나 치우치지 말라 그리하면 어디로 가든지 형통하리니"(수 1:7). 반면에 하나님은 사울을 다메섹 도상에서 땅에 엎드러뜨리고 잠시 눈을 멀게 함으로 그의 주의력을 고정시켰다.

하나님은 구약과 신약 시대의 사람들과 꿈으로 혹은 선지자들과 천사들 그리고 들리는 소리를 통하여 교통하셨다. 그러나 하나님이 우리에게 듣게 하는 것이 무엇인가? 하나님은 그분의 뜻을 전달하기 위해 말씀을 주셨고 성령이 우리 마음에 말씀하시게 하신다. 하나님께서 다른 사람들을 보내셔서 우리에게 축복하시고 명령하신다. 심지어 절망 중에 있을 때에도, 하나님은 오늘의 실패가 내일의 성공이 되게 하실 수 있다고 알려주신다(롬 8:28).

성도로서 당신은 모든 상황 속에서 하나님이 인도하시고(시 48:14), 위로하시고(요 14:16), 보호하시고(창 19:17-26), 복종을 가르치시고(수 6:18-19), 그리고 우리를 향한 불변의 사랑을 표현하신다(요 16:27)는 것을 알 수 있다. 인생에서 끊임없이 들리는 소음이 하나님의 음성을 듣는 것에 방해하지 않도록 하라. 우리가 하나님의 부드러운 속삭임을 듣지 못할 때에, 우리의 주목을 끌게 하는 다른 효과적인 방식들이 있다. 당신은 듣고 있는가?

주님, 당신의 속삭임을 들으려고 나의 귀를 돌리오니, 당신이 듣게 하기 위해 소리칠 필요가 없게 하기 위함이니이다.

하나님을 발견하기

본문읽기 ★ 시 16:7-11
요절 ★ 주께서 생명의 길을 내게 보이시리니 주의 앞에는 충만한 기쁨이 있고 주의 오른쪽에는 영원한 즐거움이 있나이다 (시 16:11)

우리가 종종 운전하면서 몇 시간동안 길을 헤매고 있을때, 대부분은 도움을 요청하기보다 오히려 자기 자신이 가고자 하는 곳을 우연히 발견할지도 모른다고 생각한다. 이런 방법은 보통 알고 있는 지역에서는 그래도 통한다. 그러나 만약 낯선 도시에서 목적지를 향해 가고 있다면, 그곳에 도달하는 길을 확실히 알 필요가 있는 것이다.
우리의 삶도 똑같다고 말할 수 있다. 하나님이 우리를 위해 세우신 특별한 계획이 있다고 믿고는 있지만 하나님의 계획에 안전하게 이르기 위해 하나님의 인도하심을 구하지 않을지도 모른다. 우리가 가야할 곳을 보여 주실 수 있는 유일하신 분에게 의논하지 않고 어떻게 하나님의 목적지에 도달할 수 있겠는가?
주님은 우리를 인도해 주시겠다고 약속하고 계신다. 시편 16장 11절에서 "주께서 생명의 길로 내게 보이시리니 주의 앞에는 기쁨이 충만하고 주의 우편에는 영원한 즐거움이 있나이다."라고 말씀하신다. 하나님의 뜻은 시련과 실수를 통해 '저쪽에서' 발견하는 것이 아니다. 오히려 그것은 그분의 마음을 더욱 분명히 알려고 노력할 때 기도와 성경연구를 통해서 '그분 안에서' 발견되는 것이다.
만약 '하나님을 발견하기' 위해 노력한다면, 당신이 찾으려는 것을 멈추고 단순히 그분에게 말씀드려라. 하나님은 당신이 어디에 있는지를 알고 있고, 어디로 가야 하는지를 정확하게 알고 계신다.

주님, 내가 당신에게 직접 가서 나의 인생의 방향을 추구할 때, 귀중한 시간을 방황하는데 낭비하지 않게 하시옵소서.

당신의 장래에 대한 하나님의 계획

본문읽기 ★ 렘 29:11-14

요절 ★ 여호와의 말씀이니라 너희를 향한 나의 생각을 내가 아나니 재앙이 아니니라 곧 평안이요, 너희 장래에 소망을 주려하는 생각이라(렘 29:11)

당신은 하나님께서 당신이 지금 있는 곳과 있어야 할 곳을 정확하게 알고 계신다는 것을 알고 있는가? 내일과 모레 그리고 그 다음 날은 어떤가? 하나님은 지금 당신이 하고 있는 것에 마음을 두고 계신 것처럼 5년 후 어느 아침 10시 42분에 할 일을 정확하게 알고 계신다.

세속적인 생각과 달리 우리가 시간과 공간을 통해 아무렇게나 움직이는 것은 아니다. 우주와 그 안에 있는 만물을 창조하신 하나님은 이 땅에 있는 모든 사람들을 향한 분명한 계획이 있다. 그분은 어제와 오늘 그리고 내일의 하나님이시기 때문에, 그분은 홀로 우리의 결정들이 가져올 궁극적인 결과를 알고 계신다. 그러므로 우리가 그분을 따르려고 힘쓸 때, 오직 하나님만이 날마다 우리의 발걸음을 인도하심을 믿을 수 있는 것이다.

주님은 예레미야를 통하여 말씀하신다. "너희를 향한 나의 생각은 내가 아나니 재앙이 아니라 곧 평안이요 너희 장래에 소망을 주려하는 생각이라" (렘 29:11). 소망과 밝은 장래에 대한 기대감이 오늘날 부족한 것이다. 그런데 하나님은 이미 이 두 가지를 우리에게 주실 계획을 세우고 계신 전능하신 분이시다.

그리스도 안에서 영원한 장래에 대한 소망은 확증되고 있다. 그러나 하나님은 지금도 당신의 매일 매일의 생활에 대해 깊은 관심을 가지고 계신다. 당신이 결정하는데 그분을 초청하라. 오직 그분만이 당신을 데리고 가려고 하시는 곳에 이르게 하는 길을 알고 계신다.

아버지, 나는 당신이 나의 매일의 삶에 관심을 가지고 계신 것에 대해 매우 감사를 드리나이다. 나는 당신이 나의 모든 결정을 인도하시고 당신이 나를 데리고 가기를 원하는 곳으로 나를 인도하시도록 당신을 초청하나이다.

하나님의 계시

본문읽기 ★ 히 1:1-4
요절 ★ 이 모든 날 마지막에는 아들을 통하여 우리에게 말씀하셨으니 이 아들을 만유의 상속자로 세우시고 또 그로 말미암아 모든 세계를 지으셨느니라 (히 1:2)

성경에서 증거하듯이, 하나님께서 구약과 신약성경에서 많은 창조적이고 놀라운 방식으로 그의 백성에게 말씀하셨다. 그러나 히브리서의 첫 부분에서 새로운 방식으로 말씀하신다고 설명하고 있다.

"하나님은 이 모든 날 마지막에 아들로 우리에게 말씀하셨으니"(2절)라고 말씀하신다. 왜 이렇게 변하는지 이상하게 여길지도 모른다. 2-4절에서 통찰력을 주신다. 주의깊고 훌륭하게 히브리서 저자는 설명한다. 하나님은 다음 이유 때문에 그분의 아들을 통해 우리에게 말씀하신다고 한다.

- 예수님은 만물의 상속자로 세워졌다. 예수님을 통해 하나님은 세상을 창조하셨다. 예수님은 하나님의 영광의 광채이시다. 예수님은 하나님의 그 본체의 형상이시고 능력의 말씀으로 만물을 붙들고 계신다.
- 예수님은 죄를 사하시고 하나님의 보좌 우편에 앉아 계신다. 예수님은 천사보다 훨씬 뛰어나시고 가장 아름다운 이름을 기업으로 얻으셨다.
- 예수 그리스도는 하나님의 마음을 마지막으로 나타내신 분이다. 그분은 구원에 관한 마지막 말씀이시고 계시의 마지막 말씀이시다. 계시는 다른 방법으로 받을 수 있는 것이 아니라 하나님이 주신 진리로서 정의될 수 있다. 그러므로 하나님의 사랑의 메시지가 더 완전한 방식으로 전달될 수 없었기 때문에, 예수님은 우리에게 말씀하시고 우리를 위해 죽으시기 위해 오셨다.

오늘 본문읽기를 숙고하고 예수 그리스도를 통해 우리를 위해 만드신 희생물을 생각해 보라. 하나님이 당신의 마음에 무슨 말씀을 하고 계신가?

아버지, 당신의 아들과 같은 큰 선물을 저에게 주시고 그를 통해 후사로 삼아 주시며 죄씻음을 받고 진리의 그릇이 되는 선물을 주심에 감사하나이다.

진리에 눈이 어둡다

본문읽기 ★ **고후 4:1-4**
요절 ★ 그 중에 이 세상의 신이 믿지 아니하는 자들의 마음을 혼미하게 하여 그리스도의 영광의 복음의 광채가 비치지 못하게 함이니 그리스도는 하나님의 형상이니라 (고후 4:4)

이 시대에 수많은 사람들이 다양한 방법으로 복음을 듣게 됨에도 불구하고 그것에 무지한 이유가 무엇인가? 현대 선교사들은 세계 곳곳에 라디오, 텔레비젼, 인터넷, 도서와 말로서 구원의 메시지를 전파할 수 있다. 그러나 여전히 그리스도를 영접하지 않는 사람들이 있다.

슬프게도 이런 상황이 새로운 일은 아니다. 바울이 고후 4장4절에서 고린도 교회에 편지를 보낼 때, 똑같은 문제를 인정하고 그것이 생긴 이유를 제시했는데 그것은 사탄이 불신자의 마음을 혼미케 하기 때문이다.

우리는 이런 문제에 대한 증거를 뒷받침하는 뉴스를 듣거나 신문을 펴 들기만 하면 된다. 얼마나 많은 범죄자들이 하나님의 이름으로 행했다고 주장하는지 모른다. "내 마음 속에 들려온 음성은 이 범죄를 저지르라고 말했다." 고 그들은 변호하고 있다.

슬픈 사실은 이 사람들이 들은 것들이 살아계신 하나님에게서 온 것이 아니라 '이 세상의 신들' 곧 악한 영으로부터 온 것이라는 것이다. 바울이 말한 것처럼 이 불쌍한 영혼들은 하나님의 진리에 어두워져 있다.

오늘 기도할 때, 당신을 진리로 그분에게 이끌어온 것에 대해 하나님께 감사하라. 이것을 행한 후에, 당신의 가족과 공동체 중에 아직 예수 그리스도를 영접하지 않은 사람들을 위해 중보기도를 하라. 하나님께 그들의 눈에서 영적인 어둠의 '비늘' 을 벗겨 달라고 이 사람들을 위해 기도하라.

사랑의 주님, 나의 눈에서 비늘을 벗겨주심을 매우 감사하나이다. 내 주위에 완악한 심령을 가진 사람들을 위해 기도하오니, 그들이 주님을 영접할 수 있도록 부드러운 마음을 주시옵소서.

하나님이 말씀하시는 목적

본문읽기 ★ 갈 1:11-17

요절 ★ 그러나 내 어머니의 태로부터 나를 택정하시고 그의 은혜로 나를 부르신 이가 그의 아들을 이방에 전하기 위하여 그를 내 속에 나타내시기를 기뻐하셨을 때에 내가 곧 혈육과 의논하지 아니하고 (갈 1:15-16)

하나님이 우리에게 말씀하실 때, 언제나 분명한 목적이 있다.
본문 말씀 속에서 하나님이 말씀하시는 분명한 세 가지 목적을 확인할 수 있다.

- 진리를 파악하고 이해하기를 원하신다.
- 진리를 본받고 그것에 따라 행하기를 원하신다.
- 다른 사람에게 진리를 전하기 위해 준비하기를 원하신다.

갈라디아 1장에서, 사도 바울은 하나님의 목표의 증거로서 회심하기 전과 회심한 후의 인생을 실례로 들었다. 12절을 시작하면서, 예수 그리스도를 통해 어떻게 하나님이 처음에 그에게 진리를 계시하셨는지를 설명했다. 이것은 진리에 대한 바울의 이해의 시작이다.
다음에 바울은 유대주의의 교훈의 진흥을 위해 힘썼음에도 불구하고, 주님은 은혜로 그를 부르셨다(15절)고 기록하였다. 이것이 바울이 진리를 따르고 진리를 실현하는 과정의 시작이었다.
마지막으로 바울이 그의 인생을 향한 주님의 계획을 은혜롭게 설명하고 있다. "하나님이 그의 은혜로 나를 부르신 것은 내 안에 계신 그의 아들을 나타내시고, 이방인 가운데 그를 전하기 위함이다"(15-16절). 분명히 바울은 다른 사람에게 하나님의 진리를 전하기 위해 부르심을 받았음을 깨달았다.
성도의 삶 속에서 하나님의 목표가 완전하게 계시되고 실행되고 있다는 것보다 더 좋은 증거가 어디 있는가?

나의 마음 속에 당신의 진리를 주심을 감사하나이다. 내가 다른 사람에게 당신의 진리를 나눌 수 있도록 내가 당신의 뜻에 따라 만들어지도록 사용해 주시옵소서.

진리를 따름

본문읽기 ★ 롬 12:1-5

요절 ★ 그러므로 형제들아 내가 하나님의 모든 자비하심으로 너희를 권하노니 너희 몸을 하나님이 기뻐하시는 거룩한 산 제물로 드리라 이는 너희가 드릴 영적 예배니라 너희는 이 세대를 본받지 말고 오직 마음을 새롭게 함으로 변화를 받아 하나님의 선하시고 기뻐하시고 온전하신 뜻이 무엇인지 분별하도록 하라 (롬 12:1-2)

어제는 우리가 진리를 본받고 다른 사람에게 그의 메시지를 전하기 위해 하나님이 우리에게 말씀하신다는 사실을 상고했다. 그러나 진리를 본받는다는 것은 무엇을 의미하는가?

우리는 롬 12장1-2절에서 그 답을 얻을 수 있다. 이 구절은 그리스도인이 추구해야 할 세 가지 상호연관성을 가진 목표로 나눌 수 있다.

- 너희 몸을 산 제물로 드리라.
- 이 세대를 본받지 말라.
- 마음을 새롭게 함으로 변화를 받으라.

산 제물이 된다는 것은 우리가 들었듯이, 하나님께 드릴 영적 예배를 말한다. 그러나 우리는 더 이상 번제를 드리지 않고, 대신에 하나님께 영광을 돌리는 방식으로 살아야 한다.

이 세대를 본받지 말라는 의미는 세속적인 환경의 기준에 따라 살지 않을 뿐만 아니라 그것에 의해 소극적으로 영향을 받지도 말아야 한다는 것이다.

변화란 안에서 밖으로 일어나는 지속적인 과정이다. 우리 마음은 끊임없이 새로운 생각을 하고 이기적인 욕구를 하나님을 섬기고 복종하려는 욕구로 바꾸는 방식으로 새롭게 되고 회복되어야 하는 것이다.

마지막으로 생각해야 할 것이 2절에 있다. 우리는 "하나님의 선하시고 기뻐하시고 온전하신 뜻이 무엇인지를 분별할 수 있도록" 변화해야 한다.

하나님은 분명히 당신에게 이 목표를 전달하고 있다. 이 중요한 과정-헌신, 본받음, 변화-가운데 당신은 어디에 놓여 있는가?

주님, 나의 마음은 당신의 것입니다. 내 온 몸을 당신이 계획하신 대로 다시 형성될 수 있도록 나를 들어 사용해 주시옵소서.

하나님의 계획을 따름

본문읽기 ★ 창 3:1-7

요절 ★ 여자가 그 나무를 본즉 먹음직도 하고 보암직도 하고 지혜롭게 할만큼 탐스럽기도 한 나무인지라 여자가 그 실과를 따먹고 자기와 함께 한 남편에게도 주매 그도 먹은지라 (창 3:6)

우리는 자녀들이 바르고 지혜로운 결정을 하도록 인도하시기를 원하시는 사랑의 하나님을 섬긴다. 그런데 비록 우리가 하나님께 인도하심과 지도하심을 구하지만, 항상 그분의 계획을 따르지 않는다. 하나님을 따르지 않는다면 무엇을 기대할 수 있겠는가?

잠시 창세기 3장 1-7절을 읽어보자. 이 구절에서 하와는 주님의 말씀과 그녀의 소원 사이에서 갈등하고 있다. 슬프게도 그녀는 결국 시험하는 자의 말을 따라 결정을 내리고, 그 결과로 죄가 세상에 들어오게 된 것이다.

하와는 주님이 그녀에게 명령하신 것을 잘 알고 있었음에도 불구하고, 사단의 유혹에 굴복하게 된다. 그녀는 모든 선택을 하는데 있어서 자신의 욕망과 비교 검토하였고, 불행하게도 가장 마음에 끌리는 것을 선택하게 된 것이다.

우리의 생활에서도 비슷한 방식으로 선택하게 되는데, 우리는 하나님의 부르심에 어떻게 응답할 것인지 신중해야 한다.

하나님은 가까이 할 수 있고 교제할 수 있는 분이시다. 하나님은 우리가 결정을 하는데 있어서 주님의 마음을 구하기를 원하신다. 그분의 인도하심을 받으려면, 그분의 말씀을 마음에 두겠다는 결심을 해야 한다. 하나님께 복종하기 위해서는 그분의 지혜로운 계획을 따를 수 있도록 능력을 구하라.

사랑하는 주님, 당신을 가까이하여 교제할 수 있으니 감사하나이다. 당신의 지혜로운 계획에 순종할 수 있는 능력을 주시옵소서.

비난 게임

본문읽기 ★ **창 3:8-13**
요절 ★ 인내를 온전히 이루라 이는 너희로 온전하고 구비하여 조금도 부족함이 없게 하려 함이라 (약 1:4)

아담과 하와의 타락은 유혹자의 음성을 따른 결과이고, 그들의 행동은 수치, 죄책감과 공포를 초래했다. 그들의 수치는 곧 그들이 벌거벗었음을 인식하게 됨으로 분명히 드러났다. 게다가 하나님께서 찾아오셨을 때, 숨기까지 했다. 먼저 아담과 하와는 선과 악을 알게 되었고 그들의 행동이 악함을 깨달았기 때문에 단순히 하나님을 만나는 것을 두려워했다.
하나님의 질문을 받았을 때 아담은 이미 죄에 대해 다른 반응을 보였는데 그것은 비난하는 쪽으로 향했던 것이다. 창 3장12절에서, 그가 행한 것이 하와 때문이라고 비난하였다. 오늘날 우리도 얼마나 자주 이런 식으로 남을 비난하였는지 모른다.
"그것은 나의 실수가 아니예요! 마귀가 그렇게 하도록 만들었어요!" 아마 당신은 다른 곳에 비난의 화살을 돌리려고 애를 썼을지 모른다. 그런데 이런 마음의 근거로 보면 우리는 불법으로 인한 죄책감을 가지고 있다. 절망 속에서 우리는 가장 가까운 사람에게 비난을 돌리려고 한다.
우리는 누구에 의해 죄를 범하는 것이 아님을 깨달아야 한다. 약 1장 14절은 이 점을 분명히 한다. "오직 각 사람이 시험을 받는 것은 자기 욕심에 끌려 미혹됨이니."
우리를 향하신 하나님의 소원에서 벗어나게 될 때, 비난 게임에 빠지게 된다. 대신에 우리는 하나님께 죄를 고백해야 한다. 그러면 그분은 우리를 수치, 죄책감과 두려움으로 이끄는 모든 것을 용서할 준비를 하고 계신다.

주님, 내가 나의 죄로 인해 남을 비난하지 않고 개인적으로 책임을 지게 도와 주시옵소서.

하나님의 음성을 구별하기

본문읽기 ★ 마 16:24-27

요절 ★ 이에 예수께서 제자들에게 이르시되 누구든지 나를 따라오려거든 자기를 부인하고 자기 십자가를 지고 나를 따를 것이니라 (마 16:24)

세상에는 시선을 끄는 수많은 소리들로 가득차 있다. 텔레비전의 매력은 이것저것 구매하게 한다. 우리는 잡지와 신문을 열독하고, 여러 시간 동안 인터넷 여행을 하며 귀에는 라디오 이어폰을 꽂고 듣는다. 이런 혼돈 속에서 어떻게 하나님의 음성을 알기를 기대할 수 있겠는가?

당신이 주님의 말씀을 듣고 있다면 그 메시지가 성경과 일치되어야 한다. 하나님은 결코 거룩하고 완전한 말씀과 반대되게 말씀하지 않으신다. 만약 하나님께서 말씀하셨다고 믿고 있음에도 불구하고, 성경에 대립되는 것이라면, 그 메시지를 버려야 한다.

오늘날 우리에게 하나님의 메시지를 확인하기 위해 성경을 의존하기보다도 오히려 자신의 요구와 도덕을 사용하는 사람들이 많다. 이것은 큰 실수이다. 우리의 개인적인 판단은 들쭉날쭉하지만, 하나님의 말씀은 영원히 불변하고 계속적으로 신뢰할수 있다.

하나님의 음성을 판단하는데 있어서 저지르는 또 다른 실수는 우리에게 오는 메시지를 우리 일상 생활에 정확하게 적용시킬 수 있을 것이라고 생각하는 것이다. 하나님의 부르심은 종종 일생을 변화시키는 것이다. 그러므로 하나님이 당신의 생활의 한 부분을 '비틀기'를 원한다고 생각하지 말라. 하나님은 그것을 완전히 변화시키기를 원하실지 모른다.

하나님은 각 자에게 특별한 말씀이 있는데 담대함과 신뢰와 확신을 가지고, 그 메시지를 좇아 행하기 위해서는 분명히 그분의 음성을 듣기 위해 힘써야만 한다.

주님, 우리에게 성경을 주셔서 영원한 지혜에 어긋나는 음성을 구별하게 해 주시니 감사하나이다.

목자의 음성

본문읽기 ★ 요 10:1-5
요절 ★ 자기 양을 다 내놓은 후에 앞서 가면 양들이 그의 음성을 아는 고로 따라오되 (요 10:4)

당신은 군중 속에서 엄마를 잃은 아이를 본 적이 있는가? 비록 어머니가 시야에서 멀어졌어도, 어린 아이는 여전히 엄마의 음성에 귀를 기울이고 있을 것이다. 그는 비슷한 음성을 찾고, 그의 내부의 레이더는 그 주위에서 나는 소리를 자세히 조사하게 될 것이다. 당신은 예수님이 청중들에게 하나님의 음성을 잘 알도록 격려하고 있다는 것을 아는가?

오늘 요한복음의 말씀에서 예수님은 그의 제자들을 대목자장의 지시 아래 있는 양에 비유하고 있다. 이 비유에서 우리는 목자만이 예고 없이 가축에게 가까이 할 수 있음을 보여주고 있다.

정체불명의 침입자가 가까이 온다면 양은 곧 위험을 감지하고 문지기는 우리의 문을 열어주지 않을 것이다. 또 양은 목자가 인도하는 곳이면 어디든지 따른다는 것을 안다. 왜냐하면 양은 목자의 음성을 알기 때문이다. 아이가 엄마의 음성을 듣는 것처럼 양은 즉시 그의 음성을 듣고 목자를 알아 본다.

왜 이 비유가 오늘 우리에게 중요한가? 그것은 우리는 양이고 예수님은 목자이기 때문이다. 예수님은 이 세상에 들어오셔서 우리 '양무리'를 인도하시고 우리를 자신에게로 말과 행동으로 부르신다.

당신은 주님의 말씀을 들을 수 있는가? 그분은 당신의 삶에서 그분을 알아가기를 바라신다. 만약 당신이 그분의 음성을 듣지 못하고 있다면, 잠시 멈추어 서서 대목자장의 음성에 열심히 귀를 기울이기 위해 세상의 소리가 줄어들게 해달라고 기도를 드리라.

주님, 내가 당신의 음성을 구분하지 못할때, 당신에게 더 큰 소리로 말씀해 달라고 요구하지 않고, 오히려 그것을 듣기 위해 더 많은 시간을 보내게 해 달라고 구하도록 도와 주시옵소서.

완전한 길을 선택하기

본문읽기 ★ 고후 4:8-12

요절 ★ 그러므로 우리는 예수로 말미암아 항상 찬송의 제사를 하나님께 드리자 이는 그 이름을 증언하는 입술의 열매니라 (히 13:15)

아주 중요한 결정을 앞에 두고 정말 하나님의 가장 좋은 것을 이루어주기를 원한다면, 당신은 어떻게 하겠는가? 가장 사랑하는 사람으로부터 거절당하고 비난을 받을 때 어떻게 반응하는가? 육체적인 욕망에 빠지는 시험을 받을 때, 당신은 어디로 피하는가?

만약 인생에서 중요한 결정을 하는데 자신의 계획을 신뢰한다면, 절대적으로 당신의 행동이 하나님의 가장 좋은 것을 가져온다는 보장이 없다. 당신이 현명한 선택을 할지는 모르겠지만 인생 앞에 놓인 것을 볼 수 있는 능력이 없는 당신에게 좋은 결정을 하는데에는 한계가 있다. 그러나 모든 것을 아시는 하나님은 당신을 형통하게 하시고 장래에 소망을 주실 계획이 있으시다. 만약 당신이 그분을 인정한다면 당신의 인생에서 완전한 길을 선택할 수 있게 하실 것이다.

하늘에 계신 아버지보다 당신을 더 사랑하는 사람은 없다. 예레미야는 낙심될 때, 그는 위로자가 되신 하나님께로 돌아갔다(렘 8:18-19). 당신도 하나님께 되돌아 갈 수 있다.

사도 바울은 성도들에게 유혹에서의 자유를 위해서 기도하라고 촉구했다. 당신이 한창 부도덕한 자극을 받을 때, 하나님의 이름을 부르라. 그분께 기도하라. 그러면 당신의 마음이 그분의 가르침을 따르게 될 것이다.

지혜로운 자는 시험을 통해 하나님이 그의 요새가 되심을 믿는다. 당신이 적의 유혹에 경쟁할만한 상대가 되지 않는다는 것을 깨닫고, 항상 하나님을 신뢰하는 것이 현명한 것이다. 하나님은 결코 당신을 떠나지 않고 버리지 않을 것이다.

주님, 나는 아무 것도 아닙니다. 내가 삶에 지쳐 있을 때 언제나 거기서 당신은 나를 사랑해 주시고 인도해 주심을 감사하나이다.

하나님의 관점 갖기

본문읽기 ★ 고후 4:16-18
요절 ★ 우리가 잠시 받는 환난의 경한 것이 지극히 크고 영원한 영광의 중한 것을 우리에게 이루게 함이니 (고후 4:17)

만약 당신이 비행기로 여행을 한 적이 있었다면, 비행기가 이륙할때 마음이 설레는 것을 경험했을 것이다. 비행기가 계속 상승하여 마지막 구름 속으로 들어갈 때까지 지상에 있는 물체들은 점점 작아 보이게 된다. 그 때 밑에는 부드러운 안개와 함께 새로운 경치와 함께 평온하고 훌륭한 곳으로 옮겨가게 된다.
고난과 문제들이 우리의 삶에 밀어닥치면 종종 비행기에서 내려다보는 것처럼 그것들에게 초점을 고정시킨다. 그 결과 우리는 때때로 하나님이 완전하게 다른 관점을 가지고 있다는 것을 잊어버리곤 한다. 그분의 관점으로 볼 때 모든 일들은 완전하게 그분의 계획 안에서 적합한 목적을 가지고 있다.
오늘 본문에서 잠시 받는 고난은 영원한 영광을 낳는다(17절)고 말함으로 특별한 용기를 주신다. 당신의 삶에서 '가벼운 고난' 이 하나님으로부터 멀어지게 하는가? 누가 당신을 해롭게 하는가? 그래서 당신은 실망하고 있는가? 하늘에 계신 아버지 하나님은 당신의 짐을 덜어주시기를 열망하신다. 그분은 당신에게 하나님의 관점을 보여주기를 원하신다.
하나님의 관점을 가질때, 그분은 고난당하는 당신을 지켜보신다는 확신을 가지고 당한 상황을 직면할 수 있게 될 것이다. 그리고 결과적으로 주님은 당신이 고난 속에서 영적 성장의 새로운 수평선으로 빠르게 날아 올라가도록 하실 것이다.

하늘에 계신 아버지, 나에게 당신의 관점을 주시옵소서. 내가 모든 고난을 통해 당신이 나와 함께 계신다는 확신을 가지고 나의 환경에 직면하도록 도와 주시옵소서.

하나님이 말씀하시게 하라

본문읽기 ★ 삼하 7:8-22

요절 ★ 다윗 왕이 여호와 앞에 들어가 앉아서 이르되 주 여호와여 나는 누구이오며 내 집은 무엇이기에 나를 여기까지 이르게 하셨나이까 (삼하 7:18)

성경의 영웅들 중에서 다윗처럼 존경스러운 사람은 없다. 다윗에게 있어서 그렇게 특별한 것은 무엇인가? 다윗은 하나님께 귀를 기울였던 사람이었다.

우리가 하나님께 귀를 기울이지 않는다면 경건한 삶을 사는 것은 불가능하다. 우리가 귀를 기울일 때, 하늘에 계신 아버지로부터 인도, 지도, 훈련 그리고 용기를 받게 된다. 이것은 다윗의 삶에서도 의심할 여지없이 사실이었다(시 63:1-8). 시편에서는 다윗의 기도하는 삶을 보여주는 아름다운 장면들이 있다. 그가 하나님을 묵상할 때 한 네 가지에 주목해 보도록 하자.

- 먼저, 그는 과거를 회고했다. 다윗이 심각한 실수를 저질렀지만, 고난의 시간은 그에게 없어서는 안 될 겸손을 낳았다. 그가 도움 받은 것을 회상하는 것은 하나님의 성실하심을 기억하게 만들었다.
- 둘째로, 다윗은 하나님 자신을 조용히 생각했다. 우리가 하나님의 성품에 초점을 맞출 때, 하나님이 누구인가에 대해 더 깊이 이해하게 된다. 이것은 더욱 인격적이고 활발한 교제를 하게 되는 것이다.
- 셋째로, 다윗은 하나님의 약속을 기억했다. 하나님은 다윗의 전 생애에서 그의 발걸음을 인도하셨고, 언제나 위대한 성공을 주셨다.
- 마지막으로, 다윗은 하늘에 계신 아버지께 기도했다. 하나님은 결코 우리가 홀로 인생을 살도록 하지 않으셨다.

만약 당신의 기도생활이 혼자 말하기만 한다면, 달라져야 한다. 하나님이 다윗에게 말씀하셨던 것과 같이, 당신이 하나님께 말씀하시게 한다면, 그 분은 당신에게 하실 말씀이 많을 것이다.

주님, 나는 당신이 나에게 말씀하실 중요한 것들이 있음을 아나이다. 내가 그 말씀을 듣도록 도와 주시옵소서.

하나님의 음성을 듣기

본문읽기 ★ 마 6:5-13

요절 ★ 너는 기도할 때에 네 골방에 들어가 문을 닫고 은밀한 중에 계신 네 아버지께 기도하라 은밀한 중에 보시는 네 아버지께서 갚으시리라 (마 6:6)

당신이 강당 중앙에서 수 천명에게 둘러 쌓여 있다고 상상해 보라. 만약 거기에 있는 모든 사람들이 동시에 말하고 있었다면, 많은 군중들 중에서 어떤 사람의 음성을 듣는다는 것이 가능할까? 더우기 당신은 결코 다른 사람의 소리를 구별할 수 없을 것이다.

이와 같은 원칙이 기도생활에도 적용된다. 일상 생활에서 우리의 주목을 끄는 수없이 많은 소리에 둘러 쌓여 있다. 자녀들은 울며 요구하고, 피고용자들이 요구하며, 우리의 사랑하는 사람이 열망한다. 이 모든 요구들 때문에, 때때로 하나님의 음성이 아주 작아지거나 먼 것처럼 보이는 것이 놀라운 일인가?

효과적인 묵상을 하려면 격리된 장소가 요구된다. 만약 우리가 일상생활을 벗어나서 다른 시간을 갖지 않는다면, 하나님의 음성을 듣는 것은 힘들 것이다.

예수님은 격리의 필요를 잘 알고 계셨다. 제자들에게 기도하는 법을 가르치면서, 그들에게 골방으로 들어가서 문을 닫으라고 말씀하셨다. 그분은 진정으로 아버지와 교통하기 위해 생활에서 벗어나서 짧은 시간을 가지는 것이 필요하다는 것을 알고 계셨다. 그런데 오늘날은 이와 반대가 되고 있다. 휴대폰, 이메일 그리고 다른 과학의 발달은 지속적인 교통에 있어서 우리에게 축복과 재앙을 함께 가져 왔다.

오늘 이 시간에 텔레비전, 핸드폰 그리고 컴퓨터를 끄고 단순하게 하나님의 음성에 귀를 기울이라.

주님, 나는 수많은 소리들로 둘러쌓여 있어서 주의할 필요가 있나이다. 오늘 나로 멈추어서 귀를 기울여서 당신의 음성을 듣도록 도와 주시옵소서.

가만히 있으라

본문읽기 ★ 시 46:1-11

요절 ★ 이르시기를 너희는 가만히 있어 내가 하나님 됨을 알지어다 내가 뭇 나라 중에서 높임을 받으리라 내가 세계 중에서 높임을 받으리라 하시도다 (시 46:10)

"지금 여기에 서 있지 말고 무엇인가 좀 하렴!" 이것이 이 시대에서 행동하라는 친밀한 요구이다. 그런데 우리가 이런 생각의 방식을 영적인 삶에 강요할 때 본래부터 위험성이 있다.

너무 자주 우리가 그 믿음을 선언하든지 안하든지, 하나님이 우리의 도움을 필요로 하는 것처럼 행동한다. 사실상, 우리는 교만한 자세로, "좋아요, 하나님. 나는 이것이 당신이 원하시는 것이라고 생각합니다. 그래서 나는 그것을 위하여 일하고 또 일하겠습니다."라고 외친다.

우리 마음의 뒤편에 전통적으로 전해 들어오던 충고가 있는데, "하나님은 스스로 돕는자를 돕는다."는 말이다. 사실 그리스도인의 대부분이 이 충고가 성경에 있다고 믿는다. 그러나 그 말은 성경에 없다.

실제로 이 말은 100퍼센트 하나님의 말씀과 대치된다. 하나님은 우리에게 가만히 있으라고 말씀하신다.

아버지는 우리가 스스로 도울 수 없음을 아신다. 그것이 하나님께서 그분의 아들을 보내셔서 죽게 하신 바로 그 이유이다. 우리는 죄의 상태를 개선하는데 전혀 도움이 되지 않기 때문이다(롬 5:8).

우리가 하나님의 뜻을 구한다면, 그분 앞에서 가만히 있으라고 하시는 중요한 부르심을 잊지 말아야 한다. 그의 존전(尊前)에서 가만히 있을 때, 가장 가르침을 잘 받을 수 있는 자리에 자신을 놓는 것이 된다.

당신은 너무 바쁘기 때문에 하나님과의 교제를 계속하지 못하고 있는가? 당신의 노력을 내려놓고 가만히 있으라. 침묵 속에서 발견하게 되는 것은 당신이 예배로의 부르심에 큰 개혁을 가져오게 될 것이다.

주님, 나는 내 자신의 노력을 멈추겠나이다. 나는 당신 앞에 조용히 서서 기다리겠나이다. 기다릴 줄 아는 지혜를 주시옵소서.

친밀한 교제의 축복

본문읽기 ★ 엡 1:16-19

요절 ★ 이것을 너희에게 이르는 것은 너희로 내 안에서 평안을 누리게 하려 함이라 세상에서는 너희가 환난을 당하나 담대하라 내가 세상을 이기었노라 (요 16:33)

하나님과의 교제는 매일 매일의 생활에 아주 많은 영향을 끼친다. 우리가 하나님에게 초점을 맞추어 말씀을 듣는데 시간을 보내게 되면, 섬세하고도 놀라운 변화가 삶 속에서 일어나기 시작한다.

● 경건한 관점을 갖기 시작한다. 사도 바울은 확실히 이것을 염두에 두고 있었다. 엡 1장16-19절에서 바울은 하나님의 관점을 수용하기 위해 자신과 다른 사람을 위해 열심히 기도했음을 알 수 있다. 우리가 밝은 시각으로 보게 되면, 문제들을 다루는 법을 깨닫게 되고 온 세상은 훨씬 분명하게 드러나게 된다.

● 하나님과 교제하는 것은 생활 속에서 받는 압박을 없애는 길이기도 하다. 예수님은 제자들이 우리들의 경우처럼, 세상의 문제에 직면하게 될 것을 경고하시면서 두려워하지 말라고 확신을 주셨다. 그리스도께서 이미 정복하신 적들을 왜 두려워하는가?(요 16:33)

● 묵상은 평화를 가져온다. 이렇게 불안한 세상에서 자주 평화가 없음을 깨닫게 된다. 예수님은 진정한 평화는 오직 그분 안에서만 찾을 수 있다고 약속하셨다(요 14:27). 세상은 참 평안을 줄 수 없을 뿐만 아니라, 바울도 세상은 하나님의 평안을 이해할 수 없다고 말했다(빌 4:7).

개인적인 만족을 위해 주님과 교제하는 것이 유일한 이유가 되어서는 안되겠지만, 주님과의 친밀한 교제는 축복을 받는 길이 된다는 것도 부정할 수도 없다.

사랑하는 주님, 나로 당신의 음성을 듣고, 당신과 동행하면서 친밀한 교제를 나누게 해주심을 감사하나이다.

02

용서에 이르는 길

너희가 사람의 잘못을 용서하면
너희 하늘 아버지께서도 너희 잘못을 용서하시려니와
너희가 사람의 잘못을 용서하지 아니하면
너희 아버지께서도 너희 잘못을
용서하지 아니하시리라 (마 6:14-15)

하나님 앞으로 가는 길

본문읽기 ★ 요 1:1-9
요절 ★ 내가 이르기를 내 허물을 여호와께 자복하리라 하고 주께 내 죄를 아뢰고 내 죄악을 숨기지 아니하였더니 곧 주께서 내 죄악을 사하셨나이다 (셀라) (시 32:5)

당신은 매 주일 교회에 출석해서 그리스도의 사랑을 고백하지만, 그분의 사랑을 다른 사람들에게 나타내지 않는 사람들을 알고 있다. 이 사람들 중의 한 사람이 당신일 수도 있다.

사람들이 당신을 통해서 흘러나오는 하나님의 사랑을 체험하지 못하는 중요한 이유는 분개와 원한의 장애물이 그것을 막기 때문이다. 당신이 분개할 때, 스스로를 고통으로부터 보호하기 위해서 마음의 주위를 둘러싸는 벽을 쌓는 것이다. 벽을 쌓게 되면 세상에서 고립되고 결국 고독과 무력감에 이르게 된다.

당신이 자신을 용서하지 않은 밀실로 밀어 넣을 때, 당신은 옥중에서 일하고 교제하고, 예배하는 것이 된다. 그러나 이런 처지에 있을 필요는 없다. 성경에서 예수님이 포로를 자유케 하기 위해 오셨다는 것을 안다. 그분은 거룩한 사랑과 용서를 통해 그렇게 하셨다.

가장 타락한 자들을 용서하기까지 하시는 예수님의 능력은 당신에게도 적용된다. 만약 당신이 자신의 분노와 적개심에 포로가 되어 있다면, 주님이 당신의 용서를 위해 필요한 사랑으로 태도를 변화하시게 하라. 그렇게 하면 당신은 하늘에 계신 아버지의 사랑을 체험할 것이요, 동시에 다른 사람 곧 당신에게 상처를 입힌 사람들까지도 그 사랑을 나누어주는 도구가 될 것이다. 용서는 하나님 앞으로 들어가는 통로이다.

사랑하는 주님, 나에게 용서의 능력을 주시옵소서. 나에게 다른 사람을 용서할 수 있는 사랑을 주시옵소서.

상처의 치유

본문읽기 ★ 엡 4:26-32

요절 ★ 서로 친절하게 하며 불쌍히 여기며 서로 용서하기를 하나님이 그리스도 안에서 너희를 용서하심과 같이 하라 (엡 4:32)

운전할 때 당신을 앞지르는 운전자, 당신의 성미를 건드리는 친척, 당신을 짜증나게 만드는 동역자든지 언제나 당신의 삶에서 용서를 필요로 하는 사람이 있을 것이다.

때때로 용서는 인색하게 베풀어지고, 분노는 곧 잊혀진다. 그럼에도 불구하고 때때로 깊은 상처의 뿌리는 널리 퍼지고 고통이 당신의 마음을 단단히 붙잡게 되어, 화해가 점점 어렵게 됨을 보게 된다.

닥 하마스졸드(Dag Hammarskjold)는 "용서는 인과관계의 사슬을 끊는다. 왜냐하면 사랑으로 당신을 용서하는 사람은 당신이 행한 일의 결과를 그 자신이 떠맡게 되기 때문이다. 그러므로 용서는 항상 희생을 필요로 한다."로 하였다.

에베소서 4장 32절에서 선언하기를, "서로 친절하게 하며 불쌍히 여기며 서로 용서하기를 하나님이 그리스도 안에서 너를 용서하심과 같이하라." 고 하였다.

용서는 그리스도께서 당신을 구원하신 한없는 은혜를 생각할때, 가장 쉽게 줄 수 있는 것이다. 각 사람은 자신이 행한 죄를 알고 있다. 그럼에도 불구하고 그리스도는 그의 자녀에 대한 비할 수 없는 사랑으로 인해 값없이 용서해 주신다. 그분은 먼저 당신의 죄를 용서하시고, 그리고 나서 다른 사람을 용서하는 법을 가르침으로 당신의 상처를 치유해 주시는 것이다.

용서는 실제적으로 평생 우리의 삶을 유지하게 하시는 하나님의 은혜이다.

주님, 나에게 다른 사람을 향한 분노와 적개심을 포기하고, 버릴 수 있는 능력을 주시옵소서. 그래서 내가 당신의 은혜의 거울이 되어 비추이게 해 주시옵소서.

숨은 곳(은신처)에서 나오기

본문읽기 ★ 창 3:8-13

요절 ★ 이르되 내가 동산에서 하나님의 소리를 듣고 내가 벗었으므로 두려워하여 숨었나이다 (창 3:10)

아담과 하와는 그들의 은신처가 발각되지 않기 위해 온갖 노력을 다했다. 곧바로 서늘한 시간에 변함없이 친밀한 음성이 그들을 불렀다. 아담과 하와는 마침내 여호와 하나님을 대면해야만 한다는 것을 알았다. 창 3:10절에서 아담은 그가 벌거벗었으므로 두려워하여 숨었다고 설명했다.

아마도 당신은 숲 속에 숨지 않고 무화과나무 잎을 엮어서 가리지 않았겠지만, 대부분은 그것이 그들의 가장 사적이고 은밀한 생각, 실수 그리고 실패들을 숨기려고 하는 것이라고 이해하고 있다. 깊은 상처가 노출되고 사람에게 부끄럽게 보이게 될 것이라는 두려움에 어떤 사람은 방어적인 반응 뒤에 숨기도 한다. 당신은 생각한다. 이것은 내가 가야 할 길이다. 나는 힘든 삶을 살아 왔다. 그리고 나는 변할 수 없다.

그런데 성경은 각 사람은 경건한 삶을 살 책임이 있다고 권고한다. 다른 말로 하면, 각 사람은 하나님을 존경하는 태도로 반응하는 능력이 있다. 제임스 린네하르트(James Rhinehart)는 충고하고 있다. "나는 우리의 경력과 환경은 누군가에게 영향을 미치고 있을지 모른다. 그러나 우리는 어떤 사람이 되는가에 대해 책임이 있다."

하나님은 당신을 부르시고, 그분은 당신이 숨은 곳에서 밖으로 나오기를 원하신다. 당신은 정말 하나님 앞에 이르기까지 당신 자신을 개방하겠는가?

주님, 나는 당신이 의의 옷을 덮입기 위해 나의 연약함을 덮을 부드러운 무화과나무 잎을 당신에게 간구하나이다.

은혜의 필요

본문읽기 ★ 요일 4:17-21

요절 ★ 누구든지 하나님을 사랑하노라 하고 그 형제를 미워하면 이는 거짓말하는 자니 보는 바 그 형제를 사랑하지 아니하는 자는 보지 못하는 바 하나님을 사랑할 수 없느니라 (요일 4:20)

당신의 인생에서 항상 가장 좌절감을 느낄 정도로 당신을 화나게 하는 사람이 있을 것이다. 그는 효과적으로 분노케 하고, 두렵게 하고, 화나게 하는 법을 알고 있을 것이다.

당신은 그를 미워 하는 충동이 생기고, 아마 복수하려는 마음까지 들 것이다. 그런데 성경은 요한일서 4장 20절에서 그런 당신에게 강력하게 경고하고 있다. "만약 당신이 하나님을 사랑한다고 말하면서, 당신의 형제를 미워한다면, 정말 하나님을 사랑하는 것인가?"

당신의 인생에서 이런 사람은 적이 아니다. 왜냐하면 당신에게는 인간이라는 적은 없기 때문이다. 오히려 이 사람은 인생에서 하나님께서 당신 안에 있는 경건을 자라게 하고 믿음으로 행할 수 있게 할 것이다.

웨인 W. 다이어는 이렇게 설명하고 있다. "유일하게 비난받아야 할 것은, 당신이 불행이나 좌절을 설명하기 위해 외적인 원인들을 찾을때, 초점을 당신에게서 멀어지게 하는 것이다." 당신이 그를 비난함으로 다른 사람에게 어떤 것에 대해 가책을 느끼게 하는데는 성공할지 모르나, 당신을 불행하게 하고 있는 자신의 것을 변화시키는데는 성공하지 못할 것이다.

당신을 분노하게 하는 사람은 은혜가 필요한 사람이다. 경건한 방법으로 그 사람을 다루실 하나님을 온전히 신뢰하라. 그러나 당신에게 틀림없이 요구되는 것이 있다. 하나님이 당신에게 용서할 능력을 주심을 믿으라.

오! 아버지, 나는 나를 화나게 하는 사람을 사랑할 수 없나이다. 당신만이 나에게 그들을 사랑할 힘을 주실 수 있나이다.

삶의 바른 방법

본문읽기 ★ 눅 6:27-31
요절 ★ 그러나 너희 듣는 자에게 내가 이르노니 너희 원수를 사랑하며 너희를 미워하는 자를 선대하며 (눅 6:27)

당신이 만나는 사람마다 고된 싸움을 벌이고 있다고 말할 수 있다. 그런데 어떤 사람은 분명하건대 당신이 싸우고 있는 싸움을 더욱 힘들게 만들고 있다. 하나님은 모든 사람이 구원을 받기를 원하심에도 불구하고, 그들이 하나님께 거역하기 때문에 그들의 열매가 악한 것이다.
누가복음 6장 27절에, 예수님께서 그를 따르는 자들에게 원수를 사랑하라고 명령하셨다. 그분은 당신의 생명을 빼앗기 원하는 사람과 직접적인 관계를 맺는 것이라고 이해하셨다. 당신이 그들을 변화시킬 수는 없지만, 그들에 대한 반응은 통제할 수 있다.
십자가 위에서, 예수님은 아버지에게 핍박자들을 용서해 달라고 구하셨다. 이 땅에서 당신은 그리스도가 하신 것처럼 행하라고 가르침을 받는다. "사랑하는 자들아, 너희 스스로 원수를 갚지 말고, 오히려 진노하심에 맡기라. 이는 기록된바, '원수 갚는 일이 내게 속하였으니, 내가 갚으리라.' 주님이 말씀하시노라. '그러므로 만약 네 원수가 굶주리거든, 그를 먹이라. 만약 그가 목마르거든, 그에게 마실 것을 주라. 이는 그리함으로 당신이 그의 머리에 숯불을 쌓는 것이다.' 악에게 지지 말고 선으로 악을 이기라"(롬 12:19-21).
그리스도의 대표자로서,당신은 어떻게 반응하느냐에 대한 책임을 지고 있다. 그러므로 다른 사람이 너를 비난할 원인을 제공하지 말라. 도리어 선을 행하라. 그리함으로 어떻게 사는 것이 옳은 방법인지를 보여주라.

주님, 만약 내가 나를 미워하는 사람을 미워하면, 어떻게 세상을 변화시키겠습니까? 나의 마음을 들어 당신의 특별한 방법으로 사랑하도록 빚어 주시옵소서.

당신의 가장 충성스러운 동역자

본문읽기 ★ 딤후 2:24-26

요절 ★ 오직 너희는 원수를 사랑하고 선대하며 아무 것도 바라지 말고 꾸어 주라 그리하면 너희 상이 클 것이요 또 지극히 높으신 이의 아들이 되리니 그는 은혜를 모르는 자와 악한 자에게도 인자하시니라 (눅 6:35)

누가복음 6장 35절에, 예수님은 제자들에게, 그들이 되돌려 받을 것을 포기하고, 원수를 사랑할 것을 가르치셨다.

예수님이 회개하기 위해 나오는 자들에게 문을 여시기 위하여 친절함으로 핍박하는 자들을 대우하신 모범을 보이셨다. 그분은 제자들에게 언제든 원수가 친구가 될 것이라는 소망을 가지고 적들에게 은혜를 베풀라고 가르치셨다.

비록 종종 사람들과 충돌하는 것을 극복할 수 없을지라도, 하나님의 능력과 은혜는 사람의 생각을 초월하여 일을 할 수 있다. 제자들은 곧바로 그리스도인을 핍박하던 사울이 그리스도 중심의 사람 바울로 변화되었을 때에야 이 진리를 충분히 알게 되었다.

이 놀라운 은혜를 받은 후, 바울은 기록하였다. "주의 종은 마땅히 다투지 아니하고 모든 사람에 대하여 온유하며 가르치기를 잘하며 참으며 거역하는 자를 온유함으로 훈계할지니 혹 하나님이 그들에게 회개함을 주사 진리를 알게 하실까 하며 그들로 깨어 마귀의 올무에서 벗어나 하나님께 사로잡힌 바 되어 그 뜻을 따르게 하실까 함이라" (딤후 2:24-26).

당신이 다른 사람을 용서하고 사랑하는 것은 그들을 구원하시고자 하는 주님의 뜻인 것이다. 그러므로 모든 사람에게 친절하고 온유하라. 당신은 곧 당신의 가장 큰 적이 당신의 가장 충성스러운 동료가 된다는 것을 알게 될 것이다.

주님, 내 안에 성령의 역사가 나의 원수를 주님께로 인도하기 위하여, 나의 용서하지 못하는 마음을 사랑의 마음으로 만들어 주시옵소서.

용서의 선물

본문읽기 ★ 시 130:1-8
요절 ★ 여호와여 주께서 죄악을 지켜보실진대 주여 누가 서리이까 그러나 사유하심이 주께 있음은 주를 경외하게 하심이니이다 (시 130:3-4)

때때로 호의적인 성도들이 어떤 일이나 사람에게 화를 내는 것을 '의로운 분노'라고 공언한다. 그들은 심지어 예수님 자신이 성전에서 돈 바꾸는 자들의 책상을 엎으시고 종종 종교지도자들을 책망하신 것을 언급한다.

그런데 예수님은 완전하신 분이고 우리는 그렇지 않다. 우리의 분노와 화의 문제는 종종 우리의 마음을 상하게 할 때까지 끓어오르게 한다는 것이다. 누가 우리에게 죄를 짓거나 악을 행하면 눈섭을 치켜 세우고, 상징적인 예복을 끌어당기게 하고 우리 압박자보다 우리 자신을 더 중히 여기도록 유혹을 받을 수 있다.

너무 자주 우리는 오랫동안 부글부글 끓게 함으로 상황을 악화시킨다. 한 목사님은 이것을 아주 잘 익은 과일을 사서, 한 달 동안 조리대 위에 있는 용기에 놓은 것에 비유했다. 한번 잘익고 완전히 알맞게 된 것을 발효되게 내버려두면, 그것은 쓴 맛을 내게 되고 부패하게 된다.

용서는 하나님의 아들, 예수 그리스도의 흘리신 보혈을 통해 주신 하나님의 선물이다. 그분은 우리가 우리에게 죄지은 자를 용서하기를 기다리신다. 우리는 교만이 우리의 태도에 영향을 미치게 할 수 없다. 용서와 같이 귀한 선물을 주기 위해 겸손이 요구된다.

우리가 끊임없이 뒤돌아보고 우리가 어떻게 대우를 받았는가를 숙고할 때 현재의 직분을 다하고 미래를 바라보는 것은 어렵다. 하나님은 우리에게 해가 지도록 분을 품지 말라고 말씀하시는데, 당장에 그것을 처리하기를 원하신다. 냉소, 분노와 노여움은 문제를 신속하게 처리하지 못한 결과물들이다. 그러나 부드러운 마음의 적당한 시기는 나무랄 데가 없다.

주님, 냉소, 분노와 노여움으로부터 나를 정결케 하시옵소서. 당신이 나를 용서하신 것같이 다른 사람을 용서하도록 도와 주시옵소서.

용서의 결과

본문읽기 : 롬 6:1-6

요절 ★ 우리가 알거니와 우리의 옛 사람이 예수와 함께 십자가에 못 박힌 것은 죄의 몸이 죽어 다시는 우리가 죄에게 종 노릇 하지 아니하려 함이니 (롬 6:6)

아마도 당신은 사랑하는 사람으로부터 상처를 받은 적이 있을 것이다. 만약 당신이 그 문제를 쉽게 다루지 않았다면, 어떤 애통이 당신의 마음 속 깊은 곳에 뿌리를 내리고 있을 가능성이 있다.

용서하지 않는 마음의 결과는 가혹하다. 먼저 만약 당신이 다른 사람을 향해 마음을 완악하게 한다면, 특히 고통의 원인과 관련이 있는 것처럼 감정적인 속박으로 고통당하는 것을 예측할 수 있을 것이다. 그리스도 안에 있는 기쁨과 자유는 당신이 적개심과 조소를 품음으로써 제한될 것이다. 이것은 당신의 인생을 통하여 마비시키는 결과를 가져올 수 있다.

용서치 못함이 미치는 가장 나쁜 영향 중의 하나는 하나님과의 교제를 해친다. 그분은 우리의 죄를 위해 결정적인 희생물을 주셨고 그리스도의 십자가의 죽음을 기억하고, 다른 사람이 구하지 않았을 때에도, 은혜롭게 그들에게 용서를 베풀기를 기대하신다. 십자가의 그늘 아래 살아가는 동안 원한을 품는 것에 대해 어떤 정당한 합리화도 있을 수 없다.

용서하지 못함은 또한 관계의 단절로 이르게 한다. "미안합니다. 나를 용서해 주세요"라는 말은 표현하기 매우 어려운 말이다. "나는 당신의 사과를 받아들이고, 당신을 용서합니다"란 말도 겸손과 성령의 인도하심을 따른 마음과 생각이 요구되는 것이다. 서로가 이런 태도로 문제를 다루어 갈 때,하나님이 더 온전한 사랑으로 관계를 회복시킬 수 있다. 예수님은 세상의 죄를 짊어지셨으니, 결과적으로 우리는 사랑과 자유를 증명해야 한다.

사랑하는 하늘에 계신 아버지, 용서하고 용서를 받아들일 수 있도록 도와주시옵소서. 나는 가난한 세상에 당신의 사랑을 증명하기를 원하나이다.

자신을 용서하기

본문읽기 ★ 시 51:1-19
요절 ★ 하나님이여 주의 인자를 따라 내게 은혜를 베푸시며 주의 많은 긍휼을 따라 내 죄악을 지워 주소서 (시 51:1)

범죄는 빽빽한 안개처럼 낀다. 다윗은 다른 사람의 아내를 취하고, 살인을 저지르고, 그의 행위가 발견되지 않았다고 확신함으로 하나님께 소름이 끼칠 만한 죄를 지었다. 하나님께서 다윗 왕의 양심을 일깨우기 위해 나단 선지자를 보내셨을 때 구원의 탄식을 자아냈다.

마음이 부서지고 깨어진 다윗은 무릎을 꿇었다. 지금 어떻게 내가 하나님께 가까이 갈 수 있을까? 내가 주님과의 관계가 완전하게 깨졌는가? 하고 생각했을 때 마음에 두려움이 몰려왔다.

오직 범죄한 다윗은 부서지고 회개하는 마음으로 주님께 다가갔다. 그는 기도하기를, "하나님이여 주의 인자를 좇아 나를 긍휼히 여기시며 주의 많은 자비를 좇아 내 죄과를 도말하시옵소서" (시 51:1)라고 하였다.

다윗은 정결한 마음을 구한 후(10절), 담대하게 하나님이 그를 회복시킬 수 있고 회복시킬 것이라는 믿음을 고백했다. 하나님은 죄를 사해주셨을 뿐만 아니라, 적극적으로 다윗을 계속 사용하셨던 것이다. 그는 범죄와 수치에도 불구하고, 다윗의 실패는 주님을 섬기는 일에서 좇아낼 수 없었다. 하나님이 그를 용서하셨으므로 그는 자신을 용서할 수 있었다.

범죄가 하나님이 주신 용서의 기쁨을 온전하게 경험하지 못하게 한다면, 오늘 그 족쇄를 끊고 죄의 속박을 피하는데 있어서 도움을 구하라.

주 예수님, 나는 지은 죄와 무가치한 것들을 내놓습니다. 나는 나를 위해 주신 당신의 희생으로 인해 정결하게 됨을 감사드리나이다.

변함없는 사랑

본문읽기 ★ 롬 6:7-12
요절 ★ 그러므로 이제 그리스도 예수 안에 있는 자에게는 결코 정죄함이 없나니 (롬 8:1)

하나님이 다윗의 죄를 드러내신 후, 다윗의 마음은 죄책감으로 가득찼다. 그의 영혼은 그가 행한 것으로 부수어졌고, 죄의 증거와 회개하는 과정들을 사무엘하 11-12장에서 볼 수 있다.

핵심은 다윗의 수치감이 너무 커서 부르짖기를, "내가 오직 주께만 죄를 지었다"(삼하 12:13)고 했다. 다윗이 그의 죄를 부정하거나 변명하지 않았다는 것을 주목하라. 그는 행한 일을 모두 자백하고 하나님의 용서를 구했다. 우리가 주께 죄를 고백하는 것은 본질적으로 우리의 행위가 악하고 주님의 도덕적인 기준을 지키지 않았음을 주님께 동의하는 것이다. 우리가 우리 죄를 인정하고 결정적으로 그곳에서 돌이키는 것이 이 지점인 것이다. 이것이 다윗이 행한 것이다.

죄는 결과가 있다. 밧세바는 다윗의 아기를 나았지만 후에 죽었다. 다윗은 그의 죄와 관련된 그 슬픔을 견디어야만 했을 뿐만아니라 또 그의 아들의 죽음을 직면해야만 했다. 그럼에도 불구하고 우리는 죄와 수치로 몸부림치는 다윗의 말을 들을 수 없다. 그는 겸손히 하나님의 용서를 구했고 그러고 나서 그는 하나님이 그를 왕으로 부르심에 합당한 왕이 될 것을 결심했던 것이다.

당신이 범죄할 때, 다윗처럼 기도하라. 하나님의 자비가 당신을 지키실 줄을 알라. 고백과 회개만이 희망이다. 당신이 하나님의 용서를 구하는 순간, 그는 당신을 회복시키신다. 그리고 당신이 실패해도 그분의 사랑이 변하지 않는다는 것을 알게 될 것이다.

주님,내가 죄에 빠져있을 때 당신의 용서를 구하나이다. 나는 뒤를 돌아보지 않고, 당신과 함께 전진하기를 원하나이다.

당신은 용서를 받았다

본문읽기 ★ 골 3:5-9
요절 ★ 우리가 아직 죄인 되었을 때에 그리스도께서 우리를 위하여 죽으심으로 하나님께서 우리에 대한 자기의 사랑을 확증하셨느니라 (롬 5:8)

많은 사람이 고린도전서 6장 9-10절에 있는 죄의 목록을 읽고 두려움에 떨게 된다. 다른 이는 그 목록을 읽고 안도의 한숨을 쉬게 된다. 왜냐하면 그들의 죄들이 그곳에 없기 때문이다. 불행하게도 사도 바울은 갈라디아서 5장 19-21절, 에베소서 5장 3-5절 ,골로새서 3장 5-9절에서 죄악의 종류를 계속 열거하였다.

이 구절들을 모두 열거해 보면, 모든 성도가 그들의 삶 속에서 어떤 형태로든지 죄를 가지고 있음이 매우 분명해진다. 바울은 죄에 대해 매우 엄격한 입장을 취하고 있다. 이 많은 구절에서, 그는 하나님의 나라에 들어가지 못하는 죄인들을 언급한다. 이것은 최후의 형벌이며 우리 각자가 받을 댓가이다.

그런데 고린도 교회에 던진 희망은 오늘날 우리의 희망이기도 하다. 우리는 예수님의 보혈로 씻음을 받았다. 그것은 우리의 죄의 오점을 제거하고 있고, 그리스도와의 연합이 우리를 하나님의 백성으로 이끌기 때문에 성화되고 있으며, 우리를 창조주 하나님과 회복되고 개인적인 관계로 이끌기 위해 그리스도의 십자가로 말미암아 의롭다함을 얻게 된 것이다.

용서함을 받았다는 것을 아는 것은 기쁜 일이다. "우리가 아직 죄인되었을 때, 그리스도께서 우리를 위해 죽으셨다"(롬 5:8). 우리가 누구이며 무엇을 해야 하는가를 아시고, 사랑의 아버지는 우리를 구원하시기 위해 아들을 보내셨던 것이다. 바로 하나님께서 이미 그리스도 안에서 당신을 용서하신 것처럼, 스스로를 용서해 주시기를 하나님께 구하라.

주 예수님, 당신의 죽음과 부활을 통하여 당신은 나의 영혼을 정결케 하셨고 죄의 오점을 없애 주셨나이다. 감사하나이다.

용서의 은혜

본문읽기 ★ 롬 6:13-17

요절 ★ 너희 자신을 종으로 내주어 누구에게 순종하든지 그 순종함을 받는 자의 종이 되는 줄을 너희가 알지 못하느냐 혹은 죄의 종으로 사망에 이르고 혹은 순종의 종으로 의에 이르느니라 (롬 6:16)

살아가면서 우리는 오래된 속담을 들어왔다. "세월이 약이다." 이것이 종종 진실한 것처럼 들리지만, 확실한 것은 포괄적인 법칙은 아니다. 실제로 상처를 치료하는데 있어서 시간의 효율성이 무의미할 수도 있다. 더욱 실제로 상처를 치유하기 위해 하나님의 능력에 역행될 수도 있다.

우리에게 이런 것을 하게 하는 원인이 무엇인가? 그것은 용서의 문제이다. 우리가 삶을 지배하는 용서치 않는 상처를 허용할 때, 사실상 우리는 "나는 이 고통에서 자유롭게 되기를 원하지 않는다. 나는 그것을 유지하고, 소중히 다루고, 먹이를 주며 그것이 자라도록 돕기를 원한다. 그리고 나서, 적절한 때가 되면, 나는 이 고통을 누군가에게 떠넘겨서 그도 불행을 겪기를 바란다."고 말하는 것과 같다. 아마 우리는 실제로 이런 의도를 말하는 것은 아니지만, 느낌은 같은 것이다. 우리는 용서하지 않겠다. 그 결과로 우리는 날마다 새롭게 고통을 당하는 것이다.

그리스도인으로서, 하나님이 우리 죄를 용서하실 뿐만 아니라 그것을 완전히 잊으셨다고 우리는 찬양한다. 시편 103편 12절에 따르면, "동이 서에서 먼 것같이 그분께서 우리의 범죄들을 우리에게서 멀리 옮기셨다."고 하신다. 하나님이 우리를 용서할 때,우리의 죄와 실패들을 완전히 없애주신다. 오늘 하나님이 당신의 마음에서 당신에게 고통을 주는 용서하지 않는 죄들을 드러나게 해주시기를 구하고, 용서와 잊을 수 있는 은혜를 구하라.

주님, 나로 당신이 나와 이웃의 영혼을 자유케 하신 그것을 다시 용서치 않고 얽어매는 족쇄를 사용하지 않게 하시옵소서.

부를 나누기

본문읽기 ★ 롬 6:18-23
요절 ★ 죄의 삯은 사망이요 하나님의 은사는 그리스도 예수 우리 주 안에 있는 영생이니라 (롬 6:23)

이 주간 누가 당신에게 상처를 입혔는가? 잘못한 사람이 미안해 하지도 않고, 의도적인 것처럼 보였는가? 정면에서 우리를 공격한 사람들에 대해 어떻게 반응해야 한다고 생각하는가?

아마 일어나서 소리칠 것이다. "옳지 못하구나! 나는 결백하다. 그런데도 당신은 나에게 깊은 상처를 입혔다!" 우리가 다른 사람에게 잘 해주었으므로 남이 나에게 잘 해주기를 어리석게도 기대했는지 모른다. 우리는 C. S. 루이스의 《거대한 분리》에서, "나는 오직 내 권리만을 원한다. 나는 어떤 사람의 자비를 구하지 않는다."라고 선언하는 인물과 같다.

우리가 보답을 받을만한 것을 찾아내는 것이 얼마나 미친짓인지! 우리 자신이 얼마나 남에게 상처를 입히고, 악의가 있으며 반항적인 사람인지를 얼마나 쉽게 잊는지 모른다. 로마서 3장 23절의 "모든 사람이 죄를 범하였으매 하나님의 영광에 이르지 못하더니"를 기억해 보라. 우리는 어떤 개인이 개인적으로 우리에게 상처를 입힌 것보다 훨씬 더 주님에게 상처를 입혔다. 우리가 무엇을 할 만한 자격이 있는가? 로마서 6장 23절에,"죄의 삯은 사망이요"라고 했다. 주님을 거역한 것은 오직 사망에 해당한다는 것이다. 그러나 우리는 자비의 하나님을 섬긴다. "하나님의 선물은 예수 그리스도 우리 주 안에 있는 영생이다."

에베소서 4장 32절은 "하나님이 그리스도 안에서 너희를 용서하신 것처럼" 다른 사람을 용서할 것을 명령하면서 끝맺는다. 당신은 이미 용서를 받았다. 이제 밖으로 나가서, 다른 사람에게 용서하심을 전파하라.

주님, 나는 용서나 공평함을 나의 권리라고 주장할 권리가 없나이다. 나로 나의 요구를 주장하지 않고, 다른 사람에게 줄 선물이 있음을 마음에 새기게 하시옵소서.

값이 지불되었다.

본문읽기 ★ 고전 6:9-11
요절 ★ 값으로 산 것이 되었으니 그런즉 너희 몸으로 하나님께 영광을 돌리라 (고전 6:20)

자, 당신은 집을 향해서 각 주간(Interstate-미국 주와 주: 역주)을 운전하고 있다. 제한 속도는 100km이다. 그러나 당신은 120km의 속도로 달리고 있다. 그때 생각치도 않은 일이 일어난다. 당신은 한 경찰차를 추월해서 달린다. 곧 당신의 눈은 백미러에 시선을 보낸다. 그가 나를 보았을까? 그의 차가 길을 바짝 대었는가? 이런 장면은 대부분 우리에게 종종 일어나는 것이다. 이 순간에 때로는 우리는 가장 분명하게 자기 합리화를 주장 하게 된다.

사실은 경찰이 더 뛰어나게 사실을 설명하게 되는데, 운전자는 속도위반을 했다고 생각하지 않는다. 비록 당신이 이 단순하고 사소한 법규를 알지라도, 경찰은 당신이 제한 속도를 안지켰음을 확인하기 위해서, 아마도 당신의 속도계를 보라고 할 것이다. 당신이 속도를 위반했든 안했든, 당신은 항상 순찰차가 어디 있는지를 생각할 것이고, 그것이 안전하게 당신 뒤에 있으면 항상 더 편한 느낌이 들 것이다.

이것이 영적 생활인 것처럼 생각되는가? 세상에서 어떻게 염려없이 지낼 수 있고, 순간 영적인 각성을 하게 된다. 주님께서 지금 나타나시면, 그분이 당신을 따라 잡을 수 있겠는가?

당신의 모든 행위를 보고 계신다는 점에서 보면, 예수님이 항상 당신 곁에 계신 것을 알 수 있도록 도움을 구하라. 그렇지만 여기 생각지 않은 선물이 있다. 예수님이 당신에게 영적인 '교통위반 카드' 를 주신다면, 당신이 이미 용서받았음을 기뻐하라. 그분이 이미 값을 지불하셨다.

주님, 내가 인생의 도로를 운전할 때 당신이 나의 자동차 여행에서 경찰관이신 것처럼 여기고 내 인생을 살게 해 주시옵소서.

당신이 비방을 받았을때

본문읽기 ★ 요 13:31-35
요절 ★ 새 계명을 너희에게 주노니 서로 사랑하라 내가 너희를 사랑한 것 같이 너희도 서로 사랑하라 (요 13:34)

당신은 동료 그리스도인에 의해 심하게 비난을 받은 적이 있는가? 만약 그렇다면, 친구가 당신에게 퍼부은 독선적인 정죄로 인해, 고통스럽고, 화나는 일임을 안다. 많은 불신자들이 곤욕을 끼치는 성도들의 행동의 결과로 십자가에서 떠나가고 있다.

마하트마 간디(Muhatma Ghandi)가 이전에, 그가 예수님을 좋아했으나 그가 만난 기독교인을 받아들일 수 없었다고 말한 적이 있다.

훈련은 언제나 분명한 행동으로 향하게 하고, 사랑에 뿌리를 박고 있다. 예를들면, 진정으로 관심을 가지고 있음을 보여주는 식으로 부정직이란 문제에 관해 어떤 친구에게 말한다면 유익한 것이 될 수 있다.

반면에, 비방은 사람을 향하게 하고 비방하는 사람의 분노와 증오에 뿌리를 두고 있다. 다른 사람에게 그들이 당신과 다른 옷을 입거나 음악의 취미가 다르다는 이유로 경건하지 못하다고 말한다면 사람이 예수님의 사랑을 알고 받아들이게 하기 보다 오히려 적의를 갖게 할 수 있다.

우리가 육신적인 감정으로 다른 사람에게 도덕적인 비난을 부채질하면, 우리의 행동이 결코 그리스도인 답다고 할 수 없을 것이다. 십자가에서 죽으시기 전날밤, 그리스도는 세번씩이나 말씀하셨다. "서로 사랑하라"(요 13:34). 신약성경의 전체에 걸쳐 사람을 어떻게 대하는지에 대한 교훈을 신자들에게 보여주고 있다. 어디에도 성도들이 다른 사람에게 손해를 입히거나 해를 끼치는 것에 대해 핑계를 가지게 할 만한 곳이 없다.

주님, 다른 사람을 해롭게 하는 것에 대한 핑계로 당신을 사용하지 않도록 나의 마음을 지켜 주시옵소서.

모욕하는 자를 용서하기

본문읽기 ★ 잠 3:1-4

요절 ★ 끝으로 형제들아 무엇에든지 참되며 무엇에든지 경건하며 무엇에든지 옳으며 무엇에든지 정결하며 무엇에든지 사랑 받을 만하며 무엇에든지 칭찬 받을 만하며 무슨 덕이 있든지 무슨 기림이 있든지 이것들을 생각하라 (빌 4:8)

모욕을 당할 때, 그것에 마음을 빼앗기는데 소비하는 시간과 힘은 자주 참아왔던 실제적인 고통보다 더 크다. 당신에게 다가오는 모욕에 대해 몇 시간, 몇 일, 심지어 몇 주 동안 마음에 품고 생각한 적이 있었는가? 하나님은 모욕을 주는 자들을 용서하라고 명령하신다. 그리스도가 우리를 용서하셨으므로, 용서치 않는 마음을 갖는 것은 성경적으로 정당하지 못하다. 용서치 않는 마음은 암보다 나쁘다.

용서치 않음은 단순히 우리의 가해자들을 처벌하겠다는 결심이다. 그럼에도 불구하고 하나님은 원수 갚는 것은 그분에게 속한 것이라고 말씀하신다. 다른 사람을 처벌하는데 초점을 맞추는 대신에, 가해자를 위해 기도해야 하고, 하나님이 우리가 처한 상황을 더 잘 이해할 수 있도록 그들의 행동의 동기를 드러내게 해달라고 기도해야 한다.

하나님은 원수를 갚으라고 가르치지 않으신다. 대신에 하나님이 우리에게 전진할 수 있는 길을 보여주신다. 모욕을 다루는데 있어서 하나님의 인도를 구함으로 말미암아 하나님의 치유를 여는 것이다.

그 다음에 어떤 사람의 원한의 대상이 당신이면, 하나님께서 그 경험을 선하게 만들어주실 것을 기대하라. 당신이 부정적인 생각을 품도록 유혹을 받으면 마음 속에 유익한 것을 가득 채우라(빌 4:8).

나는 내게 범한 불법을 마음에 품을 때, 나는 은혜의 기회를 놓치게 되는 것을 아나이다. 주님, 내가 이런 일을 행할때, 귀를 열어 들을 수 있게 말씀해 주시옵소서.

용서치 않음의 몸부림(갈등)

본문읽기 ★ 골 2:11-14

요절 ★ 또 범죄와 육체의 무할례로 죽었던 너희를 하나님이 그와 함께 살리시고 우리의 모든 죄를 사하시고 (골 2:13)

하나님의 관점에서, 용서는 즉시 이루어진다. 그런데 우리는 그분의 용서하심을 원해야 한다. 이것은 우리의 고백 가운데서 지시하시는 조용하고 작은 음성을 듣는 것을 의미한다.

《광야에 흐르는 샘》이라는 책에서, 찰스 코우맨(Mrs.Charles Cowman)은 이렇게 썼다.

"어느 주일 오후에 약속장소로 나가려고 호젓한 길을 갈 때, 냉담한 마음에 대해 가책을 받았다. 그는 말하기를 '나는 말을 밧줄로 매놓고 호젓한 장소로 갔다. 그곳에서 나의 인생을 다시 생각하는 것처럼 고민하면서 이리 저리 걸었다.' 나는 하나님 앞에서 그분의 용서하시는 사랑의 감정이 내게 부어지기까지 3시간을 기다렸다. …해가 서쪽으로 기울고 있을때, 나는 다시 길로 되돌아가서 말을 타고 약속장소로 갔다. 그 다음날 나는 언덕에 모인 거대한 무리들에게 새 힘으로 설교를 했는데, 그날 부흥이 일어났고, 온 웨일즈로 번져 나갔다."

우리가 죄를 짓게 되면, 겸손한 마음은 속히 우리를 하나님의 보좌가 있는 방으로 안내한다. 당신의 삶에서 성령의 역사에 예민하도록 구하라. 만약 그분이 당신을 잠잠히 하나님의 인도하심에 귀를 기울이도록 하신다면, 그때 그 기회를 잡으라. 이따금 하나님은 당신을 정결케 하고 새롭게 하기 위해 그분과 함께 기도하도록 따로 이끄실 것이다. 당신이 성령의 부르심에 순종할 때마다 놀라운 축복이 임한다.

아버지, 나는 때때로 용서치 않음에 몸부림 치나이다. 나를 인도하시는 조용하고 작은 음성을 듣고 성령의 부르심에 순종하게 도와 주시옵소서.

남을 사랑하라

본문읽기 ★ 살전 3:11-13

요절 ★ 또 주께서 우리가 너희를 사랑함과 같이 너희도 피차간과 모든 사람에 대한 사랑이 더욱 많아 넘치게 하사 (살전 3:12)

당신은 어떻게 아낌없이 다른 사람을 사랑하는가? 당신은 사랑을 되돌려 받기를 기대 하지 않고 사랑하는가? 각자가 사랑을 원하는데, 받는 것보다 주는 것이 훨씬 더 가치있다. 에이미 카미첼(Amy Carmichael)이 친구에게 짧은 편지를 썼다.

몇 분 전에 나는 너에 대한 나의 바람을 요약한 글을 읽고 있다. "또 주께서 우리가 너희를 사랑함과 같이 너희도 피차간과 모든 사람에 대한 사랑이 더욱 많아 넘치게 하사"(살전 3:12) 이 세상은 많은 사람에게 냉정하다. 우리에게 오는 사람이 여기에서 냉냉함을 느끼지 않고, 오히려 모든 냉냉함이 하늘의 사랑의 축복된 빛으로 인해 녹아내리기를 기도한다. 너무 사랑하는 것을 두려워하지 말라. 우리는 결코 충분히 사랑할 수 없다. 그러므로 나는 기도한다. "주님, 우리에게 아낌없이 사랑하게 하시옵소서. 결코 마음을 어둡게 하는 아무리 작은 그늘이라도 없게 하시옵소서. 모든 사람이 상대방을 최고로 생각하게 하시옵소서. 아무것도 사랑을 억누르지 못하게 하시옵소서. 아무것도 사랑을 시들지 않게 하시옵소서. 오 나의 주님,당신은 사랑의 주님이시나이다. 나의 사랑하는 사람들이 영원히 당신의 사랑 가운데서 하나가 되게 하시옵소서."

당신이 남을 어떻게 사랑하느냐는 것은 당신이 예수님을 사랑하는 것을 반영하는 것이다. 당신이 남을 사랑으로 행한 일에 대해 받은 것이 없거나 감사하지 않더라도 사랑으로 인내하고, 신속히 용서하라. 결코 용서와 같은 사랑의 행동은 결코 낭비하는 것이 아님을 기억하라.

주님, 나로 사랑의 행동은 낭비가 아님을 기억하게 하시옵소서. 나로 사랑 가운데서 넘치도록 베풀게 하시옵소서.

속박에서의 해방

본문읽기 ★ 마 18:21-35

요절 ★ 그 때에 베드로가 나아와 이르되 주여 형제가 내게 죄를 범하면 몇 번이나 용서하여 주리이까 일곱 번까지 하오리이까 예수께서 이르시되 네게 이르노니 일곱 번뿐 아니라 일흔번씩 일곱 번까지라도 할지니라 (마 18:21-22)

인생에서 당신을 위축되게 만든 사람, 그 중에 바로 눈 앞에 있던 사람을 생각해 보았는가? 아마 당신은 결국 절망 속에서 끝나버렸거나, 당신을 부당하게 해고시킨 상사를 위해 일했었을 수도 있다.

다른 사람에 의해 상처를 입게 되면, 마음 속으로 슬픔이 몰래 들어오도록 하기 쉽다. 좌절감과 상처는 내부에 깊숙히 들어와서 빈번히 수년동안 머물게 된다.

우리가 고통에 의해 약해지면, 마음은 사탄을 위해 비옥한 토양이 되는것이다. 그는 그 상황 속에 혼란을 주어 속박에 이끌릴 수 있는 생각들로 머리 속을 가득 채우게 된다. 여기서 일어나는 현상은, 누군가 우리에게 상처를 입히고, 우리는 그 사람을 향해 성난 마음을 진전시킨다. 사탄은 우리가 품은 분노에 구실을 만들어 말하기를, "당신이 상처를 받고 화를 내는 것은 당연하다. 결국 당신에게 상처를 준 사람은 결코 사과하지 않는다. 당신은 곧바로 환멸을 느끼고 있다."라고 한다.

사탄은 결코 우리가 그 사람에 대해 용서하는 마음을 품으라고 권하지 않는다. 그리고 결코 우리에게 용서하라고 격려하지도 않는다. 사탄은 우리가 낙담하고 화를 내는 한 자기 연민의 궁지에 계속 빠져있을 것이라는 것을 너무 잘 안다. 만약 당신이 어떤 사람을 용서하지 않는 포로가 되어 있다면 그들을 매고 있는 분노의 족쇄를 끊을 생각을 하라.

주님, 나는 자기 연민의 깃발을 흔들고 있나이다. 내가 그것을 나의 인생을 위해 당신의 더 큰 목표에 내맡기나이다.

남이 우리를 실망시킬때

본문읽기 ★ 딤후 4:9-18

요절 ★ 주께서 내 곁에 서서 나에게 힘을 주심은 나로 말미암아 선포된 말씀이 온전히 전파되어 모든 이방인이 듣게 하려 하심이니 내가 사자의 입에서 건짐을 받았느니라 (딤후 4:17)

고난을 당할때, 왜 우리는 때때로 믿었던 사람들에게 버림을 당하는가? 왜 우리가 믿던 친구들에 의해 실망을 당하는가? 이런 질문들은 생각하고 싶지 않을 정도로 고통스러운 것이지만 그것들은 냉혹한 현실을 보여주는 것이다.

아마 당신을 배신한 친구들의 삶 속에서 일부의 다음과 같은 상황이나 감정들을 목격했을 수 있다.

- 돕기에 적당하지 않은 감정
- 고통으로부터의 분리
- 질투,무감각,비판적인 마음
- 유사한 문제에 직면하는 것에 대한 두려움
- 자기 중심주의

사도 바울은 확실히 이 목록에 익숙해 있었다. 그가 디모데에게 쓴 편지에서, 친구들에게 버림을 받았고 홀로 최후 (궁정)재판에 서기 위해 남아 있었다. "아무도 나와 함께 한 자가 없었고, 모두 나를 버렸다"(16절)고 말했다. 17절에, "그러나 주께서 나와 함께 계시고 나를 강하게 하셨다." 그가 절망적인 상황에도 바울이 사랑하고 신뢰했던 주님에 대한 믿음은 밝게 빛났다. 복음은 오늘날도 하나님이 능력을 주시고 우리와 함께 하신다. 모두가 떠나도 신실하신 주님께서 남아 계실 것이다.

아버지, 다른 사람이 나를 실망시킬 때, 당신은 신실하신 분이심을 기억하게 하시옵소서. 나는 당신의 능력과 존전에 가까이 하나이다. 나는 혼자가 아니니이다.

죄를 용서하기

본문읽기 ★ **눅 23:33-43**
요절 ★ 이에 예수께서 이르시되 아버지 저들을 사하여 주옵소서 자기들이 하는 것을 알지 못함이니이다 하시더라 그들이 그의 옷을 나눠 제비 뽑을새 (눅 23:34)

당신은 거의 믿을 수 없을 것이다. 당신은 바로 그리스도 안에 있는 동료 형제 자매가 주님께 완전히 불순종하는 것을 목격하였을 것이다. 심지어 처음 받은 충격은 잊혀져 가지만, 마음으로부터 그 사건을 제거하지는 못할 것이다. 당신이 실망하고, 낙심하고, 환멸을 느끼기도 할 것이다. 그 때 당신이 무엇을 해야 하는가?

● 첫째로, 다른 사람의 행동이 우리를 하나님과의 관계가 멀어지게 해서는 결코 안된다. 대신에 우리는 남이 그렇게 해도, 하나님은 결코 우리를 실망시키지 않는 분이 아님을 굳게 믿어야 한다. 하나님은 사람이 넘어질 때, 굳게 붙잡으시고, 능력을 주시고, 떠받쳐 주시고, 보호해 주신다.

● 둘째로, 우리는 우리에게 잘못한 사람을 용서해야 한다. 적개심이나 슬픔을 품는 것은 결코 그리스도처럼 행동하는 것이 아니다. 누가복음 23장 34절은 증거하고 있다. 그리스도께서는 자신을 십자가에 못박은 로마 병정들까지도 용서하셨다.

● 셋째로, 우리는 대위로자이신 성령으로부터 위로를 받을 수 있다. 하나님이 기뻐하지 않는 일로 인해 슬픔에 잠기게 될때, 우리는 위로의 가장 큰 근원이 바로 이 목적을 위해 내주하시는 성령이심을 기억해야 한다.

다음에도 당신이 누군가에 의해 실망을 당한다면 기억하라. 하나님을 가까이하라. 잘못한 사람을 용서하라. 그리고 성령의 위로하심을 받으라.

당신의 마음 속에 없애야 할 죄가 있는가? 곧 바로 그것을 하나님께 내려놓고 당신을 실망시키는 사람을 위해 기도하라.

주님, 때때로 나는 다른 성도가 범한 잘못을 지나칠 수 없나이다. 내가 눈을 당신에게 돌려 그들을 용서할 수 있게 하시옵소서.

용서의 과정

본문읽기 ★ 시 103:1-12
요절 ★ 동이 서에서 먼 것 같이 우리의 죄과를 우리에게서 멀리 옮기셨으며 (시 103:12)

용서하지 않는 마음은 큰 충격을 줄 때까지 사람을 먹어치우는 잠재적인 암과 같다. 몸 속에 있는 암은 종종 큰 위험에 이를때까지 나타나지 않고 느낄 수 없지만, 용서치 않는 마음과 같은 암은 수년 동안 기쁨을 빼앗게 된다. 그럼에도 불구하고 암은 치료하는 과정이 확실히 있다.

● 회개 : 당신이 남을 용서하지 않는다면 그것에 책임을 져야 하고 마음이 변화해야 한다. 용서하지 않는 마음 대신에 용서를 구해야 하고, 마음으로 남을 용서해야 한다.

● 탕감 : 더 이상 당신은 그들이 당신에게 지불할 의무가 있다고 생각하는 채권을 연장해서는 안된다. 이 탕감은 의지의 행동이다. 어떤 사람은 이 점에 대해서 그들 자신의 것에 대해서는 '탕감' 을 받았다는 느낌에도 불구하고, 기분은 그것과는 전혀 관계가 없다.

● 인정 : 당신에게 범한 죄는 당신의 삶 속에서 약함을 드러낸다는 것을 알게 된다. 원한, 적개심, 슬픔과 보복하려는 마음은 하나님이 제거하려는 영역들이다.

● 기억 : 당신은 계속해서 하나님이 당신을 항상 용서하신다는 것을 기억해야 한다. 당신은 몇번이나 하나님께 용서를 구했는가? 그분은 몇번이나 "아니다" 라고 말씀하셨는가?

당신은 진정으로 그분의 모범을 따라 당신에게 잘못한 사람을 용서하기까지는 하나님의 용서의 기쁨을 경험할 수 없다. 인생은 마음이 부드러워지고 더럽혀지지 않았을때 매우 향기롭게 된다.

주님, 나는 나와 나의 관계에 끼친 원한과 손해를 탕감하나이다. 당신이 나를 용서하셨기에 내가 자유롭게 되었나이다.

비난을 거부하라

본문읽기 ★ 요일 3:16-21
요절 ★ 이는 우리 마음이 혹 우리를 책망할 일이 있어도 하나님은 우리 마음보다 크시고 모든 것을 아시기 때문이라 (요일 3:20)

당신은 사람들이 "나는 하나님이 나를 용서하셨다는 것을 알고 있으나 결코 나는 자신을 용서할 수 없어"라고 말하는 것을 들어 보았는가?
이런 자기 정죄는 여러가지 원인이 있을 수 있으나, 어떤 경우에는 하나님께서 이미 파기하신 죄도 들어있다. 롬 8장11절에 말씀하기를, "그러므로 이제 그리스도 예수 안에 있는 자에게는 결코 정죄함이 없나니"라고 하였다. 이것은 용기를 주는 말씀으로서, 자기 비난을 포함한 모든 정죄를 덮는다. 그렇다면 비난의 소리들을 어떻게 다루어야 할까?
먼저, 후회와 죄책감을 구별할 필요가 있다. 과거의 행동에 대해 슬픔과 후회를 하는 것은 당연하다. 그러나 죄책감을 가지는 것은 불필요하다. 성경은 우리에게 죄를 자복하면 하나님은 신실하셔서 우리를 용서해 주신다고 확신을 주신다(요일 1:9). 이 후에 계속되는 어떤 죄책감은 그리스도 안에 있는 자유를 빼앗아가는 적들이다.
때때로 이 죄책감은 우리가 여전히 죄의 댓가를 치루어야 한다는 잘못된 생각에서 기인한다. 그러므로 무의식적으로 과거의 죄에 대해 보상하는 방법으로서 끊임없이 후회를 하게 되는, 이러한 행동은 예수께서 진정으로 고귀한 피를 흘려주심으로 모든 죄의 댓가를 치르셨다는 사실을 믿지 못하게 하기도 한다. 그가 우리의 계산서에 "완전히 지불됨"이라는 도장이 찍혔음을 알게 되면, 결코 다른 사람들 편에 서지 말아야 할 것이다.
하나님이 말씀을 주셨으므로, 모든 비난의 소리를 거절하고, "우리 마음이 혹 우리를 책망할 일이 있거든 하물며 우리 마음보다 크시고 모든 것을 아시는 하나님일까 보냐"(요일 3:20)라는 약속의 말씀을 의지해야만 한다.

주님, 나는 모든 비난의 소리들을 거부하고 당신의 약속의 말씀을 의지하나이다. 당신은 어떤 정죄와 비난보다 크신 분이시나이다.

당신의 마음을 시험하라

본문읽기 ★ 눅 17:1-4

요절 ★ 만일 하루에 일곱 번이라도 네게 죄를 짓고 일곱 번 네게 돌아와 내가 회개하노라 하거든 너는 용서하라 하시더라 (눅 17:4)

용서하지 않는 것은 다양한 잡초가 자라도록 비옥한 땅을 내주는 것과 같다. 그것은 인간관계를 못하게 하는 근원이다.

때때로 사람들은 화가 난 어조로 지난 잘못들을 용서했지만, 분명한 슬픔이 그들을 저버렸다고 말한다. 다음 질문들은 당신이 다른 사람을 용서할 필요가 있는지 당신의 마음을 시험하는데 도움이 될 것이다.

1. 당신은 여전히 어떤 사람이 응분의 대가를 받기를 은밀히 바라고 있는가?
2. 당신은 여전히 남에게 그 사람에 대해 부정적으로 말하고 있는가?
3. 당신은 가벼운 것이라 할지라도 복수하려고 하는 환상에 빠져 있는가?
4. 당신은 그(그녀)가 당신에게 행한 것을 숙고하는데 시간을 보내고 있는가?
5. 당신은 좋은 일이 그(그녀)에게 생길때 어떤 감정을 느끼는가?
6. 당신의 삶이 어떻게 뒤바뀌게 된 것에 대해 그 사람을 비난하는 것을 멈추었는가?
7. 당신은 마음을 열고 사람을 신뢰하는 것이 어렵다고 여기는가?
8. 당신은 자주 화를 내고, 침체되고 분개하는가?
9. 당신은 당신에게 잘못하는 자를 위해 하나님께 감사하는 것이 어렵거나 불가능하다고 보는가?

하나님이 나의 마음을 시험하게 하라. 그분이 어떤 용서하지 않는 마음을 발견하였는가?

사랑하는 주님, 나의 마음을 시험하시옵소서. 나는 용서치 않는 마음을 품는 것을 원치 않나이다. 내가 당신의 능력으로 그것을 다룰 수 있도록 그것을 드러나게 하시옵소서.

하나님의 용서의 깊이

본문읽기 ★ 히 10:29-31
요절 ★ 원수 갚는 것이 내게 있으니 내가 갚으리라 하시고 또 다시 주께서 그의 백성을 심판하리라 말씀하신 것을 우리가 아노니 (히 10:30)

우리에게 죄지은 자들을 진정으로 용서하는 것에는 많은 방해물들이 있다. 그들 중 중요한 것은 우리를 위한 하나님의 용서의 깊이를 온전히 이해하지 못하고 평가하지 못하는데 있다.

당신이 받은 은혜를 이해하지 못하거나 자신이 받은 은혜로 여전히 고심한다면, 어떻게 잘못한 사람의 죄를 제거해 줄 수 있는가? 아무튼 당신이 하나님과 계산을 하여 은혜를 갚는다는 생각은 너무 가혹하므로 누군가를 용서할 수 없게 된다. 당신 자신이 받지 못한 것을 어떻게 줄 수 있겠는가? 당신이 온전히 얻는 것에만 열중한다면 어떻게 줄 수 있겠는가?

하나님이 당신의 청구서에 있는 죄의 부채를 완전히 지불하셨다는 것을 인식하기까지 당신은 남들로부터 받으려는 노력들을 멈추지 말아야 할 것이다. 한번 이 영광스러운 자유가 곧 하나님을 붙잡음으로 성취되자마자, 당신에게 죄지은 자를 온전히 용서하는 과정이 시작될 수 있다. 당신은 이제 감정이 없을지라도 하나님께 모든 형벌이나 보응을 맡길 것인지 신중한 선택을 해야만 한다. 그것이 당신이 얻을 권리나, 당신이 소위 '권리'라고 하는 것을 포기하는 것이 필요하다.

이 시점에서, 당신이 생각할 수 있는 모든 죄악들을 항목별로 나눈 목록을 쓰는 것이 도움이 될 것이다. 그 때 하나님 앞에 하나하나 가지고 와서 십자가 밑에 내려놓으라. 이렇게 하여 하나님의 도우심을 구함으로, 당신은 죄 지은 자에게 궁지를 벗어나게 하고 원수갚는 것이 자신에게 있다고 하신 분에게로 양도할 수 있는 것이다(히 10:30).

주님, 자존심의 결여가 당신의 용서하심을 받아들이지 못하게 하고,이번에는 남을 용서할 수도 없게 하나이다. 나로 당신의 눈을 통해 나 자신을 볼 수 있도록 도와 주시옵소서.

우리가 싸우는 이유

본문읽기 ★ 히 10:16-18
요절 ★ 또 그들의 죄와 그들의 불법을 내가 다시 기억하지 아니하리라 하셨으니 (히 10:17)

우리들은 수시로 상처를 받고 가해자는 우리가 좋아하는 누군가에게 또 그렇게 한다. 우리는 종종 그런 상황의 고통을 "좋아요" 아니면 "걱정하지 말아요"라고 말하면서 벗어나려고 하고, 그러면서도 우리는 날카로운 고통을 약화시킬 수 없는 것같다. 왜 그것으로부터 자유로울 수 없을까?

우리가 용서하지 않는 것과 싸우는 이유의 하나는 단순히 자존심의 문제이다. 왜 용서하지 않는가? "그 사람이 나에게 상처를 입혔기 때문이다"라고 외친다. 우리의 자존심이 상처를 입었으므로, 그 잘못이 우리가 허용해야 하는 것보다 더 중대된 것이다.

우리가 용서하지 않는 다른 요인은 비통이다. 우리는 상처받은 감정들을 숨김없이 다루지 않을 때 분개하게 되고 그 다음에는 그 문제가 마음을 괴롭게 하는 것이다. 점점 커지는 화는 전염병같이 영혼 전체에 퍼지게 된다. 비통은 당신이 누군가를 위해 준비하고 그리고 나서 자신이 마시는 독과 같다고 말한 것은 옳다. 그것이 슬며시 우리의 생명을 파괴하고 있는데, 상처를 입힌 사람은 완전히 우리의 성난 감정을 깨닫지 못하고 있을지 모른다.

마지막으로 용서치 못하는 마음과 싸우는 것은 도대체 무엇이 문제인지를 잘 알지 못하기 때문이다. 그렇지 않으면 결코 하지 않을 사과를 기다리면서 앉아 있을지도 모른다.

만약 당신이 최근에 상처를 입었다면, 죄지은 자에게 다가가서, "당신이 이것을 해서 내가 상처를 입었다. 그러나 나는 너를 좋아하고 이것이 우리 관계를 무너뜨리지 않기를 바란다"고 말할 수 있는 힘과 솔직함을 구하는 기도를 하라.

주님, 비통함으로부터 나를 정결케 하시옵소서. 나에게 그리고 나를 통하여 나타난 진실한 마음과 당신이 당신의 용서의 능력을 이해할 수 있게 하시옵소서.

회개로의 부르심

본문읽기 ★ 사 50:7-10
요절 ★ 주 여호와께서 나를 도우시므로 내가 부끄러워하지 아니하고 내 얼굴을 부싯돌 같이 굳게 하였으므로 내가 수치를 당하지 아니할 줄 아노라 (사 50:7)

참된 회개는 우리의 행동이나 생각양식이 불경건하다는 주님의 말씀에 동의하는 것이다. 죄의 습관은 하나님을 기쁘시게 하지 못한다는 것을 알고 성령의 도우심으로 하나님이 기뻐하시는 것을 확인하고, 성령의 능력으로 죄에서 돌이켜 경건하게 살아갈 수 있다는 것을 포함한다. 예수님을 믿기 시작한 신자든 죄와 싸우는 신자든지 모두 성경적인 회개를 할 필요가 있다.

회개의 과정을 세개의 단어로 표현할 수 있는데, 인식, 동의와 위임 이다. 우리가 행동이나 생각이 죄라고 인식하지 않으면, 하나님께 회개할 어떤 필요도 알지 못할 것이다. 인식은 우리가 하나님의 말씀을 공부하고 죄가 무엇인지를 확인하는 것을 배울때 생겨난다. 그 때 인생을 향한 하나님의 양식은 의롭고 우리는 악하다는 것을 동의해야 한다.

에베소서와 갈라디아서는 하나님을 기쁘게 하는 것과 기쁘게 하지 못하게 하는 것이 무엇인지를 말씀하신다. 동의 없는 고백은 "그 결과에 유감스럽다"는 것에 불과하다. 위임도 필요하다. 이사야는 선언하였다. "주 여호와께서 나를 도우시므로 내가 부끄러워 아니하고 내 얼굴을 부싯돌 같이 굳게 하였은즉 내가 수치를 당치 아니할 줄 아노라"(사 50:7). 우리는 죄에서 떠나 하나님의 길을 선택하는 것에 자신을 위임해야 한다.

예수님께 속한 우리는 영원히 변화될 수 있다. 기억하라. 그리스도는 그가 자유케 하신 사람은 참으로 자유하게 될 것이다(요 8:36)라고 약속하신다.

주님, 회개를 통해 자유를 주시니 감사합니다. 나는 나의 죄를 알고, 당신의 말씀하신 것에 동의하고 나의 인생을 당신에게 위탁하나이다. 나를 용서해 주시옵소서.

참된 용서

본문읽기 ★ 요 15:12-17
요절 ★ 아버지께서 나를 사랑하신 것 같이 나도 너희를 사랑하였으니 나의 사랑 안에 거하라 (요 15:9)

만약 당신에게 잘못한 사람을 용서하는 문제로 계속해서 몸부림치고 있다면, 자신은 용서할 수 없다고 생각할 수도 있다. 많은 사람이 용서는 단순히 갈등에 부딪힐때 경험할 수 있는 감정이라고 확신한다. 잘못 이해하고 있는 것이 무엇이란 말인가!
진정한 용서는 감정이 아니라 행동이다. 만약 남을 용서하는 것이 어렵다고 여겨진다면 다음 네가지 지침이 도움이 될 것이다.

1. 용서하지 않는 마음을 인정하고 고백하라. 항상 용서하는 것은 쉬운 것이 아니다. 때때로 우리는 터무니없게 상처받기도 한다. 그런데 다른 사람의 행동에 책임을 느끼지 않는다. 우리는 오직 우리 자신에게 책임을 진다. 하나님은 우리에게 사람을 사랑하고 용서하라고 명령하신다. 만약 용서하지 않으면 그것은 우리의 문제이지 다른 사람의 문제가 아니다. 우리는 이 죄를 회개하고 하나님께 우리의 용서치 않음을 도와 주실 것을 기도해야 한다.
2. 다른 사람을 용서하라. 죄지은 자를 마음으로 용서하겠다는 결심을 하라. 만약 당황스럽게 구체적인 행동이 생각나면 강제로 중지시켜라.
3. 죄지은 자를 용서하고 잊어버리라. 마음 속에 새로운 것이 일어나고 반복적으로 고통에 사로잡히게 된다. 대신에 고통스러운 기억으로부터 벗어나도록 하라.
4. 끝까지 용서하라. 진정한 용서는 완벽하다. 이것은 당신이 누군가를 '용서' 할 수 없어서 그 문제를 끊임없이 제기하는 것을 의미한다. 그들을 용서하라. 그리고 조치를 강구하라. 만일 당신이 원한을 마음에 품는다면 용서의 능력을 달라고 기도하라. 그리고 나서 그렇게 하라.

주님! 나의 용서하지 못하는 마음을 고백합니다. 나는 나에게 죄지은 자를 용서하나이다.

진정한 용서

본문읽기 ★ 딤후 2:19-22
요절 ★ 그러나 하나님의 견고한 터는 섰으니 인침이 있어 일렀으되 주께서 자기 백성을 아신다 하며 또 주의 이름을 부르는 자마다 불의에서 떠날지어다 하였느니라 (딤후 2:19)

죄는 큰 문제다. 그것은 우리의 생활로 천천히 들어와서, 관점을 왜곡하며, 모든 결정에 영향을 미친다. 하나님은 어느 누구도 죄의 능력을 이길 수 없다는 것을 알고 계신다. 그래서 그분은 죄를 정복하기 위하여 세상에 그의 아들을 보내심으로 우리 편에서 일하셨다. 예수님을 주와 구주로 영접하는 우리들을 위하여, 그 승리가 우리의 생명으로부터 죄의 형벌을 제거한 것이다.

불행하게도 그리스도를 영접하는 것이 우리가 범죄하지 못하도록 막지는 못한다. 비록 우리가 주님을 사랑하고 그의 구원의 손길을 즐거워할지라도, 우리 삶 속에서 죄와 계속해서 투쟁하고 있음을 알고 있다.

이것은 옛 욕망이 단순히 사라질 것이라고 생각하면서 그리스도에게 나아온 새신자들에게 아주 놀라운 일이다. 대신에 우리는 우리의 범죄행위와 욕망에 책임을 져야 한다. 이것은 '자신을 정결케 하기' 위해 노력해야 한다는 의미가 아니다. 오히려 우리의 죄에 대해 하나님께 정직해야 하고 우리의 어두운 부분들에 그분의 정결케 하시는 능력을 요청해야 한다.

고린도후서 7장 1절에서, "…하나님을 두려워하는 가운데서 거룩함을 온전히 이루어 육과 영의 온갖 더러운 것에서 자신을 깨끗케 하자"고 요구하신다. 우리는 생활 속에서 죄를 깨닫고, 그것을 내려놓고, 그것을 떠남으로 자신을 깨끗케 하는 것이다. 곧 회개의 의미는-옛 행위에서 돌아서는 것이다.

주님, 나는 진정으로 용서받았음을 감사하나이다. 내가 용서를 받았기 때문에, 남을 용서할 수 있나이다. 나는 당신의 용서하심에 즐거워하나이다.

03
승리에 이르는 길

우리 주 예수 그리스도로 말미암아
우리에게 이김을 주시는 하나님께
감사하노니(고전 15:57)

승리를 향한 첫 걸음

본문읽기 ★ 롬 8:26-28
요절 ★ 우리 주 예수 그리스도로 말미암아 우리에게 승리를 주시는 하나님께 감사하노니 (고전 15:57)

교만은 '실패는 약자에게 있는 것이고 우리에게는 없다' 고 현혹한다. 하나님은 우리의 승리들을 통해 일하고 계신다고 생각한다. 그러나 하나님은 어떻게 말씀하시는가?

바울은 "우리가 알거니와 하나님을 사랑하는 자 곧 그 뜻대로 부르심을 입은 자들에게는 모든 것이 합력하여 선을 이루느니라"(롬 8:28)고 기록했다. 실패에 관련하여 이 구절은 하나님은 우리의 실패를 통해 하나님의 영광을 나타나게 일하신다고 설명한다. 실패는 실제로 승리를 향한 첫 걸음이다.

하나님의 궁극적인 목적은 우리가 더욱 생생하게 하나님의 영광을 나타내기 위해 그의 형상으로 우리를 변화시키는 것이고, 그분은 우리 마음 속에서 그것을 성취하기 위해 필요한 모든 것을 하실 것이다. 그리고 때때로, 삶의 실패는 하나님이 더 위대한 목적을 이루기 위해 필요한 것이다.

왜 실패가 우리 삶에서 일어나는지 궁금할 수 있다. 우리 스스로 묻기도 한다. "내가 무엇을 잘못했는가? 하나님이 나를 사랑하지 않는가? 그분은 내가 성공하기를 원하지 않으시는가?"

성공 이상으로 하나님은 우리가 그분의 모습으로 변화되기를 원하신다. 따라서 우리가 실패할 때, 자기반성을 하게 하신다. 우리 마음을 보고 다르게 행하는 것에 놀라게 되는 것이다.

만약 하나님이 실패를 통해 우리에게 가르치고자 하는 것이 무엇인지를 기꺼이 물어보면,그분은 기쁘게 교훈들을 나타내실 것이다. 그리고 우리는 실패가 승리 곧 우리 삶의 관리와 함께 하나님을 전적으로 신뢰하도록 성공적인 마음의 변화로 인도한다는 것을 알기 시작할 것이다.

주님, 나의 승리와 실패가 당신에게로 인도하는 길이 되게 하시옵소서.

인생의 기복을 통한 승리

본문읽기 ★ 고후 12:1-9

요절 ★ 나에게 이르시기를 내 은혜가 네게 족하도다 이는 내 능력이 약한 데서 온전하여짐이라 하신지라 그러므로 도리어 크게 기뻐함으로 나의 여러 약한 것들에 대하여 자랑하리니 이는 그리스도의 능력이 내게 머물게 하려 함이라 (고후 12:9)

삶은 때때로 우리를 자극하는 어떤 사람과 심하게 좌절시키는 다른 사람들로 가득 찬 깜짝 놀랄 만한 혼란과 충격 즉 고리 모양으로 이어져 있는 롤러스케이트라는 느낌이 든다. 삶의 놀이기구를 타는 동안 우리의 연약함이 드러난다. 신자로서, 그리스도와의 관계를 본질적으로 일치하게 하고, 승리하는 삶을 살 수 있도록 하기 위해 오르내림을 다루는 방법을 배워야 할 필요가 있다.

우리의 약점이 드러날때, 충분히 잠재적으로 어떤 것을 성취할 능력이 없음을 발견하게 된다. 세상은 연약함은 불리한 것이라고 믿게 하지만, 그리스도와의 관계에서 그것은 종종 우리의 가장 큰 이점이 된다.

바울은 그의 약함을 깨달았다. 그것에 대해 고민하고 그 상황을 슬퍼하는 것이 결코 필요한 것을 성취할 수 없다. 그럼에도 불구하고 바울이 그의 약함을 수용하는 태도는 결과적으로 하나님이 개입하실 길을 열어놓았다.

고린도교회에 보내는 편지에서, 바울은 쓰기를, "그러므로 내가 그리스도를 위하여 약한 것들과 능욕과 궁핍과 핍박과 곤란을 기뻐하노니 이는 내가 약할 그 때에 곧 강함이니라" (고후 12:10)고 하였다.

바울은 강함은 약함 가운데서 발견됨을 알았다. 언덕 위로 십자가를 힘껏 끌고 가는 대신에, 바울은 주님과 교제하는 것이 가장 바람직한 것이라고 결정했다. 바울의 힘이 충분하지 않을때, 그는 하나님께로 방향을 바꾸었다. 결과적으로 바울은 영원히 예수님에게 눈을 고정시키고 하나의 관점으로 겸손하게 오르내림의 인생을 살았다.

주님, 나의 약함이 당신의 강함을 드러내는 기회임을 깨달았나이다. 당신을 통해 나는 오르내림의 인생을 승리할 수 있나이다.

하나님의 선택의 도구

본문읽기 ★ 고후 12:7-10
요절 ★ 그러므로 내가 그리스도를 위하여 약한 것들과 능욕과 궁핍과 박해와 곤고를 기뻐하노니 이는 내가 약한 그 때에 강함이라 (고후 12:10)

압력은 석탄을 아름다운 다이아몬드로 변하게 하는 것처럼, 고난은 우리의 삶에서 하나님을 위해 아름다운 일을 시작하는 지점이 될 수 있다. 그는 우리의 마음을 변화시키고, 우리의 태도를 변화시키며, 하나님을 신뢰하는 것의 의미가 무엇이며 진정으로 승리하는 삶이 무엇인지를 가르치신다.

그런데 하나님을 분노케 하고 의심이 커지는 대신에, 현실적인 싸움의 건너편을 보고 하나님이 하시는 것을 인식해야만 한다. 고난은 인격을 형성하고 미래의 사역을 준비하도록 하나님이 선택하신 도구이다. 고난은 그리스도와의 관계를 활발하게 할 뿐만아니라, 비슷한 경험을 하는 사람들을 장차 만날 때 도움을 줄 수 있을 것이다.

고난은 우리의 가장 약한 부분-하나님이 우리를 강하게 하시기 바라는 바로 그 곳을 공격한다. 바울은 그가 실제로 약할때 강했다고 쓰고 있다(고후 12:10). 그는 그에게 있어서 가장 강한 부분은 그의 가장 약한 것이 된다는 것을 깨달았다.

하나님은 우리 삶의 모든 고난 뒤에 계획과 목적을 가지고 있다. 심지어 적이 공격해서 우리와 믿음을 무너뜨리려고 할때, 하나님은 그 상황에서 놀라운 승리를 거두게 하실 수 있다.

불리한 상황의 쪽으로 우리의 마음이 완악해지는 대신에, 하나님이 나의 마음 속에서 행하기 원하시는 것을 알기 위해 애써야 하고 그분에게 그렇게 하시도록 전권을 드려야 한다.

주님, 나는 너무 인간적이기에 더 강해지기 위하여 고난을 구할 수 밖에 없나이다. 그럼에도 불구하고 나는 내가 가장 약할때 당신 안에서 가장 강함을 알고 감사하나이다.

진리를 승리에 적용하라

본문읽기 ★ 빌 4:10-13
요절 ★ 내게 능력 주시는 자 안에서 내가 모든 것을 할 수 있느니라 (빌 4:13)

승리와 실패 앞에 놓인 위험들을 어떻게 이겨낼 수 있는지를 분명하게 알았다면, 그다음에는 우리가 알고 있는 것을 적용하는 것을 잊지 말아야 한다. 그런데 하나님은 우리가 약할 때 강함이 되심을 알고 있는 것과 그 말씀을 효과적으로 삶에 적용하는 것은 별개의 문제다.

사도 바울은 어떤 상황에서도 만족하는 비결-능력의 근원되신 그리스도(빌 4:12-13)-을 배웠다고 말한다. 우리는 하나님의 놀라운 능력을 인정하는 것만으로 안되고, 그것을 우리의 삶에 적용시킬 필요가 있는 것이다. 우리의 의지는 그분의 뜻에 복종해야 한다. 하나님께 우리의 뜻을 이루게 해 달라고 기도하는 것은 쓸데없는 것이다. 하나님은 우리 자신의 계획들을 이루기 위해 능력을 주시겠다고 하신 것이 아니라, 하나님의 뜻을 성취하기 위해 주신다고 약속하신다. 그의 뜻에 복종하는 것은 그의 능력이 우리 삶에 충만하게 이루는 첫 걸음인 것이다.

우리는 또 그의 목적을 이루기 위해 환경을 지배해야 하는데 그것을 위해 그를 신뢰해야만 한다. 하나님의 계획과 목적이 우리가 생각하는 것보다 더 크다는 것을 깨닫고, 그분이 우리를 인도하시는 길에서 그의 영광이 나타난다는 사실을 깨달아야 한다.

하나님의 능력을 의지한 결과는 우리가 감당할 수 없을 만큼 놀라운 것이다. 그리고 주의 능력을 신뢰함으로 승리를 얻게 되는 것이다.

하늘에 계신 아버지, 나는 요즘 생활에서 도전에 직면할 때, 당신의 능력을 신뢰하나이다. 내가 당신을 찬양하는 것은 내가 승리할 것이기 때문이나이다!

생활의 도전에 직면하기

본문읽기 ★ 대하 20:1-30
요절 ★ 우리 하나님이여 그들을 징벌하지 아니하시나이까 우리를 치러 오는 이 큰 무리를 우리가 대적할 능력이 없고 어떻게 할 줄도 알지 못하옵고 오직 주만 바라보나이다 하고 (대하 20:12)

여호사밧은 선택의 기로에 놓여 있었다. 역대하 20장에서, 아주 거대한 군대가 하나님의 백성을 멸망시키기 위한 목적으로 이스라엘을 공격해 오고 있는지에 대해 읽게 된다. 이스라엘의 진지가 있는 대부분의 군대들은 그들의 생존을 위한 계획을 세웠을 것이다. 여호사밧은 지혜롭게 전적으로 주님을 의지하는 기도로 백성들을 인도하기로 했다. "우리 하나님이여 저희를 징벌하지 아니하시나이까 우리를 치러오는 이 큰 무리를 우리가 대적할 능력이 없고"(대하 20:12).

당신은 어려운 도전에 직면할 때 선택의 여지가 없다고 생각할지 모르지만, 당신에게는 선택의 여지가 있다. 당신은 하나님께로 방향을 돌려서 그 앞에 무릎을 꿇거나 두려워서 도망하기로 선택할 수도 있다.

이스라엘이 두려워서 항복했다면, 백성은 살기 위해 도망쳤을 것이다. 여호사밧은 지혜로웠기 때문에 그의 나라가 하나님의 간섭없이는 생존할 수 없다는 것을 알고 있었다.

악마는 당신의 인생에 대해 한가지 목표가 있는데, 그것은 낙심케 하는 것으로 백성들을 포기하게 만들고 하나님에게 무력하게 만드는 것이다. 당신은 한 목적을 위해 그리스도를 따르도록 부르심을 받았다. 도전이 올때, 하나님께 기도하라. 그분께 당신의 무능과 필요를 고백하라. 겸손은 약함이 아닌 가장 강함의 표시이다.

따라서 당신의 상황 속에서 불가능한 것을 가능하게 하시는 하나님을 신뢰하라. 그리하면 당신에게 승리를 얻게 하실 것이다.

하늘에 계신 아버지, 당신은 오늘 내가 직면한 도전을 해결할 방책을 가지고 있나이다. 나는 당신이 불가능한 것을 행하실 수 있고 승리를 주실 것이라고 믿나이다.

진정한 승리

본문읽기 ★ 롬 12:9-11
요절 ★ 사랑에는 거짓이 없나니 악을 미워하고 선에 속하라 (롬 12:9)

인생에서 넘어질 때, 우리가 보이는 반응은 그리스도와의 관계가 얼마나 성숙한지를 보여주는 훌륭한 잣대이다. 전적으로 주님을 신뢰함을 증명하는 반응을 주님이 보기를 원하는 것이다. 그것은 진정한 승리의 척도이다. 만약 우리가 무관심하면 삶에서 드러나는 비극적인 사건이 우리를 지치게 만들 수 있다. 빨리 하나님이 누구신가와 그분이 우리의 인생에서 하시는 역할을 잊는 것은 나쁜 반응들로 이끌고 갈 것이다. 우리가 고난 가운데서 하나님을 열심히 추구하지 않으면 하나님의 말씀을 거역하는 식으로 반응한다. 우리의 현재 상황 때문에 다른 사람과 하나님을 비난할 수 있을지 모른다. 우리는 약물과 술을 통해 도피처를 찾을지도 모른다. 자신을 동정하거나 바로 단념할지도 모른다.

어려운 상황에서 주님께 돌아가는 것은 우리의 능력과 희망이 있는 곳을 강화하는 것이다. 바울은 말로 표현할 수 없을만한 고난을 당한 후에, 고난당할때 "선한 것에 붙어 있으라"(9절)는 말씀을 주면서, 어떻게 반응해야 하는지에 대해 큰 방향을 제시해 준다.

인생에서 폭풍을 만날때, 주님께 붙어있는 것은 우리의 마음이 어디에 있는가를 드러낸다. 붙어 있다는 것은 단호하게 붙잡고 있는 것이고, 어떤 댓가를 치르더라도 결코 놓지 않겠다는 것을 말한다. 그리고 그분과 함께 있으면, 인생길에 오는 어떤 것도 견딜 수 있고, 승리하게 될 것이다.

주님, 그 밖에 모든 것이 실패해도, 나는 당신을 의존할 수 있음을 압니다. 나는 당신의 선하심이 승리할 것이라는 약속을 굳게 붙잡겠나이다.

하나님의 설계

본문읽기 ★ 시 4:1-8
요절 ★ 의의 제사를 드리고 여호와를 의지할지어다 (시 4:5)

실패한다는 생각은 걱정과 두려움을 자극할 수 있다. 우리는 스스로 의문을 품는다. 만약 실패하면, 다른 사람이 나를 어떻게 생각할까? 만약 내가 계속적으로 성공하지 못하고 실패한다면, 나의 인생에서 그것이 어떤 영향을 줄까?

실패는 때때로 하나님에 의해 우리 자신에 대해 있는 그대로를 보도록 하신다. 인생의 모든 면에서 하나님을 신뢰할 필요가 있다. 우리 실패가 극복하기 어려운 것처럼 보이는 특별한 죄나 사역에서 모험이나 사업이나 인간관계에 관련이 되어 있든지, 그것은 우리가 전적으로 하나님만을 의지할 필요가 있음을 알게 하는데 도움을 준다. 어떻게 해서든지 하나님을 위해 어떤 일을 해 보겠다고 우리가 혼자 힘으로 시작하는 때가 있다. 그러나 우리 자신의 힘으로 이 일들을 할 때 실패가 임박해 있는 것이다.

다윗은 실패와 승리는 모두 인생의 여러 다른 영역에서 경험하게 된다고 이해했다. 그리고 하나님이 우리 마음에 충만할 필요가 있는지를 알게 하는 것은 바로 실패의 경험이다.

우리가 하나님을 의지할때, 믿을 수 없는 자유와 평화가 우리 마음 속에 머물기 시작하는 것이다. 그리고 우리 인생에서 그 지점에 도달하는 것은 모든 실패를 가치있게 만들게 된다.

주여, 실패 가운데서 승리하고, 승리 가운데서 당신을 볼 수 있도록 내 속에 충만하시옵소서.

새로운 시작

본문읽기 ★ 요 4:1-26
요절 ★ 그러므로 이제 그리스도 예수 안에 있는 자에게는 결코 정죄함이 없나니 (롬 8:1)

실패로 인해 고통을 당한 후에, 새로운 시작을 하게 되는 것보다 더 희망적인 것은 없다. 이것은 하나님이 그의 용서를 구하는 자들에게 주시는 것이다.

그분은 다시 시작할 기회를 주신다. 그것이 죄의 결과라고 할지라도, 하나님은 우리의 잘못된 선택으로 인해 결코 우리를 정죄하지 않을 것이다 (롬 8:1). 그분은 죄와 의심이 만든 실패 가운데 그대로 방치하지도 않을 것이다.

환경을 초월하여 살아가는 열쇠는 하나님께서 당신이 실수할 때에도 당신의 인생을 향한 계획을 가지고 계심을 깨닫는 것이다. 그분은 결코 당신을 사랑하는 것을 멈추지 않으실 것이고, 너를 결코 포기하지도 않을 것이다. 그분은 서투른 결정의 결과를 변화시키지 않을지 모르지만, 그분은 확실히 나쁜 환경을 다루는 법과 그것을 유익하게 만드는 법을 알고 계신다.

예수님은 우물가에서 한 여인을 만났던 때가 있었다. 인간적인 관점으로 그녀의 인생은 실패로 가득찼다. 그런데 예수님은 오직 가능성을 보셨다. 비록 그녀가 여러번 결혼하였을지라도, 예수님은 그를 향한 사랑을 표현하는 것을 망설이지 않으셨다.

우리를 향한 하나님의 사랑은 무조건적이지만, 그것은 책임이 없는 것은 아니다. 이와같은 사랑은 완전한 헌신을 요구한다. 예수님은 이 여인-우리 각자 -이 하나님의 영원한 사랑을 알고 경험하게 하시기 위해 오셨다. 우리는 하나님의 놀라운 사랑으로 다가갈 때, 변화되게 된다.

아버지, 당신의 사랑이 너무 깊기 때문에 그것을 다 헤아릴 수 없습니다. 그럼에도 불구하고 나를 변화시킨 것이 바로 하나님의 사랑이라는 것을 압니다. 감사하나이다.

영혼의 회복

본문읽기 ★ 롬 7:15-25
요절 ★ 내 속사람으로는 하나님의 법을 즐거워하되 (롬 7:22)

우리가 아주 어려운 시기를 겪고 있을때, 어떻게 인생을 승리로 회복할 수 있는가? 회복하는 가장 좋은 방법은 하나님의 진리에 초점을 맞추는 것이다. 이것은 악마의 끊임없는 잔소리에 귀를 기울이지 않는다는 의미이다.
사탄은 우리가 하나님의 사랑을 받을 가치가 없다고 말함으로 하나님의 선하심을 의심하게 한다. 악마는 우리의 마음이 마비되어 두려움을 차차 없어지게 하기 위하여 우리 마음 속에 의심, 염려 그리고 걱정의 생각을 끼워 넣는다. 악마는 또 거짓으로 우리 마음을 공격하지만, 하나님의 진리는 영혼에 소망과 회복을 주신다.
당신은 격렬한 압박의 순간을 맞이하고 있는가? 그렇다면, 어떻게 그것을 벗어날 것인지 알고 싶을 것이다. 그리스도가 그 해답을 가지고 있다. 인생의 폭풍이 밀어닥칠때, 하나님이 통제하고 있고 당신의 인생을 위해 오직 선한 것만을 마음에 가지고 있다는 사실을 묵상함으로 평화와 평온의 마음을 강하게 유지할 수 있다. 그분은 당신이 영적으로 승리하기를 원하신다.
당신이 짊어진 짐이 너무 무거울때, 그것을 하나님께 맡기라. 그분은 힘의 근원이 되신다. 《진리를 당신 자신에게 말하라(Telling Yourself the Truth)》에서 윌리엄 백쿠스(William Backus)는 만족과 평안한 사람이 되는 세 단계가 있다고 썼다.

1. 불신과 악마가 너를 낙심시키려고 사용하는 것을 찾아내라.
2. 하나님께 그것을 제거해 달라고 도움을 청하라.
3. 불신을 하나님의 진리로 교체하라.

주님, 나는 당신에게 모든 의심과 두려움을 넘겨드립니다. 나에게 있어서 그것들은 극복할 수 없는 장애물이지만, 당신의 손에는 아무 것도 아니나이다.

실패의 유익

본문읽기 ★ **시 98:1-9**

요절 ★ 새 노래로 여호와께 찬송하라 그는 기이한 일을 행하사 그의 오른손과 거룩한 팔로 자기를 위하여 구원을 베푸셨음이로다 (시 98:1)

바울은 의로운 일을 하려고 애를 썼지만, 우리와 같이 때때로 실패하였다. 로마인에게 보내는 편지에서, 바울은 그의 인생에서 직면한 죄를 이길 능력이 없음을 고민한 것같다. 모든 사람이 항상 바울과 같이 느껴지지 않을까? 우리는 옳은 것을 행하기를 원하지만, 행동은 언제나 우리의 진정한 욕구를 표현하지 못한다.

그런데 바울은 실패는 정죄되어서는 안된다는 것을 배웠다. 사실 실패는 그에게 승리에 관한 매우 귀중한 교훈을 주었다. 비록 어떤 상황이 바울을 아무리 약하게 만든다 할지라도(고후 12:10), 그리스도의 능력이 그 상황을 통해 밝게 빛나게 될 수 있었다.

여기 실패에 관하여 기억할 것이 몇 가지 있다.

1. 실패는 종종 하나님에 의해 설계된다. 하나님은 자기의 개선을 필요로 하지 않으신다. 그분은 우리가 그 안에서 생명을 얻게 하기 위해 육신에 대해서 죽기를 원하신다.
2. 실패는 종종 하나님이 우리의 삶 가운데서 그의 목적들을 성취하기 위해 필수적이다. 우리가 그분을 바라보게 될 때, 그분이 우리를 위해 가진 목적들과 계획들을 보기 시작한다.
3. 실패는 우리의 약함과 불완전함을 드러낸다. 우리가 최선의 노력을 해도 하나님이 우리 안에서 그리고 우리를 통하여 그분이 하실 수 있고 하시고자 하는 것에 부응할 수 없다.

우리 인생의 실패는 우리가 실패했다는 것을 의미하는 것은 아니다. 단지 최종적인 승리를 알려주시는 하나님의 수단일 뿐이다.

주님, 나에게 실패는 단순히 최후 승리로 나아가는 길에 세워진 이정표라는 것을 깨닫게 하시옵소서.

결코 혼자가 아니다

본문읽기 ★ 딤후 4:16-18
요절 ★ 내가 처음 변명할 때에 나와 함께 한 자가 하나도 없고 다 나를 버렸으나 그들에게 허물을 돌리지 않기를 원하노라 (딤후 4:16)

♥ 대부분 우리는 디모데후서에 있는 바울의 말에 공감할 수 있다. 사실 그 말씀을 읽으면서 아마도 "내가 처음 변명할 때에 나와 함께 한 자가 하나도 없고 다 나를 버렸다"(16절)는 말씀에 중압감을 느끼고 깊은 생각에 잠길 수 있다.

당신이 보기에 옳지 않은 것에 찬성하는 편에 서 있거나, 아무도 당신과 함께 있지 않았던 경험이 있는가? 아마 당신은 전행되고 있는 과정에 있는 계획에 대해 "아니요"라고 말해야 했다.

그렇지 않으면 당신의 아들이나 딸이 당신에게 와서 당신이 느끼기에 가장 좋지 않은 일을 하게 허락해 달라고 요구했을 수도 있다. 모든 부모들이 "예"라고 말했다고 하자. 그러나 어떤 이유로 당신이 "아니요"라고 말해야 한다고 느꼈고, 또 당신은 그렇게 했다. 갑자기 당신은 인기가 없어질 수도 있었다. 한때 당신을 지지했던 사람들이 이제 고상한 체 하고 형식에 얽매이는 행동을 한다고 느낄 수도 있다.

성령은 우리가 마땅히 가야 할 길로 인도하신다. 경건한 결정은 경건한 용기를 요구한다. 인간적인 관점으로 볼때, 바울은 혼자였다. 그러나 그는 혼자가 아니었다. 예수님이 그 옆에 계셨고 그와 함께 계셨다.

당신은 결코 혼자가 아니다. 시련은 하나님이 그의 능력과 지혜를 드러내실 놀라운 기회를 주신다. 담대하고 두려워 말라(수 1:9). 주 하나님이 당신과 함께 계시고, 그분은 당신에게 지혜,능력 그리고 승리를 허락하실 것이다.

주님 나는 내가 버림받고 혼자라고 느낄때 흔들리지 않기 위해 당신이 주시는 용기가 필요하나이다. 나로 나의 능력이 당신에게서 나온다는 사실을 잊지 않게 하시옵소서.

승리의 전달자

본문읽기 ★ 행 18:9-11
요절 ★ 밤에 주께서 환상 가운데 바울에게 말씀하시되 두려워하지 말며 침묵하지 말고 말하라 (행 18:9)

고린도는 특별히 성도들에게는 살기 어려운 도시이다. 그곳은 항구도시로서 전세계에서 온 방문객들과 사업가들을 받아들이는 도시였다. 개방적인 상업의 분위기를 따라서 매우 자유로운 종교관을 가지고 있었다. 미신과 이단숭배가 널리 행해지고 있었다.
워렌 위어스비(Warren Wiersbe)는, "고린도인이 악하다는 평판이 전 로마제국에 알려져있었고. 이상한 철학과 신흥종교를 따라서 … 돈과 부도덕이 고린도에 들어왔고 그곳이 서식지가 되었다."라고 썼다.
하나님은 악이 가득한 곳에 그의 종들을 보내는 것을 두려워하지 않으신다. 이곳은 바로 복음이 필요한 곳이다. 그러므로 하나님은 바울을 고린도에 보내셨다. 그러나 사역은 엄청난 공격을 받았다. 유명한 유대인 지도자인 그리스보(Crispus)의 회심은 바울이 계속 하나님의 진리의 말씀을 설교해야 할 필요가 있음을 증거하는 것이었다. 우리는 결코 하나님이 우리에게 주신 푯대를 포기해서는 안된다.
사도행전 18장에서 주님께서 꿈에 바울에게 말씀하셔서 말하는 것(8-9절)을 주저하지 말고 두려워하지 말라고 격려하고 있다. 이것은 바로 바울이 필요했던 용기였고, 하나님이 당신에게 필요한 동일한 용기이다.
하나님은 당신의 형편을 알고 계신다. 용기를 가지고 소망을 충만히 가지라. 그의 말씀은 가르치고 전파될 것이다. 당신은 그것을 가장 필요로 하는 사람들에게 갈 전도자이요, 그리고 당신의 수고로 영광을 얻게 될 것이다.

주님, 나로 어둠 가운데 빛이 되게 하시고 그것이 가장 필요로 하는 사람에게 복음의 말씀을 전하게 하시옵소서.

하나님의 능력으로 승리하리라

본문읽기 ★ 삿 7:1-11

요절 ★ 여호와께서 기드온에게 이르시되 너를 따르는 백성이 너무 많은즉 내가 그들의 손에 미디안 사람을 넘겨 주지 아니하리니 이는 이스라엘이 나를 거슬러 스스로 자랑하기를 내 손이 나를 구원하였다 할까 함이니라 (삿 7:2)

기드온은 두려움과 절망을 이해했다. 그의 상황을 생각해 보라. 아주 작은 군대를 가지고 있는 기드온이 미디안과 같은 대규모 군대를 무찌르기 위하여 하나님의 부르심을 받은 것이다. 형세가 그에게 불리한 것처럼 보였다. 그러나 그는 하나님을 신뢰하였고 하나님의 명령에 순종했다.

그 때 주님은 기드온에게 말씀하셨다 .

"여호와께서 기드온에게 이르시되 너를 좇은 백성이 너무 많은즉 내가 그들의 손에 미디안 사람을 붙이지 아니하리니 이는 이스라엘이 나를 거스려 자긍하기를 내 손이 나를 구원하였다 할까 함이니라"(삿 7:2). 기드온의 작고 보잘것 없는 군대는 더 작아졌다. 왜? 아주 작은 군대가 미디안 대군을 상대로 승리를 거둘때, 하나님께 더 큰 영광을 돌리기 위함이다.

당신은 그러한 도전을 만난 적이 있는가? 그리고 거기에는 풍부하지 못한 자원이 점점 고갈될 때 당신의 유일한 자원이 하나님을 신뢰하는 것인가? 아마 그런 상황을 보고 그 일로 인해 두려움을 느낄 것이다.

심프슨(A. B. Simpson)은 용기있는 말을 했다. "하나님은 당신의 인생에서 더 능력있게 하려고 하실 때, 그분은 더욱 압력을 가하신다." 당신의 환경이 더욱 불가능해질수록 하나님은 더욱더 영광을 받으실 것이다.

당신의 상황이 더욱 불가능하게 되고 형세가 불리할 때, 낙심하지 말라. 하나님은 기드온에게 승리를 주셨고, 그리고 그분은 당신도 승리하게 하실 것이다. 그분을 신뢰하고, 그의 능력으로 승리하는 것을 지켜보라.

주님, 나의 도구들이 그 일에 적합하지 않을 때, 나로 기적이 당신이 계신 곳에 있음을 깨닫을 수 있게 도와주시옵소서.

희망이 없을때

본문읽기 ★ 삿 7:12-15

요절 ★ 미디안과 아말렉과 동방의 모든 사람들이 골짜기에 누웠는데 메뚜기의 많은 수와 같고 그들의 낙타의 수가 많아 해변의 모래가 많음 같은지라 (삿 7:12)

당신은 오늘날 특별한 용기가 필요한가? 당신의 주위에 있는 믿었던 안전이 무너지고 있는 것처럼 느껴지는가? 기드온은 모든 가능성이 없는 것처럼 느껴졌다. 그는 그의 인생에서 도전에 직면하였는데, 불과 300명의 군대로 미디안의 막강한 대군과 전쟁을 벌여야 했다.

사사기 7장 12절은 미디안 족속과 아말렉 족속이 그 수가 메뚜기같이 나타났다고 보고하였다. 그들의 낙타도 해변의 모래같이 많았다. 당신은 굉장한 장면을 보고 기드온의 마음이 얼마나 약해졌는지 상상할 수 있겠는가? 그런데 하나님은 기드온이 낙심하지 않도록 하셨다. 그가 적군의 진영에 들어갔을때, 두사람이 꿈에 대해 이야기하는 것을 들었다. 그들은 해석하기를, 하나님이 미디안을 이스라엘 족속에 넘겨주었다고 하였다. 이 말을 듣고서 기드온은 하나님께 경배했다.

기드온의 담대함이 새롭게 되었다. 내게 있는 것이 너무 많다. 비록 모든 입장이 매우 불리할지라도, 이런 용기가 필요한 것이다. 이것은 당신이 하나님이 당신을 혼자 적들을 직면하도록 내버려 두시지 않는 것을 확실히 알기 때문이다. 오늘 무엇에 직면할지라도, 하나님은 더 크시다. 그분을 신뢰하라. 그리하면 그분은 당신이 승리할 수 있도록 강하고 놀라운 방법을 사용하실 것이다.

주님, 오늘 당신의 이름으로 승리를 거둘 수 있도록 나를 써 주시니 감사합니다. 나는 확신과 믿음으로 전진하겠습니다.

인생에서 만난 산

본문읽기 ★ 슥 4:6-10

요절 ★ 그가 내게 대답하여 이르되 여호와께서 스룹바벨에게 하신 말씀이 이러하니라 만군의 여호와께서 말씀하시되 이는 힘으로 되지 아니하며 능력으로 되지 아니하고 오직 나의 영으로 되느니라 (슥 4:6)

성경은-시온 산의 지리적인 위치(시 2:6), 안전의 실례(시 30:7), 그리고 장벽, 방해나 장애물(슥 4:7) 등 다양한 의미로 산이라는 단어를 사용하고 한다.

그리스도의 제자로서, 쉬운 생활이 보장되지 않는다. 당신은 인생 가운데서 시련, 곤경 그리고 고생 등과 같은 많은 산들을 만나게 될지 모른다. 저항할 수 없는 장애물이나 문제들을 만났을때, 어떻게 반응할 것인가? 당황하겠는가? 낙심하겠는가? 포기하고 싶은 마음을 느낄 것인가?

하나님이 당신을 어떤 일로 부르실때, 그분은 성공에 방해되는 것들을 제거할 책임을 떠맡는다. "오직 힘으로 되지 아니하며 능으로도 되지 아니하고 오직 나의 신으로 되느니라"(슥 4:6).

당신이 어떻게 느끼는가? 당신은 당신 앞에 불가능한 산처럼 무시무시하게 생각될 수도 있다. 일, 인간관계, 재정, 건강, 미래 등등

이사야 41장 10절은 우리의 마음을 굳게 붙잡으라고 위로의 말씀을 주고 있다. "두려워 말라 내가 너와 함께 함이니라 놀라지 말라 나는 네 하나님이 됨이니라 내가 너를 굳세게 하리라 참으로 너를 도와 주리라 참으로 나의 의로운 오른손으로 너를 붙들리라".

당신이 무엇을 만나고 그 일이 쉽고 어렵다할지라도, 항상 승리를 위해 하나님을 향하라. 그분은 당신의 영원하고 확실한 소망이시다(시 123:12).

주님, 오를 수 없다고 생각되는 산을 당신에게는 더 좋은 목적을 위한 기회로 보신다는 것을 알게 하시옵소서.

모든 장애물을 넘기

본문읽기 ★ 수 6:1-20

요절 ★ 제사장들이 양각 나팔을 길게 울려 불어서 그 나팔 소리가 너희에게 들릴 때에는 백성은 다 큰 소리로 외쳐 부를 것이라 그리하면 그 성벽이 무너져 내리리니 백성은 각기 앞으로 올라갈 지니라 하시매 (수 6:5)

거대한 것이 그들의 앞길을 막고 있었다. 여호수아가 여리고 요새를 보았을때, 도시를 취하는 것이 작은 일이 아니었고, 특별히 그들 앞에는 보기에는 뚫을 수 없는 벽이 있다는 것을 깨달았다.

그런데 하나님은 여호수아에게 이스라엘의 승리를 약속하셨고, 여호수아는 그를 믿었다. 여호수아 6장 5절에 기록된 하나님의 명령은 다음과 같다. "제사장들이 양각나팔을 길게 울려 불어서 그 나팔 소리가 너희에게 들릴 때에는 백성은 다 큰 소리로 외쳐 부를 것이라 그리하면 그 성벽이 무너져 내리리니 백성은 각기 앞으로 올라갈지니라 하시매."

장차, 이스라엘 자손은 여리고를 공격한 것에 대해 물을 것이고, 그들의 부모들은 성벽이 무너지게 된 것은 외침과 나팔을 불어서였고, 하나님의 능력이 함께 하셨기 때문이라고 대답할 것이다. 성벽을 부수기 위해 해머로 두들긴 것도 아니고, 현대식 전쟁전략이 필요한 것도 아니었다. 오직 복종만 있을뿐이었다. 하나님은 그의 능력만이 모든 장애물을 극복하는 방법이라는 것을 교훈으로 남겨주신 것이다. 그것은 누구도 예상하지 못했던 것이지만 그것은 정확하게 필요한 것이었다.

데오도르 파커(Theodore Parker)가 기도하기를, "주님, 진리를 볼 수 있는 눈 곧 영원한 권세를 아는 통찰력, 긍휼로 충만한 마음, 가장 온유한 진리, 모든 어둠을 밝힐 굳센 믿음을 주시옵소서." 라고 하였다.

주님, 당신은 창조주시요,불가능을 변화시키는 분이십니다. 나는 당신에게 나의 모든 장애물들을 드리오니, 당신만이 그것들을 극복할 수 있음을 알고 있기 때문입니다.

돼지 우리에서의 승리

본문읽기 ★ 눅 6:1-20

요절 ★ 내가 일어나 아버지께 가서 이르기를 아버지 내가 하늘과 아버지께 죄를 지었사오니 (눅 15:18)

사육하고 있는 돼지들을 바라보는 탕자를 상상해 보라. 그가 우리 안에 있는 돼지에게 먹이를 주면, 그의 배는 꼬르륵 거렸고 자신보다 돼지가 먹는 것이 더 낫다고 생각했다. 사실 얼마나 비천한 자리에 떨어졌으면, 돼지를 부러워했겠는가! 그가 생각할 수 있는 유일한 대안은 겸손히 그의 아버지에게로 돌아가는 것이었다.

탕자가 고민을 한후, 전에 은혜를 받았던 곳을 선택하였다. 비록 고용된 일군으로 써달라고 그의 아버지에게 요청하겠지만, 그의 마음 속에는 아버지가 가슴으로 그를 안아 주실 것이라고 생각 했을 것이다. 당신이 하나님에게서 얼마나 멀리 떠나 있든, 그의 팔은 당신에게 열려있다. 하나님의 은혜는 항상 죄와 실패에서 건져주셔서 승리의 삶을 살도록 하신다.

제노바의 케서린(Catherine of Genoa)은, "내가 분명히 알기로는 모든 것이 하나님 안에만 있고, 내 안에는 없다. 하나님의 은혜 없이는 오직 부족함만 있다. 내가 기뻐하는 유일한 이유는 내 안에 아무것도 없다는 것이다."라고 썼다.

당신이 하나님으로부터 너무 멀리 벗어나 있지 않은 것은 우선 당신 안에 있는 좋은 것이 그분으로부터 왔기 때문이다. 더이상 돼지를 부러워하지 말라. 대신에 아버지에게로 돌아가라. 그분은 은혜로 당신을 회복시키시고 모든 좋은 것으로 충만하게 하시기를 바란다.

주님, 나로 방탕한 부분을 보게 하시고 당신의 사랑의 피난처로 불러주시옵소서.

승리의 길

본문읽기 ★ **고후 1:1-7**

요절 ★ 찬송하리로다 그는 우리 주 예수 그리스도의 하나님이시요 자비의 아버지시요 모든 위로의 하나님이시며 우리의 모든 환난 중에서 우리를 위로하사 우리로 하여금 하나님께 받는 위로로써 모든 환난 중에 있는 자들을 능히 위로하게 하시는 이시로다 (고후 1:3-4)

당신이 고통을 당하고 있을때, 어떻게 하는가? 당신은 다른 사람에게 그것을 말하는가? 당신은 그것을 숨기려고 하는가? 당신은 주께서 그것을 제거해 주기를 기도하고 있는가?

어떻게 비극에 반응하느냐 하는 것은 그리스도인에게 승리의 삶을 가져다 주는 영적인 성장을 위해 유일한 기회를 제공한다. 우리가 예수 그리스도를 구주로서 믿는다면, 남은 인생을 성장에 힘써야 할 것이다. 종종 우리가 당하는 고통이나 우리가 경험한 비극이 도움이 되기도 한다.

고린도후서 1장 4절에서는 우리가 고통을 당하므로 하나님은 우리를 위로하실 수 있다고 말씀하신다. 고난의 첫번째 유익은 하나님에 대한 지식을 자라게 한다는 것이다. 우리는 곧 우리가 상처를 입었을때 손을 뻗으면 그의 위로를 곧 알게 될 것이다. 만약 그가 상한 마음을 허락하지 않는다면 어떻게 우리 아버지의 사랑을 알 수 있겠는가?

고통이 주는 두번째 유익은 우리가 다른 사람을 위로할 수 있다는 것이다. 고통을 경험한 사람이 주님으로부터 받은 감동적인 위로를 줄 수 있다. 당신이 겪는 고통이 진실한 것임을 알라. 그것은 주님에게도 중요하고 당신의 고통은 사실 그분에게 매우 귀하다. 그것을 통해 당신과 당신이 만나는 사람들에게 그분 자신을 드러내신다.

주님, 고통 가운데서 당신의 사랑을 구하나이다. 나로 내가 필요한 것보다 더 많은 위로를 구하지 말고, 다른 사람과 그 위로를 나누게 도와주시옵소서.

비극과 승리의 삶

본문읽기 ★ 고후 1:8-11

요절 ★ 우리는 우리 자신이 사형 선고를 받은 줄 알았으니 이는 우리로 자기를 의지하지 말고 오직 죽은 자를 다시 살리시는 하나님만 의지하게 하심이라 (고후 1:9)

바울은 진정으로 고통과 정신적 파멸이 어떻게 느껴지는지를 알고 있었다. 그가 지고 있는 짐은 '그의 힘을 과도하게 넘은' 것이었고, 심지어 살 소망까지 끊어 졌다고 하였다(고후 1:8). 그는 더 이상 살고 싶지 않을 정도였다.

아마 당신은 인생에서 고통이 가치 없는 것처럼 고난에 의해 집중 공격을 당하고 있다고 느껴지는 순간을 지나고 있을지도 모른다. 승리하는 삶을 사는 것이 환상인 것처럼 느껴지기도 한다.

당신이 주님께 위로를 기다리면서 고통을 견디면서 한 가지만은 기억하자. 하나님은 당신과의 교제를 이미 시작하셨다는 것이다. 그러므로 그분은 또 당신을 위로하기 시작하셨다.

바울은 이렇게 이해했다. "이는 우리로 자기를 의뢰하지 말고 오직 죽은 자를 다시 살리시는 하나님만 의뢰하게 하심이라"(고후 1:9). 주님은 우리가 그에게 부르짖기 이전에 우리의 고통을 알고 계신다. 그런데 바울이 이해하고 있는것-우리로 우리 자신을 신뢰하지 말고 우리의 주권자이신 하나님만 의뢰해야만 한다-을 이해하게 되는 것은 바로 우리가 하나님께 부르짖는 시점이라는 것이다.

당신이 어떻게 느끼는지를 정확하게 주님께 고백하라. 그분에게 당신의 상한 마음을 고쳐주시고 기쁨의 회복 그리고 승리의 삶을 살도록 도와달라고 구하라.

주님, 내가 인생의 깊고 깊은 늪을 지나갈 때 나의 눈을 들어 단지 십자가가 아니라 부활하신 그리스도를 보게 하시옵소서.

우리의 위대한 승리

본문읽기 ★ 사 55:1-9
요절 ★ 이는 내 생각이 너희의 생각과 다르며 내 길은 너희의 길과 다름이니라 여호와의 말씀이니라 이는 하늘이 땅보다 높음 같이 내 길은 너희의 길보다 높으며 내 생각은 너희의 생각보다 높음이니라 (사 55:8-9)

당신은 세상이 당신에 대해 대항하는 것처럼 보일 때 보통 어떻게 반응하는가? 안타깝게도 좋지 않은 방법으로 반응하는데, 곧 비통, 의심, 침체 그리고 무기력함이다. 이것들은 고통의 강도가 심해지면서 감정들이 더욱 격해진다. 이 압박은 보통 여러 개의 공통적인 방법-다른 사람을 비난하거나, 회피할 욕망이 드러나거나, 문제를 인정하지 않거나 침체로 빠져드는 것으로 벗어나려고 한다. 이것은 확실하게 하나님이 우리의 삶에서 보기 원하는 결과가 아니다. 이런 바쁜 반응과 달리 삶에서 고난을 유익하게 만드는 것들이 있다.

● 첫째로, 우리는 하나님의 관점으로 모든 것을 보도록 노력해야 한다. 하나님의 길은 우리의 길과 다르고(사 55:8), 그분은 보통 인간의 관점을 초월하여 문제를 점검하기를 원하신다.

● 둘째로 우리는, "아버지, 이 고난 가운데서 나의 인생을 향한 주님의 목표는 무엇입니까?"라고 기도해야 한다. 하나님은 어떤 시간이든지 유익한 순간으로 만들 수 있다.

● 셋째로, 우리는 하나님의 뜻에 복종해야 하고 그러고 나서 시련을 통해 우리를 제대로 볼 수 있게 하시는 그의 신실하심을 신뢰해야 한다.

때때로, 우리의 삶은 우리의 생각을 주님의 생각으로 재편성하기 위해 대부분 혼란을 겪기도 한다. 비록 때때로 고통스럽지만 이 시간은 우리의 삶을 변화시키는 순간이 되고 우리가 어떻게 반응하느냐에 따라 더 위대한 승리로 인도받을 수 있다.

주님, 어려울 때에, 비통, 비난 그리고 침체로부터 방향을 바꾸어서 당신의 관점을 발견하기 위해 구하고 복종하게 도와주시옵소서.

약이 되는 고통

본문읽기 ★ 벧전 1:3-9

요절 ★ 그러므로 너희가 이제 여러 가지 시험으로 말미암아 잠깐 근심하게 되지 않을 수 없으나 오히려 크게 기뻐하는도다 너희 믿음의 확실함은 불로 연단하여도 없어질 금보다 더 귀하여 예수 그리스도께서 나타나실 때에 칭찬과 영광과 존귀를 얻게 할 것이니라 (벧전 1:6-7)

20세기 학자, 저술가이며 신학자인 C. S. 루이스는 고통에 낯설지 않았다. 그는 어렸을때 어머니를 잃었고, 그의 아버지는 존경할만하지만 죽은 어머니의 도움이 없이 양육하는 것이 어려웠다. 여러 해를 지나서, 루이스는 그의 아내, 조이를 만나 결혼했지만, 그녀도 질병으로 죽었다. 알콜중독자인 동생과 친한 친구는 전쟁터에서 죽었고 다른 많은 도전들이 가장 심오한 기독교 사상가의 삶에 자국을 냈다.

그가 쓴 《고통의 문제》에서, 루이스는, "고통이 가장 큰 도움을 주는 것은 그것이 좋든 나쁘든 우리자신의 소유이며 우리에게 충분하다는 환상을 산산히 부수게 된다" 고 쓰고 있다. 고통이 없으면 인간은 선천적으로 자기만족으로 되돌아 가게 된다. 우리는 하나님을 간섭하는 분이라고 볼 수 있다. 나의 친구처럼 말하기를, "우리는 비행사가 낙하산을 주목하는 것처럼 하나님을 주시하고, 그것은 비상시에 대비한 것이지 그것을 결코 사용하지 않기를 희망한다."

하나님은 낙하산이 아니다. 사람들은 단지 낙하산을 다시 접거나 또는 밀어 넣기만 하고, 갑작스런 위기에서 도움을 얻는 적절히 압축된 등짐(우주비행사의 생명 유지 장치: 역주)에서처럼 낙하산을 갑자기 펴듯이 하나님을 갑자기 움직일 수 있는 줄이 없다. 하나님과 인격적이고 깊어져가는 교제가 없이는 아무도 온전한 삶을 살 수 없다. 때때로 상처를 입을지라도, 그것을 기억함으로 약이 되기도 한다.

주님, 나로 당신을 위급한 상황을 위해 다루기 쉬운 낙하산 정도로 여기지 않게 하시옵소서. 오히려 형통할때나 궁핍할 때, 당신은 거기에 항상 계시는 유일한 분이시나이다.

승리의 온전한 열매

본문읽기 ★ 마 13:3-9
요절 ★ 오직 성령의 열매는 사랑과 희락과 화평과 오래 참음과 자비와 양선과 충성과 온유와 절제니 이같은 것을 금지할 법이 없느니라 (갈 5:22-23)

신선한 과일을 분쇄하는데 있어서 특별한 것이 있다. 크리스챤은 모든 식사에 감사하는 습관을 가져야 하지만, 신선한 사과주스는 특별히 감사하는 말을 할만하다.
대부분의 음식은 그것이 식탁에 오르기전에 많은 사람의 준비가 있어야 한다. 빵은 혼합되고 반죽해서 굽게 된다. 고기는 신중하게 선별되고 얇게 잘라져서 보존되게 된다. 그런데 과일은 곧바로 따서 시장으로 옮겨지게 된다. 그것은 어떤 준비도 필요없이 하나님께서 만드신 상태로 완전한 것이다.
하나님께서 사과와 오렌지를 가꾸신 것처럼, 그분은 그의 백성 속에서 영적으로 성숙한 열매를 거두기 위해 일하신다. 갈라디아서 5장 22절에, 바울은 성령의 아홉가지의 분명한 열매들 곧 사랑, 희락, 화평, 오래 참음, 자비, 양선, 충성, 온유, 절제 등을 열거하고 있다.
만약 하나님이 농부시요 성령이 씨앗이라면, 무엇이 빠진 것일까? 밭이다! 과일-심지어 영적 열매-은 그 뿌리를 박을 수 있는 것이 없이는 자랄 수 없다. 그리스도인에게도 밭은 종종 고난이기도 하다.
고통에 대한 성도의 반응은 하나님이 신선한 열매를 풍부하게 하시는 비옥한 밭을 주신다. 고난 중에도 그분을 신뢰하라. 앞길에는 온전한 승리의 열매를 거두게 될 것이다.

주님, 인생이 매우 힘들때, 당신의 진리가 풍요로운 열매를 맺기 위해 더욱 깊이 뿌리를 내리게 됨을 기억하게 하시옵소서.

일이 잘 안될때

본문읽기 ★ 약 1:1-4

요절 ★ 그러므로 내일 일을 위하여 염려하지 말라 내일 일은 내일이 염려할 것이요 한 날의 괴로움은 그 날로 족하니라 (마 6:34)

당신은 '벽치기' 란 표현을 들어 본 적이 있는가? 그것은 고통스러운 것처럼 들리지 않는가? '벽' 이란 때론 최근에 조깅과 같은 운동을 시작하는 초보자에게 사용된다. 증상들은 경주자의 심장 박동, 땀 흘리는 것 그리고 헐떡임, 고통스러운 흡입 등을 포함하고 있다. 초보자에겐 이것은 단순히 다음 단계로 진행할 수 없게 하는 지점이다.

이런 기분을 경험한 후 많은 사람이 달리는 것을 단념한다. 어쨌든 운동은 당신의 기분을 좋게 만드는 것이 되어야 하지 않을까 생각한다. 이 초보자의 문제는 그들이 아직 육체적으로 참을 수 있는 지점에 도달하지 못했다는 것이다. 이것은 달리는 사람이 계속 강하게 하고 매일 더 멀리 뛸 수 있게 하는 것이다. 인내는 목표를 성취하기 위해 결심, 훈련, 기꺼이 참음의 결과이다. 이것은 경기장 트랙에서뿐만 아니라 영적 생활에도 마찬가지다.

야고보서 1장 2-4절에서 영적 능력의 과정을 보여준다. 그 구절에서 힘든 시련 앞에서 기뻐함은 인내를 낳고, 그것의 궁극적인 결과는 성숙 곧 '온전함' 이다. 매일 시련을 그리스도로부터 나오는 기쁨으로 만족하기 위해 하나님의 도우심을 위해 기도하라. 왜냐하면 당신이 영적 인내를 계발하고 궁극적으로 그리스도 안에서 거두는 승리 곧 성숙을 이루기 위함이다.

주님, 오늘 내가 시련에 부딪힐때 적절하게 반응하도록 도와주시옵소서. 당신은 승리를 거두는 영적 인내를 계발하고 있음을 알고, 즐거워 하게 하시옵소서.

어둠 후에

본문읽기 ★ 골 1:13-16

요절 ★ 그가 우리를 흑암의 권세에서 건져내사 그의 사랑의 아들의 나라로 옮기셨으니 그 아들 안에서 우리가 속량 곧 죄 사함을 얻었도다 (골 1:13-14)

천둥번개가 치고 편안하게 불을 밝히는 방 안에 앉아 있었을 때 당신의 인생을 생각해 보라. 당신에겐 머리 위에 있는 빛, 등불 그리고 불현듯이 모든 것을 밝히는 텔레비전이 있다. 그 때, 예고도 없이 부서지듯 천둥소리가 나고 집 안이 칠흑 같이 어두울 때가 있었을 것이다. 갑자기 세상에 있는 모든 것이 사라지고, 어둠 속에서 앉아 떨고 있다.

어둠은 다소 겁을 먹게 할 수 있다. 일거에 우리의 오만을 일으키는 눈은 쓸모없게 되고 만다. 우리가 보통 생각 없이 뛰던 방안에서, 한 번에 한걸음씩 천천히 걷도록 요청을 받는다.

대부분의 사람이 무력함과 같은 감정을 좋아하지 않지만, 얻는 이익도 있다. 예를 들면 느린 걸음을 멈추고 결정하게 한다. 내가 한걸음 더 나아가야 하는가? 내가 갈 수 있는 한 많이 가야 하는가?

또 어두움 속에 있는 시간은 지난 일들이 아주 명료해지면서 삶의 순간들이 아주 좋았던 순간들이었다고 이해하게 된다.

때때로 우리의 영적인 삶은 조금 어두운 것처럼 보이지만 우리는 우리가 절박하게 주님을 찾을 때처럼 우리의 손이 조금씩 움직이고 있음을 알게 된다. 이 시간을 두려워하지 말라. 대신에 하나님이 신중하고 현명한 결정을 하기를 원하시는 그 순간으로 여기고, 그 순간을 소중히 여기라. 어둠이 끝나면 당신은 얼마나 그의 영광이 밝게 빛나는지를 보고 놀라게 될 것이다.

주님, 인생에 어둠이 있고 내가 조금씩 걸어가게 될 때, 도리어 두려워하기 보다는 당신이 나의 걸음을 인도하심을 믿게 도와 주시옵소서.

어두움의 유익

본문읽기 ★ 요 15:1-5

요절 ★ 나는 포도나무요 너희는 가지라 그가 내 안에, 내가 그 안에 거하면 사람이 열매를 많이 맺나니 나를 떠나서는 너희가 아무 것도 할 수 없음이라 (요 15:5)

당신은 인생에서 온 세상이 산산이 부서지는 것과 같은 때를 경험한 적이 있는가? 어쩌면 사랑하는 사람이 죽고, 배우자가 집을 떠나며, 친했던 사람이 심한 질병으로 진단을 받았을 때일 것이다. 아무도-심지어는 헌신적인 성도들까지도 이 인생의 어둠에서 벗어나지 못할 것이다.

그리스도인의 영적 삶 가운데서 가장 큰 성장은 어둠 속에 있을때 일어난다고 말한다. 이것이 어떻게 그렇게 될 수 있는가? 어떻게 가장 섬뜩한 공포에서 선한 것이 나온다고 상상할 수 있겠는가? 이런 면을 고려해 보자.

● 고난 받을 때 우리는 스스로 극복할 수 있는 것처럼 생각하지 말아야 된다. 인생의 어려운 문제는 스스로 모두 해결 할 수 없는 것이다. 사실 성경에 따르면, 우리는 그리스도를 떠나서는 아무것도 할 수 없다(요 15:5).

● 삶을 산산 조각낸 고난은 겸손하게 십자가의 발 아래 엎드리게 한다. 하나님은 우리가 '스스로' 얼마나 잘 할 수 있는가로 감동을 받지 않으신다. 오히려 그분은 우리가 전적으로 깨지고 하나님만이 우리의 삶을 회복시킬 수 있다는 것을 깨닫고 돌아오기를 원하신다(시 51:17).

● 인생의 가장 어두울 때가 그리스도의 빛에 의해 가장 영향을 많이 받을 수 있는 때이다. 바로 촛불 하나가 어두운 방 안에 엄청난 영향을 주는 것처럼, 예수님의 확 타오르는 빛이 우리의 마음을 그렇게 비추신다.

당신의 인생에서 어두울 때를 더 분명하게 이해하기 위해 기도하라. 그것은 하나님이 부어주시기를 원하는 은혜를 이해하고 받기 위해 잘 준비하는 것이 될 것이다.

주님, 어두움이 당신의 빛을 더욱 밝게 빛나게 하고 그것의 필요를 깨닫게 한다는 것을 이해하도록 도와주시옵소서.

폭풍속에서 견디기

본문읽기 ★ 시 62:1-12
요절 ★ 나의 영혼이 잠잠히 하나님만 바람이여 나의 구원이 그에게서 나오는도다 (시 62:1)

나의 영혼이 잠잠히 하나님만 바람이여 나의 구원이 그에게서 나오는도다 오직 그만이 나의 반석이시요. 나의 구원이시요. 나의 요새이시니 내가 크게 흔들리지 아니하리로다(시 62:1-2).

이 감동적인 구절은 마음에 많은 생각을 하게 한다. 그러나 가장 좋은 생각은 바위 절벽의 갈라진 틈 사이에 살고 있는 작은 새의 사진일 것이다. 바로 피난처 밖에는 거친 폭풍이 휘몰아치고 강한 바람과 비가 세차게 몰아쳐서 나뭇잎을 뒤집어 엎고 나무가지를 꺽는다. 그럼에도 불구하고 새는 안전하고 평온하며, 생명에 전혀 지장을 받지 않는데 그것은 그들 주위를 둘러싸고 있는 단단한 바위들 덕분이다.

당신의 인생에서도 육체적, 감정적인 폭풍이 불어오는 것을 경험하였는가? 그 시련에 대해 어떻게 반응했는지 되돌아보라. 당신은 과감히 그 폭풍 가운데 들어갔는가 아니면 하나님의 보호의 손길 아래로 물러섰는가?

또다시 인생의 폭풍이 당신의 인생에 몰아칠때,시편 62편의 말씀을 기억하라. 특별히 "나의 영혼이 잠잠히 하나님만 바람이여" 란 말씀에 귀를 기울이라. 앞에서 언급했던 사진 속에서 새는 울음소리를 내지 않았고 초조해 하지도 않았다. 대신 폭풍이 수그러들때까지 조용하게 있었다. 그것은 보호하심을 받고 있다는 확신이 있었기 때문이고 고통스러워 할 필요도 없었다.

비록 하나님이 항상 고난 중에 우리의 부르짖음을 듣고 계시지만, 우리가 그에게 구하면 우리와 함께 계실 것이라는 확신이 있다.

우리는 염려를 벗어버리고 폭풍이 가라앉고 피난처에서 승리할 때까지 그를 의지해야 한다.

주님, 새들이 조용히 폭풍을 피할 피난처를 기다리는 것처럼, 나도 인생의 풍랑과 싸울때 당신 안에 있는 피난처를 속히 구하게 하시옵소서.

성령을 좇아 행아라

본문읽기 ★ 골 2:3-6
요절 ★ 내가 이르노니 너희는 성령을 좇아 행하라 그리하면 육체의 욕심을 이루지 아니하리라 (갈 5:16)

많은 사람이 구원을 받은 후에는 삶이 쉬워질 것이라고 생각한다. 그러나 자주 이전보다 더 심한 싸움이 일어나는 것처럼 보인다 그러나 우리는 낙심하지 말아야 한다. 이것은 정상적인 그리스도인의 생활이다. 우리가 주를 만나기 전에는 목표없이 살았다. 그러나 구원받은 후에는 가파른 지대와 높은 산을 통과하는 여행을 시작하게 된다.

갈라디아서에서, 사도 바울은 우리에게 옛 것으로 되돌아가는 핑계로서 그리스도 안에서 얻은 새로운 자유를 사용하지 말아야 한다고 경고하고 있다. 목표없이 표류하지 말고, 예수님의 멍에를 메고 성령을 좇아 행하기를 배워야 한다. 바울이 특별히 "행하라"(갈 5:16)고 말한 것은 그리스도인의 삶이 방향을 가지고 있어야 하기 때문이다.

매일 우리는 질투, 욕망 그리고 교만과 싸우고 있는데 그것은 그러한 것으로 충만한 세상에서 살고 있기 때문이다. 동시에 우리는 성령에 의해 행하는 것을 배우고 유혹을 이길 수 있는 것이다. 그렇다. 영원한 싸움을 싸우는 것은 고된 일이기에 많은 사람들이 그러한 끊임없는 싸움을 위해 용기를 내지 않고 있다. 그들이 예수님의 모범을 높은 기준으로 삼으면서, 때론 경쟁에서 떨어지지만 자신의 힘을 다하여 할 수 있는 최선의 것을 시작하게 되는것이다.

그것이 성령께서 오신 이유이다. 그에게 온전히 복종함으로 하나님의 성령이 하실 수 있는 최선의 것을 하시게 하는 것을 배울 수 있다. 그때서야 우리는 승리 가운데 행할 것이다.

주여, 단지 내가 최선을 다해서가 아니라, 승리 가운데 행하기를 원하나이다. 당신이 나를 통하여 가장 좋은 것을 행하시옵소서.

승리를 위한 철저한 준비

본문읽기 ★ **엡 6:10-18**

요절 ★ 끝으로 너희가 주 안에서와 그 힘의 능력으로 강건하여지고 마귀의 간계를 능히 대적하기 위하여 하나님의 전신 갑주를 입으라 (엡 6:10-11)

일평생 유혹과 욕망과의 싸움에서, 성도들은 주 예수 그리스도로 '옷 입으라' 고 들었을 것이다. 이것은 오늘 누가 당신을 위해 인생을 살아갈 것인지를 결정하는 것으로 매일 활동하게 되는 것이다. 당신은 육신을 위해 살고 있는가 아니면 예수님이 당신을 통해 그의 삶을 사실 수 있는 특권을 가지고 계시는가?

사람들은 '육신'에 대해 다른 용어를 가지고 있다. 그런데 단순히 표현하기를, 그것은 하나님과 반대로 행하고자 하는 각 자의 자연적인 요소이다. 보통 주님이 인류의 선한 것을 위해 두신 제한에 이의를 제기하는 것으로 나타난다.

그러나 우리의 두가지 생각의 방식은 서로 싸우고 있는데, 갈등과의 싸움은 당연한 결과이다. 우리는 진정한 싸움을 싸우고 있는 것인데, 그것은 참된 무기를 필요로 한다. 주님은 우리가 불경건한 생각에 마음을 굴복시키지 않게 하기 위해 구원의 투구를 주셨다. 의의 흉배는 자연적인 욕망으로 가지 않도록 우리의 감정을 보호한다.

우리는 또 진리의 허리띠를 띠어야 하는데 그것은 육신을 따르기 보다는 경건의 원리를 지키며 살 수 있도록 해 준다. 그리고 주님은 의심의 화살이 있기 때문에 믿음의 참 방패를 주신다.

바꿔 말하면, 우리는 전쟁을 치르고 있다. 그러나 우리는 그것을 위해 단단히 준비하고 있다. 하나님은 항상 우리를 승리로 인도하신다.

주님, 당신이 언제나 나를 승리로 인도해 주시니 감사합니다. 나의 승리를 확신케 하는 영적 전쟁의 무기들을 주심을 감사합니다.

내 안에 있는 말썽꾸러기

본문읽기 ★ 벧전 4:1-5

요절 ★ 그리스도께서도 단번에 죄를 위하여 죽으사 의인으로서 불의한 자를 대신하셨으니 이는 우리를 하나님 앞으로 인도하려 하심이라 육체로는 죽임을 당하시고 영으로는 살리심을 받으셨으니 (벧전 3:18)

나는 그리스도인의 삶을 잘 살았는지 의심을 하곤 한다. 나는 한동안 목사가 된 후에도 여전히 의심했다. 나는 성경을 보고 그리고 나서 내 인생을 살펴보았다. 그것은 항상 일치되지 않았다.

대부분의 사람들이 그리스도인의 삶은 성경이 말씀하신 방식을 성취하지 않는다는 생각을 가지고 있다. 그러나 나는 하나님의 말씀이 말하고 있는 것을 의심하는 것에 찬성할 수 없었다. 그래서 나는 금식하며 기도했고 주님께 내가 인정할 수 있는 모든 것을 고백했다. 여전히 나는 무엇인가를 놓치고 있다고 믿었다.

나는 곧 그리스도인의 삶에서 성경대로 성취되지 않는 실제적인 이유를 발견했다. 나는 한 가지 매우 중요한 진리 곧 궁극적으로 괴로움에서 회복하는 힘까지 믿음의 삶을 변화시키는 진리를 간과하고 있었다. 문제는 내 안에서부터 나오고 있었다. 즉 가장 말썽꾸러기는 육신이다. 신자가 실패하는 주요 원인은 죄로 향하는 성향이었다.

우리는 구원받는 순간에 새로운 성품을 받는다. 우리는 그리스도 안에서 새로운 피조물이다. 왜냐하면 그가 육신의 세력을 깨뜨렸기 때문이다. 그러므로 분명한 것은 우리는 하나님 없이 그리스도인의 삶을 살 수 없다는 것이다. 우리의 육신과 성령 사이에는 치열한 전투가 벌어지고 있다. 그리고 승리할 수 있는 유일한 방법은 우리를 통해 사시는 예수 그리스도를 인정하는 것이다.

하늘에 계신 사랑하는 아버지, 나의 태도와 욕망을 다시 만들어 주시옵소서. 당신의 말씀을 따라서 생각하는 새로운 방식을 주시옵소서. 내 안에 있는 말썽꾸러기와의 싸움에서 승리하도록 도와 주시옵소서.

의(義)로운 장애물

본문읽기 ★ 잠언 23:20-21
요절 ★ 육에 속한 사람은 하나님의 성령의 일들을 받지 아니하나니 이는 그것들이 그에게는 어리석게 보임이요, 또 그는 그것들을 알 수도 없나니 그러한 일은 영적으로 분별되기 때문이라 (고전 2:14)

우리가 육신의 일 곧 우리의 삶 가운데 있는 사악한 태도, 생각들과 습관들 등에 마음을 둘때, 우리는 하나님의 일에 사망을 선고하는 것이다. 그러한 욕망에 저항하기 힘들게 하는 것은 그들이 육에 속하였고 보통 돈, 섹스, 탁월 그리고 능력과 같은 세상적인 포부를 포함하는 것이다.
그러나 고전 2:14절은 육에 속한 사람은 하나님의 일을 받지 않는다고 말한다. 단지 어떤 것은 육적인 것이거나 '단지 인간적인 것' 이라고 해서 옳다고 할 수는 없다. 먹는 것이 나쁜 것은 전혀 아니지만, 탐식을 죄라고 여기고 있다(잠 23:20-21)는 것에 주목하라. 섹스도 하나님이 주신 한계 안에서 행할 때는 부도덕한 것이 아니다.
우리의 욕망과 욕구가 성령의 복종 아래에서 억제하는 한, 하나님과의 교제는 조화롭게 지속될 것이다. 그러나 욕망이 억제되지 않을때, 주님과의 친밀함과 교제는 방해를 받게 되고, 영적으로 승리하는 삶을 살 수 없는 것이다.
성령에게 우리의 삶을 관리하게 하기 위해서는 우리의 힘만으로 의롭게 살 수 없음을 확신해야 한다. 대부분 우리는 이미 하나님을 기쁘게 하는 자세로 살아가려는 것이 전투라는 것을 깨닫고 있다. 전투에서 승리하기 위해서 우리는 생각, 의지, 감정 그리고 양심을 그에게 굴복시켜야 한다. 하나님께 약한 부분을 보여달라고 구하라. 그리고 그것이 드러났을때 약점들을 그에게 맡기라. 이것은 한번 해서는 안되고 매일 할 필요가 있다.

하늘에 계신 사랑하는 아버지, 나는 온전히 당신의 것입니다. 나는 그리스도인의 삶을 살 수 없지만 당신은 나를 통해 사실 수 있나이다. 나의 삶에서 의의 방해물을 제거해 주시옵소서.

내 안에 있는 능력

본문읽기 ★ 고후 13:4-9

요절 ★ 그리스도께서 약하심으로 십자가에 못 박히셨으나 하나님의 능력으로 살아 계시니 우리도 그 안에서 약하나 너희에게 대하여 하나님의 능력으로 그와 함께 살리라 (고후 13:4)

영적인 능력은 하나님이 우리 안에서 그리고 우리를 통해 나타내시기를 기뻐하시는 거룩한 에너지이고 하나님께서 영광스럽게 우리를 부르신 사역을 감당하는데 있어서 필요한 거룩한 권위이다.

우리는 성령의 능력을 '이용' 할 수는 없다. 이 능력은 단지 설교자들이나 복음을 전하는 자들 그리고 특별한 사역자들을 위해서만 주신 것이 아니다. 오히려 순간순간 기쁨으로 성령께 복종하고 순종하는 모든 성도들에게 주시는 것이다.

하나님을 사용하기 위해 성령의 능력을 이용 할 수 없다. 반대로 우리가 그에게 사용되기 위해서 복종할 때 그분의 능력을 경험하게 된다. 하나님은 그분에게 복종하는 삶을 살 때 우리를 통해 능력을 베풀어 주신다.

하나님은 여러가지 방법으로 우리에게 능력을 베푸시는데

- 성령의 열매를 통해 : 오직 하나님의 능력은 우리에게 사랑, 희락, 화평, 오래 참음, 자비, 양선, 충성, 온유 그리고 절제 등을 나타내실 수 있고 그것은 우리 안에 있는 그리스도의 성품을 보여준다.
- 증거를 통해 : 성경은 언제나 하나님을 증거하고 하나님께 영광을 돌리는 것에 관련해서 성령의 능력을 언급한다. 우리를 담대하게 하고 그 사역을 잘 감당케 하시는 것은 바로 우리를 통해 나타내시는 그의 능력이시다.
- 우리에게 맡겨주신 사역을 통해 : 하나님은 당신이 완전한 승리를 얻도록 철저하게 무장시켜 주지 않고서는 어떤 자리에 앉히지 않고 어떤 직무를 성취할 것을 요구하시지도 않으실 것이다.

아버지, 나를 통해서 능력을 베푸셔서 나의 삶과 증거 그리고 부르신 사역에서 성령의 열매를 나타나게 하시니 감사합니다. 나는 확실히 온전한 승리를 위해 무장했습니다.

04

십자가에 이르는 길

이 때로부터 예수 그리스도께서 자기가 예루살렘에 올라가
장로들과 대제사장들과 서기관들에게
많은 고난을 받고 죽임을 당하고 제삼일에 살아나야 할 것을
제자들에게 비로소 나타내시니 (마 16:21)

역사 상 최고의 순간

본문읽기 ★ 골 2:11-15

요절 ★ 너희가 세례로 그리스도와 함께 장사되고 또 죽은 자들 가운데서 그를 일으키신 하나님의 역사를 믿음으로 말미암아 그 안에서 함께 일으키심을 받았느니라 또 범죄와 육체의 무할례로 죽었던 너희를 하나님이 그와 함께 살리시고 우리의 모든 죄를 사하시고 (골 2:12-13)

우리의 삶 속에서, 어떤 길로 나아가야 하는가를 결정해야 하는 분명한 순간들이 있다. 우리를 영원히 변화시키는 사건들도 있다. 진리가 빛으로 인도하는 것을 보는 순간 그것을 향해 달리게 되고, 우리 모두는 그 앞에서 무색해지는 것을 깨닫게 된다.

세상을 위하여 그 순간은 예수님이 십자가에서 죽으신 때이다. 갈보리에서의 죽음은 그를 알고 그를 깊이 알고자 하는 자에게 길을 만드심으로 인류가 하나님으로부터 분리된 사건을 마감하였다. 온 세상을 위해 온전한 희생물로서, 예수님은 하늘에 계신 아버지와의 관계를 위해서 우리를 위해 요구되는 속죄제물이 되신 것이다.

십자가 위에서의 예수님의 죽음은 오늘날 우리가 살고 그와 상호 작용하는 방식을 변화시켰다. 하나님은 죄를 심판하셨다. 예수님의 어깨에 세상의 죄를 지게 하시고 아들인 그를 죽게 하심으로, 하나님은 얼마나 죄를 미워하시는가를 보여 주셨다. 하늘에 계신 우리 아버지는 사탄을 이기셨으며, 사탄의 능력을 빼앗으시고, 그를 거짓말쟁이요 파괴자라고 폭로하셨다.

바울은 하나님은 우리를 용서하시고 우리 죄의 댓가를 치르심으로 살려 주셨다(골 2:13-14)고 기록하였다. 그리스도의 죽음을 통해, 하나님과 우리 사이에 놓였던 장벽이 제거된 것이다.

주님, 십자가 외에는 나의 짐을 대신할 자가 없습니다. 죄를 이기게 하시고 나를 자유케 하시니 감사하나이다.

회개로의 부르심

본문읽기 ★ 눅 24:44-49

요절 ★ 또 이르시되 이같이 그리스도가 고난을 받고 제삼일에 죽은 자 가운데서 살아날 것과 또 그의 이름으로 죄 사함을 받게 하는 회개가 예루살렘에서 시작하여 모든 족속에게 전파될 것이 기록되었으니 (눅 24:46-47)

모든 사람이 죄를 지었다는 것은 사실이다. 모든 사람은 악한 일을 행했고 악한 결정을 하였다. 모든 사람은 상처와 염려를 가지고 있다. 절대로 후회하지 않는 사람은 하나도 없고, 예수님 없이 구원을 받을 수 있는 사람은 하나도 없다.

눅 24:46-47절에, 예수님은 그의 이름으로 죄의 용서를 선언하셨다고 말씀하셨다. 복음은 모든 사람이 그리스도의 보혈로 말미암아 죄의 결과를 피할 수 있게 되었다는 것이다. 곧 예수님은 당신의 죄를 위해 죽으셨고 회개를 통해 당신의 하나님과 화해하게 되었다.

그리스도인은 종종 왜 그리스도를 구세주로서 받아들이는 것이 도움이 되고 좋은지에 관해 큰 논쟁을 벌이곤 한다. 그럼에도 불구하고 복음의 아름다움은 단순성에 있다. 모든 사람은 죄를 지었고 죄의 용서를 필요로 한다. 예수님은 죄를 용서하신다. 회개하고 그를 당신의 구세주로 영접하라.

모든 사람은 죄를 범하고 그것으로 상처를 입어 도움을 필요로 하는 것이다. 회개로의 부르심은 그리스도에게 나아가는 길이다. 그들을 예수님에게로 인도하라. 그리하면 당신은 십자가의 목표를 성취하게 될 것이다.

주님, 종교가 복잡한 경우에, 믿음은 단순하다는 것을 잊지 말게 하시옵소서.

십자가 밑에서

본문읽기 ★ **고후 7:8-12**

요절 ★ 하나님의 뜻대로 하는 근심은 후회할 것이 없는 구원에 이르게 하는 회개를 이루는 것이요 세상 근심은 사망을 이루는 것이니라 (고후 7:10)

바울은 고린도교회 성도들에게 가장 좋은 것을 원했다. 그는 교회를 사랑하였고 성도들의 유익을 위해 사역했다. 마케도니아를 여행하는 동안, 바울은 고린도교회의 윤리적이고 교리적인 문제들이 너무 심각했기 때문에, 책망하지 않으면 교회가 붕괴되게 될 것이라고 깨달았다. 그래서 바울은 교회에 날카로운 책망의 편지를 썼다. 고린도교회 성도들이 죄와 사망의 길로 계속 가게 하는 것보다 책망하고 치유하는 것을 좋게 여겨 그들을 책망했던 것이다.

그것은 암을 치료하는데서 볼 수 있는 개념이다. 암을 치료하는 방식은 방사선이나 화학요법인데 그것은 해로운 세포를 파괴한다. 비록 그 치유가 종종 가혹할 정도이고 몸은 지치기도 하지만, 그것이 몸 속에서 암세포가 전이되는 것을 막는 것이다. 고후 7:10절에서 바울은 우리의 슬픔은 구원에 이르게 하는 회개를 낳는다고 쓰고 있다.

하나님은 당신이 고통과 고난을 당하는 것을 원치 않으시지만, 때론 당신의 삶 속에 활동 중인 그런 파괴적인 것들을 그분이 근원을 제거하셔야 하는 것이다. 그분이 원하는 것은 당신이 회개하는 것이다. 그분은 죄와같은 암세포들을 파괴하셔서 당신에게 풍성한 삶을 누릴 수 있게 하려는 것이다.

하나님은 당신을 십자가 아래로 오게 하셔서 죄를 고백하라고 초대하신다. 당신을 괴롭히는 죄들을 인정하라. 그리하면 당신이 경험하게 될 온전한 삶을 살 수 있도록 도와주실 것이다.

주님, 책망의 아픔이 죄와같은 암보다 더 고통스럽습니다. 나의 마음을 살펴보고 나의 죄가 숨어있는 영역들을 드러내 보여 주시옵소서.

두번째 기회

본문읽기 ★ 요 8:1-11
요절 ★ 대답하되 주여 없나이다 예수께서 이르시되 나도 너를 정죄하지 아니하노니 가서 다시는 죄를 범하지 말라 (요 8:11)

예수님이 십자가에서 증명하신 사랑은 무조건적이다. 진정한 사랑은 매력 없는 사람에게까지 미친다.
간음 중에 잡힌 여인이 선처를 구하였으나, 물의를 일으켰다. 서기관과 바리새인들은 그녀를 예수님 앞으로 데리고 와서, 그녀를 돌로 쳐 죽일 것을 요구하였다. 예수님은 사랑으로 반응하셨다. 그는 허리를 굽히셔서, 땅에 무엇인가를 쓰기 시작했다.
그때 그분은 무죄한 자가 돌로 칠 권리가 있다는 기본적인 진리를 말씀하셨다. 그들은 무죄한 자가 아님을 알고, 종교적인 사람들은 다 흩어졌고, 오직 예수님만 남으셨다. 예수님은 그녀를 정죄하지 않으셨다.
예수님의 사역에서는 언제나 두번째 기회를 주셨다. 그의 관심은 실수를 지속하는데 있지 않고, 그를 영접할 기회를 주셔서 바르게 살도록 하는 것이었다. 우리는 남에게 다시 한번 기회를 줌으로 그의 사랑을 나타내는 것이 옳은 일이다. 가장 큰 사랑은 우리에게 잘못한 사람을 용서하는 것이요, 남이 무자비하게 판단하는 사람을 도와주는 것이다.
언제나 당신은 다른 사람을 대할 때 하나님이 보여주신 사랑과 용서하심을 기억하라. 그리하면 당신은 돌을 던지지 못하고 또 다시 기회를 주게 될 것이다.

아버지, 다시한번 기회를 주심을 감사합니다. 나는 기회를 받아들입니다. 당신의 사랑과 용서해 주심을 감사합니다.

겟세마네에서의 교훈들

본문읽기 ★ 고후 5:1-9

요절 ★ 이는 우리가 믿음으로 행하고 보는 것으로 행하지 아니함이로라 우리가 담대하여 원하는 바는 차라리 몸을 떠나 주와 함께 있는 그것이라 (고후 5:7-8)

지상에서 예수님의 생애 가운데 가장 고통스러운 경험 중의 하나는 십자가로 가시기 전에 겟세마네 동산에서 제자들과 함께 보내셨던 밤이었다. 하나님으로부터 분리되었다는 생각은-만약 몇일 동안일지라도-예수님에게 고통을 주었다. 예수님이 참을 수 없는 고통임에도 불구하고 하나님의 계획에 순종한 것은 죽음에 대한 승리이고 인류를 위해 구원을 얻게 하는 것이었다.

우리 자신이 겟세마네 동산에서의 경험을 깨달을 때에는 언제나, 소망을 가지고 예수님의 밤을 생각할 수 있을 것이다. 하나님이 하셨던 것은 인간이 상상할 수 있는 것보다 더 온전하고 놀라운 것이다. 우리의 고통과 고난 가운데서, 하나님께서 일하고 계심을 깨닫게 된다. 하나님은 그의 선한 계획들과 목적들을 위해 우리를 준비시키기 위해 경험, 노력 그리고 고통을 면해 주시지 않을 것이다.

바울은 그의 목적을 위해 준비하셨던 분이 바로 하나님이셨다(고후 5:5,7-8)고 기록했다. 하나님이 우리를 준비시키는 방법은 언제나 쉬운 것이 아니고, 우리가 예견할 수 없는 미래의 일을 성취하시기 위해 우리를 온전케 하신다. 겟세마네 동산에서의 우리의 밤들은 앞으로 밝은 날들이 된다.

이 날들에 하나님께 순종함으로의 우리 삶을 향한 그의 완전한 계획이 밝혀지고 우리는 그의 완전한 목적을 보게 되는 것이다.

주님, 나는 당신으로부터 분리되는 것을 두려워합니다. 그럼에도 불구하고 내가 어두운 골짜기를 다닐 때마다 당신은 당신의 목적을 성취하시고 계심을 압니다. 나는 당신에게 나의 인생을 의탁할 수 있음을 감사하나이다.

정제하는 과정

본문읽기 ★ 마 26:36-46
요절 ★ 시험에 들지 않게 깨어 기도하라 마음에는 원이로되 육신이 약하도다 하시고 (마 26:41)

예수님의 가장 자신감을 갖게(재확인)하는 특징 중의 하나는 그분이 우리와 관계가 있다는 것이다. 우리가 아무리 낙심하고 약하고 지쳐 있을지라도 예수님은 우리가 느끼는 것을 아신다. 왜냐하면 예수님도 똑같이 느꼈기 때문이다. 그러나 우리의 약함은 죄가 아니다. 실제로 강함으로 가는 길이다.

예수님은 죄가 없으셨지만, 기도하는 생활을 포함해서 모든 사람과 같이 싸우셨다. 겟세마네 동산에서 예수님은 임박한 고통의 분리 없이 하나님의 위대한 계획을 성취할 수 있는 다른 길이 있는지를 알고 싶어 하셨다.

예수님은 연약하셨고 지치셨음에도 불구하고 하늘에 계신 아버지에 대한 신뢰는 확고하셨다. 그분은 그 날이 오고 있음과 이것이 지상에서 그의 인생을 위해 하나님의 계획이었음을 알고 계셨지만, 상황을 더 쉽게 만들지는 않으셨다. 예수님은 가볍게 십자가를 짊어지지 않으셨다.

예수님은 그의 고통이 세상을 하나님과의 개인적인 관계로 회복시키는 데 있어서 필요하다는 것을 알고 계셨다. 그러나 여전히 어려운 일이었고 고통스러운 일이었다. 예수님은 자신의 죽음과 부활이 인류에 어떻게 영원히 영향을 줄 것인지를 아셨음에도 불구하고, 기도의 씨름을 하셨던 것이다. 그런데 예수님은 죄가 없으신 분이셨다. 예수님의 기도생활에서의 분투하는 모습은 하나님의 나라를 위해 싸우기 위해 얼마나 애써야 하는지를 보여준다.

그러나 싸움은 우리 주님을 영화롭게 하는 우리 안에서 제련하는 과정을 낳고 우리를 그의 형상으로 더욱 깎아 가는 것이다.

주 예수님, 당신은 인간적인 약함과 지친 몸과 유혹과 싸우셨습니다. 그러나 당신은 범죄하지 않았습니다. 나에게 유혹을 물리칠 수 있는 능력을 주시옵소서.

부활을 위한 하나님의 계획

본문읽기 ★ 고전 15:12-28
요절 ★ 그러나 이제 그리스도께서 죽은 자 가운데서 다시 살아나사 잠자는 자들의 첫 열매가 되셨도다 (고전 15:20)

기독교의 기초는 예수 그리스도의 부활이다. 사도 바울은 고린도교회에게 이 중요한 교리를 믿지 않으면 그 믿음은 헛된 것이라고 말했다.
예수님이 십자가에서 죽은 후 무덤에서 육신이 부활하셨다는 것을 믿으므로, 우리의 육신도 영원히 부활할 것이라는 약속을 믿는 것이 되는 것이다. 둘 중 하나를 참된 것이 아니라고 믿는 것은 곧 소망도 구속됨도 믿지 않는 것이 되는 것이다.
우리는 이 진리를 나눌 수 없다. 예수님은 죽은 자의 부활의 첫열매이다. 바울이 고린도전서 15장 20절에서 이것을 말했을때, 예수님은 부활하셨을 뿐만 아니라 지금도 살아계신다는 의미를 가진 헬라어 동사 시제를 사용하였다. 그분은 영원토록 살아계신다.
조지 스위팅(George Sweeting)은 기록하기를, 캘러포니아, 글렌달에 있는 포레스트 잔디 공원묘지에서 수백명이 매년 두개의 거대한 그림 앞에 서있다. 하나에는 그리스도의 십자가가 그려져있고, 다른 것에는 그의 부활을 묘사하였다. 두번째 그림에서 화가는 입구 근처에 천사들이 있는 빈 무덤을 그렸다. 앞에는 부활하신 그리스도의 모습이 그려져 있었다. 그러나 그 큰 그림의 두드러진 특징은 안개로 덮인 배경 뒤쪽에 상당한 거리에 펴져 있고, 먼 곳에는 예수님이 처음 죽었다가 부활하셨기 때문에 죽은 자 가운데서 다시 살아나게 될 무리들이라고 생각되는 수많은 사람들이 있다는 것이다.

주님, 십자가에서 죽으시고 부활하심을 감사하나이다. 나는 이 소망 가운데 기뻐하고 당신을 찬양합니다.

우리의 궁극적인 확신

본문읽기 ★ 요 20:19-29

요절 ★ 예수께서 이르시되 너는 나를 본 고로 믿느냐 보지 못하고 믿는 자들은 복되도다 하시니라 (요 20:29)

부활이 때론 우리에게 강력한 의미를 상실하곤 한다. 우리는 죽은 자 가운데서 살아나신 예수님은 하나님으로부터 일어난 단순한 기적 이상의 의미를 지니고 있다는 것을 잊는다. 예수님의 부활은 우리에게 하신 하나님의 모든 약속의 성취의 시작이었다.

이것은 단순히 몇 명의 의심하는 남녀의 마음을 변하게 한 사건이 아니었다. 그것은 하나님이 영원히 남녀의 마음을 변화하기 위해 사용했던 사건이었다. 예수님의 부활로 우리는 하나님의 약속은 참되고 어느날 우리의 삶이 변화될 것이라는 소망을 갖게 하는 인위적으로 꾸민 말이 아님을 깨닫게 한다. 하나님의 말씀은 진실하다. 예수님에 대해 말씀하신 것은 모두 부인할 수 없는 진리이다.

예수님의 부활을 따르면서 초대교회는 하나님의 모든 약속이 어떻게 성취되었고, 또 성취되고 있는지를 보기 시작했다. 그들이 기대했던 메시야인지는 관계없이, 그들은 예수님이 참된 구세주이심을 이해하기 시작하였다. 그들은 하나님 아버지와의 인격적인 관계가 가능함을 보았다. 그리고 그들은 성령으로 말미암아 능력있는 삶을 시작하였다. 예수님은 그의 제자들에게 그분이 떠나신 후에 성령이 그들의 필요를 도와 주실 것이라고 약속하셨다.

예수님의 부활을 통해, 우리는 하나님의 약속들은 우리의 삶의 기초가 된다는 것이다. 그의 약속을 믿는다는 것은 영원히 변화된 삶을 보증하신다.

부활하신 예수님, 우리는 메시야가 무엇을 의미하는지 첫눈에 알게 되었나이다. 우리에게 여전히 보여주시니 감사하나이다. 내게 이해할 수 있는 마음을 주시옵소서.

하나님의 은혜의 부요함

본문읽기 ★ 엡 1:3-6
요절 ★ 그 기쁘신 뜻대로 우리를 예정하사 예수 그리스도로 말미암아 자기의 아들들이 되게 하셨으니 이는 그가 사랑하시는 자 안에서 우리에게 거저 주시는 바 그의 은혜의 영광을 찬송하게 하려는 것이라 (엡 1:5-6)

당신은 무엇인가를 받아들이는 것에 대해 의심받은 적이 있는가? 당신은 무엇을 진실로 좋아하는지에 대해 궁금해 한 적이 있는가? 하나님이 구원을 당신에게 베푸실 때, 그는 분명하지 않은 단체의 회원을 확장하지 않으신다. 그분은 당신을 십자가의 죽음을 통해서 가능한 깊고 놀라운 관계로 당신을 초대하신다.

엡 1:5-6절은 하나님의 뜻은 그리스도의 사역을 통해 당신이 그 자신의 아들이 되게 하는 것이었다고 가르치고 있다. 당신이 그와 연합하여 강한 자가 되게 하는 것은 그의 뜻이다. 그러므로 그분은 그분이 만드신 가장 귀한 관계 곧 당신을 그의 자녀로 받아들임을 통해 그것을 이루신 것이었다. 베이커 복음 사전의 윌리엄 브라운(William. E. Brown)은, "하나님은 은혜로서 성도들을 그리스도 안에서 영적 가족으로 받아들이셔서 그들을 모든 상속의 특권을 부여해 주시는 아버지이다. 구원은 모든 죄를 용서하심과 정죄에서의 구원 이상이고, 그것은 또한 큰 축복의 신분이다."라고 쓰고 있다.

하나님의 은혜의 부요함은 당신에게 놀라운 가족을 준비하신다. 하나님은 고립된 관계를 원하지 않는다. 그분이 원하는 것은 더 깊은 교통이다. 왜냐하면 그분은 당신을 놀라운 사랑으로 사랑하시기 때문이다. 하나님은 당신을 자녀로 받아들이셨고 당신은 그에게 특별한 존재이다. 그러므로 그의 자녀의 신분을 누리라.

주님, 당신의 은혜의 부요함에 감사하나이다. 나는 당신의 가족이 되었고 당신의 사랑을 받고 인정받게 되었나이다.

영생의 말씀

본문읽기★ 고전 15:50-58

요절★ 이 썩을 것이 썩지 아니함을 입고 이 죽을 것이 죽지 아니함을 입을 때에는 사망을 삼키고 이기리라고 기록된 말씀이 이루어지리라 (고전 15:54)

만일 당신의 생명이 오로지 썩지 아니할 것에 있다는 것을 확실히 알고 있다면, 실제적으로 당신의 생각에 영향을 줄 것이다. 그것이 크고 작든지 당신이 결정하는 방법을 바꿀 것이다.

사실은 이 세상의 많은 사람은 상투적인 어구에 의해 살아가고 있다. "먹으라, 마셔라 그리고 즐거워하라. 내일 우리는 죽게 될 것이다." 그런데 육신의 죽음은 끝이 아니다. 오히려 육체의 죽음의 반대 편에는 영원이 있다. 왜 이것이 성도에게 생명의 약속이 되는가?

● 예수님은 그의 제자들이 그 안에서 그것들이 영원히 보증되었음을 확실히 알기를 원하신다. 이것은 죽음이 두려워할 것이 아님을 의미하며, 세상을 떠나는 것이 영원한 존전으로 들어가는 순간인 것이다.

● 주님은 죽음 앞에 서있는 사람들에게 소망을 주기를 원하셨다. 장례식에 참석한 사람의 마음 속에 품게 되는 흔한 질문은 '내가 다시 그를 볼 수 있을까?' 하는 것이다. 그분은 그들에게 사랑하는 자를 잃은 상실감을 견디는데 필요한 확신을 주셨다.

● 예수님은 모든 성도들이 죽을 때까지 신실하심을 품기를 원하셨다. 왜냐하면 우리는 우리의 삶에 대해 주님께 회계해야 한다는 것을 알기 때문이고, 마음 속에 목표를 가지게 되는 것이다. 죄에 빠지게 하는 유혹은 '하나님이 이것을 허락하실까?' 하는 질문에 의해 결정된다.

예수님은 우리가 하나님의 영원한 존전에 들어가게 하시려고 죽음을 정복하셨다. 우리는 내일을 두려워하지 않기 때문에 오늘 그 안에서 온전히 즐거워할 수 있게 되는 것이다.

주님, 나는 당신이 죽음을 정복하셨기 때문에, 즐거워하고 그렇게 살 것입니다.

십자가의 표지

본문읽기 ★ 막 10:35-45

요절 ★ 인자가 온 것은 섬김을 받으려 함이 아니라 도리어 섬기려 하고 자기 목숨을 많은 사람의 대속물로 주려 함이니라 (막 10:45)

십자가. 우리는 사람들의 목이나 차에 매달려 있거나, 티셔츠와 커피잔에 새긴 십자가를 보게 된다. 십자가는 어디든지 있다. 기독교 십자가는 그렇게 친숙한 상징이기 때문에 우리는 쉽게 그 의미를 소홀히 여길 수 있다. 그러나 기독교 믿음의 근거는 예수님의 죽음에서 시작된다.

믿음의 중심에는 십자가가 있다. 십자가는 예수님이 영원히 역사를 변화시킨 곳이요, 우리의 죄가 용서함을 받은 곳의 상징이기도 하다. 거기에서 일어난 십자가와 죽음은 생명, 기쁨과 소망을 준다. 마가복음 10장 45절에서, 예수님은 자신이 섬김을 받기 위해서가 아니라 섬기기 위해 오셨다고 말씀하신다. 십자가에서 예수님의 죽음은 죄의 대가를 완전히 지불하신 역사의 현장이다. 하나님은 세상의 죄에 대한 보응을 요구하셨고 예수님은 자신의 생명을 드림으로 그것을 지불하셨던 것이다.

예수님이 지상에서 행하시는 동안에 보여주신 모든 표적들과 이적들 중에서, 구원의 아름다운 선물을 주셨는데 그것은 그분이 십자가에 달리신 것이었다. 그것은 몇 사람에게만 제한된 것이 아니라 모든 사람들에게 유효한 것이다.

우리가 십자가를 생각할 때 큰 경이심과 존경심을 가져야 한다. 왜냐하면 그것이 믿음의 핵심이고, 우리의 죄가 한 사람이 행하신 가장 희생적인 행동에 의해 온전히 지불된 곳이기 때문이다.

주님, 내가 장식품으로 십자가를 대하게 될 때, 당신의 손과 발 그리고 갈보리 십자가에 달린 나의 소망을 보게 하시옵소서.

십자가가의 상징

본문읽기 ★ 눅 2:25-35

요절 ★ 시므온이 그들에게 축복하고 그의 어머니 마리아에게 말하여 이르되 보라 이는 이스라엘 중 많은 사람을 패하거나 흥하게 하며 비방을 받는 표적이 되기 위하여 세움을 받았고 또 칼이 네 마음을 찌르듯 하리니 이는 여러 사람의 마음의 생각을 드러내려 함이니라 하더라 (눅 2:34-35)

모든 사람이 우리가 언급하는 것의 효력과 중요함을 이해하는 것처럼 '십자가' 에 대해 가볍게 논의한다. 그러나 많은 사람-심지어는 어떤 그리스도인까지도 십자가가 상징하는 것을 전혀 이해하지 못하고 있다.

십자가는 예수님이 우리를 위해 죄인으로서 죽으신 곳이요, 모든 수치, 범죄 그리고 죄가 폭로된 곳이요, 생명이 시작된 곳이기도 하다. 우리의 잘못된 선택들, 죄들의 무거움 그리고 우리가 믿음을 따라 행하지 않음에도 불구하고, 십자가-우리가 우리 마음의 걱정들을 벗어던지고 구원의 은혜를 받을 수 있는 곳-밑에서 공통의 근거를 발견할 수 있다. 하나님께서 우리를 위해 계획하신 것처럼, 우리의 생명을 정말로 가치있고 아름다운 것으로 회복해 주시는 곳이 바로 그곳이다.

어린 아이일 때 예수님을 보고, 시므온은 외쳤다.

"시므온이 그들에게 축복하고 그의 어머니 마리아에게 말하여 이르되 보라 이는 이스라엘 중 많은 사람을 패하거나 흥하게 하며 비방을 받는 표적이 되기 위하여 세움을 받았고 또 칼이 네 마음을 찌르듯 하리니 이는 여러 사람의 마음의 생각을 드러내려 함이니라 하더라"(눅 2:34 -35).

두께가 두껍고 무딜지라도, 십자가는 하나님 앞에서 마음이 마비되고(시들고) 참된 자유가 시작된 곳이다. 우리가 하나님에 관해 이해하고 있음에도 불구하고, 그분은 우리의 삶을 위해 가장 좋은 것을 원하시고 우리가 그것을 받아들이는 사람들에게 그렇게 쉽게 유효하게 하신 자유를 받아들이기를 원하신다.

주님, 나의 인생, 나의 영생은 당신의 십자가에서 시작되었나이다. 십자가의 죽음으로 나를 자유케 하심을 감사하나이다.

오! 놀라운 십자가

본문읽기 ★ 롬 5:1-8
요절 ★ 우리가 아직 연약할 때에 기약대로 그리스도께서 경건하지 않은 자를 위하여 죽으셨도다 (롬 5:6)

십자가는 사랑이 다섯 글자의 단어로 되게 하였다. 영원하고, 무한하고, 무조건적인 사랑은 C-R-O-S-S(십자가)가 되었다.
로마서 5장 1-5절은 이 위대한 사랑을 설명하면서 하나님이 그의 아들 예수 그리스도를 우리 죄를 위해 십자가 위에서 죽게 하려고 보내셨다고 표현하고 있다. 십자가는 거룩한 하나님이 타락하고 범죄한 인간을 위해 그와 관계를 맺고 교제하시는 길을 만드신 역사의 중심이시다.
표현할 수 없을 정도로 무서운 순간에, 공의와 자비가 십자가에서 만났다. 십자가에는 인류를 벌할만한 공의가 충분하다. 십자가에는 하나님의 놀랍고 자비로운 용서하심으로 전 인류를 덮을 수 있을만한 자비가 있다. 하나님은 공의로 죄에 대해 징벌할 수 있었을 뿐만아니라 우리가 죄의 형벌인 죽음을 당해야 하지만 예수님을 주심으로 자비를 나타내기도 하셨다.
하나님은 또 십자가에서 지혜를 증명하셨다. 그의 목적은 인류의 구속과 인류의 죄의 용서였다. 하나님의 계획과 목적은 언제나 가장 좋은 것이고, 그분은 예수님을 십자가에 죽게 보내셨을때 그의 계획을 성취하기 위한 최고의 길을 선택하셨던 것이다.
거룩한 하나님이 자신과 죄인 사이의 분리시킬 수 있는 다른 방법을 여전히 남겨 두었겠는가? 그것을 생각해 보라. 다른 계획으로는 그렇게 완전하게 그의 뜻을 이룰 수 없고, 그리고 모든 존귀와 영광을 하나님께 돌릴 수 없었을 것이다.

주님, 십자가에서 당신의 사랑을 증명해 주심을 감사하나이다. 주님,당신의 자비는 나를 비롯하여 온 인류를 덮기에 아주 충만함을 감사하나이다.

그리스도의 보혈

본문읽기 ★ 요 1:19-20

요절 ★ 이튿날 요한이 예수께서 자기에게 나아오심을 보고 이르되 보라 세상 죄를 지고 가는 하나님의 어린 양이로다 (요 1:29)

기독교 교리는 갈보리 십자가에서 흘리신 그리스도의 보혈의 중요성을 이해하는데 있어서 몇가지 용어로 특징 지을 수 있다.

● 구속 : 성도들은 구속함과 용서함을 받았다. 우리 구원은 우리 죄를 위해 죽으시고 우리의 죄악과 죄인들의 형벌을 자신 위에 지우신 하나님의 죄없으신 아들 곧 예수 그리스도의 흘리신 보혈을 통해 구속하셨다(엡 1:7).

● 의롭다함 : 우리가 그리스도를 구세주로 받아들인 믿음의 선물로 말미암아 하나님은 우리를 의롭다하셨고 죄없다고 선언하셨다. 그분은 또 그리스도의 의를 우리에게 적용시키면서, 하나님 앞에서 우리를 의롭다 선언하신 것이다(롬 5:9,17).

● 화해 : 예수님의 피는 하나님과 우리와의 의로운 관계를 회복시킬 수 있다. 성경은 우리가 그리스도를 영접하기 전까지는 하나님의 원수라고 말씀하신다. 그리스도의 보혈은 우리를 하나님과 화해시키는 데 있어서 다리요, 화목제물이시다(골 1:19-22).

● 성화 : 성화는 그의 목적과 뜻을 위하여 하나님께서 정결하게 하시고 죄로부터 우리를 분리시키는 것이다. 우리가 구원받았을때 우리를 성화시키셨고, 계속적으로 우리를 하나님의 선한 역사를 위하여 준비된 깨끗한 그릇으로 만드시기 위해 성화시키신다(히 12:14).

● 나아감 : 마지막으로 우리는 그리스도의 보혈을 흘리심이 없이는 하나님의 은혜의 보좌에 나아갈 수 없다. 우리가 부르짖고 하나님이 들으시는 이유는 그리스도의 희생적인 죽음때문이다.

보혈의 영광을 힘입어 주님께 찬양하라(히 10:19).

하늘에 계신 아버지, 내가 구속함을 입고, 의롭다하심을 입고, 화해되고, 성화되었으며, 보혈을 인해 나는 당신께 나아가게 됨을 감사하나이다.

하나님의 어린양

본문읽기 ★ **롬 3:21-26**
요절 ★ 모든 사람이 죄를 범하였으매 하나님의 영광에 이르지 못하더니 (롬 3:23)

안네 그래함 로쯔(Anne Graham Lotz)는 그의 저서 《그분의 영광의 비전(The Vision of His Glory)》에서 그리스도의 보혈의 중요성에 대해 설명했다. 모세의 율법 아래 어떤 사람이 범죄하면 그 사람은 성전의 제사장에게 흠없는 양을 가져 와야만 했다고 기록하고 있다. 죄인은 양손으로 양을 잡고 그의 죄를 고백할 것을 요구하고 있다. 로쯔는 계속해서 말한다.
죄인의 죄가 그의 팔을 통해 전달되고, 그의 손으로 내려와서 그 어린양에게 옮겨지는 것처럼 보였다. 그때 죄인은 칼로 어린양을 죽임으로, 어린양은 죄인의 행위의 직접적인 결과로 죽었다. 그때 제사장은 양의 피를 취하여 그 사람의 죄를 속하기 위해 제단에 뿌렸다. 세례 요한이 요단 강가를 걷는 나사렛 예수님을 보았을때, 그는 외쳤다. "보라. 세상 죄를 지고 가는 하나님의 어린양이로다."
오늘 우리가 믿음의 '손' 으로 하나님의 어린양을 잡고 죄를 고백할때, 우리의 죄악이 그 어린양에게 옮겨지게 된다. 비록 로마인이 육체적으로 예수님을 십자가에 못박았지만, 그를 죽음으로 몰고 간 책임은 바로 당신과 나의 죄에 있었다. 그는 나와 당신의 개인적인 희생물로 죽으셨다. 그의 피는 당신의 죄를 위하여 십자가의 제단 위에 뿌려졌고 하나님은 그 희생물을 받으시고 당신에게 속죄, 구속, 용서하심과 예수 그리스도의 대속의 죽음을 통해 그의 존전으로 되돌아가는 길을 주신 것이다.

주님, 당신의 아들 예수님의 대속적 죽음에 대해 감사합니다. 그의 피는 나의 죄를 위해 흘리신 것이었습니다.

하나님의 놀라운 사랑

본문읽기 ★ 시 139:1-18
요절 ★ 주께서 내 내장을 지으시며 나의 모태에서 나를 만드셨나이다 (시 139:13)

《모든 사람을 위한 선물》에서 맥스 루카도(Max Lucado)는 십자가의 사건을 이런 방식으로 묘사했다.
그리스도께서 한가지 이유 때문에 세상에 오셨는데 그것은 너와 나 그리고 우리 모든 이를 위해 대속물로 생명을 주시기 위함이다. 그분은 우리에게 두번째 기회를 주시기 위해 자신을 희생하셨다. 그분은 그런 일을 하기 위해 모든 노력을 다하셨다. 그리고 그렇게 하셨다. 그분은 인간의 철저한 절망이 하나님의 확고한 은혜와 충돌했던 곳인 십자가로 가셨다. 그리고 하나님의 큰 선물이 완전해지는 순간에 긍휼이 많으신 그리스도는 세상에 그의 선물의 대가를 보여주셨다.
당신이 예수님과의 관계가 견고하게 되면, 그분이 특별히 당신을 위해 죽으신 놀라운 진리를 이해하기 시작할 것이다. 비록 그의 희생이 세상을 죄의 형벌에서 자유케 하셨지만, 예수님은 십자가에서 사형선고를 받고 순종하셨던 것은 한 개인으로서 당신과 친밀한 관계를 맺기 위함이었던 것이다.
성경은 우리에게 하나님은 당신이 모태에서 지음을 받기 전부터 알고 있었다고 말씀하신다(시 139:13). 그것은 그분이 2000년 전에 그의 아들을 십자가에 죽게 하려고 보내셨을때, 하나님은 당신을 알았고 당신이 용서함을 받은 죄들 중에 장래에 범할 것들을 포함하고 있었다는 것을 의미한다.
이 얼마나 아름다운 선물인가! 얼마나 즐거워할 이유인가! 그럼에도 불구하고 많은 사람들이 그리스도의 대속적인 죽음을 당연한 것처럼 여기고 있다. 거룩한 부활절에 매일 우리 모두에게 보여주신 그의 놀라운 사랑에 대해 감사하는 시간을 갖도록 하자.

아버지, 나는 당신이 나를 위해 아들을 죽게 하시기 위해 보내셨을때 내가 누구인지를 알고 있었다는 것을 생각하면 할 말을 잃어버리고 맙니다. 그렇게 나를 사랑하시니 감사합니다.

이 은혜는 당신의 것이다.

본문읽기★ 요 1:19-29

요절★ 이튿날 요한이 예수께서 자기에게 나아오심을 보고 이르되 보라 세상 죄를 지고 가는 하나님의 어린 양이로다 (요 1:29)

당신이 하나님으로부터 받은 가장 용기를 북돋아 주는 것들 중의 하나는 두번째 기회를 주는데서 오는 소망이다. 이것은 당신이 유혹에 넘어지거나 당신의 인생을 위한 하나님의 계획과 목적에 어긋났다고 느껴질 때 특별히 중요하다. 사실은 하나님은 결코 용서의 기회를 제한하지 않으신다.

두번째 기회는 우리 주위에서 나는 세상의 소리가 반대한다고 말하는 것처럼 보일때 포기하지 말고 계속하도록 용기를 북돋아준다. 베드로가 그리스도를 부인한 후 두번째 기회가 필요하였고 예수님은 은혜를 베푸셔서 기회를 주셨던 것이다(요 21:15-17).

우리 가운데 악한 행동으로 함정에 빠져서 하나님의 정결케 하는 손길을 갈망하고 있는 사람들이 얼마나 많은지? 죄악이나 그 같은 실패를 치료하는 유일한 방법은 우리의 삶에 적용되는 하나님의 은혜이다. 이것은 타락한 죄인을 예수 그리스도를 위해 승리의 사람으로 변화시키는 것이다.

당신이 예수님을 알기 전에 그분은 당신을 알고 있었고 사랑하셨다.

당신을 구원하신 것은 바로 그의 사랑이고, 당신을 영원토록 지키는 것도 바로 그의 사랑이다. "우리가 아직 죄인되었을때에 그리스도께서 우리를 위하여 죽으심으로 하나님께서 우리에 대한 자기의 사랑을 확증하셨느니라" (롬 5:8).

당신은 은혜의 생각으로 몸부림치고 있으며 그것을 당신의 삶에 얼마나 적용하고 있는가? 하나님이 당신을 사랑함을 깨달으라. 그분은 당신 우편에 서서 당신을 그의 소유로 부르시는 것을 기뻐하신다. 이 은혜가 바로 당신의 것이다.

주님, 내가 그것을 받을만한 자격이 없을 때에도, 당신의 은혜 곧 나를 향한 사랑과 친절함을 감사하나이다.

십자가의 메시지

본문읽기 ★ 막 15:33-39

요절 ★ 예수를 향하여 섰던 백부장이 그렇게 숨지심을 보고 이르되 이 사람은 진실로 하나님의 아들이었도다 하더라 (막 15:39)

다른 믿음을 가진 두 남자가 바로 맞은 편에 있는 탁자에서 마주보고 있었다. 다른 점을 이해하려고 노력하는 가운데, 첫번째 사람이 물었다. "당신은 기독교의 본질을 한 마디로 요약할 수 있는가?"

지체 없이 두번째 사람이 대답했다. "용서하심이요."

당신도 똑같은 대답을 했을까? 매우 단어가 많기 때인데 사랑,희생,기쁨, 확신,영생 등을 말할 수 있다. 그럼에도 불구하고 용서는 가장 의미와 능력을 가져다 주는 것 같아 보인다.어떤 종교가 신자들에게 속죄행위 없이 죄로부터 자유케 되는 능력을 주는가?

우리는 세상에서 가장 복을 받은 사람이라고 여길 수 있다. 우리의 삶을 하나님께 드리고 주 예수 그리스도를 개인적인 구주로 영접하게 되면 용서하심과 영생을 보장받게 되는 것이다.

비록 아무도 인생의 풍랑과 시련에서 벗어나지는 못하지만, 우리는 내적 기쁨과 평안으로 살 수 있는 것이다. 우리는 결코 죄 때문에 영원한 죽음을 형벌로 받지 않을 것이다. 값은 우리를 위해 자비롭고 오래 참으시는 사랑의 하나님에 의해 십자가에서 지불되었다.

그리스도께서 십자가 위에서 흘리신 보혈은 진정으로 믿는 사람들을 위해 있는, 하늘나라에 들어가는 열쇠이다.

오늘 왜 하나님이 독생자의 속죄의 죽음을 통해 세상에 주신 선물을 깨닫지 못하는 사람에게 미치지 않겠는가?

주님, 당신의 보혈은 나를 용서해 주시기 위해 십자가에서 흘리신 것입니다. 나는 당신에게 은혜를 갚을 수 없지만, 천국에 들어가는 열쇠를 다른 사람과 나눌 수는 있습니다.

소망의 상징

본문읽기 ★ 시 98:1-13
요절 ★ 여호와께서 그의 구원을 알게 하시며 그의 공의를 뭇 나라의 목전에서 명백히 나타내셨도다 (시 98:2)

당신은 늘어뜨린 장식 또는 작은 장식 그리고 십자가 모양의 반지를 낀 사람을 자주 보는가? 당신은 규칙적으로 교회 꼭대기나 종탑에 설치된 대형 십자가를 세운 교회를 몇개나 지나가는가? 스테인드 글래스, 세례실, 강단, 성가대 가운 등 이 모든 것들은 보통 십자가의 모양이 장식된 것들이다. 우리는 이것을 아주 자주 보면서도, 십자가를 당연한 것으로 여기기 시작했다.

현대적인 관점으로, 우리는 종종 십자가의 온전한 충격의 가치를 이해하지 못하는 경우가 있다. 만약 당신이 1세기 로마의 시민이었다면 아마 그런 형상을 볼 기대조차 하지 못하고 평생을 살았을 것이다. 그 시대의 문화에서, 십자가는 궁극적으로 수치, 공포, 죽음 그리고 저주의 상징이었다. 십자가에 못박히는 것은 매우 혐오감을 주는 것이었기 때문에 로마인들은 어떤 죄를 지어도 그들의 국민에게는 이런 방법으로 죽이는 것을 허락하지 않았다. 어떻게 그런 무시무시한 상징을 소망과 자비의 상징이 되었겠는가? 십자가에 죽음으로 예수 그리스도는 인류의 죄의 형벌을 지불하셨던 것이다. 모든 죄는 예수님과 함께 십자가에 못박혔고, 우리 모두는 그와 함께 거기서 죽었다. 그분이 무덤에서 살아나셨을때, 우리의 죄는 되살아나지 않았다. 그러므로 죄와 죽음은 단한번 우리 모두를 위해 패배했다. 그리스도 안에서 모든 사람은 그 구원을 받을 기회를 얻게 된 것이다.

오늘 구원의 선물을 주신 하나님을 찬양하라. 그리고 당신의 죄를 위해 형벌을 받으신 예수님께 감사하자.

주님, 당신이 십자가를 지실 때 당신은 모욕을 당하셨습니다. 나로 십자가를 희미한 상징이 아니라, 당신이 나를 구원하시기 위해 가셨던 무서운 장소로 여기게 하시옵소서.

부활의 기적

본문읽기 ★ **막 16:1-21**
요절 ★ [예수께서 안식 후 첫날 이른 아침에 살아나신 후 전에 일곱 귀신을 쫓아내어 주신 막달라 마리아에게 먼저 보이시니 마리아가 가서 예수와 함께 하던 사람들이 슬퍼하며 울고 있는 중에 이 일을 알리매 (막 16:9-10)

당신이 성경에서 예수님의 죽으심과 부활에 관한 이야기를 읽을때, 당신은 부활하신 후 왜 그의 제자들과 친구들에게 나타나셨는가 의문이 생긴 적이 있는가? 그들은 이미 돌이 굴려졌고 예수님의 몸은 거기에 없다는 것을 알고 있었다. 그분은 이미 제 삼일에 다시 살아날 것이라고 그들에게 약속하셨다.
예수님이 여러번 보이신 것은 그들이 가진 질문에 대한 대답이고 그들의 불신을 떨쳐버리게 하려는 것이 일반적인 의견이다. 그분은 막달라 마리아에게 그의 몸을 도적질했다는 가능성을 없애고 지금 성취된 성경적인 예언을 상세히 설명하기 위해 나타나신 것이다. 그분은 그의 찢기고 상한 몸이 진실로 무덤에서 부활하였음을 증거하기 위해 도마에게 나타나셨고, 예수님은 부인을 당한 후, 그에 대한 사랑을 회복하기 위해 베드로에게 나타나셨다.
이 중요한 방문으로 복음의 새 전달자들은 예수님이 진실하게 하나님의 아들이심에 대해 더 많은 지식과 증거를 갖추게 되었던 것이다. 만약 어떤 사람이 전에 그들의 마음에 약간의 의심을 가지고 있다면, 그들은 지금 의심하지 않아도 된다. 예수님은 왕으로 일어나기 위해 범죄자와 죽으심을 당하셨던 것이다. 그는 살아나셨고, 그의 사랑은 의심을 정복할 만큼 크다.
오늘 그에게 기도할 때 그의 부활의 기적을 묵상하라.

주님, 당신이 당신의 제자들에게 사역을 준비하도록 그들에게 나타나신 것처럼, 나의 좁은 마음이 범죄자로 죽으시고, 왕으로서 부활하신 기적을 이해할 수 있도록 도와 주시옵소서

부활의 능력

본문읽기 ★ 사 53:1-5

요절 ★ 그가 찔림은 우리의 허물 때문이요 그가 상함은 우리의 죄악 때문이라 그가 징계를 받으므로 우리는 평화를 누리고 그가 채찍에 맞으므로 우리는 나음을 받았도다 (사 53:5)

한 교회의 사랑하고 신실한 일군이 자신의 병이 말기인 것을 알았을때, 그의 묘석에 고린도전서 15장 55절의 말씀, "사망아 너의 승리가 어디 있느냐 사망아 당신이 쏘는 것이 어디 있느냐"를 새겨 줄 것을 요구했다. 이 사람의 믿음은 죽기 전에 이 말씀이 필요하였던 것이다.

이 구절의 다음 절은 그의 확신을 설명하고 있다. "사망이 쏘는 것은 죄요 죄의 권능은 율법이라. 우리 주 예수 그리스도로 말미암아 우리에게 승리를 주시는 하나님께 감사하노니"(고전 15:56-57).

예수님은 십자가에서 우리의 무거운 죄를 짊어지셨을뿐만 아니라 죽음의 고통을 받아들이시고 견디어 내셨다. 기적적인 사건에서 그분은 죽음의 과정을 변화시켰다. 더 이상 그의 피조물은 죄와 관련된 두려움, 고뇌, 그리고 고통을 겪지 않아도 된 것이다. 그의 희생은 우리 모두에게 영생이냐 영벌이냐를 선택하도록 하셨다.

왜 사람이 영벌을 선택하겠는가? 우리는 이해할 수 없다. 하나님의 능력과 예수님의 부활사건을 믿는 것이 어려운 일인가? 어떤 이에게는 그럴 수도 있다.

당신이 십자가에서 일어난 특별한 사건을 생각할 때, 죽음의 고통으로부터 당신을 해방시켜 주신 것을 감사하고, 그를 알지 못하는 사람들을 위해 기도하라.

주님, 당신의 부활이 죽음의 고통을 잔잔하게 하시고 당신의 희생으로 내가 자유케 됨을 감사합니다.

회복의 기적

본문읽기 ★ 사 53:6-9

요절 ★ 우리는 다 양 같아서 그릇 행하여 각기 제 길로 갔거늘 여호와께서는 우리 모두의 죄악을 그에게 담당시키셨도다 (사 53:6)

구원은 영원히 예수 그리스도와 연결되어 있다. 우리의 죄에 대한 형벌을 갚아주신 것은 바로 갈보리 십자가에서 예수님의 죽으심이었다. 우리가 할 수 있는 것은 예수님이 우리를 위해 하신 것과 같은 것은 아무것도 없다. 이것은 사도 바울이 구원은 선물이라고 기록했던 이유이다.

'은혜' 란 단어는 또 구원의 메시지와 연결되어 있다. 하나님의 은혜는 우리를 향해 나타나신 그의 선하심이다. 누구도 스스로 하나님의 구원을 받을만한 사람이 없다. "우리는 다 양 같아서 그릇 행하여 각기 제 길로 갔거늘 여호와께서는 우리 무리의 죄악을 그에게 담당시키셨도다" (사 53:6).

우리는 하나님의 은혜 곧 우리를 향해 증명된 그의 선하심으로 말미암아 구원을 받는다. 그리고 하나님이 구원하신 사람은 그분이 지키신다. 그런데 성도들은 죄가 구원의 기쁨을 빼앗아간다는 것을 명심해야 한다.

비록 당신이 수년 동안 그리스도를 알고 있더라도, 죄는 당신의 생활을 어둡게 하고 하나님의 은혜의 기적을 이해하지 못하게 할 것이다. 다윗이 밧세바를 범한 후 기도하기를, "주의 구원의 즐거움을 내게 회복시켜 주시옵소서" (시 51:12)라고 했다.

기쁨은 우리의 삶 속에 있는 하나님이 하신 증거이다. 죄는 하나님의 분노와 심판을 가져오지만, 복종은 우리의 마음에 기쁨을 가져다 준다. 다윗은 하나님께 단순히 그를 행복하게 해 달라고 구하지 않았다. 그는 기쁨의 회복을 구했다. 그것은 감정적인 표현 이상의 것이다. 하나님을 만족함으로 얻게 되는 마음의 증거이다.

주님, 당신의 변치않는 약속 곧 예수 그리스도를 통한 영생을 주심을 감사합니다. 십자가에서 보증된 구원의 선물을 주시니 감사합니다.

십자가의 중심

본문읽기 ★ 마 27:45-54

요절 ★ 여호와께서 그의 앞으로 지나시며 선포하시되 여호와라 여호와라 자비롭고 은혜롭고 노하기를 더디하고 인자와 진실이 많은 하나님이라 (출 34:6)

하나님이 인간의 구원을 위해 십자가보다 더 좋은 생각을 하지 않으셨을까? 이 질문은 때때로 예수님께서 골고다에서 당하신 잔혹한 형벌의 목적에 대해서 토론 중에서 제기되는 것이다.

그럼에도 불구하고 인간의 이해와 별개로 그리고 그분의 무한한 지혜로서 하나님은 십자가를 위한 완전한 계획을 가지고 계신다. 그 당시의 상황은 결코 통제를 벗어나거나 그의 뜻에 충돌할 수 없었다. 대신에 십자가는 하나님이 누구신가와 그분이 어떤 분이신가-자비로우시고 은혜로우시며 노하기를 더디하시고 인자와 진실이 많으신 분이심(출 34:6)을 드러내셨다.

십자가는 또 사탄이 어떤 존재인지를 드러내고, 동시에 그의 능력을 빼앗았다. 비록 사탄의 최후 패배가 세상 끝에 일어날 것이지만, 십자가는 모든 사람을 위해 하신 그리스도의 대속의 희생을 받아들이는 사람은 죄에 대한 육체적인 형벌의 필요성을 무효로 만들었다.

마지막으로 십자가는 하나님과의 새로운 언약관계를 밝혔는데, 그것은 모든 사람에게 예수 그리스도를 통해 영생을 경험할 기회를 주신다. 마태복음 27장 51절은 그리스도가 죽으시는 순간에 성전 휘장(오직 대제사장만이 하나님께 나아갈 수 있는 것)이 위에서 아래로 찢어졌다고 말한다. 이것은 중보자이신 예수 그리스도를 통해 하나님께 나아가는 새로운 방식의 시작을 의미한 것이다. 하나님의 완전한 뜻은 십자가에서 성취되었는가? 그렇다. 그분이 죽으심으로, 그의 사랑이 그의 축복을 받아들이는 사람들에게 증명된 것이다.

주님, 내가 온 마음으로 십자가에서 보여주시고 당신의 흘리신 보혈로 인치신 언약을 받아들입니다.

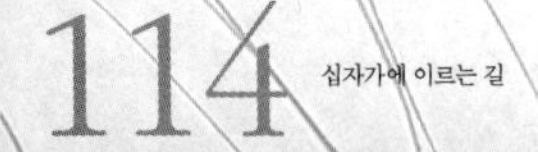

하나님으로부터 온 말씀

본문읽기 ★ 사 53:10-12

요절 ★ 이는 한 아기가 우리에게 났고 한 아들을 우리에게 주신 바 되었는데 그의 어깨에는 정사를 메었고 그의 이름은 기묘자라, 모사라, 전능하신 하나님이라, 영존하시는 아버지라, 평강의 왕이라 할 것임이라 (사 9:6)

예수 그리스도의 십자가는, 우리가 믿는 모든 것을 의미하는 것처럼, 그리스도인에게 신성한 상징이다. 진실로 이 상징의 메시지를 이해하기 위해서는, 십자가의 목적에 관해 더 많이 알아야 한다. 그것은 다음과 같은 질문으로 이끌어간다. "하나님의 어떤 인격적인 메시지가 십자가에서 죽으신 사건 속에서 발견될 수 있는가?"

- 십자가는 당신을 향한 하나님의 무조건적 사랑을 나타낸다. 비록 형벌을 받아야 마땅한 인류의 죄였지만,하나님은 이 엄청난 빚을 사람 곧 그의 아들에게 담당케 하기로 하셨던 것이다. 그분은 당신을 향한 사랑로서 이것을 행했다.
- 십자가는 하나님의 큰 능력의 좋은 예가 된다. 예수님의 죽음과 부활은 영원한 정죄에 대한 최후 승리를 상징한다. 그의 피는 새로운 언약과 하나님 앞에서 영원한 삶을 살기를 원하는 사람에게 기회를 세우셨다.

당신이 십자가의 사건을 묵상할때, 하나님의 사랑, 의로움, 충성, 그리고 능력을 생각해 보라. 십자가에서 시간이 변하는 순간에, 그의 가장 큰 축복이 유일하고 참되신 하나님의 구원의 은혜에 목말라하는 세상에 부어지게 되었다.

아버지, 십자가는 창세기에서 요한계시록까지 인간에게 관련되었고 그렇게 함에 있어서 당신의 의와 신실함을 미리 보여주심을 감사하나이다.

십자가 이후

본문읽기 ★ 요 14:16-19
요절 ★ 예수께서 이르시되 내가 곧 길이요 진리요 생명이니 나로 말미암지 않고는 아버지께로 올 자가 없느니라 (요 14:6)

우리는 성령의 지배를 떠나서 성령이 충만하지 않은 삶을 계속 살 수 있다. 이것은 많은 성도들이 구원을 받고서 한동안 큰 기쁨을 겪은 후에 실패하는 삶을 감수해야 하는 이유 중 하나이다.
성령충만한 삶은 성도가 성령을 얼마나 받을 수 있겠느냐에 관한 것이 아니다. 구원을 받으면 하나님은 온전히 당신 속에 영원히 성령으로 거하신다. 성령충만한 삶은 성령이 당신을 얼마나 지배하느냐에 관한 문제이다.
많은 성도들이 실패하는 것은 그들이 성령에 대해 오해하고 있기 때문이다. 어떤 이는 성령을 '그것' 으로 해석하여 그분이 인격적인 분이라는 것을 인식하지 못하고 있다. 성령은 구원받는 순간에 성도의 영혼 속에 들어오시는 삼위일체 하나님 중의 한 분이시다. 구원받으면 따라오는 경험, 감정이나 징후가 아니다.
성경은 분명히 말하기를 성령은 인격이시고, 하나님이 당신에게 일부의 인격을 주신다거나 그리스도인의 생활에서 당신의 성공이나 실패에 근거해서 들어오시고 나가고 하시는 분이 아니시라는 것이다. 그러나 만약 우리가 정확하게 배우지 못했다거나, 우리 자신의 힘으로 행하고 일하다가 지치게 되면, 우리는 당연히 낙심하게 되고 실패하게 되는 것이다.
우리의 삶이 십자가에서 변화된 후, 성령의 역할은 하나님이 원하시는 대로 살아갈 수 있도록 우리를 도우시는 것으로 인하여 주님을 찬양하라.

성령님, 내가 당신에게서 무엇을 얻기를 위해 기도하지 말고, 당신의 능력이 나에게 임하셔서 당신을 위해 무엇을 행할 수 있기를 구하게 하시옵소서.

위대한 구원

본문읽기 ★ 눅 7:44-48

요절 ★ 이러므로 내가 네게 말하노니 그의 많은 죄가 사하여졌도다 이는 그의 사랑함이 많음이라 사함을 받은 일이 적은 자는 적게 사랑하느니라 (눅 7:47)

결과를 예측할 수 없는 상황 속에서 결정을 내린 적이 있었는가? 때때로 이것이 긍정적인 경우도 있고 부정적일 경우도 있다. 그 결과는 예수님의 손에 달려 있다. 그분을 영접하는 것은 우리를 상상할 수 없는 영광으로 안내하는 것이지만, 그분을 거절하면 우리는 생각할 수 없는 비극에 처하게 된다.

우리가 처음 구원받았을 때, 우리는 구원의 범위와 깊이에 대해 생각하지 않았다. 그런데 우리가 성숙해질 때, 복음의 놀라운 능력을 알게 되기 시작한다. 이 발견은 우리가 예수님을 만나기 전에 얼마만큼 잃어버렸는지를 진짜 깨닫게 되면서 빨라지게 되는 것이다. 예수님은 많은 죄를 용서받은 사람은 많이 사랑한다고 말씀하셨다(눅 7:47).

요점은 십자가를 통해 우리 모두는 많이 죄용서를 받았으나, 우리 중에 얼마나 용서함을 받았는지 깨닫는 사람이 별로 없다는 것이다. 만약 당신의 구원받지 못한 심령이 하나님의 현미경 아래 놓여서 절망적인 죄악을 온전히 관찰을 했다면 당신은 당신이 받은 구원이 얼마나 큰지를 이해하는데 별 어려움이 없을 것이다. 그의 영광스러운 임재 앞에서 당신의 결백함을 밝힐수 있는 치료책은 우리의 전 생애로 헌신하는 것이다.

성경은 하나님이 "이는 그리스도 예수 안에서 우리에게 자비하심으로써 그 은혜의 지극히 풍성함을 오는 여러 세대에 나타내" 시기 위해서 우리를 그리스도와 함께 살게 하셨다고 말씀하신다" (엡 2:7). 분명히 이 풍성함은 아주 이해할 수 없으므로 적당한 때에 그것들을 나타내시고 이해하게 하실 것이지만, 우리는 여기서 지금 감사할 수 있게 된 것이다.

주님, 십자가를 통해 당신은 매우 많은 죄를 용서해 주셨나이다. 당신의 존재에서 흠이 없게 하시려고 십자가의 거룩한 치료책을 주시니 감사합니다.

복음의 능력

본문읽기 ★ 살전 2:1-12

요절 ★ 오직 하나님께 옳게 여기심을 입어 복음을 위탁 받았으니 우리가 이와 같이 말함은 사람을 기쁘게 하려 함이 아니요 오직 우리 마음을 감찰하시는 하나님을 기쁘시게 하려 함이라 (살전 2:4)

복음 곧 예수 그리스도의 죽음과 부활을 아는 것으로만 죄로부터 우리를 구원하신 능력은 효과가 없다. 사실 많은 사람이 복음을 듣지만 진리를 믿지 않고 있다. 우리가 복음에는 능력이 있음을 깨닫게 되고서 비로서 우리의 삶과 우리 주위에 있는 사람들의 삶 속에서 역사하시는 복음을 알게 되는 것이다.

바울이 데살로니가에 보내는 편지에서, 그들의 삶 속에 있는 복음과 능력 있는 영향력에 대해 솔직하게 썼다. 바로 바울처럼 우리도 복음을 전할 위임을 받았다. 우리의 입으로나 우리의 행동으로든지, 우리는 항상 복음의 능력을 증거해야 한다. 그리고 여기 우리가 기억해야 할 복음의 능력에 관해 기억해야 할 네가지 요점들이 있다.

1. 복음은 탁월한 메시지이다. 복음은 우리가 들었던 어떤 것들보다도 훨씬 중요하다. 왜냐하면 하나님의 마음이 그 가운데 있기 때문이다.
2. 복음은 쉬운 메시지이다. 우리는 하나님의 모든 지혜를 결코 헤아릴 수 없다. 그럼에도 불구하고 그의 구원의 메시지는 아이가 이해할 수 있을 정도로 쉽다.
3. 복음은 확실한 메시지이다. 어디서 온 사람도 그들이 복음을 받아들이면 구원을 받을 수 있다.
4. 복음은 충분한 메시지이다. 성경은 우리의 모든 시험이나 상황에 확실한 해답을 담고 있다.

주님, 나의 모든 필요를 채우기에 탁월하고, 쉽고, 확실하며 충분한 복음의 능력을 주시니 감사하나이다.

하나님의 마음

본문읽기 ★ 요 3:1-18

요절 ★ 하나님이 그 아들을 세상에 보내신 것은 세상을 심판하려 하심이 아니요 그로 말미암아 세상이 구원을 받게 하려 하심이라 (요 3:17)

당신은 누군가의 마음 속에 무슨 일이 일어나고 있는지를 알기 위해 바로 그의 마음을 들여다보고 싶었던 적이 있는가? 우리는 항상 이것을 원하고 있는데 사실 우리가 사람의 마음을 엿볼 수 있다면 우리는 더욱 그 사람이 어떤 사람인지를 잘 알 수 있을 것이다. 그것은 다른 사람을 믿고 사랑해 가는 기본적인 방식일 것이다.

만약 우리가 이런 개념을 주님과의 관계에 적용한다면, 우리는 한 곳 곧 십자가만을 바라볼 필요가 있다. 거기서 우리는 하나님의 완전한 모습과 죄, 사랑 그리고 인류에 대한 그분의 견해를 볼 수 있을 것이다.

인류의 죄와 사악을 다루게 될 때, 그것은 영원히 해결해야 할 문제가 생기게 된다. 이 문제는 하나님의 온전한 거룩하심은 완전히 인간의 죄악의 반대편에 놓여 있다는 사실이다. 그의 흔들리지 않는 공의 때문에, 그분은 쉽게 우리의 죄를 간과할 수 없다. 그러므로 그분은 오직 두 가지 선택만 있을 뿐이었다. 인간을 죄로 심판하거나 세상의 죄를 속하기 위해 온전한 희생물을 제공하는 것이었다. 그분의 사랑은 후자를 선택하셨다.

예수님의 십자가는 우주적인 문제에 유일한 답을 내놓은 것이다. 하나님의 독생자를 주시는 큰 희생에도 불구하고 그분은 인간의 죄로 말미암아 생긴 갈라진 틈을 연결하기 위해 일하셨다. 그리스도의 희생으로 말미암아 만족하게 된 하나님의 공의로 인해 그의 영원한 사랑은 이제 우리를 그의 거룩한 존전(尊前)으로 영접하시게 된 것이다.

당신은 예수님을 구주로서 믿고 그분이 당신을 위하여 희생당하심을 인정하고 있는가?

주님, 나는 나를 위해 주신 온전한 희생으로 인해 매우 감사하나이다. 당신이 죄 가운데 나를 버리지 않으심을 감사하나이다.

계시된 하나님의 지혜

본문읽기 ★ **마 28:1-8**
요절 ★ 그가 여기 계시지 않고 그가 말씀 하시던 대로 살아나셨느니라 와서 그가 누우셨던 곳을 보라 (마 28:6)

십자가의 메시지가 세상에는 의미있는 것처럼 보이지 않는다. 그렇지 않은가? 불신자에게 십자가의 순전한 능력을 설명하는 것이 쉽지 않다. 왜냐하면 그 사람은 겉으로만 보고 있기 때문이다. 우리가 성령의 눈으로 그 문제를 보고서야 비로소 그 안에 있는 지혜를 온전히 이해하기 시작한다.
사도 바울은 십자가의 메시지는 세상 사람에게 어리석은 것처럼 보이지만, 그리스도 안에 있는 우리에게 그것은 바로 하나님의 지혜라고 설명하였다 (고전 1:18-25).
세상은 그리스도인들이 '교회가는 것' 과 '구원받은 것' 을 말하는 것이 시간을 허비하는 것이라고 여긴다. 그러나 이것들은 잃어버린 자를 하늘에 계신 아버지와 구원의 관계로 인도할 수 있는 것이다.
만약 그것이 우리의 책임이라면 다른 방법으로 그것을 실천해야 했을 것이다. 사실, 지상에 있는 다른 모든 종교는 구원의 수단으로서 선행만을 가르치고 있다. 그런데 하나님은 아무리 선행을 많이 한다할지라도 죄로 남은 빚을 갚을 수 없다는 것을 알고 계신다. 그래서 그분은 우리를 위해 행동에 옮기셨다.
우리는 그것을 인정하고 싶지 않겠지만, 하나님은 우리보다 훨씬 현명한 분이시다. 하나님은 우리가 그에게 구하기전에 우리에게 필요한 것을 알고 계신다. 그러므로 우리는 우리의 손에서 이 문제를 떠맡으셔서 우리가 결코 얻을 수 없는 것 곧 구원, 용서 그리고 하늘에 계신 아버지와의 영원한 교제를 허락해 주시니 감사합시다.

아버지, 십자가를 통해 당신이 구원, 용서 그리고 당신과의 영원한 교제를 허락해 주시니 감사합니다.

그분이 살아나셨다

본문읽기 ★ 마 28:9-15

요절 ★ 이에 예수께서 이르시되 무서워하지 말라 가서 내 형제들에게 갈릴리로 가라 하라 거기서 나를 보리라 하시니라 (마 28:10)

예수님께서 죽으셨을때 제자들은 어떤 느낌이었을까? 그들은 이 사람을 위해 모든 것을 버리고, 3년동안 좇았고 그들의 모든 희망과 꿈을 그의 계획에 맡겼다. 그것뿐이랴, 그들은 그분의 믿을 수 없는 말씀들을 들었다. 그분은 제자들에게 아브라함이 있기 전에 '계셨던 분' 이라고까지 말씀하셨다. 그와 아버지는 하나라고 말씀하셨다. 그분은 하나님께 가는 유일한 길이라고 선언하셨다. 그분은 그런 놀라운 것을 말씀하셨지만 지금 십자가에 매달려 죽으신 것이었다. 어떻게 이런 일이 있을 수 있겠는가?

제자들은 혼란스러웠고, 상처를 받았고, 비통했고, 온전히 곤혹스러웠다. 그런데 짓밟힌 심령에 새로운 생명을 불어넣어 줄 수 있었다. 그들을 향하여 "그가 살아나셨다!" 고 기쁨에 넘친 친구들의 외침이 들려왔던 것이다. 예수님이 죽음을 정복하셨다.

인류는 죽음이 항상 마지막 말이었고, 피할 수 없는 종말이었다. 예수님이 죽음을 이기심으로 그분이 살아계신다고 주장하셨다. 인간의 가장 큰 공포를 그의 능력으로 이김으로 자신이 인류의 가장 좋은 친구, 구세주 그리고 주님이 되심을 보여주셨다.

살아계신 주님의 선포를 들을때 당신의 가슴이 뛰었는가? 당신의 눈으로부터 흐린 렌즈들을 끌어내고 신선하고 새롭게 그 이야기를 들어 보자. 예수님이 살아나셨다!

주님, 내가 당신의 부활의 선언을 듣고 나의 마음이 기뻐서 뛰었습니다. 나는 당신이 나의 죄를 위해 죽으시고 다시 부활하심을 기뻐하나이다. 나는 잃어버린 세상에 선포합니다. 당신은 다시 살아나셨습니다!

05
기도에 이르는 길

너는 기도할 때에 네 골방에 들어가 문을 닫고 은밀한 중에 계신 네 아버지께 기도하라 은밀한 중에 보시는 네 아버지께서 갚으시리라(마 6:6)

기도의 우선순위

본문읽기 ★ 마 6:5-8
요절 ★ 여호와는 악인을 멀리 하시고 의인의 기도를 들으시느니라 (잠 15:29)

어떤 말은 생각을 깊이 하지 않고 하는 것처럼 많은 그리스도인들의 '기도 생활' 에서도 그렇다. 단지 절망적인 때나 큰 비극을 당할 때에는 어떤 생각이든지 만유의 하나님께 말씀드리게 된다.

기도는 그것보다 더 흔하다. 그것은 하나님이 우리와 그분의 마음을 나누는 것같이 우리의 마음을 그분과 나누는 것은 우리가 하나님과 교통할 때이다. 그리고 그때 그분이 우리에게 원하시는 방향으로 걸어가면서, 하나님께서 말씀하시는 것에 반응하게 된다.

우리의 분주한 날들을 되돌아보는 대신에, 기도는 지속되어야 한다. 기도는 우리가 아침에 일어나는 것처럼 더욱 부지런히 계획을 세우고 실천하는 생활의 원칙이 되어야 한다.

예수님은 그분의 가르치는 사역의 많은 부분에서 기도의 중요성을 말씀하시는데 보내셨을 뿐만 아니라, 종종 하나님과 교통하기 위해 일상생활에서 벗어나 산으로 올라가셨고, 기도 생활을 모범으로 보여주셨다. 예수님처럼 되고자 원한다면, 우리는 그분의 말씀처럼 그분의 행동을 본받아야 한다. 그리고 이런 경우에 그분의 행동은 어떤 말씀보다도 더 웅변적이다.

예수님은 기도가 성부 하나님에게 순종하려고 한다면 그분과의 지속적인 관계를 유지하기 위해 절대 필요한 것이라고 알고 있었다. 그리고 그분은 어떤 일이 있더라도, 하나님이 그분의 소리를 들으실 것이라는 것을 알고 있었다. "여호와는 의인의 기도를 들으시느니라"(잠 15:29).

주님, 나는 기도 생활에 게을렀습니다. 나로 더욱 진지하게 당신과 대화를 갖고 당신의 뜻을 더욱 잘 이해할 수 있도록 도와 주시옵소서.

왜 기도하는가

본문읽기 ★ 마 6:9-13
요절 ★ 이 때에 예수께서 기도하시러 산으로 가사 밤이 새도록 하나님께 기도하시고 (눅 6:12)

당신은 왜 기도해야 하는지를 하나님께 묻고 싶은 적이 있었는가? 당신이 사는 세상이 매우 위태로운 것처럼 보이기도 할 것이다. 감정적으로 당신은 공허하게 느끼기도 하고, 미래는 암울해 보이며, 당신이 그것이 더이상 나빠질 수 없게 됐다고, 생각될 때, 그렇다. 기도가 그런 상황에 어떻게 도움이 될까? 우리가 직면하는 모든 문제에 있어서 소망과 해결책을 찾게 되는 것은 바로 기도할 때인 것이다.

● 기도는 우리의 마음과 생각의 초점을 재조정하게 한다. 위기 시, 일반적인 상황 가운데서 초점을 맞추는 것은 쉬운 것이다. 기도는 우리를 확실한 도움의 원천을 볼 수 있게 한다. 우리가 그리스도와 그분의 능력에 마음을 맞출때, 우리의 마음은 걱정하지 않게 된다. 평화가 지배할 것이다.

● 기도는 우리의 삶 속에 하나님께서 개입하심을 증거하는 기회를 준다. 그분의 가장 큰 바람은 우리 각자와 인격적인 관계를 맺는 것이다. 우리가 기도를 통해 그분에게 예배할때, 그분은 우리에게 다가오시고 우리에게 확신을 주시고 받아주신다.

● 기도는 하나님의 사랑을 이해하는데 도움을 준다. 기도는 하나님과 직접 교통하는 방법이다. 참 기도는 죄의 고백과 회개와 함께 시작된다.

당신은 "왜 기도하는가? 내 주위에 있는 세상은 산산조각나고 있다."고 하며 의심이 생길 때가 있을지 모른다. 이 때가 당신에게 가장 기도가 필요한 순간이다. 기도는 소망에 이르는 가장 큰 길이다. 왜냐하면 그것은 하나님의 보좌로 곧장 인도하기 때문이다.

주님, 기도로 나를 당신의 보좌로 곧장 인도해 주시니 감사합니다. 내가 곤경에 처할때 온 힘을 다하여 다가가겠습니다.

기도의 사명

본문읽기 ★ 골 4:1-4
요절 ★ 기도를 계속하고 기도에 감사함으로 깨어 있으라 (골 4:2)

정보와 첨단 기술의 세상 속에서, 실수를 줄이고 불필요한 활동을 최소화하기 위해서 신속하고 분명한 통신이 중요하다. 경영의 기본은 예정된 목표를 향하여 실행하는 구체적인 업무를 완수하기 위해 노동자들을 파견하는 것이다. 그런데 통신이 필요한 것은 새로운 현상은 아니다. 사실상, 그것은 사도 바울에게도 중요한 관심사였다.

복음을 전파하는 것은 끝이 없고, 그것은 바울이 골로새교회에 편지를 쓴 이유이기도 하다. "또한 우리를 위해 기도하되 하나님이 전도할 문을 우리에게 열어주사 그리스도의 비밀을 말하게 하시기를 구하라 내가 이 일 때문에 매임을 당하였노라 그리하면 내가 마땅히 할 말로써 이 비밀을 나타내리라"(골 4:3-4). 바울은 작전 기지인 주 하나님과 연락하는 것이 필요했다. 바울은 누가 그에게 임무를 주셨는지를 알고 있었던 것이다. 바울은 누가 그 계획에 대해 가장 좋은 의견을 가지고 있는지 이해하고 있었다. 그분은 또한 누가 임무를 완수하는데 필요한 재능, 능력 그리고 자원을 가지고 있는지를 알고 계셨다.

복음이 온 세상에 전파되도록 기도에 전념하라. E. 스탠리 존스는, "기도는 명령이다. 하나님과의 조용한 시간으로부터, 세계의 영적 기관을 움직이는 힘이 발생된다.당신이 기도할 때, 보냄을 받았다는 소명의식과 함께, 신적 부담감이 느껴질 것이다."라고 썼다.

주님 재능, 능력과 나의 사명을 완수하고 나의 목적을 달성할 수 있는 재원을 제공받게 되는 기도의 거룩한 임무를 주심을 감사하나이다.

기도에 헌신하라

본문읽기 ★ 시 42:1-11

요절 ★ 하나님이여 사슴이 시냇물을 찾기에 갈급함 같이 내 영혼이 주를 찾기에 갈급하니이다 (시 42:1)

주님의 말씀에서 우리가 그분을 찾으면, 그분을 찾게 될 것이라고 말씀하신다(대상 28:9; 렘 29:13). 그러나 실제로 무엇이 하나님을 찾는 일과 관련되어 있는지를 생각해 본 적이 있는가?

그것은 단순히 교회에 출석하거나 어떤 종교적인 의식을 따르는 문제가 아니다. 하나님을 구하는 것은 마음의 문제이다. 이런 행동은 우리를 "교인"에 불과한 위치에서 '그리스도의 길' 을 따르는 자의 위치로 변하게 한다.

우리는 하나님을 찾는데 있어서, 시편 기자가 쓴 것처럼 갈급함으로 하나님을 찾아야 한다. "하나님이여 사슴이 시냇물을 찾기에 갈급함같이 내 영혼이 주를 찾기에 갈급하나이다" (시 42:1). 우리를 하나님의 존전 곧 하나님의 충만한 사랑과 우리의 영혼에 대한 집중적인 돌보심을 경험하는 곳으로 안내해 주시기를 갈망해야 한다.

예수님은 신속하게 그분을 좇는 자들에게 "너희는 나를 왜 구하느냐?" 고 물으셨다. 그들은 그분이 행하신 기적을 구했는가 그렇지 않으면 친밀하게 그의 존전으로 나아가고자하는 것이었는가? 당신은 왜 주님을 찾고 있는가? 그분은 당신이 위기에 처할때 누를 수 있는 비상 스위치인가 아니면 진정으로 친밀한 수준에서 그분의 임재를 경험하기를 바라고 있는가?

하나님은 당신의 사랑과 헌신을 원하신다. 성경을 많이 암송하는 것 그 자체가 그분에게 가까이 나아가게 하지는 못할 것이다. 하나님의 마음을 이해하는 것은 무엇보다도 그분을 구하는 사람 속에 있는 겸손한 사랑이다.

아버지, 오늘 나의 영혼이 당신을 갈급함으로 찾고 있나이다. 내가 당신 앞에서 기다릴때 당신 앞으로 나를 안내해 주시옵소서.

그리스도 중심적인 기도

본문읽기 ★ **대하 20:1-12**
요절 ★ 너희를 부르시는 이는 미쁘시니 그가 또한 이루시리라 (살전 5:24)

여호사밧은 이스라엘 백성에게 애굽의 종살이에서 해방시켜 주시고 많은 적들로부터 그들을 보호해주신 하나님을 반역한 것을 상기시키면서 주께로 돌아오라고 충고했다. 그때 세 부족이 이스라엘을 향해 공격을 시작하였다.

여호사밧의 반응은 이스라엘에게나 오늘 우리에게나 경건한 모범이었다. 왕이 처음 취한 행동은 곧바로 여호와께 기도하는 것이었다. 그렇게 함으로써, 여호사밧은 본래 하나님은 인간의 모든 문제에 관심이 있으며 그것을 하나님이 해결하실 수 있다는 것을 증명했다.

그리스도인이 된다는 것은 우리 삶의 문제로부터 벗어나는 것이 아니다. 우리가 문제를 만날때, 첫번째 반응은 언제나 하나님께 구해야 한다. 하나님은 적절한 시기에 문제에 대한 응답을 주실 것이다. 우리는 그분의 응답을 기다려야 한다. 때론 오래 기다려야 할지도 모른다. 그분은 종종 우리의 성품을 만드시고 그분이 보시기에 우리에게 부족한 행동 규범을 가르치시기 위해 그런 때를 사용하신다. 때때로 우리는 그분의 완전한 응답을 받을 준비가 되어 있지 않기에, 그분은 우리를 준비시켜야만 하는 것이다. 마지막으로, 그리스도 중심적인 기도(문제에 매이지 않은 기도)에 대한 하나님의 응답은 보통 우리에게 믿음의 행동을 요구하신다.

때때로 찬양대를 앞에 세우고 전쟁에 나갈때, 하나님의 계획은 곧 이해되지 않았을 것이다. 그러나 그 계획들은 완전하다. "너희를 부르시는 이는 미쁘시니 그가 또한 이루시리라" (살전 5:24).

주님, 당신은 신실하신 분입니다. 당신은 약속하신대로 적당한 때에 그것을 이루실 것입니다.

기도를 배움

본문읽기 ★ **요 17:1-26**

요절 ★ 내가 비옵는 것은 이 사람들만 위함이 아니요 또 그들의 말로 말미암아 나를 믿는 사람들도 위함이니 (요 17:20)

당신이 낙심될 때나 기쁜 소식을 함께 나누게 될때 전화를 건 친구가 있는가? 당신은 털어놓고 대화할 수 있는 사람이 있는가?

잠시 이런 사람을 생각해 보자. 당신이 그와 함께 대화할때 당신은 아마도 삶에서 근심거리, 필요한 것과 극복할 것에 대한 구체적인 일에 대해 논의하게 될 것이다.

당신이 관심을 가지고 있는 누군가와 대화를 나누는 형식은 놀랍거나 어렵지 않다. 그렇지 않은가? 물론 그렇지 않다. 안타깝게도 많은 사람들은 지나치게 염려하면서 하나님께 나아간다.

하나님께 기도하는 것은 웅변적인 말이나 신중하게 꾸민 대화체를 사용하라고 하는 것이 아니다. 오히려 하나님은 단순히 당신과 대화하기를 원하신다. 기도는 매일 경험하는 느낌과 생각 그리고 감정을 자연스럽게 표현해야만 하는 것이다.

만약 당신이 정말로 기도의 생활을 향상시키기를 원한다면, 당신이 친한 친구에게 하는 것처럼 하나님께 말하도록 하라. 그분은 당신에게서 듣기를 좋아하시고 당신이 그분에게 접촉하는 것을 기뻐하신다. 그분에게 찬양을 드리고 그분의 응답을 기다리라. 당신의 염려를 내놓고 그분의 조언을 구하라. 오늘 하나님 앞에 당신의 문제를 놓고 그분의 지혜를 구하라.

주님, 당신이 나에게 대화를 더 많이 하고 행동은 적게 하는 기도를 가르쳐 주시겠습니까? 나로 하여금 말로써 말이 아니라 마음으로 교통하도록 도와 주시옵소서.

하나님을 구하라

본문읽기 ★ 마 7:7-11
요절 ★ 구하라 그리하면 너희에게 주실 것이요 찾으라 그리하면 찾아낼 것이요 문을 두드리라 그리하면 너희에게 열릴 것이니 (마 7:7)

어렸을때 우리들은 한 두개의 '어린이의 기도들' 을 암송하도록 배웠다. 믿든지 믿지 않든지 똑같이 '지금 나를 잠자리에 누이신다.' 와 '하나님은 크시도다, 하나님은 좋으신 분이시다.' 와 같은 익숙한 구절들은 쉽게 외울 수 있었다. 성장하는 시절에는 하나님과의 대화에 대해 이해하는 것이 매우 중요하다. 그런데 우리가 영적 생활의 성장기에서는 이 기본적이고 반복적인 기도가 별로 중요하지 않은 것처럼 보인다.
그렇다면 성장하는 그리스도인에게 있어서 하나님께 구하는 최상의 방법은 무엇인가? 본문인 마태복음 7장 7-11절을 검토해 보라. 이 유명한 말씀들은 기도할 마음을 불러 일으키게 하려는 것이다. 7절과 8절은 우리가 기도할 때 받고, 찾고 우리에게 문이 열리게 하기 위해 구하라, 찾으라 그리고 두드리라고 충고한다. 9-11절에서 하나님의 의도는 우리를 결코 해롭게 하는 것이 아니라 좋은 것을 주시기 위함이라고 확신시킨다.
우리가 이 구절에서 배울 수 있는 것은 무엇인가? 분명히 하나님은 우리가 기도와 행동에서 그분을 추구하고 우리의 필요를 채우실 능력에 대한 확신을 가지고 추구하기를 원하신다. 그럼에도 불구하고 하나님을 추구하는 것(구하기, 찾기 그리고 두드리기)을 행동하기를 요구하신다. 하늘에 계신 아버지는 알려지기를 원하신다.그분을 진심으로 알기 위하여 우리는 그분의 격려, 지혜, 성품 그리고 우리의 삶을 향한 뜻을 구해야 한다. 우리가 하나님을 구할때, 진실함과 열심으로 구하라. 소극적으로 암기해서 하지 말고 적극적으로 마음으로 기도하라.

주님,내가 기도할 때 당신에게 있는 모든 것을 구하게 도와주시옵소서. 구하고 찾고 두드릴때, 나로 당신과 당신의 뜻을 추구하게 하시옵소서.

예수님의 이름으로

본문읽기 ★ 요 14:11-14

요절 ★ 너희가 내 이름으로 무엇을 구하든지 내가 행하리니 이는 아버지로 하여금 아들로 말미암아 영광을 받으시게 하려 함이라 내 이름으로 무엇이든지 내게 구하면 내가 행하리라 (요 14:13-14)

예수님의 이름으로. 이 강력한 단어는 종종 신실하고 순종적인 사람이 기도를 마무리하는데 사용한다. 예수님의 거룩한 이름에는 능력이 있고 우리가 기도할때 그것을 사용하라고 분명히 가르치고 있다.

예수님이 세상을 떠나려고 준비하실 때에도 이 가르침을 주셨다. "너희가 내 이름으로 무엇을 구하든지 내가 행하리니 이는 아버지로 하여금 아들로 말미암아 영광을 받으시게 하려 함이라 내 이름으로 무엇이든지 내게 구하면 내가 행하리라" (요 14:13-14). 그런데 이 구절을 종종 잘못 해석 한다. 단순히 '예수님의 이름으로' 를 기도 끝에 덧붙이는 것은 원하는 것을 보증하지 못한다. 우리가 신중히 이 구절을 관찰하면 두가지 제한된 상황 곧 "아버지로 영광을 받으시게 하려 함이라" 와 "내 이름으로" 를 발견하게 된다.

본질적으로 예수님의 이름으로 기도하는 것은 하나님께 영광을 돌려야 하고 예수님 자신이 구하는 것들과 같은 목적을 지녀야 한다.

당신의 기도에서 예수님의 이름을 덧붙이는 것은 당신이 사랑하는 사람을 위해 요구하는 것이라고 간주하라. 예를들면 만약 당신의 어머니가 어떤 결정에 대해 찬성하지 않는다면 당신은 그녀의 이름으로 그것을 할 수 있겠는가? 불가능다.

당신의 기도생활을 강화하려고 한다면, 하나님께 구하는 것을 신중하게 점검해 보라. 그것들이 하나님께 영광을 돌리고 있는지? 그것들이 예수님께서 원하시는 목적과 가치 그리고 원리에 근거하고 있는지?

주 예수님, 내가 당신의 이름으로 무엇인가를 구할때, 그것이 오직 하나님의 뜻일 때 당신의 이름으로 되어진다는 것을 이해하게 도와 주시옵소서.

경건한 계획

본문읽기 ★ 눅 14:26-33

요절 ★ 너희 중의 누가 망대를 세우고자 할진대 자기의 가진 것이 준공하기까지에 족할는지 먼저 앉아 그 비용을 계산하지 아니하겠느냐 (눅 14:28)

당신은 장래를 위해 예산을 세워 본 적이 있는가? 당신이 젊든, 늙었든, 결혼했든, 미혼이든, 다가올 시대를 위해 보장수단을 세우는 것은 중요하다. 우리가 오늘 본문을 관찰해보면, 현명한 계획에 대한 성경적인 토대를 발견하게 된다. 예수님이 주위에 있는 무리들을 향하여 날카롭게 말씀하신 것처럼 그분은 질문하셨다. "너희 중의 누가 망대를 세우고자 할진대 자기의 가진 것이 준공하기까지 족할는지 먼저 앉아 그 비용을 계산하지 아니하겠느냐"(눅 14:28).

그분의 제자들과 함께 하신 예수님은, 사람들이 어설픈 준비로 인해 계획이 완수되지 못함으로 받는 조롱을 잘 알고 있었다. 이것을 염두해 두고, 그분은 청중들에게 그들의 장래 계획들을 신중하게 숙고하라고 권하셨다.

어떻게 당신은 이 조언을 당신의 삶에 일치시킬 것인가? 먼저, 하나님이 우리에게 그분을 신뢰할뿐만 아니라 적극적으로 그분의 뜻에 따라 계획하기를 원하신다. 둘째로, 재정적인 보장에 있어서 그리스도 중심적인 전략을 세우기 위해 성경을 공부해야만 한다. 마지막으로 재정적인 문제를 예수 그리스도의 주권에 맡겨야 한다.

당신의 미래에 영향을 주는 결정과 자녀의 장래를 위해 기도하는 것은 필수불가결한 것이다. "아무것도 염려하지 말고 다만 모든 일에 기도와 간구로 너희 구할 것을 감사함으로 하나님께 아뢰라"(빌 4:6).

하나님의 뜻대로 계획할 때, 그분이 당신의 열심과 복종을 귀하게 여길 것이다.

주님, 내가 나의 능력으로 지혜롭게 되지않고 당신의 뜻대로 인도하심을 따르도록 나의 계획의 중심에 계시옵소서.

받을 준비

본문읽기 ★ **벧전 5:5-9**

요절 ★ 그러므로 하나님의 능하신 손 아래에서 겸손하라 때가 되면 너희를 높이시리라 너희 염려를 다 주께 맡기라 이는 그가 너희를 돌보심이라 (벧전 5:6-7)

당신의 아침을 문제로 시작한다. 샤워기를 돌렸으나 물이 나오지 않는다. 불만스럽게 수리공에게 연락하기 위해 전화기를 들었다. 그런데 당신이 다이얼을 눌렀지만 아무도 전화를 받지 않았다. 이제 당신은 폭발할 순간에 이른 것이다. 그러나 당신이 화가 나는 것은 당연하지 않은가? 결국 문제를 해결할 필요가 있고 그것을 지금바로 해결해야 한다.

우리의 지난 시간속에서, 메시지, 돈, 수화물 등을 거의 즉시로 받는데 익숙해져 있다. 이것은 많은 그리스도인이 주님을 기다리는 것이 어렵다고 하는 이유이다. 우리가 그분에게 기도를 드릴때 우리는 종종 하나님을 수도수리공-준비하고 있다가 즉석에서 우리의 문제를 처리하기 위해 기다려야만 한다-인 것처럼 여긴다.

비록 하나님이 성령의 역사를 통해 우리와 항상 함께 하시지만(요 14:16), 그분은 그분의 거룩한 뜻과 우리를 향한 계획(벧전 5:6-7)에 의해 정해진 시간표에 따라 우리의 기도에 응답하신다.

그분은 왜 이렇게 하시는가? 우리의 삶을 더욱 어렵게 하려고 하는 것이 아니다. 대신 우리가 하나님을 신뢰하고 온전히 그분을 의지하도록 격려하기 위함이다. 하나님은 기도에 신실하게 응답하신다. 그러나 그분의 응답은 우리가 진실로 그것들을 받을 준비가 될때 주신다.

당신은 기도가 응답되지 않는다고 걱정할때 포기하거나 화를 내지 말라. 오히려 인내하면서 하나님께 구하고 그분의 때를 신뢰하라.

주님, 나는 한계가 있고 조급한 사람입니다. 나는 즉시 반응하곤 하나이다. 나로 하여금 당신을 기다릴 수 있게 도와주시고, 기다릴때 당신이 우리 시간 밖에서 역사하고 계심을 이해하게 하시옵소서.

기도의 영적 유익

본문읽기 ★ 시 69:13-18
요절 ★ 여호와여 나를 반기시는 때에 내가 주께 기도하오니 하나님이여 많은 인자와 구원의 진리로 내게 응답하소서 (시 69:13)

아마도 주님과의 대화는 어렸을때 잠자리에서 드리는 기도처럼 시작한다. 주일학교에서 주기도를 배우고, 인생을 통해서 성경과 목사님 그리고 성경교사들이 하나님께 기도하는 것의 중요성을 강조했을 것이다.
그러나 당신은 기도를 어떤 것이라고 생각하는가? 그것은 책임이 아니라 다급하게 하는 어떤 것인가 그렇지 않으면 하루종일 여러 번에 걸쳐 하늘에 계신 아버지와의 이야기하는 것을 즐거워하는 것인가? 기도의 영적 유익을 아는 것은 하나님께 드리는 기도에 수반하는 큰 일들을 이해하는데 도움을 준다.

- 기도는 예수 그리스도와의 관계를 깊게 한다. 그것은 우리가 섬기는 사랑의 하나님의 성품을 이해하는데 도움을 준다.
- 기도는 우리를 정결케 해 준다. 죄를 고백하고 하나님의 발 앞에 그것을 내려놓음으로 해서 불필요한 죄와 수치로부터 구원해 줄 수 있다.
- 기도는 우리의 섭리자이신 하나님을 신뢰하는데 도움을 준다. 인생의 압박이 커지므로 우리는 그분과의 교제를 예상할 수 있다.
- 기도는 영적 성장과 성숙으로 이끈다. 우리가 하나님과 기도하는 시간이 많아질수록, 다른 사람들을 돕고 우리 삶의 폭풍을 헤쳐나갈 수 있는 무장을 더 하게 되는 것이다.

만약 현재 '성실하게' 기도생활을 하고 있다면, 오늘 새로운 방법으로 하나님께 나아가라. 하나님께 헌신적인 기도용사가 되는 즐거움을 보여주실 것을 구하라.

주님, 나는 나의 기도생활에서 순종함으로 당신에게 복종하고, 그 대신에 당신이 성숙으로 이끄는 신뢰와 정결함으로 채워주시기를 구하나이다.

어려울 때의 기도

본문읽기 ★ **빌 1:27-30**
요절 ★ 그리스도를 위하여 너희에게 은혜를 주신 것은 다만 그를 믿을 뿐 아니라 또한 그를 위하여 고난도 받게 하려 하심이라 (빌 1:29)

많은 사람이 예수 그리스도를 믿는 것은 타락한 세상의 고통으로부터 그들의 삶을 자유롭게 할 수 있고 그렇게 할 것이라고 잘못 믿고 있다. 그러나 사도 바울은 반대 입장을 취하고 있다. 그리스도인이 믿지 않는 사람들보다 더 고난을 겪게 된다는 사실을 부인하기보다 오히려 바울은 담대하게 성도들은 다양한 고난을 당할 것이라는 확신을 선언했다. 그는 외치기를, "그리스도를 위하여 너희에게 은혜를 주신 것은 다만 그를 믿을 뿐 아니라 또한 그를 위하여 고난도 받게 하려 하심이라"(빌 1:29)고 하였다. 어쩌면 이 설명은 시대에 뒤지고 잘못 알고 있는 것처럼 보일지도 모른다. 그러나 현대를 살아가는 그리스도인으로서 기억해야 할 두 가지가 있다.
첫째로, 그리스도 중심의 믿음은 현대 사회에 초점을 맞추고 있는 것이 아님을 아는 것이 중요하다. 자기 중심적인 세계는 무조건 남을 "사랑하라"고 주장하는 사람들을 의심스럽게 바라본다.
둘째로, 순교는 과거의 일이 아니다. 세상에 있는 많은 그리스도인은 여전히 믿음 때문에 죽고 있다. 우리의 믿음은 고통을 막아주는 방패가 아니다. 그런데 가장 중요한 것은 우리의 믿음은 고난을 통해 우리를 인도하시는 분과 교제하게 해준다. 만약 당신이 고난의 계절을 지나고 있다면, 지체하지 말고, 당신의 문제를 십자가 앞으로 가져 가라.

주님, 만약 내가 신앙생활 속에서 고난을 당하게 된다면 당신의 이름으로 행하는 악한 행동으로가 아니라, 당신을 믿는 믿음 때문에 당하게 하시옵소서.

기도를 통한 문제해결

본문읽기 ★ 갈 6:2-5
요절 ★ 너희가 짐을 서로 지라 그리하여 그리스도의 법을 성취하라 (갈 6:2)

"안녕, 빌. 너의 동생은 어떻게 지내니?" 톰이 물었다.
빌이 대답했다. "나는 그가 잘 지낸다고 생각한다. 나는 그것 밖에 몰라."
종종 이와같은 대화를 엿듣지만, 당신은 그들이 무엇을 말하는지 생각해 보려고 한적이 있는가? 여기서 암시하는 것은 속에서 좋은 일은 알리지 않고 지나치게 되지만, 나쁜 일들은 보통 주위에 있는 사람들에게 잘 알려지게 된다. 사람들은 그들이 극적인 이야기를 만들기 때문에 단순히 고난에 대해 말하는 것을 즐긴다.
왜 이렇게 되는가? 그것은 삶 가운데서 중요한 것이기 때문에 그렇게 많이 우리 문제들을 말한다고 할 수 있는가? 왜 우리는 기쁨보다 시련에 관한 것을 더 빨리 말하는가? 사랑하는 가족이나 교회 안에서, 다른 사람과 우리의 관심을 나누는 것은 적절하고 당연한 것이다(갈 6:2). 우리는 우리의 필요에 대해 구체적으로 기도하기 위해 우리의 상황을 다른 사람에게 알게 하기 위해 그렇게 하는 것이다. 그런데 우리의 걱정을 잘 알고 있을때 어떤 사람에게 그리스도 안에서 기쁨을 이해하는 것이 거의 불가능하다.
예수님은 아주 신중하게 우리의 고난을 다루셨고 우리도 그렇게 해야 한다. 우리는 우리를 구원하신 그리스도의 관점으로 문제들을 바라보아야 한다. 만약 당신이 큰 고통을 당하고 있다면, 당신은 사람보다 하나님과 그 문제를 의논하라.
오직 그분만이 항상 모든 문제를 해결할 수 있는 능력이 있다.

주님, 당신만이 나의 문제를 해결할 수 있는 능력을 갖고 계십니다. 나로 다른 사람에게 말하지 말고, 기도로 먼저 당신에게 나아가게 하시옵소서.

부를 때를 준비하심

본문읽기 ★ 시 55:1-9
요절 ★ 하나님이여 내 기도에 귀를 기울이시고 내가 간구할 때에 숨지 마소서 (시 55:1)

어린 아이가 뒷뜰에 있는 플라스틱 미끄럼틀의 계단 꼭대기로 올라가서 꼭대기 발판위에 다리 하나를 올려놓았다. 그는 한쪽 다리는 미끄럼틀의 꼭대기에, 다른 한쪽은 계단에 두 다리를 벌리고서 있었다. 그는 곤경에서 빠져나올 정도로 성장하지 않았다. 그는 어떤 다리도 움직일 수 없었다.
"아~~~빠!"
어린 아이는 다음에 할 것이 무엇인지를 잘 알고 있었으나 완전히 어떻게 할 수 없는 상황에서 두려움으로 그는 바닥으로부터 지상 몇 피트 높이에서 궁지에 몰려서 꼼짝도 못하고서, 그는 아빠에게 부르짖었다. 가까이서 지켜보던 아빠는 도와주려고 움직였다.
어떤 아이가 곧바로 가장 가까이에 있는 권위자에게 부르짖지 않겠는가? 어떤 아빠가 그런 상황에서 빠르게 행동하지 않겠는가?
시련에 부딪치거나 나쁜 소식을 갑자기 접하게 될 때, 가장 효과적인 반응은 곧바로 "아버지" 하고 부르는 것이다. 이것은 즉시 그 문제가 우리를 감당할 수 없는 것으로 확대되는 것을 막을 뿐만 아니라, 하나님의 자녀로서 올바른 태도를 상기시켜 준다. 우리 아버지는 우리를 결코 떠나지 않고 버리지 않을 것이라고 말씀하신다. 그런 약속으로 무장하고서 하나님은 그 자신의 거룩한 구속 아래서 우리를 인도하시고 지도하실 것을 우리는 알고 있다.
생활이 어려울 때가 많다. 그러나 우리는 항상 우리 아버지는 가까이서 지켜보고 계시고, 우리가 부를때 도와주실 준비를 하고 계신 분이라는 것을 기억해야 한다.

아버지, 나는 당신이 언제나 나의 곁에 계심을 찬양합니다. 생활이 어려울 때, 당신은 내가 부를때 행동하실 준비가 되어있나이다.

기도는 필수적인 것

본문읽기 ★ **시 55:9-22**
요절 ★ 네 짐을 여호와께 맡기라 그가 너를 붙드시고 의인의 요동함을 영원히 허락하지 아니하시리로다 (시 55:22)

기도는 예수님의 삶에서 우선순위에 있었다. 그분은 계속적으로 아버지와 교제하셨다. 사실 기도는 하나님에 의해 능력있게 사용된 사람들-성령 안에서 행하고 거룩한 삶을 산 사람들의 삶에서 필수적이고, 우선순위에 있었다.

우리가 하나님과 홀로 보내는 시간이 우선순위가 되지 않으면, 우리는 절망, 의심, 환멸 그리고 결국에는 재앙으로 전개되게 된다. 우리가 더이상 그분과의 교제가 없을때, 우리는 세속적인 환경 속에서 영적, 감정적 그리고 육체적 압박을 느끼기 시작할 것이다.

기도는 우리가 견딜 수 없는 짐을 내려놓는 것이다. 그것이 주님이 우리를 가르치기 위해 주신 것이든지, 우리 결정의 결과로서 자기가 져야 할 짐이든지 하나님은 짐을 그분에게 맡기라고 말씀하신다. 우리가 의도하지 않은 무거운 짐을 지는 것은 우리에게 주어지는 영적 책임일뿐만 아니라 육체적이고 감정적으로 우리를 지치게 한다.

사탄은 그렇게 지치고 피곤한 그리스도인은 그가 제일먼저 공격하는 목표이다. 먼저는, 그는 절망으로 공격한다. 우리가 희망을 잃게 되면 두번째 무기-의심을 준비하게 되는 것이다. 의심하는 그리스도인은 쉽게 절망으로 떠밀려 들어가게 된다.

그러므로 고난당할 때 기도가 단지 위로에 불과한 것이 아니라, 당신의 생존에 필수적인 것이다. 기도는 예수님의 생애 동안 그를 인도하셨다. 그것이 당신을 인도하도록 하라.

주님, 나는 많은 것들로 무겁습니다. 내가 이 짐을 질 수 있다고 생각하는 것을 용서하시옵소서. 그것을 지고 어려운 상황을 통과하게 하시옵소서.

기도하지 않는 대가

본문읽기 ★ 시 102:1-17
요절 ★ 하나님을 가까이하라 그리하면 너희를 가까이하시리라 죄인들아 손을 깨끗이 하라 두 마음을 품은 자들아 마음을 성결하게 하라 (약 4:8)

당신은 우리 각자가 기도생활을 포기하게 되면 어떤 대가를 지불해야 한다는 사실을 생각해 본적이 있는가? 물론 이것은 돈의 가치가 아니라 영적 댓가이다.
우리가 기도를 우선순위에 놓지 않고, 하나님과 홀로 있는 시간을 갖지 않을때, 우리는 삶 속에서 불안과 걱정과 같은 생소한 감정을 수반한 공허감을 느끼기 시작할 것이다. 반대로 기도생활이 활발해지면, 이 짐의 무게는 전능하신 하나님의 강한 손에 의해 어깨에서 내려놓게 될 것이다.
이 생각을 하면서, 왜 기도를 멈추는 것일까? 안타까운 것은 우리 중에 많은 사람이 기도하지 않고 불안해하면서도 그런 피곤함과 고난에 매우 익숙해져 있다는 것이다. 그럼에도 불구하고 만약 우리가 이런 형태의 생활을 계속한다면, 그것에 의해 상처를 받고 재앙의 위험에 처하면서도 하나님을 의뢰하지 않고 자신을 의지하는 것이 될 것이다.
이런 고난에서 벗어나는 분명한 해결책은 하나님과의 교제와 교통을 가장 우선순위에 두는 것이다. 어쨌든 우리는 그분의 음성을 듣고 우리의 삶을 향한 뜻을 이해하고 따르기 위해 하늘에 계신 아버지와 교제해야 한다.
만약 당신과 하늘에 계신 아버지 사이가 멀어지고 있다면, 오늘 이것을 그분에게 고백하라. 당신이 기도생활을 신앙생활의 가장 중요한 부분으로 회복하게 된다면, 다시한번 당신을 향한 하나님의 축복과 그분의 가장 좋은 것을 경험할 수 있을 것이다.

아버지, 나는 기도시간을 멀리함으로 당신으로부터 완전히 멀어졌나이다. 용서해 주시옵소서. 나는 홀로 진 짐을 내려놓고 다시한번 당신의 얼굴을 구하나이다.

기도의 수준을 높이라

본문읽기 ★ **엡 1:18-23**

요절 ★ 너희 마음의 눈을 밝히사 그의 부르심의 소망이 무엇이며 성도 안에서 그 기업의 영광의 풍성함이 무엇이며 (엡 1:18)

당신은 왜 기도회에 참여하는 사람들이 적은지에 대해 궁금해한 적이 있었는가? 그것을 생각해 보면, 교회가 성경공부, 콘서트 그리고 야유회를 할 때 많은 사람들이 모인다. 그러나 기도회는 참석하는 수가 바닥을 밑돌고 있다.

아마도 그것은 우리 중에 많은 사람이 모임이 어떻게 진행될 것인지 미리 추측하기 때문이다. "그것은 너무 울적할 것이다." 우리는 스스로 말한다. "나는 아픈 어린이들, 시한부 환자의 가족 그리고 재정적인 어려움을 겪고 있는 성도들을 위해 마음을 찢는 기도를 들을 수 없다."

만약 당신이 이런 마음이 든다면 당신은 혼자가 아니다. 기도의 한 면만을 옹호하는 기도회는 균형을 잃게 되고 곧 소극적이 될 수 있다. 이 문제를 해결하기 위해 우리는 다방면으로 기도를 바라보아야 할 것이다. 에베소서 1장에서, 바울은 놀라운 출발점을 주었다. 그는 우리에게 만물을 통치하시는 분과의 교통이 곧 기도라고 상기시킨다. 에베소서 1장 18절에, 바울은, "나는 너희 마음의 눈이 밝아지기를 위하여 기도하고, 너희가 그의 부르심의 소망이 무엇인지를 알게 되기 위함이다."라고 한다.

비록 하나님께 우리의 문제와 필요를 외치는 것이 중요한 것이기도 하지만 우리는 기도에서 그분에게 감사와 기쁨 그리고 찬양을 표현하는 것을 잊지 말아야 한다. 다음에 그룹 기도회에 참여하게 되면 담대히 외치고 전능하신 하나님께 영광을 돌리라. 당신의 기도가 다른 사람들에게 좋은 조언이 될 것이다.

주님, 교회에서 기도시간에 영향을 끼치고 그것이 간구와 찬양까지 신앙생활 전부에서 건강한 표현이 되도록 도와주시옵소서.

기도의 세 가지 요소

본문읽기 ★ 골 4:2-6
요절 ★ 기도를 항상 힘쓰고 기도에 감사함으로 깨어 있으라 (골 4:2)

요즘 당신의 기도생활을 어떻게 평가할 수 있는가? 당신은 규칙적으로 기도하는가? 당신의 기도는 하나님으로부터 응답을 받고 있는가? 만약 당신이 하나님과의 교제의 시간이 만족스럽지 못하다고 낙심하지 말라. 많은 성도들이 기도 생활을 향상시키기 위해 분투하고 있으나 성경은 개선을 위해서 많은 놀라운 조언들을 하고 있다.

● 우리는 기도에 헌신해야 한다(골 4:2-4). 끊임없이 결과를 볼 것이라는 기대를 가지고 기도해야 한다. 기도에 헌신하는 것은 아버지의 음성을 듣고 그분에게 말씀을 하는데 시간을 보내는 것을 의미한다.
● 우리는 기도에 깨어있어야 한다(엡 6:18-19). 이것은 우리가 기도하는 것을 알고 있어야 한다는 의미이다. 우리가 알고 있어야 하는 것이 무엇인가? 그것은 사탄의 계략이다. 적은 당신을 기도로부터 멀어지게 하기를 원한다. 그는 당신의 생각을 혼란케 하고 당신의 마음을 괴롭히기를 원한다. 만약 이런 것들이 예상되면, 우리는 더욱 하나님과의 교통에 초점을 맞춤으로 그것들을 막을 수 있게 된다.
● 감사하는 마음으로 기도해야 한다(골 3:16-17). 그분이 우리에게 보여주신 선하심이나 미래에 나타내실 선하심에 대해 감사하는 것을 잊지 말아야 한다. 말씀을 듣게 됨과 그분의 신실하심과 그분이 주실 응답에 대해 감사하라.

가능한 한 이 세가지 요소들을 당신의 기도생활에 실천하고, 당신의 노력을 소중히 여기시는 하나님을 믿음으로 기다리라.

주님, 나에게 쉬지말고 기도할 마음과 깨어있는 힘 그리고 당신의 성실하심에 대해 감사하는 마음을 주시옵소서.

기도의 결과

본문읽기 ★ 눅 18:1-5
요절 ★ 예수께서 그들에게 항상 기도하고 낙심하지 말아야 할 것을 비유로 말씀하여 (눅 18:1)

우리는 기도를 더욱 효율적으로 할 수 있는 세가지 요소들을 이야기했다. 기도에 힘쓸 때 기대할 수 있는 결과에 대해 이야기를 해 보자.
기도에 힘쓸때 수반되어야 하는 것은 열 가지이다.
1. 그리스도와의 관계가 깊어진다.
2. 관점의 변화 : 하나님 대 당신 자신
3. 적극적인 믿음의 자세
4. 곤경 가운데서의 평화
5. 도덕적으로 정결케 하는 결과
6. 모든 삶의 영역에서의 영적 성장
7. 하나님께 순종하려는 열정
8. 모든 필요를 채우시는 하나님을 신뢰함
9. 하나님을 섬김에서의 능력
10. 삶의 모든 영역에서 풍성함
당신은 이 목록을 어떻게 생각하는가? 당신은 위에 언급된 결과들 중 어떤 것을 경험하고 있는가? 당신이 한 가지나 열 가지에서 승리를 얻고 있거나, 당신은 기도에 힘씀으로서 하나님께서 당신의 삶에서 놀라운 일을 일으켜 주실 것이라는 확신을 할 수 있다. 그분은 당신이 생각할 수 없는 방법으로 당신을 사용해 주실 것이고 표현할 수 없는 그분과의 관계를 알게 될 것이다. 기도는 매우 단순하다. 진실로 그것은 솔직히 하나님과 대화하는 것이다. 그것은 그분이 선택하시는 것을 당신의 삶에서 그분이 행하시도록 아버지께 시간을 드리는 일이다. 당신은 기도생활의 수준을 끌어올리기 위해 준비하고 있는가? 하나님은 당신을 사랑하시기 때문에 듣고 계신다.

주님, 당신과 함께 하는 시간을 보냄으로 훨씬 더 깊은 성품을 얻을 수 있음을 알게 하시옵소서.

시련당할 때

본문읽기 ★ 시 25:1-7
요절 ★ 여호와여 나의 영혼이 주를 우러러보나이다 (시 25:1)

당신이 구원을 받았든지 못받았든지 확실한 것은 인생에서 문제들을 만나게 된다는 것이다. 타락한 세상에서 살고 있기 때문에, 우리는 문제를 예상할 수 있다. 그러나 하나님의 자녀가 되자마자, 당신을 인도하시는 하늘에 계신 사랑의 아버지의 엄청난 자산을 가지게 된다. 당신이 무슨 문제에 부딪칠지라도 당신을 강하게 하실 것이다.

당신이 미래에 일어날 일들을 알지 못하므로, 아마도 위기를 대비하는 가장 좋은 방법은 당신의 문제를 풀려고 할때 주님을 찾는 것이다. 당신이 하나님을 찾는 것이 익숙할 때, 그 때 문제를 대처하는 첫 반응은, "아버지…" 이다. 인생의 풍랑 속에서 주님을 부르는 것은 하나님의 자녀로서의 지위를 상기시키게 된다.

많은 사람들이 하나님의 마음을 알고자 기도하기도 전에, 어떻게 행동할 것인지를 결정하는 실수를 범한다. 먼저 하늘에 계신 우리 아버지께 나아감으로 잘못된 선택을 하는 것을 막을 수 있다.

우리는 하나님으로부터 말씀이 있을 때까지 사람이 우리의 일을 밀어붙이지 않게 해야 한다. 그리고 하나님께 기도할때 그분은 신실하게 응답하실 것이라는 확신을 할 수 있다.

때때로 그분의 응답은 개인적인 깨달음이나 경건한 가르침을 통해서 올 것이다. 그리고 교회 친구로부터 충고의 형식으로도 올 수 있다 .그러나 거의 하나님은 그의 말씀을 통해 우리에게 자신의 뜻을 나타내신다.

당신은 시련을 당하고 있는가? 그것을 기도로 주님께 내려놓으라. 그러면 그분이 그것을 극복하도록 도우실 것이다.

주님, 당신의 뜻은 내가 당신 앞에서 시간을 보낼때 더 분명하게 되는 신비스러운 일 입니다. 형통할 때 당신의 뜻을 구하고, 괴로울 때 그것을 깨달을 수 있도록 도와주시옵소서.

하나님께 기도했는가?

본문읽기 ★ 시 105:1-5

요절 ★ 여호와께 감사하고 그의 이름을 불러 아뢰며 그가 하는 일을 만민 중에 알게 할지어다 (시 105:1)

문제가 생기면, 자주 스스로 해결책을 생각해내려고 노력한다. 만약 풀을 바르고 테잎을 붙여서 문제를 진정시킬 수 있으면 그렇게 하고자 한다. 어떤 때는 사람에게 부탁해 보지만 사실 우리 자신에게 더 좋아질 것이라는 동정과 지지를 구하고 있는 것이다. 때때로 정말로 필요할때 어떤 사람에게서 "당신이 나를 찾아주어서 고맙다. 그러나 당신은 그것에 대해 하나님께 기도했느냐" 하는 말을 듣게 된다.

문제를 해결하는 것은 위기를 만나기 전에 주님께 구하는 것으로부터 시작해야 한다. 평안할 때, 하나님께 예배드리고, 성경을 읽고 그와 교제함으로부터 오는 기쁨과 만족을 경험할 것이다. 우리 마음이 주님에게 고정될 때, 믿음이 강해지고 시험을 통해 우리를 지탱해 주는 거룩한 습관을 기르게 된다. 매일 아침 하나님을 묵상하고 기도하면서 일어나게 될 것이다. 우리를 향한 그분의 계획을 하루종일 주님께 묻고 그것에 따라 살아갈 것이다. 기도는 우리의 거룩한 습관이 될 것이다.

그때 우리가 언제 어떤 종류의 문제를 만나더라도, 맨처음 '아버지' 를 생각하게 될 것이다. 하나님은 우리의 입술로 그분의 이름을 듣는 것을 좋아하시고, 그분은 그 다음에 드리는 기도에 응답해 주실 것이라고 약속하신다.

당신이 현재 고난 가운데 있는 데도 그분을 끊임없이 구하지 않는다면 어찌할 것인가? 지금 겸손히 이것을 하나님께 고백하라. 그분의 용서하심을 받으라. 그리고나서 기도로 그분에게 모든 상황을 가져가라.

아버지, 당신의 지혜를 먼저 구하지 않고 내 문제를 해결하려고 한 것을 용서하시옵소서. 내가 먼저 당신께 기도하도록 나의 입술에 당신의 이름을 써 주시옵소서.

응답받는 기도의 필수요건

본문읽기 ★ 시 66:1-18
요절 ★ 내가 나의 마음에 죄악을 품었더라면 주께서 듣지 아니하시리라 (시 66:18)

당신의 삶에서 반복적으로 기도하고 있는가? 아마 당신은 관계의 개선, 취업 그리고 병고침을 위해 기도하고 있을지 모른다. 당신이 무엇을 필요로 하든지 성경은 응답받는 기도를 위한 다섯가지 요건들을 제시하고 있다.

1. 우리가 축복을 구할 수 있는 유일한 근거되신 그리스도를 온전히 의지함(요 14:13-14). 기도의 응답을 위해 개인의 공로를 의지할 수 없다. 대신에 오직 예수님만 신뢰하고 의지해야 한다.
2. 알고있는 모든 죄로부터의 분리(시 66:18). 만약 계속 범죄한다면 하나님은 기도에 응답하지 않으신다. 기도응답을 받으려면 죄를 용서받아야 할 것이다.
3. 하나님의 약속의 말씀을 믿음(히 11:6). 하나님의 무조건적인 약속과 조건적인 약속과의 차이를 이해하는 것이 중요하고, 어떤 것은 우리의 순종에 의해 영향을 받는다.
4. 그분의 뜻을 따라 구하라(요일 5:14). 응답받는 기도가 되려면 하나님의 뜻대로 기도해야 한다. 그분의 마음을 알기 위해 그분의 말씀을 듣고 기도해야 한다.
5. 끊임없는 기도(눅 18:1-8). 하나님은 기도가 응답되거나, "내가 더 좋은 것을 가지고 있다"고 말씀하실때까지 계속해서 기도하기를 원하신다. 하나님은 기도에 기꺼이 응답하시기를 원하시고, 그분은 우리가 보좌 앞에 담대히 나오기를 요구하신다.

주님, 나의 마음에서 죄악들을 씻어주시옵소서. 내가 기도로 당신의 뜻에 순종하고 온전히 당신의 은혜를 의존하게 하기 위함입니다.

기도의 중요성(기도해야 할 문제)

본문읽기 ★ 사 58:11-12

요절 ★ 그의 신기한 능력으로 생명과 경건에 속한 모든 것을 우리에게 주셨으니 이는 자기의 영광과 덕으로써 우리를 부르신 이를 앎으로 말미암음이라 (벧후 1:3)

요즘 영적 생활을 평가해 보았는가? 만약 하나님께서 당신의 관점을 완전히 평가했다면, 당신은 알고 놀라게 될 것이다. 많은 그리스도인이 예수님을 영접한 후 여전히 죄의 유혹에 빠져들고 있다. 그들은 그리스도가 행하신 방식으로 살 수 없다고 생각한다.

이런 잘못된 생각을 하게 되는 몇가지 이유가 있다.

- 그들은 아마도 하나님께서 진정한 기독교 신앙을 실천하도록 주신 하나님의 말씀과 능력을 모르고 있는 것이다.
- 그들은 자신의 행동을 받아들일 수 있다고 생각한다. 왜냐하면 똑같은 식으로 살고 있는 다른 그리스도인들을 보기 때문이다. 그들은 그리스도를 보지 않고 그들의 친구를 보고 있는 것이다.
- 온전히 주님께 복종하지 않는 사람들은 결코 죄를 이기는 성령의 능력을 알지 못할 것이다.

만약 여기 위 문제들과 싸우고 있다면, 당신은 그리스도 안에 있는 새로운 피조물임을 기억하라. 당신은 하나님의 거룩한 본성으로부터 능력을 받을 수 있고 그것은 당신 안에서 역사한다(벧후 1:3). 그것이 기도의 능력이다.

오늘 기도할때, 세상을 사랑하는 마음을 버리고 하나님과 그의 말씀으로 채워달라고 구하라. 당신이 지혜롭게 분별할 수 있도록 성령충만을 위해 기도하라. "당신은.. 결코 물이 끊어지지 아니하는 샘 같을 것이다."

아버지, 세상을 사랑하는 마음을 없애 주시고, 당신과 당신의 말씀을 사랑하는 마음으로 바꾸어 주시옵소서. 내가 지혜롭게 분별할 수 있도록 성령을 충만히 주시옵소서.

하나님과 대화하는 법

본문읽기 ★ 시 116:1-19
요절 ★ 여호와께서 내 음성과 내 간구를 들으시므로 내가 그를 사랑하는도다 (시 116:1)

어떤 사람은 하나님께 '사소한 것들'을 구하는 것에 대해 겁을 낸다. 그분은 너무 크시고 바쁘시기 때문에 그들의 생활의 사소한 것을 간섭하지 않으실 것이라고 생각한다.

케서린 마샬(Catherine Marshall)은 《기도에의 모험》이란 책에서 이렇게 설명한다.

이상하게도 류마티즘의 고통을 제거해 주시든지 잃어버린 콘텍트 렌즈를 찾게 해달라고 구하는 것을 겁내는 우리가 종종 세계 평화나 영혼의 구원 그리고 이 시대를 변화시키는 부흥을 위해 기도하기를 망설이지 않는다. 만약 하나님의 능력이 매일 드리는 기도를 이루어주실 수 없다면, 크고 포괄적인 간구를 해결하실 능력은 더욱 부족할 것이기에, 그것들은 결코 우리에게 일어나지 않는다.

믿음의 긴장을 느슨하게 하지 않게하기 위해, "나는 어떤 일이 일어나기를 바라고 있는가?" 하고 스스로 묻는 것은 도움이 된다. 이것은 기도 생활에서 구경만 하는 것을 막아줄 것이다. 항상 구경만 다니는 것은 즐거울 수는 있으나, 결국 거기서 끝나고 말 것이다.

그러므로 우리는 어떤 작은 필요에도 그분의 도움을 구하도록 해야 한다. 기도는 대기실로 올라가는 것과 같다. 천천히 앞으로 나아가면서, 우리는 작은 방(대기실)은 왕의 넓은 영접실로 들어가는 길이라는 것을 알게 된다.

놀랍게도 왕은 친히 자신에게만 있는 중요한 선물을 가지고, 우리를 만나러 오고 계신 것이다.

주님, 나의 생활의 사소한 것까지도 주심을 감사하나이다. 내가 당신에게 큰 것을 가져올 용기를 갖게 된 것은 바로 사소한 것들 가운데서 당신을 발견하였기 때문입니다.

기도가 하나님을 영화롭게 하고 있는가?

본문읽기 ★ 살전 5:16-22
요절 ★ 쉬지 말고 기도하라 (살전 5:17)

성도에게 있어서 가장 중요한 두가지 영적 훈련은 성경공부와 기도이다. 이 두가지를 실천하지 않고서는 그리스도 안에서 계속 성장하는 것은 불가능하다. 기도는 우리가 하나님과 대화하는 중요한 수단일 뿐만 아니라 그분이 우리를 성장하게 하는 방법이기도 하다. 주님께 간구하고 그분이 응답해 주실 것을 신뢰하는 것은 바로 기도를 통해서 가능하다. 이런 식으로 그의 응답을 기다리는 것을 배우게 되는 것처럼 그의 말씀을 듣는 것도 배우게 된다. 그리고 그분은 기도라는 영적 예배의 행위를 통해 그분에게 합당한 영광을 돌리는 우리를 사랑하신다.
확실히 기도는 하나님께 영광을 돌릴 수 있는 가장 좋은 방식 중의 하나이다. 우리가 하늘에 계신 아버지께 기도할때 그분은 하나님이시요, 그분은 영원히 살아계신 참으로 높고 높으신 분이고 그분의 이름이 거룩하시다는 것을 인정하는 것이다. 하나님만이 홀로 영광을 받으실 분이고 우리는 끊임없이 기도하면서 즉 온종일 하나님을 향한 삶을 유지하고 생활의 모든 세밀한 부분까지 다스려 주시기를 기도하면서(살전 5:17) 그분에게 영광을 돌리게 된다.
하늘에 계신 아버지는 높은 곳과 거룩한 곳에 계시고 또 마음으로 회개하고 겸손한 사람들과도 함께 계신다. 이것은 마음의 동기와 상태가 기도에서 매우 중요하다는 것을 의미한다. 단순히 "…하고 싶은 대로"하는 것은 하나님을 영화롭게 하는 기도의 정신이 아니다. 게다가 하나님이 응답하시는 기도가 되지 않는다. 주님과 우리가 친밀한 관계를 갈망하고 교통하는 것은 그분에게 가까이 가는 가장 좋은 길이다.

주님, 나의 마음의 동기와 상태를 살피게 하시옵소서. 나는 당신에게 합당한 영광을 돌리기를 원하나이다. 나의 마음을 겸손하게 만들어 주시옵소서.

구하라 찾으라 두드리라

본문읽기 ★ 딤후 2:11-13
요절 ★ 우리는 미쁨이 없을지라도 주는 항상 미쁘시니 자기를 부인하실 수 없으시리라 (딤후 2:13)

구하는 자는 응답을 받는다. 찾는 자는 찾게 된다. 문을 두드리는 자는 그들에게 열린 문을 찾게 된다. 그것은 하나님의 글자 수수께끼로서, A · S · K이다. 구하라(Ask), 찾으라(Seek), 두드리라(Knock).
주님은 우리가 기도하기를 원하시는데 그것은 하나님께 영광이 될 뿐만 아니라 그분 안에서 성장하는데 도움을 주기 때문이다. 더우기 기도는 세상에서 그분의 사역으로 우리를 끌어들이는 것이다.
이런 이유로 기도는 하나님의 사역과 관련을 맺게 되는 가장 좋은 방법 중의 하나이다. 그분의 자녀들을 도와주시고 그의 피조물에게 강한 영향을 주시기를 주님께 기도함으로 하나님의 왕국의 확장에 참여할 수 있다는 것처럼 놀라운 특권이 어디 있겠는가!
주님이 기도하라고 명령하시는 다른 이유는 그분을 믿는 믿음을 자라게 하는 것이기 때문이다. 죄인들까지도 자기 자녀들에게는 선물을 준다. 더우기 거룩하신 하나님께서 그에게 구하는 자들에게 좋은 선물을 주시는 것을 얼마나 기뻐하시겠는가?(마 7:11). 그분은 그의 말씀을 배우고, 그의 임재를 경험하고 그의 생각이 우리의 생각이 되기 위해 그에게 더욱 가까이 한 것처럼 우리의 믿음대로 도우시는 것을 즐거워하신다. 그분도 기도에 응답하시고 우리의 삶과 증거에 더욱 담대하게 되는 것을 보기를 기뻐하신다.
하나님은 주는 항상 미쁘시니 자기를 부인할 수 없다고(딤후 2:13) 말씀하신다. 매일 그분에게 말씀할 시간을 구별해 놓도록 하라. 그리하면 직접 이 진리를 배우게 될 것이다.

아버지, 나로 구하고, 찾고, 두드리는 것을 가르쳐 주시옵소서. 내가 응답을 받을 때까지 기도하면서 견디게 하시옵소서.

응답받는 기도

본문읽기 ★ **요 16:12-17**

요절 ★ 지금까지는 너희가 내 이름으로 아무 것도 구하지 아니하였으나 구하라 그리하면 받으리니 너희 기쁨이 충만하리라 (요 16:24)

우리는 하나님께서 예수님의 이름으로 드리는 기도를 응답하신다고 확신할 수 있다. 왜냐하면 다음과 같은 이유때문이다.

● 연합 : 구원받은 후 우리는 예수님을 통해 하나님과 새로운 관계를 맺게 된다. 그리스도와의 연합은 하나님 아버지와 친밀하게 만든다.

● 접촉 : 우리는 담대하고 확신있게 하나님의 은혜의 보좌로 나아갈 수 있다. 그 이유는 예수님의 죽으심과 부활이 우리의 죄를 도말하셨고 하나님 아버지께 나아가는 데 방해되는 것들을 깨끗히 제거하셨기 때문이다.

● 권위 : 예수님의 흘리신 보혈로 인해 성도는 하나님의 거룩한 아들과 함께 상속자가 된 것이다(롬 8:17). 그 자격으로 우리는 그분의 권위를 대리하게 되었고 그리스도의 이름으로 기도할 권세를 받은 것이다.

● 동의 : 그리스도의 이름으로 기도하기 위해서, 우리는 그분의 권세를 받아야 할 뿐만 아니라 그분과 일치되어야 한다. 만약 우리가 하나님의 뜻에 어긋난 무엇을 구한다면, 그것은 받을 수 없을 것이다. 우리의 간구는 하나님의 성품과 그의 말씀의 내용과 일치되어야 한다. 본질적으로 우리가 예수님의 이름으로 구할때 예수님 자신이 우리의 입장에 있다면 그와 같은 기도를 했을 것이라는 믿음으로 말하는 것이다.

● 확신 : '예수님의 이름으로' 구하는 것은 확신을 갖고 기도한다는 것을 의미한다. 예수님은 그분이 우리의 구하는 것-우리가 그와 연합하는한-을 주신다고 말씀하셨을때, 그것을 의미하셨던 것이다.

주님, 기도에 응답해 주심을 감사합니다. 나는 이 말씀을 실천하기 위해 접촉, 권위, 일치 그리고 확신을 요구합니다.

기도의 내용

본문읽기 ★ 골 1:9-13

요절 ★ 이로써 우리도 듣던 날부터 너희를 위하여 기도하기를 그치지 아니하고 구하노니 너희로 하여금 모든 신령한 지혜와 총명에 하나님의 뜻을 아는 것으로 채우게 하시고 (골 1:9)

골로새서의 오늘 본문말씀을 읽으면서, 스스로 구하라. 바울의 기도생활 가운데 어떤 구체적인 것이 하나님의 말씀 속에 포함될만한 가치가 있는가? 당신이 공부함으로써 바울이 그의 기도생활을 활발하고 새롭게 했던 다섯가지 요소를 생각하기를 원한다.

1. 바울은 구체적으로 간구했다. "하나님,세상 사람들에게 복을 주시옵소서" 같은 구절을 사용하는 대신에, 바울은 실제적이고 측정할 수 있는 것들 곧 특정한 사람들에게 인내, 능력 곧 지혜와 같은 것을 기도했다.
2. 바울은 "하나님에게 맞는 것" 곧 큰 것을 구했다. 세상을 창조하신 하나님에게 불가능한 것은 하나도 없다.
3. 그의 기도는 항상 그리스도 중심적이었다. 결코 이기적인 것이 아니었다. 바울은 순종과 겸손을 보이면서 종의 마음으로 하나님께 구했다.
4. 그의 기도는 하나님의 나라와 관련이 있었다. 바울에게 기도의 궁극적인 목표는 언제나 하나님의 나라가 확장되는 데 중심이 맞추어져 있었다.
5. 바울의 기도들은 하나님께 영광을 돌리는 것이었다. 바울은 하나님의 신실하심을 알고 감사하는 것을 잊지 않았다.

당신의 기도생활은 어떻게 이 목록의 특성들과 비교가 되는가? 당신에게 능력과 향상을 필요로 하는 영역이 있는가? 만약 당신이 확신이 되지 않는다면, 오늘 구체적으로 통찰력과 인도하심을 위해 하나님께 구하는 시간을 가지라.

주님, 나는 나의 마음 속에 있는 구체적인 필요를 당신에게 구할 용기가 필요합니다. 구체적인 것을 나눔으로, 내 것이 아니라 당신의 뜻을 구하게 하시옵소서.

생활을 바꾸는 기도

본문읽기 ★ **고전 3:10-15**

요절 ★ 각 사람의 공적이 나타날 터인데 그 날이 공적을 밝히리니 이는 불로 나타내고 그 불이 각 사람의 공적이 어떠한 것을 시험할 것임이라 (고전 3:13)

사도 바울이 교회를 위해 드린 기도는 어떤 성도라도 다른 사람을 위해 추구해야 할 영향력있는 본보기이다. 이 생활을 변화시키는 기도는 당신에게 뿐만아니라 당신이 아버지께 인도한 사람들에게 영향을 줄 것이다.

● 그들에게 하나님의 뜻을 아는 것으로 충만하게 기도함. 하나님의 뜻을 아는 중요한 과정 중의 하나는 모든 생각할 수 있는 상황 가운데서 인도하심을 주시는 그분의 말씀을 아는 것이다. 당신은 모든 결정을 내리는데 있어서 그의 온전하고 정확한 뜻을 분명하게 해 주시기를 하나님께 구해야 한다. 그분은 우리의 머리털까지도 세시는 분이시므로 확실히 우리의 모든 결정을 포함하여 생활의 구체적인 것에도 관심을 가지고 계신다.

● 주님에게 합당한 자세로 살아가도록 기도함. 고린도전서 3장10-15절에서, 그리스도께서 성도의 생활의 가치를 일시적인 것에 두었는지 영원한 것에 두었는지를 결정할 때, 신자에게 임할 심판에 대해 구체적으로 설명한다. 당신이 주님께 다른 사람이 그분에게 합당하게 살도록 도와 주시기를 구한다면, 당신은 주님께 그 사람이 영원을 생각하는 삶을 살게 해 주시기를 구하는 것이다. 정련된 금, 은 그리고 귀한 보석-우리가 성령 안에서 무엇을 하든지-은 나무, 풀 그리고 집에서 나온 재보다도 훨씬 값어치가 있다.

● 모든 선한 일에 열매를 맺기를 위해 기도함. 그리스도가 당신의 삶의 중심일때, 당신의 성품, 행동 그리고 대화는 그의 나라의 열매를 맺어야 한다. 성령의 도우심을 하나님께 구하는 것은 주님을 위해 살고 그의 말씀에 순종하고자하는 신실한 열망의 표시인 것이다.

주님, 나는 당신의 뜻을 아는 것으로 충만하기를 원합니다. 나는 당신에게 합당한 자세로 행하기를 원합니다. 나는 모든선한 일에 열매를 맺기를 원합니다.

이것들을 구하라

본문읽기 ★ 시 5:1-12
요절 ★ 여호와여 나의 말에 귀를 기울이사 나의 심정을 헤아려 주소서 (시 5:1)

우리가 기도에 대해 계속 배우면서 우리의 중보기도를 구체화해야 할 세가지 중요한 요소들이 있다. 우리와 다른 성도들이 함께 구해야 할 것이다.

● 하나님의 지식이 증가하기를 기도함. 예수님에 관하여 더욱 알아가고 그분에게 더욱 가까이 감으로, 하나님의 더 큰 꿈을 발견하게 될 것이고 결과적으로 그분을 사랑하게 될 것이다. 이 구절은 본질적으로 그분의 말씀에 순종하도록 도와 달라는 기도이다. 왜냐하면 그분을 사랑하는 사람은 그의 계명을 지키기 때문이다(요 14:15).

● 하나님의 능력으로 강해지고 보존해 주시기를 기도함. 교회는 우리의 힘으로 무엇인가를 하려고 할 때 약해지게 된다. 우리의 가장 성공적인 노력은 힘으로도 되지 않고, 능력으로도 되지 않고, 오직 하나님의 성령으로 되는 것이다(슥 4:6). 만약 어떤 상황에서도 승리하는 삶을 살기를 원하다면, 그분의 평화와 임재가 요구되는 것이다.

● 그분의 구원에 감사하기를 기도함. 우리는 오직 그분이 우리에게 자격을 주셨기 때문에 하나님의 성도가 되었다. 그분이 우리를 선택하셨다. 하나님이 그의 아들을 우리를 위해 보내셨고 죽게 하셨다. 그분이 우리에게 믿음의 선물을 주셨다. 그분이 우리를 용서해 주셨고 우리를 구속해 주셨다. 그분이 우리와 화해하셨고 우리에게 의롭다함을 주셨다. 그분이 우리를 정결하게 하고 계신 것이다. 그리고 그분은 우리를 영화롭게 해 주실 것이다. 우리의 일은 감사함으로 그분에게 순종하고 매일 삶 속에서 그분을 위해 살아가는 것이다.

주님, 나는 지식이 증가하고 당신의 능력으로 강해지고 유지되기를 기도합니다. 나를 구원해 주신 당신께 감사합니다.

기도로 준비함

본문읽기 ★ 시 31:1-5
요절 ★ 여호와여 내가 주께 피하오니 나를 영원히 부끄럽게 하지 마시고 주의 공의로 나를 건지소서 (시 31:1)

당신은 준비라는 단어를 듣게 되면 마음에 무엇이 떠오르는가? 당신은 생명보험, 시험공부 그렇지 않으면, 아마 여행을 떠나기 전에 필요한 준비물을 챙기는 것이 생각나는가? 물론 이 모든 것은 준비하는 것이다.
우리가 사전에 준비할 때, 우리는 모든 가능한 결과를 생각하고, 시간이 되면 우리가 필요한 것을 갖게 될 것이라고 확신하게 된다. 우리는 어떤 가능한 문제들을 조사하고 '만일에 대비하여' 해결점에 도달하게 된다. 어쨌든 누구도 예기치 않는 상황에 부딪치기를 원하지 않는다.
그럼에도 불구하고 우리는 예상하고 영적 생활을 하는가 그렇지 않으면 우리는 준비없이 하는가? 너무나 자주 우리는 알지 못하는 지역으로 향하기 전에 '준비하는 것'을 소홀히 한다. 만약 간단한 캠핑 여행을 위해서도 준비해야 한다면, 바로 삶을 위해 준비한다는 것은 얼마나 더 중요한 일인지!
주님과 함께 함으로 준비를 하게 된다. 많은 사람이 스트레스를 받을때 하나님의 이름을 부른다. 그런데 당신이 위기를 준비하기를 원한다면, 당신은 전혀 문제가 없을때에도 주님께 기도해야 한다. 이렇게 귀중한 기도와 묵상 시간에, 우리는 하늘에 계신 아버지와 친밀한 관계에 초점을 맞추고, 말씀 가운데 조용히 살아갈 기회를 갖게 되는 것이다. 곤경에 처할 때, 이것은 우리 능력으로 허리띠를 매고 그 확실한 발판을 주실 말씀 가운데서 든든한 기초를 쌓는 기회들이 되는 것이다.

주님, 내가 시간을 떼어놓고 주님과 함께 하는 시간을 갖도록 도와 주시옵소서. 나는 인생과 영생을 준비하기를 원합니다.

06

믿음에 이르는 길

믿음으로 아브라함은 부르심을 받았을 때에
순종하여 장래의 유업으로 받을 땅에 나아갈새
갈 바를 알지 못하고 나아갔으며(히 11:8)

믿음의 길

본문읽기 ★ 창 12:1-9
요절 ★ 여호와께서 아브람에게 이르시되 너는 너의 고향과 친척과 아버지의 집을 떠나 내가 네게 보여 줄 땅으로 가라 (창 12:1)

아브람이 곧 그의 고향을 떠나라는 주님의 명령에 순종한 것에 대한 목록을 만들기 시작한다면, 누구도 그를 비난하지 못할 것이다. 75년 동안 하란에 거주한 후, 아브람은 돌보아야 할 다양한 것들과 풀어야 할 매듭이 있었을 것이다.
아브람과 사래는 모두 그 일로 현기증이 났다. 모든 임무가 그들을 짓눌렀지만 그들은 그들의 일행을 돌볼 책임을 가지고 있었다.
큰 임무와 시련은 언제나 산더미 같은 일들을 수반하게 된다. 사실상,때때로 성도에게 있어서 가장 지독한 절망은 대개 가장 작은 문제이기도 하다. 그런데 하나님은 우리의 삶의 모든 것을 돌보신다. 토레이(R. A. Torrey)는 "만약 우리 걱정들이 고통을 주고 우리 행복에 위험을 줄정도로 크다면, 그것들은 하나님의 사랑의 마음에 접촉할만큼 거대한 것이다."고 조언하고 있다.
당신의 일이 너무 작은 것이기 때문에 하나님 앞에 가지고 올 수 없다고 믿을지도 모른다. 그러나 믿음의 길은 인생의 모든 면과 특정한 부분까지를 하나님께 맡기는 것이다. 하나님께서 가장 사소한 문제조차도 돌보신다는 확신을 가지라. 그렇다면 당신을 향한 하나님의 위대한 사랑이 얼마나 풍성한지를 알게 될 것이다.

주님, 나의 작고 세부적인 것들도 돌보아 주시니 감사합니다. 나는 하찮은 일들을 잊었지만, 당신은 그 모든 것을 마음 속에 품고 계십니다.

믿음으로 행하라

본문읽기 ★ 시 27:11-14
요절 ★ 너는 여호와를 기다릴지어다 강하고 담대하며 여호와를 기다릴지어다 (시 27:14)

우리의 삶 속에서 하나님이 역사하시는 것을 보는 기쁨 때문에, 종종 그분이 큰 계획을 알고 계시고, 우리에게 가장 좋은 것이 무엇인지를 알고 계시다는 것을 잊어버리곤 한다. 하나님의 거룩한 지식외에 우리가 인도하심을 바라고 그분을 기다릴때, 우리의 열정이 우리를 미지의 세계로 몰고 갈 수 있다.

그런데 믿음으로 행하는 것을 배운다는 것은 하나님의 지시를 기다리는 동안 우리를 견고하게 하신다. 일을 지나치게 강조하는 정신은 우리를 전진하도록 자극할 수 있다. 성도의 삶에 있어서 가장 중요한 인격의 성장과 하나님과의 관계에 있어서 필요한 것을 준비하는 것은 마음 속에 고요함이 있을때 일어난다.

다윗은 하나님을 기다리는 것은 그의 삶에 있어서 필수적이라는 강한 믿음을 가지고 있었다. 사실 한절에서 두번씩 그는 기다리라고 요구하고 있다. "당신은 여호와를 기다리라. 강하고 마음을 담대히 하라. 그렇다. 여호와를 기다리라" (시 27:14)

우리의 길에서 다음 장애물을 제거할 것을 걱정하는 동안, 하나님은 그 장애물을 극복하기 위하여 성장하는 시간-그분을 신뢰하는 것을 배우는 시간-이 필요한 것을 알고 계신다. 우리의 능력이 오직 하나님으로부터 온다는 것을 알게 되면, 우리는 참고 기다릴 것이다. 왜냐하면 그분에 대한 깊은 믿음은 그분만이 우리가 믿음으로 승리하는 삶을 살게 하실 것이라고 신뢰하는 것이고 이해하는 것이기 때문이다.

주님, 고요하고 조용한 곳에 계심을 감사합니다. 내가 인내를 가지고 당신의 음성을 기다리고 들을 수 있도록 나의 성급한 마음을 잠잠케 해 주시옵소서.

믿음의 가장 중요한 요소

본문읽기 ★ **삼상 3:1-10**

요절 ★ 여호와께서 임하여 서서 전과 같이 사무엘아 사무엘아 부르시는지라 사무엘이 이르되 말씀하옵소서 주의 종이 듣겠나이다 하니 (삼상 3:10)

우리의 삶을 향한 하나님의 뜻 안에서 홀로 걸으면서, 믿음으로 행하고자 하는 마음은 그분이 말씀하신 것을 듣고자하는 마음과 함께 시작된다. 하나님이 우리를 인도하시는 곳이나 그분이 우리 마음의 변화를 원하신다는 것을 생각지 못할 때, 듣는 것은 큰 믿음을 위해 가장 중요하고 결정적인 요소이다.

사무엘이 처음 하나님이 말씀하신 것을 들은 것은 어린 아이였을때이다. 하나님의 첫번째 음성은 그가 분별하기 어려웠다. 그럼에도 불구하고 엘리의 온유한 인도하심으로 사무엘의 믿음은 꽃을 피우기 시작했다. 하나님의 음성을 듣는 것은 사무엘의 삶의 한 방식이 되었다.

우리가 주님과의 관계가 깊어지게 되면, 우리는 다음과 같은 것을 통하여 하나님의 음성과 관계해서 듣는 것을 향상시킬 수 있다.

● 하나님의 말씀을 묵상하라. 만약 이미 하나님의 말씀을 알고 있다면 그분의 음성을 분명히 분별하는 것은 더 쉬울 것이다.

● 하나님의 음성을 듣는 시간을 정하라. 기도는 하나님의 마음을 듣는데 더욱 효과적이 된다.

● 하나님이 말씀하시기를 기대하라. 만약 오늘 하나님이 우리와 교제하기를 원하신다는 것을 믿지 않는다면, 우리는 듣고 싶은 마음도 없게 될 것이다. 그런데 우리가 그 진리-그분이 우리에게 말씀하시길 원하신다 -를 믿으면 그의 음성을 크게 그리고 분명하게 듣게 된다.

주님, 당신의 음성을 분별할 수 있는 마음을 열어주시옵소서. 당신의 음성을 들을 수 있는 훈련과 당신이 나에게 말씀하시고 싶으시다는 것을 믿는 믿음을 주시옵소서.

믿음의 정의

본문읽기 ★ **고후 5:1-8**
요절 ★ 이는 우리가 믿음으로 행하고 보는 것으로 행하지 아니함이로라 (고후 5:7)

오늘날 믿음에 대해 쓴 글이 아주 많다. 하나님을 신뢰하는 것에 관해 생각하고 말하며, 비록 우리는 늘 넘어지지만 믿음으로 행하려고 노력한다. 매번 우리는 넘어졌다가 다시 일어나려고 애쓴다. 하나님은 우리가 믿음으로 사는 것을 배우기를 원하지 않는 태도로 살기를 원하지 않으신다(고후 5:7). 이것은 우리가 스스로 할 수 없는 것을 그분은 하실 수 있다는 생각으로 사는 것을 의미한다. 얼마나 영광스러운 말씀인가! 그것은 의심, 걱정과 불신으로부터 자유를 경험할 수 있다는 놀라운 초대장이기도 하다.
우리가 하나님을 온전히 신뢰하기 전에, 의존할 수 밖에 없음을 알아야 한다. 우리가 단순히 그것을 할 수 없고, 우리에게 필요한 모든 것과 모든 해답이 바로 여기에 있다. 만약 우리가 할 수 있었다면, 하나님도 필요없었을 것이다. 우리는 전체를 다스렸을 것이고 그것에 대한 자부심이 컸을 것이다. 하나님이 많은 문제를 해결할 수 있는 능력을 우리에게 주신다면, 우리가 가진 큰 소망은 그분을 의지해서 살아가는 것이다. 하나님을 의지하는 것은 약함의 증거가 아니라 무한한 능력과 확신의 증거이다. 오직 하나님만이 해결할 수 있는 삶의 문제, 오직 그만이 실행할 수 있는 일 그리고 그분이 주신 지혜를 통해서 발견될 수 있는 해결책들이 있다.
믿음의 근거는 이것이다. 당신 자신을 신뢰하는 것보다 하나님을 신뢰하라. 당신이 이렇게 할 때, 삶의 모든 영역에서 지혜와 소망을 얻게 된다.

사랑하는 주님, 나로 당신을 더욱 신뢰하게 도와주시옵소서. 나에게 당신은 약속을 확실하게 지키신다는 확신을 주시옵소서.

믿음의 사람

본문읽기 ★ 고전 2:1-5
요절 ★ 너희 믿음이 사람의 지혜에 있지 아니하고 다만 하나님의 능력에 있게 하려 하였노라 (고전 2:5)

오늘 믿음으로 행하는 사람의 특성들을 살펴보도록 하자. 믿음의 사람의 삶은 무엇과 같이 보일까? 하나님의 말씀은 이런 사람을 일반적으로 다음과 같다고 한다.

- 그들은 견고히 하나님에게 뿌리박혀 있다. 믿음으로 행하는 사람은 하나님을 알고 신뢰한다.
- 그들은 하나님 안에서 세워져 있다. 이 사람은 매일 생활에서 하나님의 능력과 영감을 받을 것이다.
- 그들은 믿음 위에 세워져 있다. 그가 믿는 것 곧 하나님의 말씀에 근거한 것은 안정과 안전을 줄 것이다.
- 그들은 가르침에 열려 있다. 믿음으로 행하는 사람은 기꺼이 가르침을 받고 거짓 교훈이나 잘못된 사상을 기꺼이 제거한다.
- 그들은 감사가 넘치게 된다. 믿음으로 행하는 자는 변함없이 하나님이 행하시고 계속 행하실 것에 대해 감사와 찬양의 자세를 보여준다.

당신의 삶은 이런 목록과 어떻게 비교할 수 있는가? 당신은 각 항목을 읽을 때 성령께서 당신의 마음에 들어오셔서 양심의 찔림을 주셨는가?
비록 믿음으로 행하는 과정이 계속적인 과정이라할지라도, 우리는 각 단계에서 더욱 강하게 되기를 구해야 한다. 만약 당신이 오늘 양심의 가책을 느꼈다면, 하나님이 건설적인 방식으로 그것을 사용하시도록 하라. 당신이 그분 앞에서 스스로 낮추게 될때, 하나님은 그분을 섬기는데 갖추어야 할 지혜를 주실 것이다.

주님, 나는 당신에게 뿌리박고 세워져서 믿음으로 행하기를 원합니다. 당신의 인도하심에 감사합니다. 나를 가르쳐 주시고 인도해 주시옵소서.

믿음 대(對) 이성

본문읽기 ★ 고전 2:12

요절 ★ 우리가 세상의 영을 받지 아니하고 오직 하나님으로부터 온 영을 받았으니 이는 우리로 하여금 하나님께서 우리에게 은혜로 주신 것들을 알게 하려 하심이라 (고전 2:12)

하나님의 지혜는 구원의 방식을 쉽고 단순하게 하는 것이었다. 그의 말씀 그대로, 그분은 지혜로운 자를 어리둥절하게 하셨다. 많은 '지식인들' 은 십자가를 어리석은 것이라고 여겼으나, 그들은 잠시 하나님의 지혜를 고려해 보아야만 한다. 만약 당신이 하나님이었고, 그들의 죄 때문에 당신이 창조한 사람들로부터 분리되었다면, 그들을 영원한 용서와 교제로 회복할 수 있는 가장 쉬운 방법이 무엇이었겠는가?

가장 간단한 방법은 하나님께서 속죄제물로 드려지기 위해 죄없는 인간의 모습으로 그의 아들을 보내는 것이었다. 최상의 계획은 인간의 구원을 위해 요구되는 것이 있었다. 바로 한 단어이다. 믿음이다.

그것은 너무 단순하기 때문에 심지어 5살난 아이조차도 이해할 수 있을 정도의 구원 계획은 헤아릴 수 없는 지혜가 아닌가? 그러나 참된 하나님은 세상의 지혜를 어리석게 만든다. 그분은 그를 믿는 자에게 값없이 선물로서 그분의 아들을 주신 것이다.

"우리가 세상의 영을 받지 아니하고 오직 하나님으로부터 온 영을 받았으니 이는 우리로 하여금 하나님께서 우리에게 은혜로 주신 것들을 알게 하려 하심이라"(고전 2:12).

주님, 복음의 메시지가 인간의 마음에는 너무 분명하고 너무 당황스럽습니다. 나는 단순함으로 그것을 받아들이고 내가 믿음이 자랄 수 있도록 당신의 지혜를 구하나이다.

믿음의 기초

본문읽기 ★ 히 11:1-6
요절 ★ 믿음이 없이는 하나님을 기쁘시게 하지 못하나니 하나님께 나아가는 자는 반드시 그가 계신 것과 또한 그가 자기를 찾는 자들에게 상 주시는 이심을 믿어야 할지니라 (히 11:6)

믿음의 의미를 발견할 때까지, 우리는 믿음의 생활을 시작할 수 없다. 하나님에 대한 믿음은 그분의 존재를 믿는 것 이상이고, 그것은 그분이 모든 약속을 성취하시고 우리를 구원하실 것이라는 확신을 갖는 것이다.

우리가 하나님에 대한 믿음인지 아니면 단지 그의 말씀이 진실이기를 바라고 있는지를 알아야 한다. 우리의 믿음이 검증을 받게 되면, 우리의 진정한 영적 상태가 드러나게 된다.

우리 앞에 자신의 힘으로 행할 수 있는 어떤 상황이 놓여져 있는데, 우리의 노력으로 성과를 내든지, 하나님의 능력을 믿고, 그 문제에서 손을 떼고 하나님이 그 현장에 개입하시게 할 수 있다.

믿음으로 행하기 시작하면 넘어지고 쓰러지는 순간도 있을 것이다. 그렇지만 넘어지고 일어나는 것은 믿음으로 행하는 법을 배우는 과정이다. 일어나서 먼지를 떨어버리자마자, 더 큰 지혜, 더 큰 능력 그리고 더 큰 믿음으로 다음 단계를 올라가게 된다.

믿음으로 행하는 것은 우리의 삶의 방식이다. 하나님이 우리를 더욱 그의 형상대로 만들고 구체화하실때, 그분은 우리가 믿음의 삶 곧 우리가 필요한 모든 것을 그분을 의지하여 살아가기를 원하신다. 바울은 고린도 교회에 보낸 편지에서 이렇게 썼다.

"이는 우리가 믿음으로 행하고 보는 것으로 하지 아니함이로라… 그러므로 우리도 집에 있든지 떠나 있든지 주를 기쁘시게 할 야망을 가지고 있다"(고후 5:7,9).

주님, 나를 당신이 진실하다고 단지 믿는 것을 넘어 삶의 모든 부분에서 당신의 지혜를 의지하도록 나를 인도하시옵소서.

검증된 믿음

본문읽기 ★ 약 1:2-8
요절 ★ 오직 믿음으로 구하고 조금도 의심하지 말라 의심하는 자는 마치 바람에 밀려 요동하는 바다 물결 같으니 (약 1:6)

고난 가운데서 하나님을 믿지 않는 것은 우리가 하나님을 믿는 믿음의 기초를 약화시키는 것이다. 그런데 검증되고 입증된 믿음은 하나님의 나라에서 무한한 열매를 생산하게 된다.

하나님의 소원은 우리로 그분의 아름다움, 사랑 그리고 은혜를 죽은 세상에 나타내기 위해 우리를 그의 형상대로 만드시는 것이다. 그분은 우리의 믿음을 강하게 하시려고 어떤 상황으로 우리의 생활을 인도하신다.

믿음을 시험하는 것은 다음과 같은 질문에 해답을 주게 된다. 우리가 정말 믿는 것을 말하는지? 그렇지 않으면 진심으로 성경적인 진리를 신뢰하지 않고 그것을 말로만 하는지?

야고보는 쓰기를, "너희 믿음의 시험은 인내를 만든다. 그리고 인내는 온전한 결과를 내게 하고, 당신이 온전하고 구비하여 조금도 부족함이 없게 하려 함이다"(약 1:3-4).

믿음이 시험을 당할때, 속도를 줄이고 우리의 초점을 그리스도에게 맞추어야 한다. 너무 빨리 시련의 반대편에 도달하려고 하는 것은 때론 하나님이 우리에게 가르치고자 하시는 교훈을 배우지 못하게 할 것이다.

그러한 시련을 통해 인내하는 것을 배우는 것은 성도를 성숙하게 하고 믿음의 기초를 튼튼하게 하는 유익이 있다. 그 상황 가운데서 감정의 동요가 일어나지 않게 하면서, 우리의 믿음이 흔들리지 않게 할때 믿음으로 승리할 수 있는 것이다. 하나님은 언제나 그분이 시작하신 일을 완성해 가신다.

주님, 당신에게 나의 고난 가운데 당신이 계신가 물을 때, 당신이 나를 당신의 형상대로 만드시고 구체화 시키는 것을 받아들이게 하시옵소서. 나로 흔들리지 않는 믿음을 주시옵소서.

믿음생활의 실패로 고통당함.

본문읽기 ★ 민 13:27-33
요절 ★ 이로 보건대 그들이 믿지 아니하므로 능히 들어가지 못한 것이라 (히 3:19)

본래 믿음이 하나님과의 관계에서 기본이기 때문에 우리는 믿음의 사람이다. 그러나 가끔 신앙생활에서 실패를 경험하게 된다. 종종 이 실패는 도전을 받을 때 하나님을 신뢰하기를 주저하거나 신뢰하지 않을 때 일어난다. 그런데 신앙생활에서 실패하는 많은 다른 이유가 있다.

- 성공하지 못할 것이라는 두려움.
- 하나님의 성품을 이해하지 못함.
- 하나님의 능력을 잊어버림.
- 장애물에 집중함.

오늘 민수기에 있는 말씀을 읽으면서 스스로 이런 질문을 던지라. 이스라엘 백성이 가나안 땅에 들어가기를 주저하게 했던 요인이 무엇인가?
사실 이 모든 문제들이 연결되어 갑자기 이스라엘 백성이 하나님을 의심하게 하고 두려운 마음을 갖게 하였다. 이런 신앙생활에서의 큰 실패는 사람을 위기로 몰고 갔다.
그러므로 신앙생활에서 실패를 어떻게 피할까? 우리 모두는 때때로 의심하는 경우가 있다. 우리 하늘에 계신 아버지의 성품을 알면, 믿음의 시련을 겪을 때 영적으로 성숙하게 반응할 수 있다.
오늘 하나님과 함께 시간을 보내면서 그분의 성품에 초점을 맞추라. 그분이 당신에게 드러내시는 성품 곧 신실하심, 선하심, 자비하심 중에 어떤 것인가? 하나님은 그의 온전한 뜻이 당신의 삶 속에서 성취되도록 하시려고 그분을 알고 신뢰하기를 원하신다.

주님, 나의 삶에 가나안 땅-내가 두려워하는 곳이 있습니다. 나의 믿음이 나를 지탱하게 하도록 당신의 진리에 나 자신을 담그기를 원하나이다.

믿음의 단계

본문읽기★ 롬 4:16-21

요절★ 믿음이 없어 하나님의 약속을 의심하지 않고 믿음으로 견고하여져서 하나님께 영광을 돌리며 약속하신 그것을 또한 능히 이루실 줄을 확신하였으니 (롬 4:20)

그리스도를 따르기로 결정하는 데는 믿음이 요구된다. 믿음이 아무리 약하다할지라도 구원은 오직 그리스도를 믿음으로부터 온다. 우리가 예수님을 구주로 영접하면 하나님은 우리의 믿음을 자라게 하신다. 고난에 부딪치게 될때 믿음이 작은 사람은 말하기를, '나는 그분이 하실 수 있다는 것은 알지만, 나는 그분이 하실 것이라는 확신이 없다.' 고 한다. 우리 모두는 많은 일에 있어서 확신이 없이 여행을 시작하게 되지만, 그럼에도 불구하고 우리는 첫번째 단계를 이길 수 있다고 확신하게 된다.

이 지점에서 우리의 감정은 하나님이 우리의 기도를 듣고 응답하실 것이라고 믿을 것인지 믿지 않을 것인지에 대해 큰 역할을 하게 된다. 우리는 포기하고 의심하고 우리의 믿음은 흔들리기도 한다. 그런데도 하나님은 우리가 그 지점을 지나서 '나는 그분이 하실 수 있다는 것을 알고, 나는 그분이 하실 것을 안다.' 라고 말하는 큰 믿음의 장소로 계속 나아가기를 원하신다.

우리 주위 환경을 무시하기 시작하는 지점이 바로 그곳이다. 우리는 그의 약속들을 묵상하고 지혜를 구하면서 그분을 신뢰하게 된다. 우리는 그분이 과거에 역사하신 것을 기억하고, 포기하지 않는다.

아브라함은 "믿음이 흔들리지 않았을뿐만 아니라 믿음이 견고해져서 하나님께 영광을 돌리고 하나님이 약속하신 것과 그가 또 이루실 줄을 완전히 확신하였다" (롬 4:20-21). 고난을 통해 우리의 믿음이 단련되는데, 성도가 단련되고 하나님만을 신뢰하는 것은 그분을 확신하는 데 있어서 필수적이라고 가르친다.

아버지, 모든 인간의 약점을 지닌 아브라함처럼 요동치 않고 당신을 따르게 하옵소서, 나도 당신의 약속들을 주장하고 믿음을 굳게 하기를 원하나이다.

하나님을 신뢰하는 이유들

본문읽기 ★ 시 37:1-9

요절 ★ 여호와를 의뢰하고 선을 행하라 땅에 머무는 동안 그의 성실을 먹을 거리로 삼을지어다 (시 37:3)

하나님을 신뢰할 수 있는 많은 이유들이 있다.

- 그분은 유일하고 참되신 하나님이시다(삼하 7:21-22). 처음부터 하나님을 찾는자는 그분을 만났다.
- 그분은 진리의 근본이시다(히 6:17-18). 하나님은 거짓말을 하실 수 없고 당신을 결코 잘못된 길로 인도하시지 않으신다. 그런데 그분은 우리에게 말씀하시기를 우리를 속이는 사람이 있는데 그는 사탄이라고 말씀하신다. 예수님은 그를 '거짓의 아비' 라고 부르셨고 정말 그렇다(요 8:44).
- 그분은 절대적으로 신실하시다(애 3:23). 최근에 하나님이 당신을 실망시키신 적이 있는가? 그분은 실망시키지 않으시고, 결코 그렇게 하지 않으실 것이다.
- 그분은 전능하신 분이시다(마 28:18). 핸리 티쎈(Henry Thiessen)은 쓰기를, "하나님은 그분이 하고자 하는 일을 하실 수 있으나 그분은 반드시 어떤 것을 해야만 하는 것은 아니다. 그리스도인에게 하나님의 전능성은 큰 위로와 소망의 원천이시다."
- 그분은 무조건적으로 사랑하신다(요 15:9). 하나님은 결코 당신을 사랑함을 멈추지 않으신다. 심지어 당신이 사랑스럽지 않아도 그분은 당신을 사랑하신다.

당신은 유일하고 참되신 하나님이고 모든 진리의 근본이 되십니다. 당신은 신실하고 모든 능력을 가진 분이시며, 당신은 나를 무조건적으로 사랑하시고, 당신은 변함이 없으시나이다.

믿음의 회복

본문읽기 ★ 마 17:15-21

요절 ★ 이르시되 너희 믿음이 작은 까닭이니라 진실로 너희에게 이르노니 만일 너희에게 믿음이 겨자 씨 한 알 만큼만 있어도 이 산을 명하여 여기서 저기로 옮겨지라 하면 옮겨질 것이요 또 너희가 못할 것이 없으리라 (마 17:20)

상황이 예기치 않게 반전될 때, 때론 우리의 믿음이 흔들리게 된다. 우리 앞에 놓인 비극과 불의를 어떻게 견딜 것인지 당황해 하고 불안 해 한다. 그런데 역경은 결코 믿음의 끝이 되어서는 안된다. 그것은 시작이 되어야 한다. 역경은 아무것도 아니고, 강한 믿음은 삶의 거친 고난도 이겨낼 수 있다.

그러나 환경이 정말 우리 믿음을 흔든다고 인식할 때 우리는 무엇을 해야 하는가? 어떻게 다시 발판을 놓아야 하는가?

- 하나님은 확실하시고 신실하다고 믿고 결정을 내리라. 하나님은 언제나 그의 약속을 지키신다. 그분은 우리 삶을 위해 가장 좋은 것을 원하신다. 항상 우리가 가장 좋다고 생각하는 것과 하나님이 가장 좋다고 알고 계시는 것과 충돌하게 된다. 그런데 하나님의 방법은 언제나 가장 영적인 열매, 가장 건강한 성품 그리고 상상할 수 없는 온전한 결과를 낸다는 것이다.
- 하나님을 의심하지 말라. 대적은 믿음을 의심하도록 마음에 의심을 불어넣음으로 우리를 좌절시키려고 한다. 우리가 세속적인 관점으로 환경을 보지 않으면, 하나님은 우리에게 평화와 안식을 주신다.
- 하나님의 말씀을 읽고 그분의 약속들을 묵상하라. 하나님은 항상 그분의 말씀을 지키신다는 강한 확신을 가지고 성경에서 하나님의 약속을 찾는 것은 우리 믿음의 흔들림을 막을 수 있는 유일한 방법이다.

주님, 우주와 산을 창조하신 당신에게 있어서, 나의 삶 속에 있는 장애물을 비교해보면 작은 돌에 불과합니다. 나는 당신이 이 도전들을 극복할 수 있도록 나를 도우실 것이라고 믿습니다.

믿음을 보이라

본문읽기 ★ 딤후 1:3-7
요절 ★ 이는 네 속에 거짓이 없는 믿음이 있음을 생각함이라 이 믿음은 먼저 네 외조모 로이스와 네 어머니 유니게 속에 있더니 네 속에도 있는 줄을 확신하노라 (딤후 1:5)

세상은 언제나 날카로운 눈으로 성도들을 지켜보고 있다. 그래서 그들은 우리의 말하는 것과 생활하는 것이 맞는지를 주의깊게 지켜 볼 것이다. 항상 그들의 동기는 참되고 진실한 것이 아무것도 없다는 것을 단지 확인하는 것이다.

우리의 믿음을 보여주는데 있어서, 우리가 살아가는 방식보다 더 강력한 것은 없다. 우리는 우리가 알고 있는 기독교적 아름다운 말을 지지할 수는 있으나, 그것이 우리의 행동과 일치하지 않는다면, 우리의 진짜 모습이 드러나게 되는 것이다.

예수님은 그분의 생애를 포함하여 세상을 떠나기 전에 그분이 가지고 있었던 모든 것을 주셨다. 그분이 세상에 오신 첫째 목적은 십자가의 죽음과 부활을 통해 세상을 구원하시는 것이었으므로, 그분도 굳건한 믿음을 우리에게 주시기를 원하셨다. 그리고 그분이 하늘에 계신 아버지의 방법들을 그들에게 가르치는데 있어서 특별하게 관심을 기울였던 사람들에게도 예수님은 다른 사람에게 그와 같이 행할 것을 요구하셨다. 그분이 부활하신 후에 베드로에게 이것을 요구하셨다. "너는 나를 사랑하느냐? …나의 양을 먹이라" (요 21:17).

우리의 믿음이 흔히 전파되는 것은 우리가 하나님이 우리의 삶속에서 계획하신 일을 말로 표현할 수 있는 만남을 통해 이루어진다. 그러나 사람들은 우리의 말보다 행동을 통해 듣는다. 그리스도를 향한 사랑의 진정한 본질을 반영하는 삶을 사는 것은 우리 주위에 있는 세상을 향해 믿음을 보여줄 수 있는 방법이다.

주님, 나의 단순한 삶이 빛 가운데 믿지 않는 사람에게 등대가 되기 위해 당신의 모든 존재 가운데 잠기게 하시옵소서.

믿음을 본받음

본문읽기 ★ 잠 3:1-12
요절 ★ 너는 마음을 다하여 여호와를 신뢰하고 네 명철을 의지하지 말라 (잠 3:5)

그리스도를 따르겠다고 결심하면, 삶에서 어떤 길이 우리를 내리막으로 인도하는지 어떤 것이 우리의 목적지로 가는 길인지를 알지 못하는 여행을 시작하게 된다. 정확하게 우리가 무엇을 믿어야 할 것인지를 주위에 있는 모든 사람에게 보여주는 것은 그리스도를 따르겠다고 하는 헌신의 표현인 것이다.

비록 상황이 우리 자신이 행할 방향을 암시할지라도, 하나님의 말씀은 으지하는 마음은 가장 좋은 길이 된다. "너는 범사에 그를 인정하라 그리하면 네 길을 지도하시리라"(잠 3:6).

우리의 믿음을 전하기 위해서는 믿음이 있어야 한다. 삶에서 어려운 일이 발생할때 하나님께 달려가는 것은 승리를 얻게 한다. 우리 믿음이 커지게 되는 것은 그리스도 안에서 승리를 경험할 때이다.

그리스도 안에서 승리한 결과로서, 우리 믿음을 나누게 될 때 더이상 우리 자신을 포함시키지 않게 된다. 우리가 그분만을 신뢰했을 때 우리는 바로 하나님께서 우리를 위해 얼마나 많은 일을 하셨으며 그분이 불가능한 상황에서 얼마나 많이 개입하셨는지를 깨닫게 된다. 우리 자신이 그것을 지킬 수 없다.

우리의 믿음을 전하는 것은 우리의 마음속에 붙잡고 있는 그러한 진리들을 솔직히 증거할 때 나타난다. 그리스도의 큰 목적에 변함없이 헌신하는 것은, 그것이 어려울 때조차도, 우리의 믿음이 단지 우리의 일시적인 공상이나 다른 종교 이상이라는 것을 보여주는 것이다. 그것은 믿음이 본받을 가치가 있음을 보여주는 것이다.

주님, 어려울 때에도 당신에게 헌신하도록 도와주시옵소서. 나는 본받을 가치가 있는 믿음을 갖기를 원하나이다.

건강한 믿음

본문읽기 ★ 시 100:1-5

요절 ★ 여호와가 우리 하나님이신 줄 너희는 알지어다 그는 우리를 지으신 이요 우리는 그의 것이니 그의 백성이요 그의 기르시는 양이로다 감사함으로 그의 문에 들어가며 찬송함으로 그의 궁정에 들어가서 그에게 감사하며 그의 이름을 송축할지어다 (시 100:3-4)

시편 100편 3-4절에서, 찬양이 산에서 내려와 고동치는 강물처럼 다윗의 마음에서 솟아나왔다. 다윗은 진심으로 하나님을 찬양했다. 우리가 이것을 알게 된 것은 마태복음 12장 34절에, "말은 마음에 가득한 것을 내는 것이다"라고 가르치고 있기 때문이다. 만약 다윗의 마음이 하나님의 무한한 사랑으로 충만하지 않았다면, 그렇게 정교하게 자신의 마음을 표현할 수는 없었을 것이다.

다윗이 헤아릴 수 없는 고난에 직면했을때에도 그는 하나님께 희망을 둘 수 있었다. 주님을 경배하는 것이 흘러 넘친 것은 고난 중에 하나님을 예배하는 작은 단계를 통해서였다.

당신이 주님에 관하여 말할 때에도,당신은 온 마음을 다해 그분을 찬양하는가? 당신의 입에서 흘러나오는 것은 당신의 믿음이 건강한지를 표현하는 것일지도 모른다.

당신은 주님이 하나님이심을 기쁘게 선언할 수 있는가?

당신의 믿음에는 약점이 있는가? 그때에 주를 찬양하라. 찬양의 샘이 마음속에서 흘러나오도록 한다면 당신을 통해 흘러 넘치게 될 것이다. 감사함으로 그의 문을 들어가고 찬양함으로 그의 궁정에 들어가서 당신의 마음으로부터 나오는 참으로 아름다운 것을 가지고 그분을 기다리자.

주님, 나는 종종 나의 입에서 나오는 말들이 어떤 사람들이 주님의 역사하심의 증거를 듣는 것보다 중요하다는 것을 잊어버립니다. 나로 당신을 찬양하는 찬양의 도구가 되게 하시옵소서.

하나님의 신실하심

본문읽기 ★ 애 3:19-26

요절 ★ 여호와의 인자와 긍휼이 무궁하시므로 우리가 진멸되지 아니함이니이다 이것들이 아침마다 새로우니 주의 성실하심이 크시도소이다 (애 3:22-23)

찬송가 "오 신실하신 주"(393장)의 첫 절에서 토마스 키숌(Thomas Chisolm)은 하나님의 신실하심에 대해 말하기를,

하나님의 신실하심은 위대하도다, 오 나의 아버지 하나님!
당신에게는 회전하는 그림자가 없나이다.
당신은 변화하지 않고, 당신의 긍휼은 무궁하나이다.
당신은 오늘처럼 내일도 영원할 것이니이다.

이 유명한 말들은 기초적인 진리를 요약한다. 하나님은 신실하시고 그분은 변하지 않으신다(히 13:8). 신학자들은 이를 하나님의 "불변"이라고 부른다. 당신은 왜 하나님의 성품을 이해하는 것이 중요한지를 생각해 본 적이 있는가? 하나님의 불변하심은 우리가 그분에 대해 믿는 모든 것의 기초이다. 만약 하나님이 쉽게 변한다면, 그때 그분이 성경에 하신 모든 약속들은 무효하게 될 것이고 그분을 신뢰할 수 없을 것이다. 그분은 어제는 무조건적으로 사랑하셨으나, 당신이 실수할 때 내일은 어떻게 되는가? 그것이 하나님께서 성경을 통해 그의 절대적이고 타협하지 않는 신실하심을 강조하신 이유이다. 우리는 그분을 하나님으로 알고 그분을 믿기 위해 확신이 필요하다. 고린도전설 1장9절에서 "너희를 불러 그의 아들 예수 그리스도 우리 주로 더불어 교제케 하시는 하나님은 미쁘시도다"라고 읽을 수 있다. 당신의 구원은 보증되어 있다. 왜냐하면 그분은 십자가에서 당신의 구속을 보증하셨다. 당신의 마음으로 기뻐하고 말하라. "당신의 신실하심은 위대하도다!"

삼위일체 하나님되신 성부, 성자, 성령, 당신은 동일하시고 불변하시나이다. 당신의 신실하심에 감사하나이다. 나는 그 신실하심을 비추기 위해 당신에게 나의 마음을 드리나이다.

영원한 관점

본문읽기★ 마 21:18-22

요절★ 예수께서 대답하여 이르시되 내가 진실로 너희에게 이르노니 만일 너희가 믿음이 있고 의심하지 아니하면 이 무화과나무에게 된 이런 일만 할 뿐 아니라 이 산더러 들려 바다에 던져지라 하여도 될 것이요 (마 21:21)

역사상 가장 고상하고 가치있는 사건 중에는 영원한 관점을 가진 사람으로부터 나왔다.

조지 워싱턴(George Washington)은 유명한 혁명전쟁의 장군이요 미국의 초대 대통령으로 그런 마음을 증명했다. 그는 유년시절부터 그의 어머니로부터 그의 삶의 첫 자리에 하나님을 모시라고 가르침을 받았다. 그는 전쟁에서 지휘관의 지위를 승락했을때, 그의 믿음이 얼마나 많은 시험을 받아야 될지 생각하지 못했다.

귀한 자료들 중의 하나는 워싱턴이 젊었을때 "매일 드리는 헌신" 이라는 제목으로 쓴 작은 기도일기였다. 피터 마샬(Peter Marshall)과 데이빗 마누엘(David Manuel)은 "빛과 영광" 에서 그의 기도를 자세히 설명 했다.

"오 가장 영화스러운 하나님… 나는 내 실수-오늘 의무들에 대해 부족하고 불완전하게 행한 것을 인정하고 고백합니다. 자비가 부요하시고 구원이 풍성하신 하나님, 내가 당신께 구하오니, 내가 죄를 범한 것을 기억지 마소서. 나의 죄들을 당신의 사랑하시는 아들의 절대적인 순종… 나를 위해 십자가에서 드려진 예수 그리스도의 희생으로 덮어주시옵소서."

워싱턴은 은밀히 기도하는 습관이 있었고, 그의 믿음은 가장 사나운 상황속에서 그의 부하들을 격려하였다. 그의 훌륭한 행동은 확실히 기억되었으나, 그의 영향력이 계속 되었던 것은 그의 믿음 때문이었다.

오직 당신의 초점을 영원한 의지에 둘때 당신의 사역은 영원한 공적으로 남게 될 것이다.

아버지, 조지 워싱턴처럼, 나는 내가 약하고 불완전함을 고백하나이다. 나는 예수님의 보혈로 나의 죄를 덮어주시는 자비를 찬양하나이다.

믿음을 강화하기

본문읽기 ★ 유 1:3-23
요절 ★ 사랑하는 자들아 너희는 너희의 지극히 거룩한 믿음 위에 자신을 세우며 성령으로 기도하며 하나님의 사랑 안에서 자신을 지키며 영생에 이르도록 우리 주 예수 그리스도의 긍휼을 기다리라 (유 1:20-21)

우리는 세상에서 파괴적인 힘에 대항하기 위해서 믿음을 강하게하는 데 힘써야 한다. 어떻게 믿음을 더 강하게 할 수 있는가?

● 마음 속 깊이 하나님의 거룩하고 불변한 말씀으로 흠뻑 젖어야 한다. 그때 성령은 지속적으로 우리의 마음을 새롭게 하시고 성숙하게 해주시면서 새로운 통찰력을 주실 것이다.

● 성령 안에서 기도에 힘써야 한다(엡 6:18). 우리는 무엇을 위해, 언제, 어떻게 기도할 것인지에 대해 인도하심을 받으면서, 기도 가운데 우리를 인도해 주시도록 성령을 신뢰해야 한다.

● 하나님의 사랑 안에서 계속 머물러 있어야 한다. 물론 우리는 하나님의 사랑의 의도를 넘어서 타락할 수 없지만, 우리는 결코 그의 놀라운 사랑을 당연하게 여겨서는 안된다.

● 그리스도의 재림을 간절한 마음으로 소망해야 한다. 그리스도인에게서 재림은 역사상 가장 기다려지는 사건이다. 그리스도가 당장에라도 재림하실 수 있다는 생각은 그리스도인을 현실 속에서 정결하게 하고 자신을 지키게 하는 것이 된다(요일 3:2-3).

그리스도인의 성장에 있어서 '마술적인 방식' 은 없지만, 유다서 1장20-23절에 제시된 말씀은 세상의 덫으로부터 믿음을 지키는데, 안내자가 될 것이다.

주님, 당신의 말씀이 나의 마음에 흠뻑 젖게 하시고 성령으로 충만케 하시옵소서. 내가 재림을 기다릴때 당신의 사랑으로 나를 지켜 주시옵소서.

믿음의 동반자

본문읽기 ★ 살전 1:6-10
요절 ★ 또 너희는 많은 환난 가운데서 성령의 기쁨으로 말씀을 받아 우리와 주를 본받은 자가 되었으니 (살전 1:6)

하나님은 지속적으로 성도들을 더욱 그분을 닮은 사람으로 만들어 가신다. 사람을 그리스도의 형상으로 변화시키는 것은 어려운 과정이다. 그것은 죄인의 내면을 비우고 그리스도의 마음을 채우는 것을 의미한다. 대살로니가전서 1장6절에서, 바울은, "또 너희는 많은 환난 가운데서 성령의 기쁨으로 말씀을 받아 우리와 주를 본받는 자가 되었으니"라고 권고하고 있다.

당신은 하나님에 의해 만들어지고 있다. 그분은 당신을 시련을 통해 가르치시고, 성령으로 인도하신다. 당신은 하나님의 말씀을 이해하고 세상에서 그의 증인이 되기 위해 이 과정을 통과하게 된다.

무디(D. L. Moody)는 말했다. "나는 우리 마음에서 교만과 이기주의와 야망 그리고 하나님의 말씀에 반대되는 모든 것을 제거하는 순간, 성령이 마음의 중심에 충만하실 것이라고 확실히 믿는다."

각 사람은 하나님이 원하시는 사람이 되기 위해 도움이 필요하다. 이것이 하나님이 우리에게 성령을 주신 이유이다. 우리가 직면하게 되는 실패는 다른 사람에게 하나님의 사랑과 은혜를 보여주기 위해 우리를 다듬어 가고 우리의 삶을 만들어 가는데 도움이 된다. 하나님이 우리를 향한 그의 계획을 성취하는데 도움을 주는 것이 바로 이 과정이다.

성령은 당신을 하나님의 마음과 뜻에 연결시키신다. 성령은 더욱 그리스도와 같이 되어가는 길을 수고와 시련을 통해서 인도하신다. 그분은 당신이 사랑하는 구세주의 형상을 따를 때, 기쁨으로 양육하시는 것이다.

성령님, 나의 마음의 중심에 충만하게 오소서. 나에게 당신이 나의 쓰레기 때문에 들어오실 수 없는 곳이 있으면 보여주시옵소서. 나로 당신을 향하는 길을 깨끗이 청소하도록 인도하시옵소서.

두려움이냐 믿음이냐

본문읽기 ★ 마 14:22-34
요절 ★ 예수께서 즉시 손을 내밀어 그를 붙잡으시며 이르시되 믿음이 적은 자여 왜 의심하였느냐 하시고 (마 14:31)

심각한 도전에 직면하게 되면, 당신은 제일 먼저 어떤 반응을 보이는가? 당신은 마음 속에 두려움으로 그 상황에서 벗어나는가 아니면 서서 믿음의 방패를 가지고 적과 대면하는가? 하나님은 우리가 믿음으로 굳게 서기를 원하신다.

그분은 우리와 싸우는 자와 싸우시겠다고 약속하셨다(시 18). 그러므로 우리는 하나님이 우리와 함께 하시고 우리를 다스리신다는 확신과 능력으로 각 상황을 직면할 수 있다.

그분은 그 도전에 필요한 지혜와 불가능한 것처럼 보이는 것을 할 수 있는 능력 그리고 적들의 악한 음모와 계략으로 필요한 보호하심을 주신다. 당신은 결코 두려워 할 이유가 없다. 왜냐하면 당신은 하나님의 사랑하심을 입은 자이고 그분이 당신을 위해 싸우실 것이기 때문이다.

마태복음 14장은 제자들이 가장 큰 두려움 곧 넓은 바다 위에서 감당할 수 없는 폭풍을 만났다고 이야기 하고 있다. 예수님께서 제자들에게 배를 타고 갈릴리 바다 건너편으로 앞서 가라고 하셨다고 말씀하신다(마 14:22).

주님은 그의 제자들에게 어떤 암시도 주지 않으셨다. 예수님은 그의 제자들이 큰 풍랑을 만나서 그들의 믿음이 시험을 받게될 것을 알고 계셨다. 그분이 풍랑이 이는 바다위를 걸어서 그들에게 오셨을때, 그들은 그분이 유령이라고 생각했다.

구주를 보지 못하도록 하는 두려운 생각을 그대로 두지 말라. 위험이나 어떤 위협이 있을때 하나님은 항상 그분의 임재를 알려 주신다.

사랑하는 하나님 아버지, 나로 두려움을 물리치고 믿음을 붙잡게 하시옵소서. 모든 상황 속에서 당신의 임재를 알려 주심을 감사합니다.

믿음의 상급

본문읽기 ★ 눅 4:35-41
요절 ★ 예수께서 즉시 이르시되 안심하라 나니 두려워하지 말라 (마 14:27)

예수님은 그의 제자들을 벳세다로 앞서 보내셨다. 그들은 공포 속에서 갈릴리 바다를 건너갔다. 노련한 어부들로서, 그들의 앞에 찬 공기가 풍랑이 일기 전에 먼저 일어났다고 말할 수 있다. 변덕스러운 공기의 흐름이 곧바로 밀려왔고 그들에게 대단히 두려워할만한 격렬한 폭풍우가 일어났다. 한밤중에 억수 같은 비가 쏟아졌고, 그들의 노련한 경험조차도 풍랑 이는 바다와 거친 바람을 잠잠하게 할 수 없었다. 바로 그들이 죽은 것처럼 보일 때, 유령같은 사람이 물 위를 걸어서 배로 접근하고 있었다.
당신이 공포로 가득차 있던 때가 언제인가? 당신이 어떻게 느꼈는지 기억나는가? 지금 바로 당신은 무서운 상황에 처해있는지도 모른다. 아마 당신은 가까스로 살아남은 것처럼 느낄 정도로 폭풍우가 몰아치고 있고, 당신의 믿음은 무서운 것에 부딪쳐 있을 수 있다. 마태복음 14장 27절은 예수님께서 제자들에게 두려워하지 말라고 말씀하셨다. 이것이 당신에게 주시는 그리스도의 말씀이다. 어거스틴은, "믿음은 당신이 아직 보지못하는 것을 믿는 것이다. 이 믿음의 상급은 당신이 믿는 것을 보는 것이다."라고 썼다. 당신은 하나님이 당신을 어떻게 구원하실지 이해하지 못하지만, 당신은 그분이 구원할 것이라는 것은 확신할 수 있다.
용기를 가지라! 그분이 당신의 주위에 있는 사나운 폭풍우를 잔잔케 하실 것이라고 믿으라. 그리하면 당신은 구름이 산산이 흩어지고 잔잔하게 되는 것을 목격하게 될 것이다.

주님, 나는 내가 볼 수 없을지라도 믿나이다. 나에게 용기를 주시옵소서. 내 주위에 있는 사나운 폭풍을 잔잔케 하시옵소서.

우리 신실하신 아버지

본문읽기 ★ 딤후 2:1-13
요절 ★ 우리는 미쁨이 없을지라도 주는 항상 미쁘시니 자기를 부인하실 수 없으시리라 (딤후 2:13)

"내가 믿음을 지켜나갈 수 없다."고 생각한 적이 얼마나 많은가? 당신이 당신의 구주로 예수 그리스도를 믿었을지라도, 때론 그것이 정말 당신이 부르심을 받은 소망을 굳게 잡기 어렵게 되기도 한다. 때때로 당신의 환경이 당신에게 너무 무거운 짐이 되므로 하나님이 당신을 도와주실 것이라는 것이 믿어지지 않을 때도 있다.
그런데 당신이 이해해야 할 것은 예수님과의 관계가 당신의 믿음의 능력과 연결되어 흔들지 못할 것이다. 디모데후서 2장 13절은, "우리는 미쁨이 없을지라도 주는 항상 미쁘시니 자기를 부인하실 수 없으시리라"고 약속하신다.
예수님을 주님과 구주로 영접하자마자, 당신은 그분과 새로운 관계로 들어가게 된다. 당신은 그분의 일부인, 그의 가족의 일원이 된다. 존 칼빈은, "우리는 주님에 의해 양자가 되었다."고 설명하였다. 주님은 당신을 그의 사랑받는 자녀로 환영하신다. 그리고 신실하신 아버지로서, 그분은 당신을 돌보시고 도우시고 보호하신다.
당신의 믿음의 목적은 당신이 고통과 시련을 당할때 당신을 위로하시고 도우시는 것이다. 이것은 곧 믿음은 구세주의 믿을만한 성품과 그의 약속들의 기초를 발견하게 하기 때문이다. 그런데 당신의 부족한 믿음이 그리스도와의 관계에서 당신을 쫓아 내지는 못할 것이다. 당신의 신실하신 아버지를 믿으라. 그분은 당신을 사랑하시고 결코 외면하지는 않을 것이다.

사랑하는 주님, 당신의 신실하심을 감사합니다. 나는 당신의 사랑이 나를 결코 외면하지 않을 것이라고 찬양하나이다.

흔들리지 않는 믿음

본문읽기 ★ 시 16:1-11

요절 ★ 그런즉 너희는 먼저 그의 나라와 그의 의를 구하라 그리하면 이 모든 것을 너희에게 더하시리라 그러므로 내일 일을 위하여 염려하지 말라 내일 일은 내일이 염려할 것이요 한 날의 괴로움은 그 날로 족하니라 (마 6:33-34)

고난 중에 믿음을 붙잡는 것은 쉬운 일은 아니다. 믿음을 견고히 하기 위해서, 흔들리지 않으면서 결심하고 목적을 선택하고 의도적인 행동을 한다. 다윗이 인생에서, 그를 추적하는 적들보다 주님에게 그의 마음을 두기로 결심한 것을 보게 된다. 시편 16편 8절에 다윗은 "내가 여호와를 항상 내 앞에 모심이여… 내가 흔들리지 아니하리로다"고 함께 나누고 있다.
그것은 결심이다. 그는 그를 쫓고 있는 사람이 누구인가 보다 주님이 누구신가에 집중하기로 하였던 것이다. 그는 계획적으로 두려움보다 믿음으로 행동하고 있었다. 다윗은 두려운 순간을 경험한 적이 있는가? 그러지 않았다면 그는 인간이 아니었을 것이다. 그럼에도 불구하고 그 열쇠는, 다윗이 어떻게 반응했는가 하는 것이다. 열쇠는 우리가 어떻게 반응하느냐 하는 것이다.
우리가 하나님이 진실하게 다스리신다고 믿는다면, 우리는 내일을 걱정할 필요가 없다(마 6:33-34). 불확실할 때에 반응하는데 있어서 첫번째 단계는 하나님께 초점을 맞추는 것이다. 말씀을 가지고 그분의 성품을 배우라.
전능하신 주님의 주권은 당신에게 인생의 모든 것이 그분에 관련되어 있음을 생각하게 하는 것이다. 그분의 목적은 항상 가까운 곳에 있다. 당신은 주님께서 그것을 허락하지 않을때까지 세상에서 어떤 시험과 역경을 겪지 않을 것이고 심지어 생명조차도 잃지 않을 것이다. 당신은 주권자 하나님이 당신을 위해 가장 좋은 것을 알고 계신다는 것을 믿겠는가?

주님, 나로 당신의 왕국에 초점을 맞추고 나의 목적을 정하고 당신을 섬길 때 의도적으로 행동하게 하시옵소서.

내가 누구를 두려워하리요

본문읽기 ★ 시 27:1-14

요절 ★ 여호와는 나의 빛이요 나의 구원이시니 내가 누구를 두려워하리요 여호와는 내 생명의 능력이시니 내가 누구를 무서워하리요 (시 27:1)

당신이 어떤 종류의 삶을 산다할지라도, 불확실성의 문제는 항상 나타날 것이다. 특히 최근의 세계 사건을 살펴보면 이 시대가 얼마나 불확실한지를 깨닫게 된다. 그러므로 이런 질문이 생긴다. 당신은 불확실성에도 불구하고 어떻게 반응할 것인가?

다윗은 주님께 초점을 맞춤으로 반응했다. 그는 그의 주변을 둘러보지 않았고, 사울이 매순간마다 어디에 있는지 궁금해 하지 않았다. 그런 두려움과 걱정을 가지고 생활하는 것은 전혀 사는 것이 아니었을 것이다. 다윗은 그것을 알았다.

우리가 경제적인 어려움, 역경 그리고 반대에 부딪칠때, 한가지 일 곧 하나님은 우리의 방어자이시다는 것 때문에 굳게 설 수 있다. 두려운 생각이 당신에게 엄습해 오기 시작할때, 시편 27편1절 말씀을 반복해서 암송하라.

"여호와는 나의 빛이요, 나의 구원이시니 내가 누구를 두려워하리요. 여호와는 내 생명의 능력이시니 내가 누구를 무서워하리요"(시 27:1)

다윗의 확신을 당신의 삶에 적용하는 것은 하나님의 말씀으로 당신의 마음에 가로막이를 치는 것을 의미하는 것이다.

아버지, 내가 매우 감사한 것은 당신이 모든 상황 가운데서 나와 함께 계시기 때문입니다. 나는 두려워하지 않는 것이 너무 즐겁습니다.

두려워 하지 말라

본문읽기 ★ 시 55:1-8
요절 ★ 돈을 사랑하지 말고 있는 바를 족한 줄로 알라 그가 친히 말씀하시기를 내가 결코 너희를 버리지 아니하고 너희를 떠나지 아니하리라 하셨느니라 (히 13:5)

주위에 있는 사람이 두려움과 걱정에 대해 말하면, 당신은 어떻게 반응하는가? 그들의 두려움이 당신의 생각에 영향을 미치게 하는가 또는 당신이 믿고 있는 것을 굳게 붙잡는가?
주님은 당신이 믿고 있는 것에 대해 확신하기를 원하신다. 당신이 믿는 것 곧 당신의 믿음은 당신의 초점이 무엇인가와 당신이 예수 그리스도와 인격적인 관계를 가지고 있는지에 기초한다.
당신이 주권자이신 하나님에게 초점을 맞추고 있을때에, 당신은 하늘이나 땅에 있는 어떤 것도 그분의 지배를 벗어나지 못한다는 것을 안다. 그리고 당신이 하나님의 아들, 예수 그리스도를 통해 하나님과 개인적이고 매일 관계를 맺고 있을때, 당신은 또다른 닻(anchor)을 가지는 것이다. 그 닻은 하나님의 변함없는 성품이다. 그분은 당신을 결코 떠나지 않을 것이라고(히 13:5) 약속하셨다.
시편 55편4-8절에서, 우리는 다윗이 자신을 짓누르는 감정을 표현하는 것을 읽게 된다. 당신은 주변에 있는 어려움에 의해 지금 억눌려 있는 것처럼 느낄지 모른다. 저항할 수 없는 감정이 나쁜 것이 아니라 그것에 집착하는 것이 나쁜 것이다.
하나님은 당신이 어떻게 느끼는지를 그분에게 말씀드린 후에 그것을 떨쳐버리기를 원하신다. 그분은 당신을 사랑하고 당신의 인생을 다스리시기 때문에, 당신은 저항할 수 없는 운명이나 걱정의 구름 아래 살지 말아야 한다는 것을 알기를 원하신다.
당신은 그의 말씀을 믿고 두려움을 떨쳐버리겠는가?

주님, 나는 당신의 말씀을 믿습니다. 나는 두려워 하지 않습니다. 나의 문제 대신에 오늘 당신에게 초점을 맞추도록 도와주시옵소서.

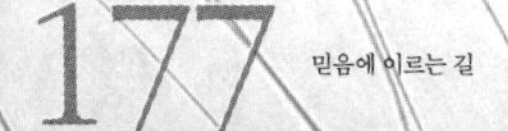

절망의 씨앗들

본문읽기 ★ 삼상 17:28-32

요절 ★ 다윗이 사울에게 말하되 그로 말미암아 사람이 낙담하지 말 것이라 주의 종이 가서 저 블레셋 사람과 싸우리이다 하니 (삼상 17:32)

말은 우리 행동에 매우 크게 영향을 미친다. 간단한 경고는 멸망의 길로 가는 것을 막아준다. 격려는 하나님의 부르심을 따라 살아가는데 필요한 확신을 줄 수 있다. 승리하는 믿음의 특징은 절망에 귀를 기울이지 않는다는 것이다. 신뢰할 수 없는 사람의 말을 믿지 말고 하나님이 우리에게 주신 약속을 굳게 잡을 필요가 있다.

다윗이 골리앗의 위협적인 말을 들었을때, 그는 왜 아무도 이 거인에게 도전하지 않는지 의아해 했다. 골리앗은 하나님을 모욕하고 있었지만, 아무도 그것을 멈추게 하는데 관심을 기울이지 않았다. 다윗은 용기를 내었고, 골리앗과 싸우겠다고 소리쳤다. 그런데 낙담이 그를 공격하기 시작하였다. 다윗은 그것을 무시하고, 승리할 것이라는 믿음을 붙잡았다.

절망적인 상황에도 불구하고, 다윗은 승리를 다짐했다. 마찬가지로 우리는 다윗의 사례를 기억하고 우리 마음 속에 뿌리 내리려고 하는 절망의 씨앗이 들어오는 것을 막아야 할 필요가 있다. 하나님은 우리 편이시고, 그분은 우리가 그분을 믿을때 모든 적들을 정복하실 수 있는 분임을 기억해야 한다.

다윗과 함께 하신 하나님께서 우리와 함께 하시고 다윗을 승리케 하신 하나님께서 우리의 승리를 약속하고 계심을 기억하자.

하늘에 계신 아버지, 나는 나의 마음 속에 뿌리내리려는 절망의 씨앗을 허락하지 않겠습니다. 나는 당신을 믿을 때 당신이 나의 모든 적들을 정복하실 것이라고 믿습니다.

승리하는 믿음

본문읽기 ★ 삼상 17:1-11
요절 ★ 하나님이 우리에게 주신 것은 두려워하는 마음이 아니요 오직 능력과 사랑과 절제하는 마음이니 (딤후 1:7)

다윗은 그의 인생에서 가장 큰 도전들 중의 하나인 골리앗과 부딪쳤을때, 여러가지 확실한 성경적인 원리를 실행에 옮겼다. 이 원리들은 하나님의 모든 종들에게도 적용되는 것이다.

● 과거의 승리들을 상기하라. 다윗은 사자와 곰의 공격을 받았을때 목자로서 그가 거둔 승리들을 자세히 얘기했다. 주님께서 당신을 도우셨을때를 상기하는 것은 현재의 도전 앞에서 당신을 강하게 한다.

● 동기를 다시 점검하고 재확인하라. 다윗의 주님에 대한 사랑과 헌신과 주님의 이름을 방어하는 것은 사람의 하찮은 보복을 쓸데없게 한다.

● 다른 사람이 낙심케 하는 것을 물리치라. 다윗은 그의 형들과 심지어는 사울 왕의 말도 듣지 않았다. 그는 주님의 음성만 들었다. 사람의 좋지 않은 말에 주의를 기울인다면 당신의 믿음을 약하게 할 수 있다.

● 전쟁의 참된 성질을 알라. 하나님은 성도의 삶의 모든 면에 영향을 미치신다. 이것이 의미하는 것은 우리 생활의 모든 것이 영적인 것이고, 우리와 관계있는 모든 것은 먼저 그분을 통해 나와야 한다는 것이다.

● 승리를 위해 하나님의 능력을 의지하라. 처음부터 다윗은 전쟁은 주님에게 속한 것이라고 선포했다. 이것은 '정신적으로 자신을 혼란케 하는 것' 이 아니다. 그것은 간단하게 승리는 이미 당신의 생각에 의해 결정되기 때문에 당신은 주님만을 신뢰해야 한다는 것을 의미한다.

사랑하는 주님, 나는 인생의 문제에 있어서 당신을 의지하나이다. 전쟁은 당신의 것입니다! 승리는 내 생각으로는 이미 결정되었습니다.

신실한 자를 위한 전략들

본문읽기 ★ 삼상 17:12-27

요절 ★ 다윗이 곁에 서 있는 사람들에게 말하여 이르되 이 블레셋 사람을 죽여 이스라엘의 치욕을 제거하는 사람에게는 어떠한 대우를 하겠느냐 이 할례 받지 않은 블레셋 사람이 누구이기에 살아 계시는 하나님의 군대를 모욕하겠느냐 (삼상 17:26)

하나님의 신실한 자녀는 다윗이 골리앗을 대항하여 사용했던 전략들을 적용함으로 확실하게 영적인 승리를 얻을 수 있을 것이다.

- 전쟁 전에 전쟁과 싸우라. 하나님 앞에 나아가서 도전을 위해 기도하라. 당신이 주님에게 그 상황을 말씀드릴 때 주님이 당신에게서 가지를 치고, 가려내고, 잡초를 뽑으시게 하라.
- 전쟁이 주님에게 속한 것임을 재확신하라. 오직 주님만이 당신의 상황을 선하게 하실 수 있고, 오직 그만이 참된 승리를 주실 수 있다.
- 승리를 선언하라. 다윗은 골리앗을 죽이겠다고 단언하였을뿐만 아니라 주님께서 블레셋 군대 전체를 멸망시킬 것이라고 말했다. 그의 선포는 가장 야심만만한 것이었다, 왜냐하면 그는 가장 확실하고, 참되신 하나님을 믿었기 때문이다.
- 하나님의 때를 기다리라. 다윗은 주님께서 승리를 주실 것이라고 주님께서 그를 통해 하신 것을 선포할 때에야 비로소 했다. 때때로 주님은 우리에게 기다리라고 요구하신다. 언제나 그의 때는 완전하다.
- 하나님의 방식으로 나아가라. 우리가 전쟁에 돌입하게 되면 세상적인 방식에 의지하기 쉽다. 심지어 그분이 곧 우리가 이해되지 않는 것을 하라고 요구하실지라도 항상 하나님을 신뢰해야 한다.
- 하나님을 신뢰하라. 끊임없이 기도하라. 확신을 가지고 싸우라. 하나님의 약속을 믿으라. 그의 말씀을 붙잡으라. 그분의 승리를 기다리라.

주님, 전쟁은 당신의 것이나이다. 나는 당신의 때를 기다리고 당신의 방식으로 나아갈 것입니다. 나에게 승리를 주실 당신을 믿나이다.

행동하는 진리

본문읽기 ★ 삼상 17:34-51

요절 ★ 다윗이 블레셋 사람에게 이르되 너는 칼과 창과 단창으로 내게 나아 오거니와 나는 만군의 여호와의 이름 곧 네가 모욕하는 이스라엘 군대의 하나님의 이름으로 네게 나아가노라 (삼상 17:25)

어떤 점에서 그리스도와의 관계 속에서, 우리는 믿음으로 미지의 세계를 향해 나아가야 한다. 다양한 환경-새로운 직업,새로운 관계,투병생활-이 장차 어떤 결과를 낳을지 모른다.

그럼에도 불구하고 하나님이 우리의 삶을 위해 가장 좋은 것을 주실 것이라는 신뢰를 가지고 믿음을 시험해야 한다. 그분이 그리스도의 형상으로 우리를 변화시킬때, 우리의 믿음이 견고하게 세워지게 된다. 믿음은 더이상 개념만이 아니다. 그것은 행동하는 진리이다.

승리하는 믿음은 검증되고 하나님의 신실하심을 경험한 믿음으로부터 생겨난다. 그리고 승리하는 믿음은 결코 주님에 의해 과거에 얻었던 승리를 무시하지 않는다. 다윗은 골리앗과의 싸움을 위해 사울 왕에게 가까이 갔을때, 강한 확신을 가지고 갔다. 골리앗은 크고 위협적인 존재였지만, 다윗은 힘이 하나님에게서 나온다는 것을 기억하고 있었다. 그가 목자로서 살 때, 다윗은 사자와 곰과 싸웠고, 주님의 능력으로 그것들을 이겼다. 그는 자신의 힘으로는 아무것도 할 수 없지만 믿음으로는 할 수 있다는 것을 알고 있었다. 그는 하나님이 골리앗과의 싸움에서 다시 그를 구원하실 것이라고 믿었다.

승리하는 믿음을 가지기를 원한다면, 우리가 주님과 함께 있는 곳이 어디인지를 잊지 말아야 한다. 그것은 우리가 어디로 가야하는지를 아는데 필요하다.

주님, 나에게 승리하는 믿음을 주시옵소서. 내가 장래의 목적지에 도달하기 위해 과거에 당신과 함께 있었던 곳을 기억하게 하시옵소서.

실천하는 믿음

본문읽기 ★ 골 2:1-7

요절 ★ 그러므로 너희가 그리스도 예수를 주로 받았으니 그 안에서 행하되 그 안에 뿌리를 박으며 세움을 받아 교훈을 받은 대로 믿음에 굳게 서서 감사함을 넘치게 하라 (골 2:6-7)

우리 모두는 실천하는 믿음을 가지기 위해 노력해야 한다. 우리는 예수님을 믿지만, 지속적으로 믿음으로 행하지 못하는 것과 씨름해야 한다.

그러므로 골로새서 2장 6-7절을 고찰하면서, 믿음으로 행하는 것이 무엇을 의미하는지 정리해보자. '걷다' 라는 단어는 그리스도인으로서의 행동을 표현하는 것이라고 생각한다면 바울 사도의 교훈으로부터 얻을 수 있는 것이 무엇인가? 그는 우리가 믿음으로 그리스도를 영접했을때, 또한 그분 안에서 살아야 한다는 것을 설명했다. 다른 말로 표현하면, 성도는 그의 삶의 주재권을 그리스도께 드려야 한다.

● 그분은 누구신가? 시편 9장10절에서 하나님의 이름을 아는 사람은 그를 믿을 것인데 그 이유는 그분이 그를 찾는 자를 버리지 않을 것이기 때문이라고 말한다. 종종 불신자들은 예수님을 알지 못한다는 이유로 예수님을 믿기를 주저한다. 그러나 사람이 믿음의 단계로 들어가면 예수님의 훌륭한 성품이 드러나게 될 것이다.

● 그분은 무엇을 행하셨는가? 예수님이 십자가 위에서 죽으실때, 그분은 우리를 위해 그 대가를 치르셨고 그 안에서 우리를 온전케 하셨다. 우리는 결코 우리의 필요를 채우기 위해 싸워서는 안된다. 왜냐하면 그분은 우리의 궁극적인 공급자이시고, 당신을 향한 그분의 사랑은 무한하다.

당신은 믿음으로 그분과 함께 행하겠는가? 당신은 그의 말씀을 이루기 위해 그분을 신뢰하겠는가?

주님, 믿음으로 행하기를 원합니다. 항상 나를 위한 당신의 위대함과 희생을 알고, 나로 당신의 주재권에 복종하게 도와주시옵소서.

죄로부터 자유

본문읽기 ★ 시 25:8-18
요절 ★ 나의 곤고와 환난을 보시고 내 모든 죄를 사하소서 (시 25:18)

때때로 마음 속에 있는 죄가 우리를 너무 옥죄고 있기 때문에 어떤 사람이 우리 얼굴의 고통을 보고 있는 것은 아닌가 하고 생각하게 된다. 우리는 항상 내면에 있는 어두움을 감추어야 하는지 생각하게 된다. 소망이 예수 그리스도에게 있다고 고백함에도 불구하고, 우리 안에서 무력감이 생긴다. 그러나 하나님은 우리의 삶을 침체에 빠지게 하는 죄의 속박과 수치를 산산히 부수기를 원하신다.

우리가 그분에게 가서 우리 삶 속에 있는 죄로부터 우리를 해방시켜 주시기를 구해야 한다. 종종 우리는 우리의 죄를 가지고 하나님께 가는 것을 두려워하는데 그이유는 하늘에 계신 아버지의 마음을 오해하기 때문이다. 그분은 우리를 외면하지 않으시고, 손을 뻗어 그분의 팔로 우리를 받아주신다. 우리가 범한 죄가 특별하더라도, 우리가 많은 죄를 범하였다할지라도, 하나님의 은혜와 용서하심은 더 깊고, 우리를 깨끗게 하실 뿐만 아니라 우리를 변화시키시기를 원하신다. 그분은 우리를 자유롭게 하시기를 원하신다.

변화는 항상 즉시 일어나는 것은 아니지만, 우리가 유혹받고 넘어지는 순간에 그분에게로 돌아가면, 하나님은 우리의 삶에 자유를 주신다. 우리를 단단히 붙들어 매는 죄는 주님의 값없이 용서하심의 물결로 말미암아 깨끗이 씻어지게 될 것이다.

주님, 내가 범죄할때 내가 해야할 것들이 당신 앞에서 나옵니다. 당신에게 회개할 마음까지 없게 하는 죄는 없나이다.

07

자유에 이르는 길

예수께서 대답하시되 진실로 진실로
너희에게 이르노니 죄를 범하는 자마다 죄의 종이라
종은 영원히 집에 거하지 못하되 아들은 영원히 거하나니
그러므로 아들이 너희를 자유롭게 하면
너희가 참으로 자유로우리라(요 8:34-36)

우리에게 필요한 자유

본문읽기 ★ 고전 1:18-25

요절 ★ 십자가의 도가 멸망하는 자들에게는 미련한 것이요 구원을 받는 우리에게는 하나님의 능력이라 (고전 1:18)

엄마는 딸에게 어떻게 다시 말을 할까 하고 생각하고 있다. 아버지는 그의 아들과의 관계가 회복될 수 있을지에 대해 궁금해 하고 있다. 젊은이는 그의 가장 친한 친구와의 관계에서 받은 상처가 회복될지에 대해 궁금해 하고 있다.

우리 삶 속에서 관계들이 영원히 깨지게 될 때, 우리가 궁극적인 자유의 근원되신 하늘에 계신 아버지께로 돌아가지 않는다면, 절망이 우리 마음 속에 자리잡을 수 있다.

바울이 고린도교회에 쓴 편지에서 설명하기를, 십자가의 말씀 곧 그리스도의 죽음이 오늘날 우리에게 의미하는 것은 우리의 삶에 능력을 주는 것이다. 예수님의 죽음과 부활은 절망으로부터의 자유를 주신것이었다.

세상의 죄는 용서받을 수 없는 것처럼 보이나, 모든 무거운 죄를 예수님께서 짊어지셨다. 그의 죽음과 부활을 통해 그분은 우리의 죄의 대가를 지불하셨을 뿐만 아니라 우리를 지금부터 영원히 자유케 하셨다.

땅 위에서 우리의 상황이 아무리 절망적이라할 지라도 문제가되지 않는 것은 우리는 항상 하나님에게서 소망을 발견할 수 있다. 우리가 성경을 읽고 기도로 그분에게 구하면 그분이 우리를 절망의 굴레로부터 자유롭게 하시기를 원하신다는 것을 알게 되고 우리는 그분을 신뢰하는데 필요한 자유를 우리에게 주신것이다.

주님, 내가 나를 지배하고 있는 죄를 당신에게 내려놓습니다. 당신의 용서하심 안에 그것을 이길 수 있는 능력이 있나이다.

진리가 무엇인가?

본문읽기 ★ 요 8:31-36

요절 ★ 그러므로 예수께서 자기를 믿은 유대인들에게 이르시되 너희가 내 말에 거하면 참으로 내 제자가 되고 진리를 알지니 진리가 너희를 자유롭게 하리라 (요 8:31-32)

당신의 삶에서 죄가 장애가 됨을 알지 모르겠지만, 대적이 당신을 속박하기 위해 사용하는 열등감, 불완전, 불안과 같은 교활한 덫을 분별하는 것은 더욱 어렵다. 예수님은 진리가 당신을 자유케 할 것이라고 말씀하셨다. 진리가 무엇인가? 그것은 그분의 말씀 안에 있다.

진리는 그리스도 안에서 당신의 지위, 인격 그리고 소유와 관련되어 있다. 당신이 지각과 감정을 따라 살지 않고 진리에 근거해서 살아갈 때 자유롭게 될 것이다. 성도에게 있어서, 이것이 진리이다.

- 지위 : 하나님의 자녀로서, 당신은 그리스도를 영접하였기 때문에 죄를 용서받게 된다. 하나님은 그리스도의 의를 당신의 관계에 적용시켰고 당신 안에 성령을 보내셨다. 왜 어떤 사람은 하나님이 모든 것을 주실만큼 그들을 사랑하시는데 열등감을 느끼는가?
- 인격 : 그리스도의 사역으로 인해 구속함과 의롭다함을 받았다. 당신은 하나님의 자녀, 만왕의 왕의 아들과 딸, 영광으로 가는 성도이다. 당신은 누가 뭐라고 말하고 생각하든지간에 귀한 사람이다! 하나님이 그렇게 말씀하셨다!
- 소유 : 바울은 그것을 빌립보서 4장13절에 요약하였다. 그는 말하기를, "내게 능력 주시는 자 안에서 내가 모든 것을 할 수 있느니라" 고 하였다. 당신은 하나님의 살아계신 성령이 당신 안에 계심을 알고, 하나님이 당신을 위해 요구하시는 것은 무엇이든지 채워주신다는 큰 확신을 가져야 한다.

아버지, 지각과 감정에 따라 살지 말고 진리에 따라 살아가게 도와주시옵소서. 나는 당신의 자녀이고, 구속함과 의롭다함을 받았습니다. 나는 당신을 통해 모든 것을 할 수 있나이다.

자유의 선물

본문읽기 ★ 갈 2:16-21

요절 ★ 내가 그리스도와 함께 십자가에 못 박혔나니 그런즉 이제는 내가 사는 것이 아니요 오직 내 안에 그리스도께서 사시는 것이라 이제 내가 육체 가운데 사는 것은 나를 사랑하사 나를 위하여 자기 자신을 버리신 하나님의 아들을 믿는 믿음 안에서 사는 것이라 (갈 2:20)

아마 당신은 모든 죄의 충동을 이겼다고 생각할지 모른다. 유혹이나 계속된 시련은 당신이 정복되어 있다고 생각되는 삶의 영역에 빛이 비췰때 까지 계속된다. 이것은 당신이, '어떻게 이런 일이 일어날 수 있을까? 나는 죄로부터 자유롭게 되었는지' 의심될 때가 있다.

오스왈드 챔버(Oswald Chambers)는 이렇게 설명했다. "구세주가 우리를 죄로부터 자유케 하셨으나, 이것은 하나님의 아들에 의해 자신으로부터 자유케 됨으로 오는 자유이다. 그것은 바울이 갈라디아서 2장 20절에서, '나는 십자가가에 못박혔나니' 라고 의미한 것이었다. 그의 개성이 깨지고 그의 영이 주와 연합하게 되는 것이고 그것은 단지 그에게 통합되는 것이 아니라 그와 하나가 되는 것이다."

만약 그리스도를 구세주로 영접했다면, 그때 당신은 그분과 연합한것이다. 그의 모습과 거룩함은 당신의 삶 안에 있다. 그런데 당신 안에 하나님께 불순케 하는 죄성이 남아있다.

갈라디아서 2장 20절에서 바울은 믿음으로 살았다고 말했다. 예수님이 주신 자유의 선물은 믿음을 요구한다. 우리는 그분이 마음 속에 요새를 부수시고 계속해서 우리를 모든 죄와 속박으로부터 자유케 하시는 사역을 하신다는 것을 믿어야 한다. 우리 영혼이 열망하고 있는 포괄적인 자유를 주실 것이라고 믿는다면,우리의 책임은 죄에 대해서는 '아니요' 라고 말하고 하나님에게는 '예' 라고 말해야 하는 것이다.

주님, 나는 당신을 찬양합니다. 당신은 죄가 있는 나의 삶 속에 있는 요새를 아시고, 그것들에 대해 승리하십니다.

정죄하지 말라

본문읽기 ★ 요 8:1-11

요절 ★ 예수께서 일어나사 여자 외에 아무도 없는 것을 보시고 이르시되 여자여 너를 고발하던 그들이 어디 있느냐 너를 정죄한 자가 없느냐 대답하되 주여 없나이다 예수께서 이르시되 나도 너를 정죄하지 아니하노니 가서 다시는 죄를 범하지 말라 (요 8:10-11)

우리 자신의 머리에 정죄를 쌓는 것은 좀처럼 문제를 해결하지 못하게한다. 우리가 다른 사람을 향한 무감각은 나쁜 것이다. 그렇지 않으면 아마 우리는 실수를 하고 그 과정에서 다른 사람의 감정을 상하게 한다. 죄책감은 실제적이거나 부자연스러운 것이기도 하지만 우리에게서 생명을 빼앗아 가기도 한다.

그것들은 우리의 마음을 둘로 갈라놓아,에너지를 소모시키고 자신을 혹사시키며, 불안감을 야기시킨다. 그리스도 안에서 중생의 결과로, 과거의 죄들이 씻어지게 된다. 그러나 죄책감-성령으로부터 오는 양심의 가책은 우리가 하나님께 죄를 범할 때 재발된다. 그런데 우리는 삶 속에서 하나님의 용서하심을 수용하는 법을 이해하면서, 참회하는 백성이 되어야 한다.

우리가 어떻게 죄에 빠지든지간에, 하나님은 우리가 기도할때 우리를 깨끗하게 하실 것이다. 우리의 행동에 따른 결과들은 있을지 모르지만, 죄는 우리를 공격하지 않는다. 하나님은 우리를 용서하시고, 우리 자신을 더이상 정죄하지 않기 때문에, 우리는 그것을 받아들여야 한다.

간음 현장에서 붙잡힌 여인처럼, 우리는 하나님의 용서하심을 받아들이는 것을 배워야 한다. 그녀의 죄가 얼마나 더럽고 죄책감을 느끼는 가에 관계없이, 예수님은 그녀의 죄를 용서해 주셨다. 그분은 간단히 그녀에게 다가가서 다시는 죄를 범하지 말라고 말씀하셨다.

나는 정죄에서 벗어나 당신 앞에 섰습니다. 주님, 나의 죄를 깨끗히 씻어주시니 감사합니다. 나는 다시 죄를 범하지 않겠습니다.

거절을 다루는 방법

본문읽기 ★ 요 1:1-13
요절 ★ 영접하는 자 곧 그 이름을 믿는 자들에게는 하나님의 자녀가 되는 권세를 주셨으니 (요 1:12)

어떤 점에서, 각 사람은 어떤 형태의 거절을 경험하게 될 것이다. 그리고 우리가 그것을 처리해야 하는데, 거절당하지 않고 있다는 것을 명심해야 한다.

하나님은 우리 삶을 매우 귀하고 가치있다고 여기기 때문에 그분은 우리를 위해 자신의 독생자를 주셨던 것이다. 영원히 그로 인해 받아들여지기로 보증되었기 때문에, 그분을 삶의 주인으로 삼아야 한다. 바울은, "전에 악한 행실로 멀리 떠나 마음으로 원수가 되었던 너희를 이제는 그의 육체의 죽음으로 말미암아 화목하게 하사 너희를 거룩하고 흠 없고 책망할 것이 없는 자로 그 앞에 세우고자 하셨으니"(골 1:21-22)라고 쓰고 있다.

거절감과 싸울 때에, 하나님이 우리에게 말씀하신 것을 기억해야 할 것이다.

- 우리는 소속된 자이다. 우리는 그분의 자녀이고 그분에게 소속된 자녀이다.
- 우리는 존귀한 자이다. 남이 무엇이라고 말하든지, 하나님은 그리스도가 우리 가운데 사시기 때문에 존귀한 자라고 말씀하신다. 그것이 중요한 것이다.
- 우리는 능력있는 자이다. 우리 가운데 사신 성령님과 함께, 하나님이 우리를 부르신 것은 무엇이든지 성취할 수 있는 능력이 있다(빌 4:13).

세상은 악하다! 우리는 존귀한 자이다. 그리고 우리는 하나님께 존귀하고, 그분은 우리가 그의 왕국을 누리고 교제를 즐기는 것을 보기 원하시기 때문에 우리의 삶을 매우 중요하게 여기신다.

아버지, 나를 위해 당신의 아들을 대속물로 주심을 감사합니다. 그것으로 인해 나는 당신의 자녀가 되었습니다. 아무도 나를 당신에게서 끊을 수 없습니다.

완전히 받아들이심

본문읽기 ★ 요일 4:1-10

요절 ★ 사랑은 여기 있으니 우리가 하나님을 사랑한 것이 아니요 하나님이 우리를 사랑하사 우리 죄를 속하기 위하여 화목 제물로 그 아들을 보내셨음이라 (요일 4:10)

우리는 세상으로부터의 거절을 피할 수 있다고 생각하지만, 그렇게 할 수는 없다. 그런데 우리 자신으로부터 구원하는 것은 세상이 아니고, 하늘에 계신 우리 아버지이시다. 그분은 우리를 영원히 받아주신다.

아마 우리는 사람들이 좋은 생각을 아주 싫어하기 때문에 거절당한다고 느끼게 된다. 그런 거절감이 지속될때마다, 우리는 그것을 알고 반박해야 한다. 예수님은 거절감을 이해하신다. 그런데 우리를 영원히 받아들이신 것은 그의 죽으심과 부활로 인해서 이다. 우리가 그 거절감을 일단 반박하면, 하나님이 우리에게 말씀하신 것을 확신하는 것이 중요하다. 우리를 향한 그분의 확실한 사랑안에서 하나님은 이렇게 말씀하신다.

- 우리는 무조건적으로 사랑을 받은 자이다. 그분은 결코 그의 자녀를 떠나지 않고 버리지도 않으신다. 그분은 영원히 우리 곁에 계실 것이다.
- 우리는 완전히 용서함받았다. 하나님은 우리의 머리 위에 우리 죄를 놓지 않으신다. "사랑은 여기 있으니 우리가 하나님을 사랑한 것이 아니요 하나님이 우리를 사랑하사 우리 죄를 속하기 위하여 화목 제물로 그 아들을 보내셨음이라"(요일 4:10).
- 우리는 완전히 받아들여졌다. 하나님에게 받아들여 진다는 것은 단순한데, 그분의 사랑과 용서하심을 받아들이는 것이다. 우리는 그리스도 안에서 온전한 자이다. 한번 주님과의 관계로 들어가면 우리에 대한 조사는 끝이 나게 된다. 아무것도 그분이 하신 것처럼 우리를 만족시킬만한 것은 없다.

주님, 나는 때때로 나의 삶 속에서 사람들에 의해 거절당하는 것을 느낍니다. 그러나 당신 안에서 무조건적인 사랑으로 받아들여지고 있음을 알고 있습니다.

두려움을 다루는 방법

본문읽기 ★ **마 14:26-32**
요절 ★ 바람을 보고 무서워 빠져 가는지라 소리 질러 이르되 주여 나를 구원하소서 하니 (마 14:30)

우리가 그것을 알기 전에, 두려움이 갑자기 맹렬히 몰려왔다. 우리는 어떤 상황이 벌어지지는 않았지만, 지금 가까이 와 있는 것이다. 우리는 임박한 결과를 어떻게 피할지에 대한 진지한 질문을 가지고 있다.

우리가 믿음에 근거하게 되면, 확신은 삶으로부터 나온다. 그 때 확신이 있으면 두려움은 없다. 우리가 확신에 넘치게 되면 결과는 문제되지 않는다. 우리는 하나님께서 이길 것임을 잘 알고 있다.

두려움을 극복하기 위해 우리 삶의 초점은 하나님에게 두어야 한다. 우리를 온전히 사랑하시는 분에 근거한 능력을 잊고, 잠시라도 그분으로부터 눈을 돌리는 것은 우리를 두려움에 떨게 할 수 있다.

갈릴리 바다의 사나운 파도 위에서 베드로는 그의 구주를 향해 가려고 배 위에서 뛰어내렸다. 베드로의 마음 속에 의심이 있었지만 그도 물위를 걸을 수 있다면 그것이 사라질 것이라고 판단했다.

잠시동안 베드로의 생각은 옳았고 그는 구세주처럼 물결 위를 걷기 시작했다. 그러나 그 때에 그는 예수님 대신에 파도의 흰물결과 바람에 초점이 맞추어지기 시작했다.

주님에게 우리의 초점이 맞추어짐으로 말미암아 우리의 믿음이 어디에 있는지를 증명하게 된다. 오직 하나님만 바라보면, 그의 무조건적인 사랑은 두려움에서 자유롭게 되는데 필요한 확신을 주게 된다.

주님, 고난의 물결이 나에게 밀려와 나를 두렵게 할 때, 나의 반석이시고 확고한 기반이 되시는 당신만을 바라보게 하시옵소서.

두려움에 맞서기

본문읽기 ★ 사 41:10-20

요절 ★ 너희는 그들을 두려워하지 말라 너희의 하나님 여호와께서 친히 너희를 위하여 싸우시리라 하였노라 (신 3:22)

자주 우리는 용기있게 두려움에 맞서지 못하고, 움츠러들곤 한다. 어쨌튼 우리에게 일어나는 많은 고난들을 막아낸다는 것은 상상할 수 없는 일이지만, 우리 삶 속에 있는 역경을 극복하는데 필요한 힘은 가지고 있다.

바울은 초대 교회에 예배의 정신과 기독교의 성장을 유지하는 큰 임무를 맡은 디모데에게 편지를 썼다. 만약 두려움이 있었다면, 디모데는 조금 밖에 못했을 것이다. 그런데 만약 디모데가 두려움에 굴복했다면, 그의 사역은 감당할 수 없었을 것이다. 그러므로 바울은 그의 어린 동역자에게 충고하는 편지를 썼다. "하나님이 우리에게 주신 것은 두려워하는 마음이 아니요 오직 능력과 사랑과 절제하는 마음이니" (딤후 1:7).

하나님은 우리를 마비시키는 두려움을 극복할 능력을 우리에게 주신다는 지식을 가지고 두려움에 맞서 싸우기를 원하신다. "너희는 그들을 두려워하지 말라 너희의 하나님 여호와께서 친히 너희를 위하여 싸우시리라 하였노라" (신 3:22). 하나님이 우리를 강하게 하시는 분이시기 때문에 용기있게 공격하면서, 전진할 힘을 주시는 하나님을 바라볼 때 두려움을 이기게 되는 것이다.

아프리카인은 사자가 먹이를 몰래 접근할때 매우 크게 포효할 것이라고 말한다. 당신은 먹이감이 급히 도망치게 될것 같지만, 실제로 포효하는 소리는 그것들을 두려움으로 마비시킨다. 믿음으로 사탄의 포효가 너를 마비시키지 못하게 하라. 그리스도는 당신의 구세주이시고, 당신의 영원한 힘이시다.

주님, 사탄의 고함소리에 내가 두려움을 느낄때, 당신은 이미 그를 쳐부수셨음을 압니다. 나는 당신을 신뢰합니다.

고독을 다루는 방법

본문읽기 ★ 시 40:1-8

요절 ★ 나를 기가 막힐 웅덩이와 수렁에서 끌어올리시고 내 발을 반석 위에 두사 내 걸음을 견고하게 하셨도다 (시 40:2)

얼마나 많은 사람이 우리 주위에 있느냐에 관계없이, 우리는 외로움을 느낄 수 있다. 수많은 친구들과 가족들이 항상 삶 속에서 느끼는 고독감을 억제하는 해결책이 되는 것은 아니다. 때때로 홀로 있는 것이 필요한 반면, 홀로 있게 되는 것과 고독과는 차이가 있다. 홀로 있다는 것은 의도적인 것으로서 자기 성찰,치유 그리고 침묵의 시간을 말한다. 그런데 외로움은 염려하게 하고 그 결과 때문에 소홀히 할 수 없는 것이다.

자주 외롭다고 느끼는 것을 벗어나기 위한 노력으로, 우리를 위해 하나님이 주신 가장 좋은 것이 아닌 나쁜것과 관계를 맺기도 한다. 우리의 양심의 가책과 타협하게 될 때마다, 걱정과 외로움은 더 증가하게 된다. 외로움 속에서 하나님보다 사람을 바라보는 것은 실망과 더 큰 불안감에 이르게 된다.

하나님의 백성이 절박하게 필요를 느낄때, 하나님은 속히 참된 소망을 주신다. 하나님은 외로운 것이 아니라 사랑받기를 바라는 욕망을 포함하여, 당신의 가장 깊은 필요와 욕구까지도 충족시키는 그 분이, 당신의 전부가 되기를 원하신다. 오직 그분만이 당신이 사랑받기 원하는 것처럼 당신을 사랑하시는 것이다.

주님, 나는 외로울 때 당신의 사랑스러운 팔로 나를 껴안아주시는 것을 마음에 그려봅니다. 당신 외에는 아무도 마음 속의 공허감을 채워줄 수 없습니다. 그래서 나는 당신에게 돌아갑니다.

고독으로부터의 자유

본문읽기 ★ 요 14:15-21

요절 ★ 예수께서 이르시되 내가 곧 길이요 진리요 생명이니 나로 말미암지 않고는 아버지께로 올 자가 없느니라 (요 14:6)

죄는 종종 우리 삶 가운데서 고독의 불길을 활활 타오르게 하는 불꽃이 된다. 그래서 하나님을 찾지 않는다. 하나님은 우리가 그분에게 달려오기를 간절히 바라고 계신다.

우리의 삶 속에 고독이 자리잡기 시작한다고 느낄때마다, 다음 단계들을 붙잡게 되면 극복할 수 있다.

- 예수님을 통해 하나님과 화해하라. 하나님이 우리를 위해 이루신 놀라운 구속은 그분과의 관계를 회복하신다(롬 5:10-11).
- 하나님의 약속들을 기억하라. 우리가 어떻게 외로움을 느끼든지 우리는 결코 홀로 있는 것이 아니다. 하나님이 거기 우리와 항상 함께 계신다. 우리가 삶 속에서 무엇을 경험하고 있든지, 우리는 그분을 벗어날 수 없다. 그분은 또 거기에 계시는 것이다(요 14:16-18).
- 우리의 감정이 아니라 진리에 근거하여 상황에 대응하라. 우리가 어떻게 느끼느냐에 기초해서 상황에 반응하는 것은 우리를 불안정하고 위험한 길 아래로 이끌고 갈 수 있다. 우리는 느낌에 따르지 말고 하나님과 그분에 관하여 알고 있는 것에 의지해야 한다.
- 우리 초점을 우리 자신에서 우리가 섬길 수 있는 사람들에게로 재조정하라. 우리의 필요에 초점을 맞추지 말고, 주변에 있는 사람을 섬기는 것을 찾아야 한다. 그런 과정에서 우리는 그들에게 그리스도를 증거하는데 있어서 큰 기쁨과 축복을 발견할 것이다. 하나님은 우리가 외롭게 되기를 원하지 않으신다. 그분은 우리와 친밀한 관계를 갖기를 원하신다. 외로움은 그분의 사랑과 우정의 열정을 식게 할 것이다.

주님, 내가 외롭다고 생각할 때, 당신의 끊임없는 임재를 깨닫고, 당신이 바로 거기에 계심을 즐거워 하나이다.

분노를 다루는 방법

본문읽기 ★ 마 6:43-48
요절 ★ 분을 내어도 죄를 짓지 말며 해가 지도록 분을 품지 말고 (엡 4:26)

우리 몸 속에 있는 아픈 상처처럼, 용서치 않는 마음이 우리 속에 남아있다. 누군가에 의해 상처가 나서 아물지 않은 상처는 우리에게 분노를 일으킨다. 그것을 돌보지 않으면 그것은 노출된 상태로 남아있게 된다. 우리는 우리에게 행해진 것을 세상에 보여주기를 원한다. 우리가 얼마나 망가졌는지를 볼때, 화가 난다. 분노는 외부와 내부로부터 우리를 파괴할 수 있다. 그것은 빠르게 통제할 수 없을 정도로 격화되든지 그렇지 않으면 그것은 수년동안 내면에서 조용히 부글부글 끓고 있을 수 있다. 바울은 우리에게 분노로 죄를 짓지 말라고 말했다(엡 4:26).

하나님은 사랑의 감정을 지닌 존재으로 창조하셨다. 분노는 그 중의 하나이다. 그런데 그분은 그것을 다른 사람에게 상처를 주는데 사용되든지 아니면 더 악화되는 것을 원하지 않으신다. 분노는 자기 자신의 목적을 위해서나 자신이 원하는 것을 얻기 위해서가 아니라 관대하게 표현되어야 한다. 그리고 항상 분노는 즉시 처리하고, 오랫동안 기억 속에 남겨두지 말아야 한다.

예수님의 교훈에서, 특별히 분노와 개인적인 상처를 다룰때(마 6:14-15), 용서의 중요성을 강조하셨다. 사탄은 당신의 성경적 증거를 훼방하기 위해 가능한 모든 수단을 강구한다는 것을 깨달으라. 그러므로 분노가 사탄이 당신의 삶 속에서 요새를 세울 수 있는 장소로 삼게 해서는 안된다.

만약 당신이 분노의 감정과 씨름하고 있다면, 하나님께 그것을 더 이상 확대되기 전에 처리할 수 있도록 도와 주실 것을 구하라.

나의 감정의 창조주 되신 주님, 나는 그것들을 당신에게 돌립니다. 내가 화를 낼때, 자신을 초월할 수 있는 욕구를 주시고, 용서할 수 있는 능력을 주시옵소서.

분노를 억제하라

본문읽기 ★ 엡 4:26-32

요절 ★ 너희는 모든 악독과 노함과 분냄과 떠드는 것과 비방하는 것을 모든 악의와 함께 버리고 (엡 4:31)

우리는 누군가 우리의 통행을 방해하거나 우리에게 험담하거나 다른 형태의 무례를 보여주는 행동을 할 것이라고는 믿지 않는다. 우리는 "내가 이에 대하여 어떻게 했는지?" 하고 궁금해 한다.

분노를 억제하는 것은 절대 필요한데, 특히 우리를 화나게 하지 않은 사람들과 함께 있을때에는 더욱 그렇다. 만약 우리가 분노를 폭발한다면, 우리 주변에 있는 모든 사람은 그 격노를 느낄 것이다. 이것으로부터 얻을 것은 하나도 없다. 화가 날 때에는, 그 상황으로부터 잠시 떠나서 마음을 가라앉히는 시간을 가지라. 당신이 느끼는 것을 하나님께 아뢰고, 그러고 나서 상황의 긴장을 완화시켜 주시기를 구하라.

우리가 화가 나는 것을 하나님께 고백할때, 그분은 욕구불만의 원인을 알 수 있도록 도와주실 것이다. 그분은 또 거룩한 관점에서 그 상황을 어떻게 처리할 것인지를 가르쳐 주실 것이다. 하나님은 삶의 모든 상황 가운데서 우리를 가르칠 교훈이 있으시다. 욕구불만이 생길 것이고, 우리는 분노를 느낄 것이다. 그런데 우리의 욕구불만을 다루는데 있어서 분노에 대해서는 '아니요' 라고 말하고, 하나님의 능력에 대해서는 '예' 라고 말할 수 있게 된다. 그에게 물으라, "주님, 당신은 이것을 통해 내가 무엇을 배우기를 원하시는지요?"

당신이 이런 기도를 드릴때, 그분은 그분의 뜻을 밝히 보여 주실 것이다. 하나님이 좌절감이 아니라 자유를 포함한 계획을 가지고 계시다는 것을 알게 되자마자 분노는 사라질 것이다.

주님, 내가 화날때, 당신에게 나의 감정을 굴복시키고, 대신에 내가 배울 것이 무엇인지를 구하도록 가르쳐 주시옵소서. 나로 당신의 응답을 들을 수 있게 하시옵소서.

유혹의 매력

본문읽기 ★ 요 8:43-47

요절 ★ 너희는 너희 아비 마귀에게서 났으니 너희 아비의 욕심대로 너희도 행하고자 하느니라 그는 처음부터 살인한 자요 진리가 그 속에 없으므로 진리에 서지 못하고 거짓을 말할 때마다 제 것으로 말하나니 이는 그가 거짓말쟁이요 거짓의 아비가 되었음이라 (요 8:44)

사탄은 매우 영리하기 때문에 하와를 범죄에 빠뜨릴 수 있었다. 창세기 3장에서, 그의 질문에 대한 하와의 반응에서, 하와는 하나님이 그에게 말씀하신 것이 무엇인지를 정확히 알고 있었다고 밝히고 있다.

오늘날 우리도 그와 똑같지 않은가? 우리는 하나님의 말씀이 무엇을 말하고 있는지를 정확히 알고 있다. 그런데 여전히 우리는 그에게 순종하지 않고 있다. 당신은 하나님의 말씀을 묵상하고 기도하는 것보다—비록 그것이 종종 죄에 근접해 있다는 것을 의미할지라도—당신의 욕망에 빠져서 더 많은 시간을 보내고 있는가?

오늘 사탄의 잔혹함에 대한 존 맥아더 목사님의 주석을 읽어보라.

사탄은 하와의 개방성에 용기를 얻어 직접 거짓말을 했다. 이 거짓말은 실제로 그녀와 아담을 영적 죽음 곧 하나님으로부터의 분리로 이끌었다. 그래서 사탄은 처음부터 거짓말쟁이와 살인자라고 일컬어졌다(요 8:44). 그의 거짓말은 언제나 큰 유익을 약속하고 있다. 하와는 이 결과를 경험했다. 그녀와 아담은 선과 악을 알게 되었다. 그러나 인격적인 부패때문에,그들은 하나님이 완전한 거룩으로 아는 것처럼 알지 못했다.

사탄이 유혹의 창을 던질때, 간단히 말하라. "주님,내가 당신의 자녀됨을 감사합니다. 나를 보호해 주시옵소서." 당신 안에 계신 분은 세상에 있는 자보다 더 크신 분임을 기억하라(요일 4:4). 하나님은 신실하신 분이시다. 그분은 당신에게 피할 길을 주사 자유로 인도하실 것이다.

주님, 나를 자녀로 삼아주시니 감사합니다. 나를 사탄의 맹렬한 공격으로부터 보호해 주시옵소서.

죄로부터의 해방

본문읽기 ★ 롬 6:15-23

요절 ★ 그러나 이제는 너희가 죄로부터 해방되고 하나님께 종이 되어 거룩함에 이르는 열매를 맺었으니 그 마지막은 영생이라 (롬 6:22)

모든 죄는 생각과 함께 시작된다. 마음은 대적의 목표물이다. 죄는 우리를 노예로 만들뿐만 아니라 파괴적인 활동에 얽매이게 한다. 그것은 우리를 분리시켜서 하나님의 사랑으로부터 고립시킨다.

이것은 하나님이 우리를 사랑하는 것까지도 바꾼다는 것은 아니다. 그의 사랑은 무조건적이고 영원하다. 그런데 아담과 하와가 범죄한 후, 에덴동산에서 하나님으로부터 자신들을 "숨겼다." 하나님은 그들을 피하시거나 숨지않으셨다. 그들은 하나님으로부터 도망하였다. 어떤 죄는 너무 커서 하나님의 용서를 받을 수 없는가? 아니다. 아무것도 하나님보다 더 큰 것은 없다. 우리는 죄를 버리고 주님께로 돌아가야 한다.

당신은 전혀 통제할 수 없는 상황에 있을지 모른다.

하나님께 부르짖으라-그분은 당신이 어디에 있는지를 알고 계신다. 그분은 당신의 삶에서 무슨 죄를 짓고 있는지 보고 계시고, 그분은 당신이 그에게 부르짖으면 피할 길을 만들어주시겠다고 약속하신다. 아마 당신은 성도가 아니고 참 소망을 어떻게 받을 수 있는지 궁금할 것이다. 하나님께 부르짖으라 그리하면 그분은 당신에게 가까이 가서 구원해 주실 것이다.

하나님의 말씀에 맞지 않는 모든 것에 대해 "아니요" 라고 말하라. 이것은 그의 말씀을 연구하는데 시간을 보내는 것을 의미할 것이다. 당신이 그의 선하심을 맛보고 그분의 원리를 배우자마자, 죄는 그 힘을 잃게 될 것이다.

주님, 죄로부터의 자유는 특권이요 옳은 것을 행하는 능력이라는 것을 깨달았나이다. 당신의 눈에 선한 것을 행할 수 있도록 도와주시옵소서.

하나님의 말씀을 적용하기

본문읽기 ★ 시 51:1-19
요절 ★ 내가 주께만 범죄하여 주의 목전에 악을 행하였사오니 주께서 말씀하실 때에 의로우시다 하고 주께서 심판하실 때에 순전하시다 하리이다 (시 51:4)

죄를 다루는 확실한 방법이 있는데, 그것은 당신이 어떤 유혹을 만나든지 하나님의 말씀을 적용하는 것이다. 만약 처리하지 못하면, 유혹은 죄를 짓게 할 것이고, 죄는 당신의 마음에 자유를 억압하는 세력을 구축하게 될 것이다. 그 때부터 그것은 당신의 모든 행위에 스며들 것이다.

사람들은 죄만이 그들에게 영향을 끼친다고 생각한다. 예를들면, 그들은 사람에게 해를 끼치지 않을 것이라고 생각하고 간음의 심각성을 부인한다. 그러나 그것은 언제나 피해를 입힌다. 죄는 가족과 우정을 파괴하지만, 그 중에서도 그것은 하나님과의 교제를 파괴한다. 다윗이 밧세바와의 범죄의 여파는 그의 가족과 나라를 통해 통절히 느꼈다. 그것은 이스라엘을 통치하는 능력을 약화시켰고 가족과 국민의 존경을 잃게 되었다. 그런데 가장 비극적인 죄의 결과는 어떻게 그것이 주님과의 교제를 어둡게(clouded) 했는가 하는 것이었다.

시편 51편에서, 다윗은 하나님께 용서해 주시기를 간구했다. 우리가 주님께 부르짖을때, 그분은 힘을 주시고 우리의 죄를 다루는데 필요한 능력을 공급해 주신다. 그분은 우리를 용서해 주시고 모든 불의에서 깨끗케 해 주신다. 죄의 결과가 있는 반면에, 하나님은 우리를 내쫓지 않으신다. 우리는 슬픔과 당혹감을 견디어야 할지 모른다. 그러나 그분은 우리 곁에서 행하시고 그와 동행하는 가운데 힘을 주실 것이다.

아버지, 나는 죄가 당신에게 반역하는 것임을 깨달았습니다. 당신의 아들 예수 그리스도를 통해 내가 덫 가운데서 자유하게 됨을 감사합니다.

죄책감으로부터의 자유

본문읽기 ★ 요 10:7-10

요절 ★ 도둑이 오는 것은 도둑질하고 죽이고 멸망시키려는 것뿐이요 내가 온 것은 양으로 생명을 얻게 하고 더 풍성히 얻게 하려는 것이라 (요 10:10)

우리가 예수 그리스도와의 관계 속으로 들어가게 되면, 우리의 죄책감은 사라지게 된다. 늘 붙어 따라다니던 죄들은 하나님 앞에 그것들을 고백할 때 용서받게 된다. 죄의 형벌은 예수님의 대속적 죽음과 함께 지불되었다. 그런데 많은 성도들이 하나님의 사랑의 자유를 느껴야 할때 죄책감과 씨름한다. 하나님의 자녀로서, 우리가 범죄할 때마다 우리는 양심의 가책-성령이 하나님을 거역하는 죄를 해결할 마음을 갖게 함-을 느낀다. 죄책감의 모든 다른 감정들은 우리의 삶에서 완전히 없어져야 한다. 불행하게도 실은 항상 그렇지는 않다. 우리가 죄를 용서해 달라고 하나님께 구하면, 우리의 삶을 위해 그의 부르심에 되돌아가야 한다. 우리의 행동의 중요성이 거기에 있다. 그러나 그분의 용서하심은 다시 그분의 선한 사역을 하도록 우리를 회복시키신다.

예수님은 우리에게 풍성한 삶을 주기 위해 오셨다(요 10:10). 죄책감은 우리의 기쁨을 앗아가고 그런 삶을 약탈해 간다. 그것은 과거의 행동에 우리를 얽매이게 한다. 그런데 우리가 하나님께 죄 용서를 구하면, 하나님은 우리를 구속해 주신다. 과거의 모든 죄책감-우리가 통제할 수 없었던 것일지라도-은 대적으로부터 나온다. 하나님은 우리를 사랑하시고, 그분은 그분의 자유 가운데서 생활하고 죄책감에서 자유하게 되기를 원하신다.

사랑하는 주님, 나는 좀체 사라지지 않는 죄책감으로 인해 당신이 성도에게 약속하신 풍성한 삶을 빼앗아감을 인정합니다. 나는 당신과 함께 못박힌 십자가 위에 그 죄책감을 내려 놓습니다.

좌절감이라는 도구

본문읽기 ★ 롬 8:20-27

요절 ★ 이와 같이 성령도 우리의 연약함을 도우시나니 우리는 마땅히 기도할 바를 알지 못하나 오직 성령이 말할 수 없는 탄식으로 우리를 위하여 친히 간구하시느니라 (롬 8:26)

좌절감은 '깊은 고질적인 의식이나 문제가 해결되지 않고 필요가 채워지지 않는데서 오는 불안과 불만족의 상태' 라고 정의한다. 좌절감이 하나님이 사용하시는 도구처럼 보이지 않지만, 로마서 8장 20-21절은 그것은 하나님이 값없이 주신 자유를 즐기는 법을 가르치는 수단이라고 말한다. "피조물이 허무한 데 굴복하는 것은 자기 뜻이 아니요 오직 굴복하게 하시는 이로 말미암음이라 그 바라는 것은 피조물도 썩어짐의 종 노릇한 데서 해방되어 하나님의 자녀들의 영광의 자유에 이르는 것이니라."

당신은 문제가 해결되지 않거나 필요가 채워지지 않음으로 해서 깊은 좌절감을 경험한 적이 있는가? 기억하라. 하나님은 당신에게 훌륭한 교훈을 나타내는 과정에 있다. 그분은 당신이 기도로 그분에게 돌아오게 하기 위해 좌절감이 생기도록 허락하신다는 것이다.

혼란스럽고 좌절한 마음에 주님이 속삭이시는 소망과 평화의 말씀을 들을 수 있는 것은 조용하게 기도하는 시간뿐이다. 오직 하나님은 매우 심각한 좌절감을 회복시키는데 있어서 자유를 줄 수 있다. 그분은 모든 필요를 완전히 채워주는 방법을 알고 계신다.

오늘 당신은 좌절감에 빠져 있는가? 즐거워하라! 하나님이 당신의 삶 가운데서 역사하신다. 당신이 이 좌절감을 어떻게 다루어야 할지 그분에게 물어보라. 의심과 혼란은 결코 당신의 감정을 지배할 수 없다. 하나님이 당신을 자유케 하신다!

아버지, 당신의 성령이 좌절감 가운데 계셔서 기도에 방향을 잡아 주시니 감사합니다. 내가 가장 절망스러울 때, 당신에게 더 가까이 가게 된다는 것을 기억하도록 도와주시옵소서.

하나님을 즐거워할 자유

본문읽기 ★ 딤전 6:1-8

요절 ★ 무릇 멍에 아래에 있는 종들은 자기 상전들을 범사에 마땅히 공경할 자로 알지니 이는 하나님의 이름과 교훈으로 비방을 받지 않게 하려 함이라 (딤전 6:1)

바울은 감금되었다고 추측된다. 그것은 누군가의 지배 아래 있는 것이고 다른 사람의 뜻-혼란스럽고 고달픈 일이라도-에 복종하는 것과 같은 것이라고 그는 이해했다. 그런데 디모데전서 6장 1절에서, 바울은 모든 노예들은 하나님의 영광을 위해 그들의 주인들을 존경해야 한다고 충고하였다. 특히 당신의 인생에서 불공평하고 부정직하고 잔혹하게 대우한 권위자가 있다면, 이것은 당신에게 어려운 원칙이 될지도 모른다. 비록 당신이 하나님께 복종하기 원한다 할지라도, 그 당사자에 대한 반감(反感)은 방해물이 된다.

바울은 이런 것을 이해했지만, 그도 오직 참된 자유는 그리스도를 통해서 온다고 깨닫고 있었다. 그것은 다른 사람에 대해 그리스도의 사랑을 표현함으로 완수되는 것이다. 휘태커 챔버스(Whittaker Chambers)는, "자유는 영혼의 필요이고, 그외의 아무것도 아니다. 영혼이 자유를 얻으려고 계속적으로 애쓰는 것은 바로 하나님을 향해 노력하는데 있는 것이다. 오직 하나님만이 자유의 격려자이며 보증인이다."라고 설명하고 있다.

당신을 다스리는 자로부터 자유로워진다고 당신이 참으로 자유케 되는 것은 아니다. 왜냐하면 자유에 대한 선천적인 필요는 오직 하나님만이 채워주실 수 있는 것이다. 당신이 어떤 환경에 있든지 그분이 당신을 자유케 해 주실 것이라고 믿으라. 그들이 당신을 어떻게 대우하든지 관계없이, 당신이 모든 사람에게 그분의 사랑을 나타내면, 당신은 그리스도의 가장 좋은 것을 표현하는 것이다.

아버지, 내게 내 위에 있는 권세자들의 불친절함에 대해 참을 수 없을 때가 있습니다.나는 세속적인 환경에 의해 지배되지 않음을 감사합니다. 당신은 나의 영혼을 자유케 하십니다.

당신의 초점을 발견하기

본문읽기 ★ 딤전 6:9-21

요절 ★ 네가 이 세대에서 부한 자들을 명하여 마음을 높이지 말고 정함이 없는 재물에 소망을 두지 말고 오직 우리에게 모든 것을 후히 주사 누리게 하시는 하나님께 두며 (딤전 6:17)

아서 래드포드 제독(Admiral Arthur Radford)이 이전에 이렇게 썼다. "성경과 특별히 하나님과 사람에 대한 예수님의 영적 개념 속에서, 모든 사람은 악의 체계와 모든 거짓에 대해 싸우는 더 큰 전쟁에서 승리할 수 있는 열쇠를 발견할 수 있다. 그런데 인류에게 자유는 단지 물질적인 방편에 의해 얻어지는 것도 아니고 유지되는 것도 아니라는 것이 점차 현실화되고 있다."
자신의 인생 속에서 그 말의 진실을 생각해 보라. 당신은 승리의 열쇠와 궁극적인 자유의 열쇠를 지니고 있고, 모든 거짓에 대해 승리를 거두고 있다. 당신은 자유의 문을 열기 위해 어떤 물질적인 방법에 소망을 걸고 있는가? 만약 당신이 그렇다면 디모데전서 6장 17절은 당신에게 주시는 말씀이다. 아무것도 당신에게 걸림돌이 되지 않는다는 것을 확신하라. 참된 자유는 당신의 마음의 중심을 그리스도에게만 고정시킬때 온다. 부, 능력, 지식, 미, 지위, 정치 그리고 종교적인 경건조차도, 특히 우리가 그리스도보다 더 이것들을 원한다면, 속히 그것의 노예가 되고 말 것이다.
참된 자유를 얻으려면 하나님께 돌아가서 그분의 원칙을 수용하라. 그분은 신실하게 당신의 모든 필요를 공급하시고 당신의 시험들을 이기게 해 주실 것이다. 당신의 모든 기쁨이 그분에게서 올때 참으로 자유하게 될 것이다.

주님, 나는 너무나도 쉽게 물질적인 것들과 일시적인 가치들에 마음을 빼앗겼습니다. 당신의 영원한 부요를 즐거워하기 위해 당신에게 나의 마음을 고정시키게 하시옵소서.

시험과의 싸움

본문읽기 ★ 눅 4:1-13

요절 ★ 예수께서 성령의 충만함을 입어 요단 강에서 돌아오사 광야에서 사십 일 동안 성령에게 이끌리시며 마귀에게 시험을 받으시더라 이 모든 날에 아무 것도 잡수시지 아니하시니 날 수가 다 하매 주리신지라 (눅 4:1-2)

모든 사람은 시험받는다. 심지어 하나님의 아들도 하나님으로부터 멀어지게 하려는 사탄의 시험을 받았다. 그러나 예수님은 원수의 계략을 간파하였고 그의 사랑 안에서 굳게 서 있었고 아버지께 헌신하였다(눅 4:1-13).

예수님이 오신 이유 중의 하나는 개인적으로 우리의 필요와 싸움을 확인시켜 주기 위함이었다. 그분은 당신이 시험의 압박 아래서 어떤 느낌을 가지는지를 이해하셨다. 그분은 시험하는 자를 만나셨고 사탄의 맹렬한 시험과 관련된 어두움과 고난을 극복하셨다.

당신이 시험을 만나게 되면, 당신 홀로 그것을 만나는 것이 아니라는 것을 알라. 예수님이 당신과 함께 계시고, 그분은 당신이 모든 어두운 생각이나 악한 상상력에 대해 '아니요' 라고 말할 능력을 주신다. 시험을 당할 때, 원수는 패배시키고 낙심시키기 위해 거짓말을 속삭일텐데 그 때 하나님의 전신갑주를 입고 그에 대항하여 굳게 서 있으라(엡 6장). 또한 당신은 결코 하나님을 실망시키지 않을 것이라는 것을 알라. 그분은 당신이 그것을 하기 전까지도 당신이 무엇을 행하고 있는지를 정확히 알고 계신다.

시험은 죄가 아니다. 죄는 시험을 좇아 행동한 결과이다. 하나님은 우리가 시험을 피할 수 있는 능력을 주신다. 예수님이 당신 안에 계시기 때문에 모든 악들에 대해 '아니요' 라고 말할 수 있다. 그리고 그분은 당신을 모든 진리와 지식으로 인도하시기 위해 성령을 주신다. 그러므로 하나님의 자녀로서 굳게 서서 그분의 능력과 승리를 주장하라!

아버지, 나는 시험을 모든 사람이 공통적으로 당하는 것이라고 알고 있습니다. 나에게 시험을 피하고 악을 거절할 수 있는 능력을 주시옵소서.

시험을 다루기

본문읽기 ★ 고전 10:11-13

요절 ★ 사람이 감당할 시험 밖에는 너희가 당한 것이 없나니 오직 하나님은 미쁘사 너희가 감당하지 못할 시험 당함을 허락하지 아니하시고 시험 당할 즈음에 또한 피할 길을 내사 너희로 능히 감당하게 하시느니라 (고전 10:13)

당신이 불타는 숲 속 한 가운데 서 있다고 상상해 보라. 화염은 위로부터 휙휙 내려오고, 아래에서 올라오고, 이리저리 사방으로 튀어 돌아다닐 것이다. 당신은 상처를 입고, 숨이 막혀서 모든 것을 잃었구나 하는 생각이 들 것이다. 그때 당신이 서 있는 곳에서 분명히 불길을 피할 수 있는 길을 알아차렸다고 하자. 당신은 어떻게 하겠는가? 그렇다. 당신은 안전한 길로 미친듯이 달려갈 것이다. 당연하다!

당신은, "당신이 알다시피, 나는 곤두박이로 불 속으로 뛰어 들어가서 무슨 일이 있는가 보곤한다."라고 말하는 사람에게 어떻게 대답해야 할까? 우리는 이해할 수 없을 것이다! 도대체 왜 사람이 위험을 향해 뛰어 들어가고 피할 방법을 이용하지 않겠다고 하는 것인가?

우리가 시험을 만날 때, 그것은 숲 속의 불 가운데 서 있는 것과 같다. 위험이 사방에서 손짓하고, 혼란 속으로 뛰어 들어오라고 초대한다. 문제는 불이 이 상황에서 초대하는 것처럼 보인다는 것이다.

기쁨은 결코 시험에 빠진데서 오는 것이 아니다. 시험하는 자에게 굴복하는 것은 오직 비탄과 죄를 초래한다. 감사하게도 하나님은 결코 우리가 감당할 수 없는 시험을 당하지 않게 하시겠다고 약속하셨다. 그분은 언제나 피할 길을 주신다. 만약 당신이 불에서 도망친다면, 그 때 당신은 시험에서 도망하는 것이 정당한 것이다. 두 가지의 차이점은 시험은 더욱 위험하다는 것이다.

주님, 시험에 지는 것은 불타는 숲 속으로 들어가는 것과 같다는 것을 보여주셨습니다. 나에게 시험을 피할 수 있는 능력을 주시옵소서.

시험을 피하기

본문읽기 ★ 약 4:7-10

요절 ★ 우리를 시험에 들게 하지 마시옵고 다만 악에서 구하시옵소서 나라와 권세와 영광이 아버지께 영원히 있사옵나이다 아멘 (마 6:13)

최근에 들어 시험에 대한 대중적인 반응이 기독교 공동체 안에서 물결처럼 일어나고 있다. 시험에 저항하라는 방법은 완전히 이해된다. 또 시험에서 도망하는 방법이 있는데 우선 상황과 타협하지 않는 것은 신앙 인격을 견고히 유지하는게 중요하다.

그런데 단순한 도피가 궁극적인 해답이 되지 못한다. 불행하게도 시험을 피하는 것은 일시적인 해결책에 불과하다.

사탄의 계획을 피한다는 생각은 성경적인 계획을 사소하게 왜곡하는 것이다. 오히려 사탄으로부터 피하는 것보다, "마귀를 대적하라 그리하면 너희를 피하리라"(약 4:7)고 성경은 가르친다. 성령의 능력을 통하여, 성도는 사탄이 두렵게 해서 도망하게 하는 능력을 가지고 있다.

또한 그리스도인의 시험을 피하거나 다른 방법으로 스스로 해결할 수 있는 문제가 아니라는 것을 기억하는 것이 중요하다. 대신에 시험에서 구원받는 것이 필요하다. 예수님은 가르치셨다. "우리를 시험에 들게 하지 마옵시고 다만 악에서 구하시옵소서"(마 6:13).

악은 하나님만이 해결할 수 있을 정도로 큰 문제이다. 우리가 어떤 방법으로 내 안에서 그것을 이길 수 있다고 생각하는 것은 구세주가 필요하다는 것을 부정하는 것이다. 우리는 영적 전쟁을 승리로 이끌 수 없다. 그런데 우리는 예수님이 이미 승리를 확보하셨다는 확신에 기초를 두고 있다. 시험이 오면, 당신은 그 상황에서 피하라, 그러나 또 주님 안에서 견고히 서라. 기억하라. 당신은 승리하는 군대의 일원이다.

주님, 나는 언제나 시험에서 피할 수 없습니다. 내가 어디에서 그것을 만나든지, 시험을 대적할 수 있는 능력을 주시옵소서.

세상속의 함정들

본문읽기 ★ 요 10:11-18

요절 ★ 양들의 큰 목자이신 우리 주 예수를 영원한 언약의 피로 죽은 자 가운데서 이끌어 내신 평강의 하나님이 모든 선한 일에 너희를 온전하게 하사 자기 뜻을 행하게 하시고 그 앞에 즐거운 것을 예수 그리스도로 말미암아 우리 가운데서 이루시기를 원하노라 영광이 그에게 세세무궁토록 있을지어다 아멘 (히 13:20-21)

가축 농장주는 그들의 가축을 보호하기 위해 설치한 가시가 있는 울타리가 호기심있는 동물들에게는 위험스러운 덫이 될 수 있다는 것을 너무 잘 알고 있다. 젖소는 울타리 밖에 있는 풀을 뜯기 위해 종종 꼬인 줄 사이로 머리를 쑥 내밀었다가 매우 날카로운 덫에 걸리곤 한다.

올가미에 걸리게 되면, 암소는 일반적으로 스스로 어찌할 수 없게 된다. 비록 당기고 채찍질 할지라도, 가시는 살 속으로 더 깊이 파고 들어갈 뿐이다. 지금 도움을 호소해야 한다. 노련한 목동은 동물을 진정시키고 조심스럽게 묶인 곳에서 떼어놓을 수 있다.

우리도 깊이 세상의 덫에 걸릴 수 있다. 자주 덫은 우리 주위의 사람들의 마음 속 깊은 곳에 자리잡고 있다.

우리가 삶 가운데 '노련한 목동' 을 모시고 있다는 것을 아는 것이 얼마나 놀라운 일인지! 예수님은 종종 선한 목자라고 칭한다. 성경을 통해, 우리는 인도와 구원이 필요한 양과 같다. 예수님은 육체적, 영적 그리고 감정적으로 시련을 직접 경험하기 위해 세상에 오셨다. 그분은 우리의 도움의 요청에 응답하시고 악한 자의 가시에서 구원해 주시기 위해 오셨다.

마귀가 당신을 함정에 빠뜨리려고 할때, 싸우거나, 노력하거나 몸부림칠 필요는 없다. 대신에 가만히 서서 주의 깊은 선한 목자에게 부르짖으라. 그분은 그의 양떼를 신실하게 지키시고, 당신이 도움이 필요할 때 당신을 위해 거기에 계실 것이다.

주님, 나를 세상의 덫으로부터 지켜 주시옵소서. 악한 자의 가시에 걸리지 않도록 나를 인도해 주시옵소서.

죄의 포로

본문읽기 ★ 눅 4:14-30

요절 ★ 주의 성령이 내게 임하셨으니 이는 가난한 자에게 복음을 전하게 하시려고 내게 기름을 부으시고 나를 보내사 포로 된 자에게 자유를, 눈 먼 자에게 다시 보게 함을 전파하며 눌린 자를 자유롭게 하고 (눅 4:18)

당신이 침실에서 우연히 문이 잠겼다고 상상해 보자. 처음에는 아마 그것을 깨닫고 있지도 못했을 것이다.

가구는 가지런히 놓여 있고, 침대는 여전히 평화로운 잠을 준다는 희망으로 유혹했다. 창문도 매일 밖을 보는 즐거움을 주었다. 정말로 평상시와 다른 것이 아무것도 없다.

그때에 당신은 샌드위치가 먹고 싶다고 말해 보자. 당신은 텔레비전을 리모콘으로 작동하고, 침대에서 일어나 방문으로 향하게 될 것이다. 방문 손잡이를 잡았을때, 당신은 곧 자물통이 망가진 것을 알아차리게 되고, 그 문이 열리지 않을 것이다. 당신은 손잡이를 잡아 당기고 흔들어보지만, 문은 움직이지 않을 것이다. 당신은 도움을 요청해 보지만 집 안에는 아무도 없다. 당신은 덫에 걸린 것인데, 가장 나쁜 것은, 당신이 갇혀있다는 사실조차 깨닫지 못하고 있다는 것이다.

이 장면은 풍자적인 내용이지만, 그것은 적절히 성경의 진리-모든 사람은 깨닫든지 못하든지 죄의 포로다-를 표현한 것이다. 모든 사람은 자신의 개인적인 감옥에 갇혀 있다. 그러나 기쁜 소식은 예수님이 그 갇힌 자들을 해방하기 위해 세상에 오셨다는 것이다. 즉 그분은 죄의 지배에서 온 세상을 자유케 하기 위해 오셨다.

오늘 그리스도의 십자가로 말미암아 영광스러운 자유을 주신 그분에게 감사하라. 그분은 그 벌금을 치르셨고, 형벌을 짊어지셨으며, 그분이 당신을 자유케 하셨다!

아버지, 십자가로 말미암아 영광스러운 자유를 주신 것을 감사합니다. 그 값을 치르시고, 형벌을 지시고, 나를 자유케 하심을 감사합니다.

하나님의 사랑을 체험하라

본문읽기 ★ 히 5:6-10
요절 ★ 그가 아들이시면서도 받으신 고난으로 순종함을 배워서 (히5:8)

당신이 하나님을 무시할때 무슨 일이 생기는가? 당신의 마음 속에, 그분이 쓸쓸하고 거절당한 모습으로 떠나가는 것을 상상해 보았는가? 그렇지 않으면 당신에게 온갖 사랑을 베풀다가 40년의 광야 유랑의 길로 내쫓고 있는 하나님의 심정을 품어 보았는가?

하나님은 당신을 온전하게 사랑하신다. 그리고 당신을 사랑하시는 것은 당신의 순종에 근거하는 것이 아니다. 비록 그분은 순종이 제사보다 낫다고 성경에서 말씀하시지만, 하나님이 당신에게 가장 원하시는 것은 당신의 마음으로부터 우러나오는 사랑이다.

그분은 당신이 악을 행한다고 해서 당신을 사랑하는 것을 그만두지 않는다. 우리 중에 아무도 선을 행하거나 온전하려는 노력으로 하나님의 사랑을 받을 수 없다. 사람에게 스스로 이것들을 행할 수 있는 능력이 없다. 우리는 구주가 필요하다. 그리고 이것이 예수님께서 당신과 나를 위해 죽기 위해 오신 이유이다. 그분은 당신이 스스로 할 수 없는 그 일을 행하신 것이다. 그분은 하나님 앞에서 당신을 받아들이신 것이다. 그분은 당신을 죄로부터 자유케 하신 것이다.

우리가 주님을 모른체 할때, 우리는 고통을 당하고 축복을 받을 좋은 기회를 잃게 되는 것이다. 하나님은 갑자기 나타나서 악한 일을 행하려고 하는 완고하고 교만한 작업장 감독이 아니다. 그분은 우리의 부르짖음을 들으시는 사랑의 하나님이시다. 그분이 당신을 이끄실 때면, 그분은 비난의 회초리가 아닌 사랑으로 하신다. 당신이 그의 사랑을 마시자마자, 세상의 매력은 시들게 될 것이라는 것을 하나님은 알고 계신다. 그분에게 당신의 마음을 드리라. 그리하면 당신은 복을 받을 것이다.

아버지, 당신의 사랑에 감사합니다. 나를 죄로부터 자유케 하시고 당신이 나를 받아주십니다. 나는 그것으로 즐거워하게 됩니다.

죄의 근원을 공격하라

본문읽기 ★ 요일 1:5-2:2

요절 ★ 만일 우리가 우리 죄를 자백하면 그는 미쁘시고 의로우사 우리 죄를 사하시며 우리를 모든 불의에서 깨끗하게 하실 것이요 (요일 1:9)

만약 당신이 지은 죄로서 누군가에게 해를 입혔다면, 당신은 그 죄를 극복하기 위해 도움을 요청하기 위해 사람에게 가는가? 만약 당신이 대부분의 사람들과 같이 한다면, 당신은 아마 그것을 극복하지 못할 것이다. 왜? 당신이 죄책감과 수치감을 느낄 것이기 때문이다. 인간의 마음이 이런 식으로 생각하는 것은 참된 용서를 이해하는데 문제가 있기 때문이다.

이런 시나리오의 아름다움은 하나님이 인간의 이해에 따라 제한되지 않는다는 것이다. 그분의 생각은 우리의 생각보다 높고, 그의 길은 우리와 다르다(사 55:8). 우리가 하나님께 범죄할때, 그분은 죄의 고리를 자유롭게 깨뜨리도록 도움을 주시는 바로 그분이다. 이것이 아이러니하게 들릴지 모르지만, 사실이다.

요한일서 1장 9절은 하나님은 우리가 죄를 고백할때 우리 죄를 사하시고 우리를 깨끗케 하실 것이라고 말씀하신다. 본질적으로 우리가 무엇을 행했든지 하나님은 우리를 용서하시고 불순종으로 우리의 삶에 남겨진 해로운 찌꺼기들을 씻어주실 것이다.

만약 당신이 삶 가운데 고백하지 않은 죄가 있다면, 하나님으로부터 숨겨야 하는 것처럼 생각하지 말라. 그 문제를 그분에게 기도하고 그분의 용서의 은총을 받으라. 하나님과의 교제에서 멀어지는 것은 무서운 것이다. 두려움이 무조건적으로 사랑하시는 분으로부터 멀어지게 하지 말라. 오늘 당신 모습 그대로 그분에게 돌아가라. 부끄러워할 필요가 전혀 없다.

주님, 나는 왜 당신으로부터 죄를 숨기려고 하는지 알지 못합니다. 당신은 회개하는 마음을 정죄하지 않을 것이기 때문에 내가 죄를 고백하기 위해 내 영혼을 살피고 숨어있는 것들을 내어 놓습니다.

은혜로 구원받음

본문읽기 ★ **롬 11:1-6**
요절 ★ 만일 은혜로 된 것이면 행위로 말미암지 않음이니 그렇지 않으면 은혜가 은혜 되지 못하느니라 (롬 11:6)

자유는 정치적이고 종교적으로 적용할 수 있는 단어이다. 그런데 순수한 의미로서, 자유는 속박과 노예로부터의 자유라고 정의된다. 사도 바울이 갈라디아 교회에 편지를 보낼때, 명확하게 자유의 유형 곧 그리스도의 '사역들' 로 말미암아 주신 자유에 대해 말했다. 바울은 이렇게 설명을 한 것은 많은 갈라디아인들이 구원 얻는데 불필요한 자격을 덧붙이는 실수를 범하고 있었기 때문이다. 그들은 여전히 선행과 헌물로서 하나님의 은혜와 죄 용서함을 받으려고 애쓰고 있었다. 바울은 그들의 노력은 헛된 것이다. 왜냐하면 그리스도의 십자가의 죽음은 세상의 죄를 위해 그 대가를 지불하셨기 때문이라는 것을 교인들에게 상기시켰다. 그러므로 전에 그들을 종으로 만든 옛 율법을 순종함으로 온전해지려고 노력할 필요가 없었다.
자유하게 하는 소식은 우리가 오직 하나님의 은혜로 구원받았다는 것이다. 만약 사실이 아니라면-만약 우리가 하나님의 은혜로 얻을 수 없다면-그땐 은혜는 정말 은혜가 되지 않는 것이다(롬 11:16). 만약 누군가 그가 구원을 얻을 수 있다고 믿는다면, 그는 하나님의 은혜가 필요하지 않을 것이다. 성도로서, 우리는 이것이 거짓되다는 것을 알고 있다.
오늘 여전히 율법에 매여 있는 세상의 시민들을 위해 중보의 기도를 드리라. 그들의 마음이 예수님의 보혈을 통해 값없이 얻게 된 영생의 선물에 대한 소식에 이르도록 하나님께 기도하라.

사랑하는 주님, 율법의 행위로부터 자유를 주시고 오직 은혜로서 구원을 받게 하시니 감사합니다. 나는 여전히 율법에 매여 있는 사람들을 위해 기도합니다. 그들이 당신의 귀한 구원의 선물을 알게 하시옵소서.

기뻐할 수 있는 자유

본문읽기 ★ 마 28:18-29
요절 ★ 주께서 내 내장을 지으시며 나의 모태에서 나를 만드셨나이다 (시139:13)

얼마나 자주 당신은 자유를 주신 하나님께 감사하는가? 당신이 자유가 있는 나라에 살고 있든지 아니든지-비록 감옥에서 이 말씀을 읽고 있을지라도-만약 당신이 예수 그리스도를 믿고 있다면, 당신은 가장 큰 자유를 누리는 자이다.

성경은 아무도 이 은혜를 받을만한 자격이 없다고 말한다. 우리 모두는 죄를 범했고 하나님의 형상에 이르지 못했다(롬 3:23). 그러나 십자가 위에서 예수님이 죽으심으로 우리의 모든 죽음의 형벌을 최종적으로 제거해 주신 것이다. 그러므로 당신은 그 안에서 이제 보증된 것이다.

왜 하나님이 당신에게 이 큰 은혜를 주셨는가? 그것은 그분이 당신의 인생을 향해 놀라운 계획을 가지고 있기 때문이다(렘 29:11). 그분은 당신이 그분의 왕국을 위해 위대한 일을 이루고 다른 사람들과 당신의 믿음의 기쁨을 나누기를 원하신다(마 28:18-20). 하나님은 당신을 어머니의 모태에서 지으실때 당신을 향한 계획을 세우고 있었다(시 139:13).

만약 당신이 과거의 일들 곧 의심, 후회 그리고 침체와 싸우고 있다면, 오늘 소망의 말씀을 받으라. 하나님은 당신을 죄의 속박에서 자유를 얻게 하기 위해 그의 아들을 십자가에 죽도록 보내주셨다. 당신은 그의 위대한 사랑 때문에 죄 용서를 받게 된 것이다.

당신이 오늘 경건의 시간을 마치기 전에, 요한복음 15장 13-15절을 읽으라. 그 말씀 안에서 예수님이 설명하셨다. 그분이 그렇게 큰 희생을 치르신 것은 우리를 매우 사랑하시기 때문이다. 우리는 더 이상 죄의 노예가 아니지만, 우리는 대신에 우리의 구주되시고 친구되신 예수 그리스도의 사랑 안에서 즐거워할 자유가 있다.

주님, 나는 자유 가운데 행하도록 창조되었나이다. 나를 용서하시고 당신을 따를수 있도록 나의 발을 자유케 해 주신 것을 찬양합니다.

시험에 반응하기

본문읽기 ★ 약 1:1-8
요절 ★ 내 형제들아 너희가 여러 가지 시험을 당하거든 온전히 기쁘게 여기라 (약 1:2)

시험은 하나님이 주신 욕구의 범위를 넘게 하는 미끼(유혹)이다. 우리 자신이 그러한 유혹에 굴복하는 것에 대해 책임을 져야 하지만, 그럼에도 불구하고 모든 시험의 근원인 사탄-우리 영혼의 대적-을 인식하는데 도움이 되어야 한다.

우리의 적은 교활하고 지능이 높다. 그는 또 사납고 잔인하다. 그의 목표는 하나님으로부터 분리하는 것이고, 구세주와의 교제를 파괴시키는 것이다. 그의 목적은 성도의 영적 성장을 방해하고 하나님의 왕국을 위해 당신의 영향력을 최소화시키는 것이다. 그는 당신의 약점들을 잘 알고 있고 또 놀라게 하는 법, 연극하는 법, 위장하는 법을 잘 알고 있다.

이것은 모든 성도가 예수 그리스도와 교제를 지속하면서, 우리를 지켜나가기 위해 절대 필수적인 것이다. 그분은 우리의 피난처시요 파수꾼이고, 그분의 말씀은 우리의 가장 효율적인 무기이다.

당신 자신의 실패로 다른 사람을 비난하는 것은 잘못된 것이다. 예를 들면, 어떤 사람이 최근에 자신의 실수를 부모님 탓으로 돌린다. 부모의 영향이 크다고 할 수 있지만 모든 사람은 자신의 선택과 행동에 대한 책임이 있다. 더욱이 당신을 유혹한 시험에 대해 하나님을 시험하고 비난하는 것은 잘못이다. 하나님은 거룩하시고 사탄은 악하다.

그 원인이 매일 당신의 기쁨을 빼앗고 하나님의 자녀됨을 부정하려고 하는 악한 원수임을 알고 시험에 반응하라. 그때 주님께 가서 시험을 이기도록 도와주시기를 기도하라. 그분은 당신을 자유케 하시고 승리케 하시는 능력과 열정을 가지고 있다.

주님, 나에게 원수의 시험을 이길 수 있도록 도와주시옵소서. 나에게 승리를 주시고 자유케 하시옵소서.

자유의 생명선

본문읽기 ★ 약 1:12-17

요절 ★ 시험을 참는 자는 복이 있나니 이는 시련을 견디어 낸 자가 주께서 자기를 사랑하는 자들에게 약속하신 생명의 면류관을 얻을 것이기 때문이라 (약 1:12)

사탄은 당신의 영혼을 소유할 수 없으므로, 주님과의 교제를 망치게 하거나 당신의 삶을 곁길로 빠지게 하는 것 이상을 원하지 않는다.

예수님의 의붓 형제인 야고보는, 사탄이 시험을 통해 활동하려고 세운 파괴적인 진행과정을 다음과 같이 묘사하고 있다. "오직 각 사람이 시험을 받는 것은 자기 욕심에 끌려 미혹됨이니 욕심이 잉태한즉 죄를 낳고 죄가 장성한즉 사망을 낳느니라"(약 1:14-15).

우리는 하나님이 주신 욕구와 이익의 범위를 넘어 가고자 하는 유혹을 받을 수 있다. 우리 욕심이 잉태하고 죄를 낳을 수 있다. 그러나 이 탄생은 생명에 관련된 것이 아니다. 오히려 죽음을 낳게 된다.

그런데 예수님은 소망의 하나님이시다. 그것이 때때로 사탄이 우리에게 그의 가공할만한 병기창에서 모든 것을 동원해서 맹렬히 공격할 수 있는 것처럼 보이지만, 우리는 하나님의 말씀을 믿을 수 있고 그분은 신실하다고 말씀하시는 그분을 믿을 수 있다. 그분은 결코 우리가 감당하지 못할 시험을 허락하지 않으시고, 그의 능력으로 그 시험을 견디게 하신다. 하나님은 언제나 우리에게 시험을 피할 기회를 주실 것이다.

시험을 이기는 열쇠는 간단히 순종하는 것이다. 항상 그것은 불가능한 것처럼 보인다. 그러나 사람으로는 불가능한 것이 하나님에게는 가능하다는(마 19:26) 것을 명심하라. 성경은 그분은 피할 길을 내실 것이라고 말씀하신다. 자유의 생명선은 영원히 거기 있다. 그것은 간단하게 우리가 어느 쪽을 붙잡을 것인지에 대한 문제이다.

사랑하는 주님, 당신은 나로 이길 수 없는 시험을 당하는 것을 허용하지 않고 오늘 내가 자유의 생명선을 붙잡을 수 있게 하시니 감사합니다.

유력한 평화

본문읽기 ★ 시 34:1-8
요절 ★ 너희는 여호와의 선하심을 맛보아 알지어다 그에게 피하는 자는 복이 있도다 (시 34:8)

♥ 다윗이 이스라엘의 왕이 되기 바로 전에, 그는 생명이 위기를 느낀 때가 있었다. 그가 사울에게 쫓기고 있는 동안, 다윗은 갓으로 피신했고, 그곳에서 한 용사가 그를 알아봄으로써 다윗은 갓의 왕인 아기스가 그를 죽일까봐 미친체 하였다.

아무도 다윗이 긴박한 처지에 놓여 있었다는 것에 대해 의심 할 수 없다. 그럼에도 불구하고 그 때, 그는 시편 34편에서 하나님의 선하심에 대해 기록했다. 다윗은 주님의 참 성소를 발견했다.

오늘 다윗의 시대처럼, 평화는 여전히 얻기 어려운 것이다. 현대에 종종 갈등과 긴박한 방해물들이 가득차 있다. 때때로 그것은 소요를 피하고 평온을 이루는 것이 불가능한 것처럼 보일 수 있다. 그럼에도 불구하고 예수님은 당신에게 다윗이 발견했던 것과 같은 평화를 주신다. " 평안을 너희에게 끼치노니 곧 나의 평안을 너희에게 주노라 내가 너희에게 주는 것은 세상이 주는 것과 같지 아니하니라 너희는 마음에 근심하지도 말고 두려워하지도 말라"(요 14:27).

평화를 얻는 유일한 길은 다윗처럼 전심으로 하나님을 신뢰하는 것이다. 그분의 평화가 당신의 삶 가운데 스며들게 하라. 그리하면 당신은 챨스 웨슬리가 했던 것처럼 말할 수 있을 것이다. "나는 전능자의 그늘 아래 머무나이다. 나의 슬픔은 사라지고, 나의 근심은 멈추게 됩니다. 주님, 나의 영혼이 머물게 될 주님은 완전한 평화 속에 나를 잠잠케 해 주실 것입니다."

아버지, 인간이 이해할 수 없는 평화를 주심을 감사합니다. 나를 완전한 평화 가운데 지켜주시니 감사합니다.

08

평화에 이르는 길

평안을 너희에게 끼치노니
곧 나의 평안을 너희에게 주노라 내가 너희에게
주는 것은 세상이 주는 것과 같지 아니하니라
너희는 마음에 근심하지도 말고 두려워하지도 말라(요 14:27)

평화의 장애물

본문읽기 ★ 시 23:1-6
요절 ★ 그러므로 사랑하는 자들아 너희가 이것을 바라보나니 주 앞에서 점도 없고 흠도 없이 평강 가운데서 나타나기를 힘쓰라 (벧후 3:14)

참된 평화에 대한 추구는 태어날 때부터 시작된다. 유아시절에는 어머니의 평안한 팔을 갈망하고, 어린 시절에는 두려움이 없이 행복한 경험을 열망하며, 성인이 되면 직업과 인간관계를 통해서 성공과 업적을 얻으려고 노력한다.

이렇게 추구한다는 것은 매력적인 일이지만, 일시적인 것이다. 지속적인 평화는 우리의 노력으로 얻을 수 있는 것이 아니고, 오히려 우리 안에 계신 그리스도를 통해서 가능한 것이다. 그로부터 나오는 평화는 영원한 것이다.

만약 당신이 그리스도를 개인의 주님과 구세주로 영접하고서 평화를 경험하지 못한다면, 그때는 하나님과의 관계를 점검할 때이다. 그분과 유대관계는 참된 평화를 세울 수 있는 기초가 된다. 당신이 '하나님과 평화' 할 때까지, 당신은 '진정한 평화' 를 체험할 수 없다.

하나님과의 평화 가운데서 혼란을 일으키는 것은 무엇인가? 평화의 장애물은 종종 습관적인 죄, 해결되지 않은 죄책감 그리고 남을 용서하지 않음으로 구성되어 있다. 장애물은 또한 어려운 환경에 대해 하나님에게 비난할 때나 하나님의 진리를 거역하는 생활을 할때 일어난다.

만약 당신이 진정한 평화를 경험할 준비가 되었다면, 하나님만이 주실 수 있는 평화를 받지 못하게 하는 것 들을 밝혀 달라고 하나님께 기도하라. 열린 마음으로 귀를 기울이고 하나님이 교훈, 성경 아니면 자신의 음성을 통해 당신에게 보여 주시는 것을 수용하라. 장벽이 제거될 때, 그의 신실하심으로 즐거워하라.

주님, 나는 평생 스스로 평화를 찾은 것처럼 확실하게 당신의 평화를 갈망합니다. 나에게 내 삶 가운데 영원한 평화를 가로막는 장벽을 보여 주시옵소서.

확신있는 평화

본문읽기 ★ 빌 4:11-13
요절 ★ 내게 능력 주시는 자 안에서 내가 모든 것을 할 수 있느니라 (빌 4:13)

하나님은 우리가 확신있고, 평화가 가득한 삶을 살기를 원하시지만, 아주 자주 불충분함과 무가치함의 감정들이 이런 삶을 살지 못하게 한다. 하나님의 백성이 삶을 살아가는 오직 유일한 방법이 있는데, 그것은 확신있게 그것에 직면하는 것이다. 그분은 우리를 사랑하시는 분이시고, 영원한 죽음으로부터 구원하신 분이시며, 이 세상에서 살아가는 순간마다 우리를 인도하시는 분이시다.

사도 바울은 무서운 상황 속에서 살았다. 그는 유대인 동료들에게 배척당했고, 돌로 맞고, 죽게 내버려지기도 했다. 그는 조롱당했고, 멸시를 받았고 종종 그리스도와 복음을 위해 매를 맞았다. 그러나 바울은 계속 확신있는 소망을 유지했다. 그의 삶은 세속적인 성취에 맞추어지지 않았다. 그가 후일이 있다고 생각하지 않았으므로, 그는 단순한 진리를 생각했다. "내게 능력 주시는 자 안에서 내가 모든 것을 할 수 있느니라"(빌 4:13).

바울은 자신의 능력과 힘이 필요한 것이 아니라고 이해했기 때문에 매일 일어날 수 있었다. 그가 모든 임무와 도전에 직면하기 위해 필요한 확신을 그에게 주었던 것은 바로 그의 삶을 통해 흘러나오는 하나님의 능력이었던 것이다. 만약 당신이 하나님을 떠나서 당신의 목표를 성취하기 위해 노력한다면, 불가능하다는 것을 알게 될 것이다. 당신이 하나님을 온전히 의지할 때, 그분은 모든 도전을 통해 당신을 지지해 주고 모든 상황 가운데서 평화를 줄 진리와 소망 그리고 사랑의 기반을 당신의 삶 속에 세우게 된다. 확신은 활기를 불어넣어 우리에게 능력을 주고 하나님이 우리를 부르신 소명이 무엇이든지 할 수 있도록 능력있게 해주는 감정이다.

하늘에 계신 아버지, 무가치하다는 감정을 제거해 주시옵소서. 나로 당신이 부르신 소명을 감당할 수 있는 능력이 될 확신있는 평화를 주시옵소서.

하나님를 신뢰함

본문읽기 ★ **시 89:1-9**

요절 ★ 예수 그리스도는 어제나 오늘이나 영원토록 동일하시니라 (히 13:8)

우리는 하나님이 우리와 항상 함께 하시고 고난 속에서도 우리를 지켜주신다는 약속을 이행하는 것이 가능할지 알 수 없을 정도로 위험한 상황 속에 깊이 빠져 있는 경우가 종종 있다. 그럼에도 불구하고 시편 89편을 읽으면, 다윗은 생명의 위협을 느끼고 모든 것을 잃게 된다는 두려움을 느낄때가 여러 번이었음에도 불구하고, 확신을 가지고 말하고 있다. "내가 말하기를 인자하심을 영원히 세우시며 주의 성실하심을 하늘에서 견고히 하시리라 하였나이다" (2절).

역시 우리를 향한 하나님의 성실하심은 영원하다. 그분의 약속은 확실하다. 하나님은 무슨 일이 있었고 무슨 일이 일어날 것에 대해 현재를 초월해서 알고 계신다.

한가지 사실에서, 소망과 요동치 않는 확신에 대한 이유를 보게 된다. 하나님의 불변한 성품은 우리가 사랑스럽지 않게 느낄때에도 우리가 그분에게 멋진 자라는 것을 가르친다. 우리를 향한 하나님의 사랑을 변하게 할 것은 아무 것도 없다. 그것은 무조건적이고, 그의 은혜의 보좌에서 값없이 흘러나온다.

당신은 그분을 믿는가? 당신은 그의 확실한 능력을 믿음에서 나오는 강한 확신을 경험한 적이 있는가? 당신의 마음의 짐을 그에게 맡기라.

주님, 나는 당신을 확신합니다. 나의 평화가 당신은 가장 좋은 것을 아시고, 가장 좋은 것을 행하시고, 주님은 가장 좋은 것을 주신다는 확신으로부터 나옵니다.

기쁨의 확실한 능력

본문읽기 ★ **빌 2:13-18**
요절 ★ 만일 너희 믿음의 제물과 섬김 위에 내가 나를 관제로 드릴지라도 나는 기뻐하고 너희 무리와 함께 기뻐하리니 (빌 2:17)

예수님이 병고침을 받은 자들에게 성전에 가서 제물을 드리라고 가르치신 것은 보기 드문 일이 아니었다. 이렇게 함으로서, 사람들이, 병고침 자체에 초점을 맞추지 않고 하나님께 찬양을 돌리면서 그의 강력한 역사를 알게 되었다. 사람들이 하나님의 사역에 대해 감사하면서 그 앞에 나갈때, 기쁨과 찬양이 있었다. 기쁨은 그리스도인의 삶에 있어서 기본이 된다. 성경은 범사에 감사하라고 가르친다.

이 것은 삶 가운데서 역사하시는 하나님의 기적을 보지 못했을지라도, 기쁨이 있다는 것을 의미하는가? 그렇다. 감옥에 있고 사랑하는 사람과 떨어져 있던 사도 바울은 이렇게 편지를 썼다. "만일 내가 나를 관제로 드릴지라도… 나는 기뻐하고 너희 무리와 함께 기뻐하리니"(빌 2:17). 세상이 아주 망가지고 도무지 손을 쓸 수 없는 상태가 된다 할지라도, 평화를 얻고 즐거워하는 것이 가능한 것이다.

당신에 대한 그리스도의 사랑과 희생 때문에, 당신은 실망, 비탄 그리고 개인적인 상실의 때에 평화와 기쁨을 얻을 수 있는 것이다. 이 기쁨이 당신의 환경에 근거하는 것이 아니라, 주 예수 그리스도에 기초하고 있는 것이다. 당신이 슬퍼할 때, 그에게 찬양의 제사를 드리라. 그의 격려의 팔이 당신을 감싸고 당신을 가까이 하게 하라. 기쁨과 평화는 외부적인 환경에 있는 것이 아니라 마음 속 깊은 곳에 거한다.

주님, 나의 환경에 관계없이 오늘 나의 삶을 다스릴 평화와 기쁨을 구합니다. 나는 당신에게 찬양의 제사를 드립니다.

주 안에 있는 기쁨

본문읽기 ★ 살전 2:17-20

요절 ★ 느헤미야가 또 그들에게 이르기를 너희는 가서 살진 것을 먹고 단 것을 마시되 준비하지 못한 자에게는 나누어 주라 이 날은 우리 주의 성일이니 근심하지 말라 여호와로 인하여 기뻐하는 것이 너희의 힘이니라 하고 (느 8:10)

저술가이며 성경교사인 워렌 위어스비(Warren Wiersbe)는 이렇게 썼다.

기쁨은 섬김의 짐을 지는 것이다. "여호와로 인하여 기뻐하는 것이 너희의 힘이니라"(느 8:10). 하나님은 즐겁게 일하는 종을 사랑할 뿐만 아니라 즐겁게 주는 자를 사랑하신다… 하나님은 그의 가족이 행복하기를 원하신다. 이것은 각 지체가 기쁨으로 구제해야 함을 의미한다.

당신의 인격이 남에게 어떤 영향을 미치는지에 관해 생각해 본적이 있는가? 당신은 어떤 형태의 고용인이고 어떤 형태의 가족 구성원인가? 적극적이고, 격려하는 사람인가? 그리고 따뜻한 말로 격려하는 사람인가?

데살로니가 교인들은 기쁨 있는 신자가 되기 위해 노력했다. 그런데 그들의 생각 속에 의심과 공포가 몰래 들어가도록 했기 때문에 기쁨이 시들게 되었다. 거짓 교사들은 교회의 기쁨이 이미 일어났다고 그들을 설득시켰다.

바울은 그들에게 부정적인 생각을 받아들이지 말라고 격려하는 편지를 보냈다. 대신에 그는 이 사건에 관해 가르침을 받은 것에 초점을 맞추라고 충고했다. "우리의 소망이나 기쁨이나 자랑의 면류관이 무엇이냐 그가 강림하실 때 우리 주 예수 앞에 너희가 아니냐?"(살전 2:19).

두려움이나 의심이 당신과 감정들을 지배하지 못하게 하라. 비록 당신이 하나님의 친밀함을 느끼지 못하는 때에도,그분은 너를 떠나지 않으신다. 당신에게 가장 큰 기쁨은 당신을 향해 없어지지 않을 영원한 사랑을 가지고 있다는 것을 아는데 있다. 이 지식은 환란 가운데서 평화를 주는 것이다.

주님, 어려운 환경을 견딜 수 있도록 힘과 능력과 평화를 주는 기쁨의 마음을 주시니 감사합니다.

확신을 부여하기

본문읽기 ★ 시 40:1-5

요절 ★ 여호와 나의 하나님이여 주께서 행하신 기적이 많고 우리를 향하신 주의 생각도 많아 누구도 주와 견줄 수가 없나이다 내가 널리 알려 말하고자 하나 너무 많아 그 수를 셀 수도 없나이다 (시 40:5)

당신의 확신의 토대는 무엇인가? 당신이 느끼기에 당신은 완전하다고 생각하는 능력이나 재능을 가지고 있는가? 하나님은 당신이 많은 일들을 하게 하신다. 그 중에 어떤 것은 자연적으로 되는 것처럼 보이기도 한다. 그러나 실제로는 당신이 부름을 받은 일을 할 수 있도록 하나님이 당신의 삶 가운데서와 삶을 통해 일하신다는 사실이다. 하나님이 하실 수 있는 것을 자신의 공로로 인정한 것에 대한 자책감을 가질 필요는 없다.

다윗은 위대한 용사요 왕이 되었다. 그런데 시편 40편에서 분명하게 말한 것은, 그를 훌륭한 전사로 훈련시키신 분이 하나님이셨다는 사실을 결코 잊지 않았다.

어떻게 삶 속에서 하나님의 능력에 대해 자만하지 않고 무감각하지 않을 수 있을까?

- 당신의 초점을 주님께 유지하라. 당신이 보일 수 있는 어떤 교만을 드러나게 해 주시기를 기도하라.
- 매일 주님과 홀로 있는 시간을 떼어놓으라. 기도와 묵상은 하나님을 의지하고 자신을 의지하지 않도록 가르친다.
- 하나님을 신뢰하는 편을 선택하라. 활동적인 믿음은 우리의 성품과 확신을 세운다. 다윗이 확신을 가지고 골리앗을 대했던 것은 주님이 승리를 주실 것을 알았기 때문이다.

당신은 하나님의 힘의 영원한 근원을 확신하고 있는가?

주님, 의심과 두려움 그리고 걱정을 몰아낼 강한 확신을 주시니 감사합니다. 나에게 평화를 주시옵소서.

하나님이 통치하신다.

본문읽기 ★ 시 147:1-7
요절 ★ 상심한 자들을 고치시며 그들의 상처를 싸매시는도다 (시 147:3)

《경건한 삶》에서, 저술가이며 목사인 존 파이퍼(John Piper)는 이런 생각을 말했다. "인간의 힘으로는 결코 전능하신 하나님을 감동시킬 수 없고, 인간의 위대함도 무한하시고 위대하신 하나님을 감동시킬 수 없다…"
시편 147편은 하나님이 하나님되심을 즐거워하는 사람들의 소망에 대해 감격적인 설명을 하고 있다. "그가 별들의 수효를 세시고 그것들을 다 이름대로 부르시는도다"(4절).
지금 이것은 우리를 빨아들인다는 것 이상이다! "이 지식이 내게 너무 기이하니 높아서 내가 능히 미치지 못하나이다"(시 139:6).
우리가 살고 있는 지구는 지구 부피의 1.3배나 되는 태양이라는 별 주위를 공전하고 있는 하나의 작은 행성에 불과하다. 태양보다 백만 배나 더 밝은 별들도 있다. 은하계에는 수 백조개의 별들이 있는데, 그것은 십만 광년이나 건너편에 있다. 태양은 초당 250km로 회전하고, 그것은 은하계에서 궤도로 한번 자전(自轉)하기 위해 200만년이 걸린다…
하나님이 하나님되심을 즐거워하는 사람에게 기쁜 소식은 그분이 그들을 즐거워하신다는 것이다. 그분은 측량할 수 없는 능력에 소망을 둔 사람을 기뻐하신다. 그러므로 그것은 시편 147편 4-5절에서 하나님의 위대하심에 관한 말씀들은 그분이 약한 자(3,6절)들을 돌보심을 보여주는 것으로 문학적으로 우연하게 일치가 되는 것이 아니다.
그분은 모든 필요를 위해 하나님을 바라보고 있는 약한 자와 어린아이 같은 자들에게 하나님이 되시는 것을 좋아하신다.

주님, 나의 평안은 당신이 모든 것을 통치하고 계심을 아는데서 나옵니다. 그런 확신을 주심을 감사합니다.

은혜와 평안

본문읽기 ★ 롬 6:11-14
요절 ★ 죄가 너희를 주장하지 못하리니 이는 너희가 법 아래에 있지 아니하고 은혜 아래에 있음이라 (롬 6:14)

그리스도를 우리의 주님이시요 구세주로 고백하면서 그리스도와의 관계 속으로 들어가게 되면, 우리는 구속함을 얻게 된다. 과거를 덮고 있던 죄책감은 하나님의 깊은 용서하심의 빛 아래서 사라져 버린다. 하나님이 우리를 그의 아들과 딸로 삼으시고, 의롭다하셨지만, 우리는 여전히 넘어지기도 한다. 그리고 죄책감이 몰려오는데, 우리가 하늘에 계신 아버지가 보시기에 무가치한 존재라고 속삭이고 우리의 평안을 빼앗기게 된다.

이런 생각들이 마음 속에 들어오면, 그것들을 제쳐놓고 하나님이 우리에게 선언하신 것 곧 우리는 의롭다함을 입었다는 말씀을 기억해야 한다. 그러나 그분과의 관계를 회복하기 위해 주님께 지은 죄를 고백해야 한다.

바울은 쓰기를, "그러므로 너희는 죄가 너희 죽을 몸을 지배하지 못하게 하여 몸의 사욕에 순종하지 말고… 죄가 너희를 주장하지 못하리니 이는 너희가 법 아래에 있지 아니하고 은혜 아래에 있음이라"(롬 6:12, 14). 은혜 아래 산다는 것은 우리가 죄에 대해 무임승차권을 가지고 있다는 것을 의미하는 것이 아니라, 오히려 우리가 넘어져서, 하나님 앞에 나아가 회개할 때 우리에게 은혜의 손길을 내미신다는 것을 의미한다.

우리는 결코 삶 속에서 하나님의 은혜와 죄용서를 얻을 수 있는 어떤 것도 할 수 없다. 우리가 무엇을 할지라도, 우리가 의롭다함을 얻게 되는 것은 오직 그의 은혜로 되는 것이다. 죄책감을 씻음 받는 것은 오직 그의 은혜로 말미암아 되는 것이다.

사랑하는 주님, 나는 당신의 은혜를 얻기 위해 아무것도 할 수 없습니다. 그것은 선물이고 나는 그것을 주신 당신을 찬양합니다. 당신의 용서는 나의 모든 죄를 덮으십니다.

그리스도 안에 거함.

본문읽기 ★ 요 15:1-8
요절 ★ 나는 참포도나무요 내 아버지는 농부라 (요 15:1)

걱정이 당신을 압도할 것처럼 보일지도 모른다. 도처에 당신이 아무리 무엇을 한다해도, 고통만 기다리고 있는 것 같다. 인생은 다른 사람에게 옮겨지는 혼란과 좌절의 하나의 흔적처럼 보일지도 모른다.

그 때 당신은 주님이 결코 당신을 버리지 않고 떠나지도 않을 것(히 13:5)이라는 말씀을 기억해야 할 때이다. 당신이 그분에게 더 가까이 가야 할 때가 바로 이 때이다. 고난을 당할때 평안이 가능한가? 정말 그렇다. 그러나 그것을 가능하게 하는 유일한 방법은 예수 그리스도와의 지속적이고 풍성한 관계를 통해서이다. 요한복음 15장은 우리가 진실로 "그 안에" 있다면 그것은 그리스도와 아름다운 "포도나무와 가지"의 관계를 표현하는 것이라고 말한다.

참된 평화를 누리기 위해서는, 먼저 하나님과의 평화를 이루어야 한다. 이것은 그의 아들, 예수 그리스도를 믿는 믿음을 통해 하나님과 화해해야 한다는 말이다. 동시에 불신자 중에서 그런 모습을 하고 있으며 온전한 평화 안에 있는 것처럼 보이는 사람이 있을지 모른다. 그러나 종종 허식 아래에 있는 그들은 다른 믿지않는 영혼들처럼 텅 비어 있다. 사실 평화는 인간의 노력으로 얻을 수 없다는 것이다. 평화의 왕이 없이 평화라는 것은 있을 수 없다.

하나님의 자녀는 세상의 끝과 저 세상 끝까지 우리와 함께 하시겠다고 약속하신 우주의 하나님을 개인적으로 아는 축복을 즐기게 된다. 그분이 우리에게 요구하는 것은 헌신, 믿음과 신뢰이다. 그리고나서 평화는 그 안에 거할때 주시는 당연적인 부산물이다.

주님, 개인적으로 당신을 아는 축복을 주시니 매우 감사합니다. 당신 안에 거함으로 당연한 부산물인 당신의 초자연적인 평화를 주시니 또한 감사합니다.

그리스도 중심의 마음

본문읽기 ★ 시 37:1-8
요절 ★ 악을 행하는 자들 때문에 불평하지 말며 불의를 행하는 자들을 시기하지 말지어다 (시 37:1)

때때로 광적인 세상에서 평화롭게 산다는 것은 아주 힘든 것처럼 보인다. 사업과 매일의 생활의 짐은 우리가 경험해야 할 기쁨 위에 그림자를 던진다. 성경이 반복해서 우리는 그리스도의 소유이요 그분은 우리의 것이라고 말씀하는 것을 잊어버리곤 한다. 대적은 이 진리로부터 우리를 빗나가게 하려고 하고, 그의 가장 효율적인 전략 중 하나는 내일져야 할 짐을 오늘로 끌어들이는 것이다.

빌리 그래함은《크리스찬 사역자 핸드북》에서 이렇게 진술한다.

염려라는 용어는 근거가 없는 두려움으로부터 초래되는 넓은 범위의 문제들을 포함한다. 어떤 사람은 말하기를 염려하는 사람과 걱정이 많은 사람은 아주 먼 미래에 일어날지 모르는 것에 몰두해서 현재에 맞서는 것을 잊고 있다고 말한다. 그것은 어떤 것을 걱정하는 사람들의 특징이다. 그들은 사소한 문제들이 그들의 삶에서 매우 중요하다고 추정하고, 하찮은 일을 과장하여 말한다. 그들은 결점, 미래, 건강, 가족 그리고 사업 등을 미리 상상하고 걱정한다. 그들은 자주 그들이 걱정하고 두려워하는 이유도 파악하지 못한다.

인간은 언제나 걱정에 의해 에워싸여 있고, 현대 삶의 짐은 그 문제를 악화시켰다…. 너희 중에 대부분이 수많은 염려들로 가득차 있다. 그것들을 믿음으로 예수 그리스도에게 가져오라… 나는 날마다 나의 삶 속에서 그리스도 중심적인 마음을 유지하는 것을 배우고 있다. 세상의 염려와 걱정과 관심은 사라지고, '완전한 평화' 외에는 사람의 마음에 남아 있지 않는다.

주님, 내가 계속해서 당신의 온전한 평화를 경험하기 위해 당신에게 마음을 집중하게 하시옵소서.

자존감

본문읽기 ★ 롬 12:1-6
요절 ★ 이는 너희가 죽었고 너희 생명이 그리스도와 함께 하나님 안에 감추어졌음이라 (골 3:3)

로마서 12장에서, 바울은 어떤 사람은 지나치게 자신을 더 높이려는 경향이 있다고 지적한다. 또다른 사람은 지나치게 자신을 낮추어 생각하려는 유혹을 받는 것도 사실이다.

우리는 어떻게 생각해야 하는가? 경건한 자존감에 대한 소중한 해결책이 여기 있다. 그곳은 평화로운 삶의 핵심이 있고, 한편으로는 자기 비하의 함정과 다른 한편으로는 교만의 위험 사이에 확실한 중립적인 입장을 제공하는 것이다. 예수님 안에서 이 안식처는 하나님이 당신을 보시는 식으로 간단히 당신을 보는 데서 생긴다.

당신이 중생할때, 하나님은 그분의 사랑하시는 자녀와 새로운 상속자로서 보신다. 왜냐하면 당신의 삶은 하나님 안에서 그리스도와 함께 숨겨져 있기 때문에(골 3:3), 당신은 그리스도 안에서 완전하다고 말할 수 있다. 당신이 의로운 삶을 사는 것이 가능한 것은 내주하시는 성령 때문인 것이다.

동시에 당신은 죄성을 유지하고 있는데, 그것은 여전히 자신을 드러낼 수 있다. 그러므로 남을 즐겁게 하는 동안, 당신의 행위들에 의해 몹시 슬퍼하게 되는 것은 당연하다. 그것은 하나님이 느끼시는 방법이다. 그런데 당신이 항상 명심해야 할 것이 있는데, 그것은 당신의 행위로 하나님을 기쁘게 하시든지 안하든지 결코 당신을 향한 그분의 사랑도, 그의 자녀가 된 당신의 신분도 변하게 할 수는 없다는 것이다.

궁극적으로 당신은 그리스도 안에서 온전한 성숙에 이르게 될 것이다. 그러나 한편으로는 당신은 당신이 무엇을 하느냐에 있는 것이 아님을 결코 잊지 말라. 당신은 당신이 어떤 사람이냐에 있다.

주님, 내가 매우 기쁜 것은 무엇을 하느냐가 아니라, 당신 안에서 내가 어떤 사람이냐에 달려 있기 때문입니다. 나로 경건한 자존감을 주시니 감사합니다.

평화에 대한 격언

본문읽기 ★ 잠 17:13-15
요절 ★ 마음의 즐거움은 양약이라도 심령의 근심은 뼈를 마르게 하느니라 (잠 17:22)

잠언서에는 지혜가 풍부하다. 그것은 우리가 어떤 상황 가운데서도 평안할 수 있고 만족할 수 있다는 진리를 상세히 설명하는 것이다. 평화에 대한 격언들을 고찰해 보자.

- 잠 1:7 ~ 주님을 경외하고 공경하는 것은 항복하고 복종하는 길이며, 만족감을 느끼는 것의 첫번째 단계이다.
- 잠 1:10-19 ~ 부정 이득과 불의로 행복을 추구하는 사람들이 있다. 특별히 사람들의 방법이 소유자의 생명을 해치는 것이라고 여겨진다면, 절대로 시기심으로 세상을 보지 말라.
- 잠 11:5, 30 ~ 의로운 생각과 의로운 행동이 주님을 기쁘게 하기 때문에 의는 참된 만족을 가져온다.
- 잠 16:32 ~ 자신의 왕조를 갖는 것보다 자기를 다스리는 것이 훨씬 낫다.
- 잠 17:22 ~ 주님을 위한 삶을 통해서 기쁨과 평안에 이르게 하는 건강법보다 더 가치있는 것은 없다.
- 잠 18:12, 22:4, 25:6-7, 29:23 ~ 겸손은 평화와 만족의 기초이다. 왜냐하면 겸손은 하나님 이상으로 자신을 만들어가지 않기 때문이다.
- 잠 21:26, 22:1 ~ 관대함과 명성은 주님께 복종함으로 높이고 그에게 마음을 둔 자연스러운 결과이다.
- 잠 25:27, 27:23-24, 28:19 ~ 주님을 기뻐하면서, 당신을 향한 그분의 사역과 뜻은 측량할 수 없을 정도로 열매를 맺는다.

아버지, 나로 모든 환경 속에서 만족하게 하시옵소서. 나에게 모든 상황 속에 평안을 주시옵소서. 나는 오늘 나의 삶 속에서 평화의 격언이 분명하게 되기를 구합니다.

홀로 있음의 능력

본문읽기 ★ 시 4:1-8
요절 ★ 주께서 내 마음에 두신 기쁨은 그들의 곡식과 새 포도주가 풍성할 때보다 더하니이다 (시 4:7)

'경건의 시간' 이란 말은 과거 수년동안 기독교계에서 널리 사용되고 있다. 설교자는 그것을 설교하고, 교사는 그것을 가르치고 기도의 용사는 그것을 의지한다. 그런데 우리가 '경건의 시간' 이라고 말할 때, 우리는 참으로 무엇을 생각하고 있는가?
아마 이 구절을 읽을 때 당신은 경건의 시간 가운데 있을 것이다. 아마 당신은 배경음악으로 부드러운 기독교음악을 들으면서 책상에 성경이 놓여 있고 당신 옆에는 부드러운 커피잔이 놓여 있다. 아마 당신의 발 밑에는 고양이가 기분좋게 누워있고 창 밖에는 아름다운 잔디밭이 펼쳐 있다. 얼마나 따뜻하고 안락한 상상인가!
이 모든 것은 새로운 기도의 경험, 주님과의 긴 대화 그리고 개인적인 경배의 순간에 도움이 된다. 그런데 이러한 평화로운 장면이 혼란으로 가득차 있다.
곧 바로 당신은 열심히 성경을 읽고, 한 순간에 1-2분을 기도도 하게 될 것이다. 그런데 이것은 진정한 '경건의 시간' 이 아니다. 당신의 마음에는 여러가지 생각들, 말씀들 그리고 조용한 대화가 충만해 있다. 비록 이 시간이 필수적이지만, 그것은 홀로 있는 것이 아니다.
리차드 포스터는 이렇게 썼다. "침묵 없이는, 홀로 있은 것이 아니다." 진정한 침묵의 순간은 당신의 다음 사고나 행동을 계획하는 것이 아니고, 대신에 완전한 침묵의 순간을 갖는 것이다. 마음을 조용히 하고, 순간 기도하는 것까지도 중단하라. 뒤로 물러가서 잠시 들어라. 당신은 놀라운 것을 듣게 될 것이다.

주님, 나는 홀로 있는 시간-당신이 함께 하시는 깊은 침묵-에 익숙해 있지 않습니다. 나에게 내 주위에 있는 소란한 소리를 조용히 하고 당신의 음성을 듣게 가르쳐주시옵소서.

평화 가운데 홀로 있음

본문읽기 ★ 시 9:1-5

요절 ★ 내가 전심으로 여호와께 감사하오며 주의 모든 기이한 일들을 전하리이다 (시 9:1)

분명하게 우리는 소란한 사회 속에서 살고 있다. 이것은 세상의 한 부분에서 단순한 문제가 아니다. 오히려 산업화된 사회와 발 빠르게 움직이는 생활 속에 세상의 주파수들이 오직 '소음'이라고 표현할 수 있는 것으로 채워져 있다. 소음의 일부는 유용하다. 예를들면 뉴스특보는 다가오는 폭풍에 대해 경고를 주는 채널. 그런데 우리 귀에 들려오는 많은 것들은 실제적으로 무의미한 것이다.

왜 소음이 존재하고, 왜 우리가 그것을 필요로 하는가?

《제자도의 의식》에서, 리차드 포스터(Richard Foster)는 깊이 생각하였다. "우리가 침묵할 수 없는 이유는 그것이 도움을 주지 못한다고 느끼기 때문이다… 만약 우리가 침묵하면, 누가 통제할 것인가?" 아주 자주, 언어는 소통의 수단일 뿐만 아니라 통제의 수단이다. 우리는 우리의 상황을 조정하고, 어떤 주어진 상황에 지워지지 않게 지문을 남기기 위해 언어를 사용한다. 만약 말을 하지 않는다면, 그 밖에 다른 사람이 덤벼들어 주도권을 잡게 될 것이다.

때때로, 이것이 정확하게 일어나는 것이다. 포스터는 계속해서 말한다. "만약 우리가 침묵하면, 누가 통제할 것인가 하나님이 통제할 것이다." 우리의 기도생활은 지나치게 많은 말을 하고, 간청하고, 행동하는 것으로 특징지웠다. 주님과 매일 교제하는 것은 매우 가치가 있는 것이다. 그런데 그분이 당신에게 방해받지 않고 말씀하시게 함으로, 그분 앞에서 전적으로 홀로 시간을 보내는 것도 필요하다. 소음을 제거하는 시간을 갖고, 하나님의 음성을 들으라.

주님, 나는 상황을 통제하기 위해 나의 음성을 사용하는 죄를 범했습니다. 나에게 당신의 음성을 듣고 지배하시도록 내가 말하지 않는 의지를 주시옵소서.

죄책감

본문읽기 ★ 시 103:6-12
요절 ★ 동이 서에서 먼 것 같이 우리의 죄과를 우리에게서 멀리 옮기셨으며 (시 103:12)

우리가 과거의 죄로부터 자유로워졌다고 생각하면, 적들은 조심스럽게 우리가 어디서 왔는지를 상기시킨다. 그는 걱정거리 같이 우리 목에 죄를 놓는다. 죄책감을 영원히 버리고 영적 평안을 찾을 수 있는가?

마귀의 동기는 우리가 혼란에 빠져 우리 하늘에 계신 아버지께로 나가는 좁은 길에서 벗어나게 하기 위해 우리를 속이는 것이다. 그것은 우리가 그것을 무시하고 전진하게 하기 위해 대적의 거짓말을 분별하도록 주님께 기도해야 하는 이유이다.

우리가 먼 과거의 죄든지 최근의 죄든지 하나님의 용서를 구할때, 그분은 기꺼이 은혜를 베푸신다. 갑자기 하나님과의 관계에서 장애물이 되는 죄가 제거된다. 하나님은 결코 과거의 죄를 다시 생각나게 하지 않으신다.

다윗은 하나님이 동이 서에서 먼 것같이 우리 죄를 옮겨주셨다고 기록하였다(시 103:12). 그럼에도 불구하고 우리는 지난 죄와 여전히 싸우고 있다는 것을 알아야 한다. 이런 죄책감을 극복하는데 있어서, 우리에게 자유를 주는 것은 하나님의 은혜라는 것을 계속적으로 기억해야 한다.

대적이 마음 속에 지난 죄를 생각나게 할 때마다, 우리는 죄용서의 근원을 상기하고 하나님께서 우리의 죄를 동이 서에서 먼 것같이 옮겨주실 것이라고 말씀하신 것을 되새김으로 물리칠 수 있다.

주님, 내가 지난 죄가 생각나게 되면, 나의 코 앞에 죄를 둔 것이 하나님이 아니심을 알고 있습니다. 나를 낙심케 하고자 하는 적의 일들을 인정하지 않습니다.

평화의 바다

본문읽기 ★ 롬 5:1-5
요절 ★ 소망이 우리를 부끄럽게 하지 아니함은 우리에게 주신 성령으로 말미암아 하나님의 사랑이 우리 마음에 부은 바 됨이니 (롬 5:5)

가장 인기 있는 미국 복음 찬송가는 독특한 가사와 달리 능력이 있다. "나의 영혼에 강같은 평화가 있다." 당신이 평화를 생각할 때, 바다를 상상하는가?

로마서에서, "우리에게 주신 성령으로 말미암아 하나님의 사랑이 우리 마음에 부은 바 됨이니"(5:5)라는 말씀을 듣게 된다. 다시 요한복음 4장 14절에서, 예수님께서 우물 가에서 여인에게 말씀하시면서 물을 비유로 사용하신다. "내가 주는 물을 마시는 자는 영원히 목마르지 아니하리니 내가 주는 물은 그 속에서 영생하도록 솟아나는 샘물이 되리라."

맑은 계곡에서 흐르는 물이 광야를 소생시키고 풍성하게 하듯이, 하나님의 평화가 성령을 통해서 평안한 마음을 충만하게 한다. 예수 그리스도를 통해 주시는 것보다 더 큰 평화는 없다.

시원한 시냇물처럼 당신을 씻어주고, 당신의 마음의 고통을 진정시키며 의심을 제거하고, 죄의 상처와 고통을 씻어주시는 그의 평화를 생각해 보라. 평화의 바다가 지금 당신을 맑게 하고 있는가?

하나님으로부터 나오는 평화는 정적이며 고여있는 감정이 아니다. 오히려 그것은 하나님의 손길로 우주를 섭리하시는 분에 대한 유려하고, 활동적인 물결 같은 확신이라고 할 수 있다. 당신의 마음을 활짝 열라. 당신의 영혼 속에 흐르는 만족케 하는 평화의 바다를 받아들이고, 그의 자비와 사랑으로 인해 하나님을 찬양하라.

주님, 내가 괴로울 때, 당신의 흐르는 평화의 물결에 내 마음을 적시어, 내가 소생되게 도와 주시옵소서.

평화를 경험하라

본문읽기 ★ 요 14:1-27

요절 ★ 평안을 너희에게 끼치노니 곧 나의 평안을 너희에게 주노라 내가 너희에게 주는 것은 세상이 주는 것과 같지 아니하니라 너희는 마음에 근심하지도 말고 두려워하지도 말라 (요 14:27)

하나님이 처음에 아담과 하와를 에덴 동산에 두시고, 향기로운 꽃과 아름다운 나무들과 맛있는 과일로 충만하게 하셨을때, 당신은 평화로움을 느꼈다고 생각하는가?

물론 그들은 평화로웠다. 그들은 서로 진정한 교제가 있었고 하나님과도 참된 교제가 있었다. 그들은 악, 비탄, 고통 그리고 죽음을 알지 못했다.

우리는 다음에 무슨 일이 일어났는지 알고 있다. 시험이 동산에 들어왔고, 인류는 땅 위에서 죄와 사망의 노예가 되고 말았다. 하나님은 에덴에서 어떤 일이 일어날지를 미리 알고 계셨지만, 인간이 고통을 겪는 것은 결코 그분의 뜻이 아니었다. 하나님의 완전하고 평화로운 세상은 죄의 장본인, 사탄에 의해 오염되었다.

우리가 폭력과 분노 그리고 적의에 의해 고통당하는 세상에 살고 있지만, 우리는 여전히 하나님이 알게 하신 평화를 경험할 수 있다. 그의 아들 예수님을 보내셔서, 우리 죄를 위해 죽게하심으로 평화와 죄용서의 문이 믿는 모든 자에게 활짝 열려졌다.

하나님의 평화를 얻으려면, 당신은 세가지 주요한 결정을 해야만 한다. 곧 예수 그리스도를 당신의 개인적인 주님과 구주로 영접하라. 하나님이 주시는 평화는 구하는 자들의 것임을 믿으라, 그리고 하나님의 뜻에 순종하며 살아라. 기억하라. 그것은 당신의 마음 속에 평화롭게 살거나 함께 불순종하며 사는 것은 불가능하다.

주위에 혼란이 있을지라도, 당신의 마음 속에 평화가 있게 되는 것은 하나님의 뜻이다. 오늘 당신의 평화를 구하라.

주님, 내가 당신의 뜻을 구할때 알게 될 것입니다. 나는 당신의 평화로 인하여 평안한 마음을 가지게 될 것입니다.

주님의 평화를 잃다

본문읽기 ★ 빌 4:1-8

요절 ★ 끝으로 형제들아 무엇에든지 참되며 무엇에든지 경건하며 무엇에든지 옳으며 무엇에든지 정결하며 무엇에든지 사랑 받을 만하며 무엇에든지 칭찬 받을 만하며 무슨 덕이 있든지 무슨 기림이 있든지 이것들을 생각하라 (빌 4:8)

삶 속에서 내 생각은 평화의 수준을 결정한다. 마음 속에 부정적이고, 집요한 생각에 사로잡혀 있으면, 평화는 사라지고 삶 속에 근심과 걱정이 초래되게 된다. 그러므로 우리가 평화를 빼앗기기 전에 부정적인 생각 유형을 알고 바꾸어야 한다.

우리에게서 평화를 앗아가는 일곱가지 사고의 종류가 있는데, 사악한, 부정적인, 잘못된, 비현실적인, 반항적인, 과도한 그리고 노예 근성적인 방식이다. 각 종류는 사단이 우리 마음 속에 요새를 세우고자 목표하는 또다른 영역을 표현한다.

당신이 한 가지나 여러 가지 유형의 생각으로 고통을 당하든지, 적절히 당신의 마음 속에서 그 맹렬한 불길을 끄는 것이 중요하다. 불이 꺼질 때까지는, 당신은 하나님이 주시는 평화를 경험할 수 없을 것이다.

이런 생각이 떠오를 때, 먼저 기도로 하나님께 손을 뻗으라. 당신이 골치아픈 생각으로 고심하고 있다는 것을 고백하고 당신의 짐을 옮겨 주시기를 구하라. 그런 후에 당신의 마음의 힘을 적극적이고 활기 넘치게 하나님께 향하도록 하라.

빌립보서 4장 8절은 우리에게 참되고, 경건하고, 옳고, 정결하고, 사랑할만하고, 탁월하고 칭찬할만한 것을 생각하라고 격려한다. 하나님이 부정적인 생각을 떠오르게 하는 욕망을 제어하고 당신의 삶 속에 평화를 향한 그분의 계획을 적극적으로 생각하게 하라.

주님, 나의 마음이 부정적이고, 집요하고, 비생산적인 생각에 사로잡히게 될때 당신의 평화를 위협하지 않도록 지켜 주시옵소서. 나의 생각을 당신에게 드리게 하시옵소서.

평화를 구하라

본문읽기 ★ 시 46:1-10
요절 ★ 이르시기를 너희는 가만히 있어 내가 하나님 됨을 알지어다 내가 뭇 나라 중에서 높임을 받으리라 내가 세계 중에서 높임을 받으리라 하시도다 (시 46:10)

당신에게 평안이 있는가? 만약 없다면, 필시 평안을 구하고 있는 것이다. 아마 평화는 당신이 원하는 것이다. 인간으로서 우리는 위로와 평화를 필요로 하는 존재로 태어났다. 우리는 좋은 관계를 구하게 되고, 스트레스가 적은 환경에서 일하고, 집도 편안한 설비들을 갖추기를 구하게 된다. 자선단체에서 자원봉사를 하고 사랑하는 사람과 시간을 보내고, 참된 평화를 찾기 위한 노력을 하는 예배에 참석하게 된다. 그런데 왜 우리는 여전히 얻지 못하는가?

그것은 우리가 지나치게 열심히 일하기 때문이다. 우리가 수고하고 지치고 싸우고 애쓰게 되면, 하나님은 우리가 좀 천천히 하기를 참고 기다리신다. 당신이 아는 것처럼, 평화는 성취할 수 있는 것이 아니다. 오히려 우리가 그것을 받아들일 준비가 되어 있으면 하나님이 우리에게 주시는 것이다.

시편 46편 10절의 저자는 싸우는 것을 멈추고 하나님의 임재를 알라고 말했다. 얼마나 간단하고 아름다운 말인가! 당신이 예수 그리스도를 당신의 개인적인 구주로 받아들였을때, 예수님은 성령을 통해 당신 안에 거하기 위해 오셨던 것이다.

성경은 예수님은 우리의 평화라고 말씀하는데, 당신이 그분을 영접할 때, 당신도 평화의 선물을 받게 된다는 것을 의미하는 것이다.

당신은 예수님의 평화가 무엇처럼 느껴지는지에 대해 재교육 필요한가? 잠시 속도를 줄여보라. 애쓰던 것을 멈추고 예수님의 인격을 묵상하라. 그분이 당신의 삶에 주시는 평안의 선물을 받아들이라.

주님, 나로 힘쓰던 것을 멈추고, 당신과 말씀의 진리를 묵상하게 하시옵소서. 나는 예수 그리스도를 통해 주시는 평안의 선물을 받아들이겠습니다.

흔들리지 않는 평화

본문읽기 ★ **롬 8:18-28**

요절 ★ 우리가 알거니와 하나님을 사랑하는 자 곧 그의 뜻대로 부르심을 입은 자들에게는 모든 것이 합력하여 선을 이루느니라 (롬 8:28)

주님은 당신의 인생을 위하여 준비하신 좋은 계획들이 있다. 당신은 고난의 때를 견디고 있지만, 하나님은 모든 시련들을 이용하셔서 인생에서 '좋은' 것으로 만드시겠다고 약속하신다(롬 8:28). 사탄이 당신에게 걱정하라고 말할 때, 하나님은 반대로 생각하고 계신다. 그분은 당신이 그분을 신뢰하고 일상적인 삶에서 그분의 평안을 경험하기를 원하신다.

당신은 어떻게 하나님의 평안을 얻고 유지하는가?

● 하나님을 의존해야 함을 알라. 예수 그리스도 안에서 정체성을 발견한 마음이 평안의 마음이다. 여기저기서 자신의 문제를 빨리 해결하기 위해 바쁘게 움직이는 사람은 분쟁과 걱정의 사람이 될 수 있다. 당신의 행동에 책임을 지라. 그러나 하나님이 당신의 삶에 대한 지배권을 가지게 하라.

● 기도하라. 당신이 하나님 앞에서 기도로 영적인 무릎을 꿇을때 적은 당신을 이길 수 없다. 이것이 흔들리지 않는 평안에 이르는 참된 길이다.

● 하나님을 믿으라. 두려운 마음이 당신의 마음에 들어올때, 당신이 느끼는 것을 주님께 말씀드리고, 그분의 임재를 당신의 보호와 피난처로서 선언하라.

● 오직 하나님께 초점을 맞추라. 부정적인 생각을 붙잡지 말라. 당신의 마음의 초점을 하나님과 그의 능력에 맞추라. 하나님이 당신의 인생을 보실때, 그분은 오직 가능성을 보신다. 그리스도가 당신 가운데 살아 계시고 모든 것은 그의 지배 아래 있기 때문에 온전한 삶을 살 수 있다.

하나님, 나는 전적으로 당신을 의지합니다. 나는 당신을 신뢰합니다. 나의 마음의 초점을 당신에게 맞춥니다. 나는 오늘 흔들리지 않는 평화 속에서 살 것입니다.

당신의 평화를 지키라

본문읽기 ★ 마 6:25-34

요절 ★ 그러므로 내가 너희에게 이르노니 목숨을 위하여 무엇을 먹을까 무엇을 마실까 몸을 위하여 무엇을 입을까 염려하지 말라 목숨이 음식보다 중하지 아니하며 몸이 의복보다 중하지 아니하냐 (마 6:25)

웹스터 사전에서 평화를 '적의를 끝내기 위한 조약이나 협정' 이라고 정의한다. 만약 우리가 일상 생활에서 평안을 경험해야 한다면, 처리해야 할 '적의' 는 무엇인가? 대부분 관심이 걱정이 되면 평화가 그치게 된다.

관심은 어떤 사람이나 일들을 걱정하는 마음에서 유래하고, 하나님이 연관되도록 하는 것이다. 그런데 걱정은 하나님 대신에 문제에 초점을 맞추는 염려의 고통의 형식이다.

염려가 시작되는 것을 아는 세 가지 방법들이 있다.

- 만약 당신이 하나님의 뜻보다 당신이 바라는 것에 더 많은 관심을 가지고 있다는 것이 발견된다면, 당신은 염려 쪽으로 나아가는 것이다.
- 만약 당신이 지혜롭지 못한 결정을 서둘러서 내리고 있다고 느껴지면, 당신은 염려를 초래하는 것이다.
- 만약 당신이 흥분과 불안 속에서 계속 살고 있다면, 당신은 걱정스러운 감정을 억누르고 있는 듯 할 것이다.

평안히 행한다는 것은 현실이나 책임을 회피한다는 것이 아니라, 오히려 평화는 하나님안에 대해 참된 확신을 가지고 시련과 고난과 마주치는 것이다. 평화는 파괴적인 생각으로부터 우리의 마음과 생각을 지키는 것이다.

오늘 내가 평화로운지를 점검하기 위해 경건의 시간을 활용하라. 주님 앞에서 당신의 영혼을 시험해 보고, 걱정스러운 감정이 생길 때면 그것을 떨어버리기 위해 그분께 맡기라.

주님, 내가 지혜롭지 못하고 성급한 결정을 하거나, 흥분하여서, 내가 원하는 것에 초점을 맞춤으로 당신의 거룩한 평안을 막고 있는지 나의 마음을 점검하시옵소서.

평화의 제안

본문읽기 ★ **요 16:25-33**
요절 ★ 이것을 너희에게 이르는 것은 너희로 내 안에서 평안을 누리게 하려 함이라 세상에서는 너희가 환난을 당하나 담대하라 내가 세상을 이기었노라 (요 16:33)

요한복음 14장 27절은, 예수님이 임박한 죽음을 준비할때, 제자들에게 위로하신 말씀이다. "평안을 너희에게 끼치노니 곧 나의 평안을 너희에게 주노라 내가 너희에게 주는 것은 세상이주는 것 같지 아니하니라 너희는 마음에 근심도 말고 두려워하지도 말라"(요 14:27).
이 마음에서 우러나온 계시는 다가올 교회 시대에 소망을 주시는 이유를 확립했다. 평안에 대한 예수님의 말씀은 대립과 불안의 세상에 사는 오늘 우리에게 지침으로 남는다. 그분의 평안은 세상의 주는 것과 다르고 세상에서 얻게 되는 덧없는 행복과 기쁨과 다르다. 예수님의 평안은 걱정하는 마음을 진정시키고 세상 무엇으로도 할 수 없는 마음을 평온하게 해 주신다.
당신이 예수님의 평화의 제안을 받아들일 때, 당신이 알지 못하는 것같이 영적 온전함과 정신적인 정결함을 경험하기 위해 준비하라. 걱정은 갑자기 쓸모가 없어질 것이고, 염려는 곧 아침 이슬처럼 곧 증발할 것이다.
비록 이 세상에서 사는 동안 시련과 때때로 일어나는 고통으로부터 해방되지는 못할지라도, 세상을 이기신 분에 대해 확신을 가질 때(요 16:33), 참으로 소망의 삶을 살 수 있는 것이다. 하나님을 믿을때, 적은 승리하지 못한다. 대신에 하나님은 고난을 영적 성숙의 도구요 그분은 우리 삶을 지키시는 능력을 가지신 분임을 증명하는데 사용하실 것이다.

주님, 당신의 평안은 당신이 세상을 주관하시는 분이요 나를 넘어지게 하는 세상을 이미 이기신 분이라는 것을 말해주는 말씀입니다.

증거되는 평화

본문읽기 ★ 고후 13:5-11

요절 ★ 마지막으로 말하노니 형제들아 기뻐하라 온전하게 되며 위로를 받으며 마음을 같이하며 평안할지어다 또 사랑과 평강의 하나님이 너희와 함께 계시리라 거룩하게 입맞춤으로 서로 문안하라 (고후 13:11)

여기 세상의 어떤 운동장에서 목격할 수 있는 장면이 있다. 두 소년이 함께 모래놀이통이나 미끄럼틀 밑에서 놀고 있다. 갑자기 싸움이 벌어졌는데 두 어린이가 화가나서 주먹을 교환하면서 다투고 있었다. 그들의 평화로운 놀이시간은 격하게 끝이 났다.

이런 어린이들은 이와 같은 행동을 어디에서 배웠을까? 분명히 인간은 평화를 위해 계획되어 있지 않다. 아주 자주 불쾌함이나 스트레스에 대한 첫 반응은 그의 실망의 원인에 대해 격렬하게 공격하는 것이다. 죄인의 본성은 맨 먼저 자신을 보호하는 것이다. 그런데 인간의 무질서로의 성향이 평화로운 삶을 추구하지 못하는 것에 대한 이유는 아닌 것이다.

신약성경은 성도 가운데 평화에 대한 여덟가지 직접적인 명령이 있다. 이것은 분명히 사람들이 서로 평화로운 삶을 사는 것이 하나님의 뜻이라는 것을 보여준다. 하나님이 자기 백성에게 평화롭게 살라고 요구하는 것을 아는 것이 인간의 죄성과 이기적인 욕망과 반대될 때 구하는 것이 너무 심한 것처럼 보일지 모른다. 그럼에도 불구하고, 만약 평화가 하나님의 뜻이라면, 그분은 그것을 성취할 수 있도록 하셔야 했을 것이다. 때때로 평화는 사람의 자연적인 반응이 아니지만, 하나님의 말씀에 의하면, 그것은 가능하다.

오늘 성령께 당신이 하나님의 평화를 증명할 수 있는 방법을 알려 달라고 기도하라.

사랑하는 하나님 아버지, 내가 오늘 만나는 사람에게 당신의 평안을 증거할 수 있도록 길을 보여 주시옵소서.

다른 사람과의 평화

본문읽기 ★ 롬 12:10-18
요절 ★ 할 수 있거든 너희로서는 모든 사람과 더불어 화목하라 (롬 12:18)

당신은 친절하게 대할 수 없는 사람을 만난 적이 있는가? 당신의 다정한 말과 태도에도 불구하고, 어떤 숨은 동기를 가지고 당신을 모욕하거나 비난했을 수도 있다. 그리스도인은 평화로이 대하려는 것을 수용하지 않는 사람들에게 어떻게 반응해야 하는가?

신약성경에는 그리스도인들에게 주시는 평화에 대한 몇가지 교훈이 있는데, 로마서 12장 18절은 어떤 사람이 화목제를 받아들이지 않을 것이라는 조건으로 한다. 바울 사도는 평화하라고 명령하면서 두가지 조건을 덧붙였다.

첫째 조건은, "할 수 있거든" 인데, 다른 사람과 평화하는 것이 불가능할 때가 있다는 것을 암시한다. 이 사람은 평화로운 환경에는 관심이 없거나 다른 사람을 해롭게하는 것을 즐기기까지 하는지 모른다.

두번째 구절은, "당신이 의지할 수 있는 대로" 로서, 오직 하나님의 원칙을 포기하지 않고 할 수 있는 대로 한다는 것을 의미한다. 사람의 평화에 대한 조건이 삶에서 하나님의 규칙을 무시하게 되면, 이 평화는 받아들일 수 없는 것이다.

평화가 불가능함에도 불구하고, 계속해서 평화를 구하는 것은 그리스도인의 책임이다. 위와 같은 조건을 평화를 포기하는 변명으로 사용하지 말라. 당신이 평화를 위해 모든 노력을 강구 할 때에 용서받을 수 있는 것이다.

주님, 평화를 구하는 것이 나의 책임임을 알고 있습니다. 나로 다른 사람과 평화를 이루기 위해 모든 노력을 하도록 도와 주시옵소서.

하나님의 평화

본문읽기 ★ 사 53:4-6

요절 ★ 오직 너희 죄악이 너희와 너희 하나님 사이를 갈라 놓았고 너희 죄가 그의 얼굴을 가리어서 너희에게서 듣지 않으시게 함이니라 (사 59:2)

평화는 단지 고요한 상태와 절망 가운데서 찾은 여유만을 의미하는 것은 아니다. 궁극적으로 그리스도의 구속 사역으로 말미암아 하나님과 인간 사이에 존재하는 조건이다.

아담과 하와가 에덴에서 범죄했을때, 창조주와 피조물 사이에 장벽이 생겼고, 둘 사이의 관계에 있어서도 소망이 사라지게 되었다. 장벽은 죄라고 칭했다. 그것은 하나님과 사람 사이에 이전에 있었던 조화를 깨뜨렸고, 오직 기적만이 그것을 회복시킬 수 있었다(사 59:2).

기적이 2000년 전에 예루살렘 밖에 있는 언덕에서 일어났다. 예수 그리스도가 어떤 인간도 당하지 않았던 매우 잔혹한 죽음에 자신을 맡기셨다. 예수님의 죽음은 단순한 것이 아니라, 그의 어깨에는 과거, 현재, 미래의 모든 죄의 짐을 지고 십자가에 매달리셨던 것이다. 나와 당신의 모든 죄의 완전한 형벌은 그 날에 그분에게 지웠다. 그리스도가 죽는 순간에, 성소와 지성소를 나누는 거대한 휘장이 위에서부터 아래까지 두 조각으로 찢어졌고, 인간과 하나님 사이가 화평하게 되었음을 의미하는 것이다(고후 5:18-19). 하나님과의 화평이 다시 가능해졌던 것이다.

죽음과 잔인함의 도구였지만, 십자가는 평화의 영원한 상징이 된 것이다. 그러나 우리가 예수님의 못박히신 발 아래 무릎을 꿇고 참된 평화가 현실에서 이루게 될 산 제물로서 그분에게 우리 삶을 드릴 때 비로소 가능한 것이다. 당신이 하나님과의 사이에 온전한 조화가 있다는 것을 아는 것보다 더 큰 평화가 있겠는가? 이것이 그분이 당신에게 주신 귀한 선물이다.

사랑하는 주님, 십자가를 통해 나에게 당신의 평화를 주시니 감사합니다. 이렇게 대단히 귀한 선물을 위해 값을 치러주시니 감사합니다.

자기 자신과 평화하라

본문읽기 ★ 골 1:12-18
요절 ★ 그가 우리를 흑암의 권세에서 건져내사 그의 사랑의 아들의 나라로 옮기셨으니 그 아들 안에서 우리가 속량 곧 죄 사함을 얻었도다 (골 1:13-14)

당신은 당신을 가장 철저하게 비평하는 사람이 누군지 생각해 본 적이 있는가? 당신에게 가장 큰 실수를 저지른 자가 누구인가? 당신이 과거에 범한 실수를 분명하고 자세하게 기억하고 있는 사람이 누구인가?

정답은 항상 당신에게 있다. 죄와 불순종의 밭을 경작한 것이 당신의 손이고, 종종 다른 사람에게 고통을 준 것이 당신의 말들이다. 이것은 불안과 죄책감으로 고통당하게 한다. 그리스도인은 종종 하나님의 용서하심을 받아들이기 어려울 경우가 있다. 왜냐하면 그들이 그것을 받을 만한 가치가 얼마나 있는지를 확실히 알고 있기 때문이다.

그리스도의 구속하심을 받아들인 그리스도인들조차도 건강하지 않은 행동을 한다. 주요한 예는 몇 주, 몇 달, 몇 년 동안 매일 과거의, 같은 죄에 대해 용서를 구하고 있을지도 모른다.

이것은 우리가 피해야 할 함정이다. 그리스도는 일부의 구원을 위해 죽지 않으셨다. 중립적인 위치에 있지 않다. 그의 죽음과 부활이 죄에 대해 승리를 거두었든지 실패를 했든지 한 쪽이다. 성경의 해결책은 명확하다.

오늘 옛 짐을 내려놓고 그리스도의 든든한 평화를 얻을 수 있도록 하나님의 도우심을 구하라.

아버지, 옛 짐을 내려놓고 예수 그리스도를 통해 주시는 평화를 받기를 원합니다. 나를 도와 주시옵소서.

평화의 장애물

본문읽기 ★ 시 85:1-13
요절 ★ 주의 백성의 죄악을 사하시고 그들의 모든 죄를 덮으셨나이다 (셀라) (시 85:2)

죄가 하나님과의 화평을 깨뜨리는 이유는 당신과의 사이에 장애물이 있기 때문이다. 저술가요 강해설교가인 케이 아더(Kay Arthur)는, "죄는 당신이 가고 싶은 것보다 더 멀리 가게 한다"고 말했다. 그 말이 옳다. 작은 죄를 짓도록 유혹한다. 우리가 죄를 범하면, 갑자기 우리가 생각했던 것보다 훨씬 하나님으로부터 멀리 헤매고 있음을 알게 된다.

종종 평화가 없다는 것은 개인적인 삶 가운데서 악한 것이 있음을 암시한다. 그것은 하나님이 그를 포기했다고 생각하게 하는 사탄의 거짓말을 믿고 있을 수 있다. 아무것도 우리를 진리에서 멀어지게 할 수 없다. 우리를 향한 하나님의 사랑은 영원하다.

우리가 평화의 마음을 잃어버리는 다른 이유는 죄 때문이다. 죄로 말미암아 빼앗긴 기쁨과 평안을 회복하는 방법은 주님 앞에서 겸손하게 기도하는 것이고 죄를 용서해 달라고 기도하는 것이다.

시인은, "하나님이여, 주의 인자를 따라 내게 은혜를 베푸시며 주의 많은 긍휼을 따라 내 죄악을 지워 주시옵소서… 주의 구원의 즐거움을 내게 회복시켜 주시고 자원하는 심령을 주사 나를 붙드소서"(시 51:1, 12)라고 기록하고 있다. 다윗 왕은 밧세바와 간음죄를 범한 후 주님께 이렇게 썼던 것이다. 죄의 고통은 다윗이 죄용서를 구하고 구원의 즐거움을 회복시켜 주시기를 기도하도록 했다.

하나님은 다윗의 기도를 들으시고 그를 회복시켜 주셨다. 주님은 당신을 위해 동일하게 행하신다. 그분의 평화와 기쁨은 그분에게 돌아오는 자들에게 주시는 것이다.

주님, 나의 죄를 용서하시옵소서. 당신 앞에 놓은 장애물을 매일 제거해 주시옵소서. 구원의 즐거움을 회복시켜 주시고 나에게 평안을 주시옵소서.

평화의 왕

본문읽기 ★ 엡 2:14-18

요절 ★ 그는 우리의 화평이신지라 둘로 하나를 만드사 원수 된 것 곧 중간에 막힌 담을 자기 육체로 허시고 법조문으로 된 계명의 율법을 폐하셨으니 이는 이 둘로 자기 안에서 한 새 사람을 지어 화평하게 하시고 (엡 2:14-15)

현대 문화의 큰 비극 중의 하나는 많은 사람이 성취하기 위해 그렇게 열정적으로 구하고 노력하는 것이 사실상 그들의 성취와 노력의 결과가 아니라는 것이다. 수많은 사람들이 '진정한 평화'는 단순히 세상에 속한 것이 아니라는 것을 알지 못한채, 거꾸로 평화를 찾으려고 세상으로 향하고 있다. 돈으로 그것을 살 수 없고 성공과 명예는 그것을 보장할 수 없다. 당신이 하나님과 화평할 때까지는 내적인 평안을 결코 경험할 수 없을 것이다.

진정한 평화는 외적 환경에 의존하는 것이 아니고, 삶의 가장 어려운 순간에서도 우리의 이해를 넘어 평안을 경험할 수 있는 것이다. 그러나 이 진정한 평화는 절대적으로 우리와 하나님 사이에 방해물이 있으면 가능하지 않고, 죄와 자신의 장벽을 제거할 수 있는 유일한 방법은 갈보리 십자가를 통해서이다. 만약 단순히 우리의 노력과 필요들을 십자가 밑에 가져온다면, 평안의 풍성한 근원을 발견하게 될 것이다. 마음의 평안은 어떤 세상적인 원리와 철학에 뿌리를 둔 것이 아니라 오직 예수 그리스도와의 친밀한 관계 속에서 알 수 있는 것이다(엡 2:14-15).

마귀는 그리스도로부터 항상 중요하게 보이는 것에 마음을 빼앗기게 함으로 평안을 깨뜨릴 기회를 엿 본다. 그러나 사실 미혹하게 하는 것 외에 다른 목적은 없다. 잘못된 곳에서 평화를 찾으려고 삶을 낭비하지 말라. 평화의 왕은 진정한 평안의 근원이 되신다는 사실을 잊지 말라.

주님, 나는 다른 평화의 근원을 찾지 않습니다. 당신이 평화의 왕이십니다. 나의 눈을 당신에게 맞추게 하시고, 모든 미혹을 제거해 주시옵소서.

참을 수 없는 짐을 지라.

본문읽기 ★ 렘 6:16-20

요절 ★ 여호와께서 이와 같이 말씀하시되 너희는 길에 서서 보며 옛적 길 곧 선한 길이 어디인지 알아보고 그리로 가라 너희 심령이 평강을 얻으리라 하나 그들의 대답이 우리는 그리로 가지 않겠노라 하였으며

우리가 과중한 짐으로 지쳤을 때, 세상은 더 냉정한 곳인 것처럼 보인다. 태양은 빛나지만, 자신도 모르는 사이에 머리를 떨군다. 새가 노래하지만 우리 귀에는 마음의 울부짖음 곧 고통과 슬픔과 권태의 울부짖음으로 가득 차 있다.

우리의 문제로 시간과 주의를 빼앗기게 되면, 다른 사람과 우리 사이에는 거리감이 생기게 된다. 아마 우리는 채워지지 않는 기대, 갑작스러운 사고나 죽음, 단순하게 너무 무거운 책임감에 의해 압박을 받게 된다. 다른 가능성은 죄는 마음의 중압감을 갖게 한다. 그 원인이 무엇이든지 결과로서 압박감도 마찬가지이다. 무게의 전부가 다를뿐이다.

우리를 더욱 가까이 이끄시는 전능하신 하나님의 음성을 듣게 되고 그분 안에서 안식을 찾게 된다. 구약의 예레미야 선지자는, 그의 백성들에게 선한 길을 찾고 그 안에서 행하라고 말하면서 하나님께 기도했다. 그것이 곧 우리가 안식을 발견할 수 있는 길이다.

당신은 지금 바로 하늘에 계신 아버지를 바라보지 않겠는가? 예수님은 생수를 주신다. 당신의 영혼이 길을 구할 만큼 강건해질 때까지 충분한 물을 마시라. 성령의 도움으로 한 걸음, 두 걸음씩 복종의 길로 나아가라. 그리하면 그분은 당신에게 약속하신 평안을 주실 것이다.

예레미야 6장 16절에서, 하나님은 이스라엘 백성의 반응에 대해 지적하시는데 그들은 하나님과 동행하지 않았다. 하나님이 우리 영혼을 위해 약속하신 안식을 찾기 위해 서서(Stand) 보고(look) 구하며(ask) 행하자(walk).

아버지, 나는 옛 길,선한 길,당신의 길을 행하기 원합니다. 나는 그곳이 영혼의 안식을 발견할 수 있는 곳임을 압니다.

평화에 이르는 길

본문읽기 ★ 시 116:1-7
요절 ★ 내 영혼아 네 평안함으로 돌아갈지어다 여호와께서 너를 후대하심이로다 (시 116:7)

어제 묵상한 본문인 예레미야 6장 16절을 좀더 관찰해 보도록 하자.

1. "길에 서서 보며". 혼란스러울 때, 마음은 미래에 일어날 수 있는 모든 일에 대한 생각으로 달려가게 된다. 우리는 스스로 "어떻게 될까?" 질문을 하게 되고 자주 근거 없는 걱정의 희생자가 된다. "서서"라는 것은 미래에 대한 혼란한 생각에서 마음을 돌려서 하나님께 초점을 맞춘다는 의미이다. 그것은 교차로에 여러 가지 길을 안내하는 표지판이 있는 것과 비슷하다. 우리는 그 흔적이 어느 방향을 향하고 있는지를 알때까지 기다려야 한다.
2. "옛적 길 곧 선한 길이 어디인지 구하고." 고난의 길에서 믿음의 선배들은 훌륭한 여행을 해 왔고, 그들의 발자국이 하나님에게 이르는 영광의 길로 이어져 있다. 성경 속에서 시편이나 기도들에서 다윗 왕의 부르짖음을 묵상하라. 그들의 반응과 큰 고통 가운데서도 믿음을 보이고 하나님을 신뢰했던 길을 깊이 생각하라. 믿음의 옛 길과 신뢰의 선한 길을 가르쳐 주시는 성령님을 받아들이라. 그 때 예수님이 행하셨던 것처럼 담대하게 그 길을 갈 수 있게 해 주시기를 기도하라.
3. "그 안에서 행하라. 너희 심령이 평강을 얻으리라." 우리 구주에 대해 시선을 집중하고, 그분을 높이면서 고난의 길을 걸어가리라고 결심하라. 다음 단계에서 성령의 능력을 철저히 받고, 마음과 말 그리고 행동으로 순종하기를 구하라. 그분을 따를때, 영혼을 만족케 하는 달콤한 안식을 얻게 될 것이라는 것을 알게 될 것이다.

주님, 나는 평화의 길을 선택했습니다. 나로 고난의 때에 견고해지도록 도와 주시옵소서. 선한 길이 어디인지를 묻고 그 길로 나갈 수 있도록 능력을 주시옵소서.

소망에 관한 이유

본문읽기 ★ 유 1:20-25
요절 ★ 이것이 우리 구주 하나님 앞에 선하고 받으실 만한 것이니 하나님은 모든 사람이 구원을 받으며 진리를 아는 데에 이르기를 원하시느니라 (딤전 2:3-4)

우리가 스스로 사용해 보지 않고서 남에게 어떤 물건과 일들을 소개하는 것은 곤란한 일이다. 우리가 들은 것을 남에게 말할 수는 있겠지만, 각 사람의 마음을 이끌지는 못한다.

다른 사람이 우리에게 와서 구원에 관하여 질문하고, 우리가 우리의 구원이 그 안에서 영원히 안전하다는 하나님의 약속의 유효성을 의심한다면, 어떻게 확신있게 믿음을 증거할 수 있을까?

사람이 구원을 확신하지 못하는 데에는 많은 이유가 있다. 그들은 사랑의 하나님이 어떻게 비극을 허락하실 수 있는가 하고 질문을 던진다. 그들은 은혜가 아니고 행위로 구원을 받는다고 믿고 있다. 그들은 하나님의 말씀을 받아들이지 않는다. 여전히 죄 가운데 살게 되고, 삶 가운데서 하나님의 권위에 복종하지 않는다. 그러나 하나님의 말씀은 우리의 구원은 그분 안에서 확실한 것을 알도록 하기 위해 확신을 주시고, 다른 사람과 믿음을 증거할 확신을 주신다.

디모데전서 2장 4절에서 하나님은 "모든 사람이 구원을 받으며 진리를 아는 데에 이르기를 원하시느니라."고 상기시키신다. 그리고 사도 요한은, "아들을 믿는 자에게는 영생이 있고 아들에게 순종하지 아니하는 자는 영생을 보지 못하고."라고 말했다.

우리의 구원이 확실하고 하나님은 모든 사람이 진리를 알기를 원하신다는 것을 이해함으로써, 담대히 나아가서 우리 주위에 있는 사람들에게 소망에 관한 이유를 전할 수 있다.

주님, 나는 구원이 당신 안에서 확고하다는 것을 확실하게 압니다. 나로 구원에 관해 의심과 혼란으로 가득찬 사람들에게 이것을 전하는 법을 보여 주시옵소서.

09

확신에 이르는 길

내가 하나님의 아들의 이름을 믿는 너희에게
이것을 쓰는 것은 너희로 하여금 너희에게
영생이 있음을 알게 하려 함이라(요일 5:13)

든든한 닻

본문읽기 ★ 히 13:1-6

요절 ★ 돈을 사랑하지 말고 있는 바를 족한 줄로 알라 그가 친히 말씀하시기를 내가 결코 너희를 버리지 아니하고 너희를 떠나지 아니하리라 하셨느니라 그러므로 우리가 담대히 말하되 주는 나를 돕는 이시니 내가 무서워하지 아니하겠노라 사람이 내게 어찌하리요 하노라 (히 13:5-6)

폭풍우가 될 구름이 삶의 지평선 건너편에서 피어오르면, 확신을 가지고 역경을 맞이할 준비를 해야 한다. 시련과 시험이 오자마자, 믿음의 닻을 내릴 곳을 점검할 때인 것이다. 우리 믿음이 확고히 주님께 붙은채 닻은 깊은 곳에 내리어져 있는가?

당신이 그리스도보다 다른 것에 소망과 믿음을 두게 될때, 절망하게 될 것이다. 이 세상에 있는 것들은 일시적으로 우리를 만족케 할지는 모르지만, 사실은 마음의 공허감이 어떤 만족도 뒤짚고 말 것이다.

우리 친구가 주는 어떤 지원과 용기라 할지라도, 삶 속에 일어난 많은 폭풍우를 잠재울 수 있는 평화는 오직 하나님으로부터 온다. 우리가 아무리 재물을 많이 가지고 있다할지라도, 그것은 모든 문제를 해결하지 못하고 공허감을 결코 채워주지 못할 것이다.

그러나 그리스도 안에 닻을 내린 마음은 이 모든 폭풍우에 대해 인내할때 우리를 더욱 든든히 붙잡아 줄 것이다. 하나님은 그의 자녀를 기뻐하시고 그의 자녀들을 위해 가장 좋은 것을 주시기를 기뻐하신다.

그분은 모든 것을 아시고, 이 어려움을 향해서 굳건히 서 있을 수 있는 가장 좋은 길을 알고 계신다. "그가 친히 말씀하시기를 내가 결코 너희를 버리지 아니하고 너희를 떠나지 아니하리라 하셨느니라 그러므로 우리가 담대히 말하되 주는 돕는 이시니 내가 무서워하지 아니하겠노라 사람이 내게 어찌하리요"(히 13:5-6).

주님, 물질적인 것이 나의 마음을 유혹하기 시작하면, 당신 안에 닻을 내리고, 삶의 풍파를 견딜 수 있도록 도와주시옵소서.

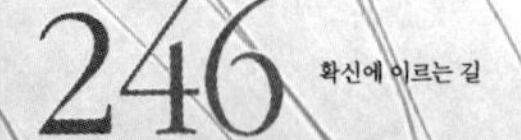

말씀의 확신

본문읽기 ★ 히 13:7-9

요절 ★ 여러 가지 다른 교훈에 끌리지 말라 마음은 은혜로써 굳게 함이 아름답고 음식으로써 할 것이 아니니 음식으로 말미암아 행한 자는 유익을 얻지 못하였느니라 (히 13:9)

폭풍이 몰아칠때 그리스도 안에 삶을 든든히 붙잡아 매는 것은 하나님의 말씀이다. 성경 교사 워렌 위어스비는 설명한다.

영적 사역의 목적은 하나님의 백성을 은혜 가운데 세우는 것이고 그래서 그들이 위험한 교훈에 의해 흔들리지 않게 하는 것이다(엡 4:1 · 4-15). 히브리서의 수신자 중에 어떤 이는 음식에 지배를 받는 유대교로 되돌아가려고 하고 있었다. 저자는 그들에게 이 식사의 규정이 영적으로 유대인을 결코 유익하게 하지 못했다고 경고하였다. 음식의 율법은 사람들에게 영적인 것처럼 감동을 주었지만 그것은 그리스도 안에 있는 실재의 그림자일 뿐인 것이다(골 2:16-23).

교회에서 목사가 바뀔때, 교리와 교리적인 주안점이 변하는 경향이 있다. 우리는 하나님의 말씀을 벗어나지 않도록 신중해야 한다. 교회의 영적인 기본이 변하지 않게 신중해야 한다. 교회에서 성경의 교리는 교회의 능력과 성장의 원천이기 때문에 오늘날 교리적인 설교를 더 이상 하지 않는 것은 안타까운 일이다.

하나님의 말씀 가운데서 우리의 기초, 우리의 닻을 발견하는 것은 삶 가운데서 그 시련을 이겨나가는데 있어서 매우 중요하다. 인생의 시험 속에서 하나님의 말씀을 더 깊이 아는 것보다 더 잘 준비하는 것은 없다.

주님, 나는 당신 안에 뿌리박는 것을 잘못된 교훈에 의해 주어진 거짓된 안전 의식으로 바꾸기를 원하지 않습니다. 나로 당신의 진리에 닻을 내리도록 해 주시옵소서.

신뢰할 수 있는 하나님

본문읽기 ★ 시 85:1-13
요절 ★ 여호와여 주의 인자하심을 우리에게 보이시며 주의 구원을 우리에게 주소서 (시 85:7)

신뢰는 서로 이익을 얻는 것이다. 그런데 하나님이 우리를 구원하신 시간부터, 그분은 우리를 바라보시고 믿으신다. 그분은 우리가 다른 실수를 결코 저지르지 않을 것이라고 생각하는가? 하나님은 우리가 여전히 실수한다는 것을 알고 계시지만 성령이 우리 가운데 거하신다. 그리고 이것은 타협할 수 없는 신뢰의 의미이기도 하다.

많은 사람이 하나님의 말씀을 읽지만, 그들이 하나님의 선하심을 의심하는 방식으로 대적들로 하나님의 진리를 왜곡하도록 한다. 어떤 사람이 어떤 것을 약속하고 지키지 않았다면, 냉소적인 마음이 들게 될 수 있다. 반복적으로 실망을 하게 한다면 누구를 신뢰하는 것은 우리에 대한 중대한 도전이 될 수 있다.

그런데 하나님은 수천년 동안 신실하신 분이다. 성경을 통해 하나님이 약속하시고 약속을 지키지 않으신 것을 읽을 수 없다. 어떤 사람이 냉소주의에 빠져있다면 그는 남을 쉽게 믿지 못할 것이다. 그러나 결국에는 진리는 하나님은 언제나 신실하시다는 것이 드러나게 된다.

하나님의 신실하심은 무한하다. 그분의 약속은 언제나 우리가 생각하는 식대로 드러나는 것은 아니지만, 그분은 항상 약속을 지키신다. 하나님이 우리에게 그의 신실하심을 증거하신 것처럼, 그분은 우리의 삶을 비롯하여 모든 것에 대해 궁극적으로 신뢰할만한 분임을 알게 된다. 우리는 그 확신 가운데 기초를 두고 있는 것이다.

사랑하는 주님, 나로 하여금 나의 생각에 물들게 하는 냉소주의를 제거해 주시옵소서. 나는 새롭게 확신을 가지고 당신의 신실하심과 확실하심을 믿습니다.

자유와 확신

본문읽기 ★ 엡 5:1-7

요절 ★ 하나님이 우리를 사랑하시는 사랑을 우리가 알고 믿었노니 하나님은 사랑이시라 사랑 안에 거하는 자는 하나님 안에 거하고 하나님도 그의 안에 거하시느니라 (요일 4:16)

'후광 효과.' '권위자의 환심을 산 사람.' 그것을 무엇이라고 부르든지 관계없이, 사람이 외견상 잘못을 행할 수 없는 현상이다. 사람이 규정된 의식의 범위 안에 있으면, 그는 많은 칭찬을 받게 된다.

많은 사람들이 교실이나 일과 관련된 배경 내에서 그 상황을 결코 경험할 수 없지만, 하나님과의 관계에서도 똑같은 힘을 경험할 수 있다.

우리가 다음과 같은 말이나 행동 때문에 공격을 받거나 벌을 받는다는 두려움 대신에, 자유가 우리 마음에 퍼지게 된다. 성경에 "하나님은 사랑이시다"(요일 4:16)라고 말씀하신 성경이 의미하는 것을 이해하게 되는 것이다. 그리고 우리의 존재를 제한하려고 하는 것이 하나님의 의도가 아니라는 것을 깨닫고, 오히려 그분의 뜻을 행하고 그분이 우리 마음에 두신 모든 소원들을 성취하기 위해 자유롭게 하실 것이다.

바울은 기록하기를, "그러므로 사랑을 받은 자녀같이 너희는 하나님을 본받는 자가 되고 그리스도께서 너희를 사랑하신 것 같이 너희도 사랑 가운데 행하라 그는 우리를 위하여 자신을 버리사 향기로운 제물과 희생제물로 하나님께 드리셨느니라"(엡 5:1-2). 하나님의 믿을 수 없는 사랑으로 말미암아 자유를 얻을때, 우리는 확신을 가지고 그분을 신뢰할 수 있다는 것을 깨닫게 된다.

우리가 그분의 정하신 길에 따라서 행하게 되면, 우리는 결코 알지 못하는 것 같은 자유를 경험할 것이고, 범사에 그분을 신뢰하는 것을 배울 것이다.

주님, 당신의 뜻을 행할 자유를 주심을 감사합니다. 나는 온전한 확신을 가지고 당신을 신뢰할 수 있음에 감사합니다.

의심을 압도하라

본문읽기 ★ 수 1:1-9
요절 ★ 내가 네게 명령한 것이 아니냐 강하고 담대하라 두려워하지 말며 놀라지 말라 네가 어디로 가든지 네 하나님 여호와가 너와 함께 하느니라 하시니라 (수 1:9)

성도들이 의심과 씨름을 하는 데에는 많은 이유가 있다. 때때로 전혀 오류가 없는 하나님의 말씀을 믿는다고 말하는 사람은 또 의심을 극복하기 위해 여전히 싸우는 사람들이기도 하다.

죄와 자책은 성도를 하나님이 그들을 위해 활동하신다는 것을 의심하게 만들 수 있다. 그렇게 다른 요인들은 이전의 실패, 다른 사람에 대한 부정적인 영향 그리고 나쁜 초점과 같을 수 있다. 그러나 아마 많은 성도들이 여전히 의심하는 주요 이유는 하나님의 말씀에 대한 무지 때문이다. 하나님이 우리에게 어떻게 반응하시는지를 알고, 마음과 생각 속에 깊이 진리를 생각할 수 있는 유일한 방법은 여호수아의 충고를 받아들이고 하나님의 말씀을 묵상하는 것이다.

성경을 묵상하는 것은 단순히 읽는 것 이상의 의미를 가진다. 그것을 읽고, 연구하고, 깊이 생각하고, 하나님께 질문하는 것을 의미한다. "아버지 이 본문을 통해 나에게 개인적으로 말씀하시고자 하는 것이 무엇인지, 나에게 당신이 나를 위해 준비하신 것을 위해 내 삶에 이 진리를 어떻게 적용해야 되는지를 보여 주시옵소서."

이런 영적 훈련을 행하는 것은 오랫동안 믿음을 시험하고 의심을 극복하기 위해 준비하는 것이다. 그것은 하나님이 생각하신 방법으로 생각하도록 당신의 마음을 계획하고 있다. 어떤 상황 속에서 당신이 성령의 격려에 적절한 말씀을 생각하게 해주는데 있어서 성경을 아는 것만큼 당신의 믿음에 활기를 주는 것은 아무것도 없다.

주님, 당신이 생각하는 식으로 생각하게 나의 마음을 만들어 주시옵소서. 당신의 말씀을 통해 나의 믿음에 활기를 주시옵소서. 나는 의심을 극복하기를 원합니다.

하나님의 놀라운 은혜

본문읽기 ★ 벧전 5:1-12

요절 ★ 내가 신실한 형제로 아는 실루아노로 말미암아 너희에게 간단히 써서 권하고 이것이 하나님의 참된 은혜임을 증언하노니 너희는 이 은혜에 굳게 서라 (벧전 5:12)

비록 우리가 홀로 있다고 느낄지라도, 하나님은 그의 자녀를 버리지 않으신다는 확신을 할 수 있다. 우리가 그분의 확실한 사랑을 받자마자, 우리는 영원히 그분의 소유가 되었다. 하나님의 은혜를 이해하기 위해서는, 우리는 은혜에 관한 인간적인 선입견을 버려야 한다. 영원한 은혜는 하나님에게서 오는 선물이다.

우리가 그리스도를 우리 주님과 구주로 영접하고 그분으로 말미암아 우리의 마음과 삶을 변화시키게 할 때, 우리는 하나님의 놀라운 은혜 가운데 들어가게 된다. 우리는 그분의 은혜를 잠시동안이 아니라 평생동안 받게 된다. 우리가 주와 함께 영적으로 동행하는 가운데 성장하게 되면, 우리를 향한 하나님의 은혜는 결코 변하지 않는다는 것을 쉽게 발견하게 된다. 은혜를 온전히 이해했던 베드로는 이렇게 기록했다. "내가 신실한 형제로 아는 실루아노로 말미암아 너희에게 간단히 써서 권하고 이것이 하나님의 참된 은혜임을 증언하노니 너희는 이 은혜에 굳게 서라"(벧전 5:12).

의심과 두려움이 당신의 생각에 몰래 들어올때, 하나님의 은혜의 지식에서 굳게 서라. 그분은 빠른 인생 가운데서 궁지에 빠지도록 내버려 두지 않을 것이라는 것을 알라. 그분은 육체적이고 감정적으로 당신에게 필요한 모든 것을 공급해 주실 것이다. 그분의 은혜를 공급받는 것은 당신의 믿음 생활에서 중요한 것이다. 그것 없이는 당신은 구원의 부름을 알 수도, 이해할 수도, 확신할 수도 없을 것이다.

하나님의 은혜는 당신이 직면하고 있는 모든 것을 위해 충분하다. 그에게 매일 살아가는 방법을 가르쳐 주시기를 기도하라.

주님, 당신의 은혜는 풍성합니다. 나로 매일 살아가는 방법을 가르쳐 주시옵소서. 나로 당신의 은혜 가운데서 굳게 서게 하시옵소서.

당신을 세우는 은혜

본문읽기 ★ 엡 2:1-10
요절 ★ 허물로 죽은 우리를 그리스도와 함께 살리셨고 (너희는 은혜로 구원을 받은 것이라) (엡 2:5)

우리가 취소할 수 있기를 바란다고 말할 때가 있다. 또 때에 따라서는 우리의 행동을 되돌리고 고칠 수 있으면 좋겠다고 바라기도 한다. 이런 순간이 생기면, 우리는 어떻게 하나님의 은혜를 더 지속할 것인지를 생각한다. 우리는 그분의 용서를 구하지만, 삶 속에서 하나님의 은혜가 다하면 어떻게 하지 하는 의심이 생기기도 한다.

사실 당신은 하나님의 은혜를 다 쓸 수 없다. 그분은 당신이 사랑하지 않을 때조차도 사랑하신다. 그분은 우리의 언행에 대해 책임을 물으신다. 우리의 말과 행동이 다른 사람에게 해를 입힐때, 우리의 행위를 고백하고 하나님과 상처를 입은 자에게 용서를 구해야 한다.

겸손은 하나님의 은혜가 우리를 통해 막힘없이 흐르고 있다는 표시이다. 은혜가 선물 곧 하나님이 주신 것이고 우리가 다른 사람에게 주어야 할 것이라는 것을 알라. 당신이 다른 사람의 말과 행동에 의해 상처를 입었을때, 하나님이 당신에게 베푸신 은혜를 기억하라. 용서하고 하나님이 다른 사람과의 관계를 회복하시게 하라. 하나님이 그의 은혜가 결코 한이 없으시다는 것을 깨달음으로 우리의 삶을 변하시키기를 원하신다. 우리는 은혜로 구원을 받았고(엡 2:5), 우리는 은혜가 충만한 삶을 살도록 부르심을 받았다.

당신에게 베푸신 하나님의 은혜에 대해 감사했던 것이 언제였는가? 감사하는 시간을 가지고, 오늘 다른 사람에게 은혜와 사랑 그리고 그들을 받아들이라.

주님, 나에게 베푸신 당신의 은혜에 대해 감사합니다. 오늘 내가 다른 사람에게 은혜와 사랑을 베풀고 그들을 받아들이게 하시옵소서.

확신이 복되도다

본문읽기 ★ 행 16:24-34
요절 ★ 이르되 주 예수를 믿으라 그리하면 너와 네 집이 구원을 받으리라 하고 (행 16:31)

구원에 관하여, 우리는 네 가지 범주 중 하나로 구분하게 된다.

- 우리는 구원받았고 그것을 알고 있다.
- 우리는 구원받았다고 생각은 되지만, 구원받은 것은 아니다.
- 우리는 구원받았다고 주장하지 않는다.
- 우리는 구원받은 것이 아니고 다만 구원받고 싶다.

당신은 어떤 것이라고 알고 있는가?

구원은 하나님께서 예수 그리스도를 통해서 성도를 모든 죄의 영향으로부터 구원하신 것이다.

우리는 영생을 어디에서 누릴 것인지에 대해 의심하지 말아야 한다. 그 확신은 우리 모두에게 해당되는 것이다. 당신은 그런 확신이 있는가? 만약 당신에게 영생에 대한 확신이 없다면, 지금 바로 나는 당신에게 인생의 가장 중요한 결정을 내리라고 권고한다.

첫째, 하나님은 모든 사람이 구원받기를 원하신다는 것을 깨달으라(딤전 2:4). 그분은 모든 사람이 구원을 받을 뿐만 아니라, 그의 아들을 통해 구원의 길을 주신다(요 3:16). 그분은 우리가 예수 그리스도를 믿어야 한다고 말씀하신다(행 16:31).

그리고 우리는 사람 앞에서 그분을 시인해야만 한다(롬 10:10).

하늘에 계신 우리 아버지는 그의 약속을 지키시는 신실하신 분이시다. 만약 당신이 예수 그리스도를 개인적인 구주로 믿는다면, 그분은 당신을 모든 죄에서 구원해 주시고 당신의 장점과 가치에 상관없이 그의 가족으로 환영할 것이다. 영생은 당신의 것이 될 것이다. 그분은 이 선물을 값없이 그의 아들을 믿는 모든 자에게 주신다. 당신은 그것을 받겠는가?

주님, 나는 영생의 선물을 받아들입니다. 나는 당신의 아들 예수 그리스도를 통해 구원을 받았습니다. 나의 구원을 확신하게 해 주심을 감사합니다.

흔들리지 않는 것들

본문읽기 ★ 히 12:25-29
요절 ★ 빌립이 이르되 주여 아버지를 우리에게 보여 주옵소서 그리하면 족하겠나이다 (요 14:8)

타이타닉은 침몰하지 않고 정복되지 않을 것처럼 생각되었다. 그럼에도 불구하고 오늘날 그것은 바다 속에 침몰해 있다. 그 비극적인 종말은 우리가 정복될 수 없을 것같이 생각될지라도, 이 세상에서 멸망하지 않을 것은 아무것도 없다는 것을 생각하게 해준다. 오직 하나님과 그의 말씀만이 불멸한 것이다.

예수님은 그의 제자들에게 그분은 그들을 고아처럼 버려두지 않을 것이라고 말씀하셨다(요 14:18). 그런데 예수님이 체포되신 후에, 그들은 그들에게 하신 말씀을 의심하기 시작했다. 그들이 십자가에 못박히신 순간까지, 그들의 의심은 공포로 바뀌었다. 예수님께서 살아계실때, 그분이 메시야이심을 믿는 것은 쉬운 일이었다. 그러나 그의 죽으신 후 이틀 동안, 그들의 기도가 응답되지 않을 것을 처럼, 그들은 의심하기 시작했고, 그들의 믿음은 파선했다.

우리도 똑같이 행하고 있다. 그리스도를 믿고 나서, 어떤 큰 사고나 슬픔을 통해서, 하나님께 울부르짖는 자신을 발견하게 된다. 우리도 우리에게 하신 약속들을 의심하고, 왜 그분이 우리 마음에 고통을 주는 고난을 주시는지 의아해 하게 되는 것이다. 그러나 우리의 믿음이 흔들리고 하나님이 함께 하시지 않는 것처럼 느껴질때, 확신하라. 그분은 우리의 견고하고 흔들리지 않는 소망의 닻이 되신다.

당신은 흔들리는 것을 믿어 본 적이 있는가? 그렇지 않으면 작은 역경이 닥쳐 올때 마다 가라앉는 것에 당신의 희망과 꿈을 맡기지는 않았는가? 오직 하나님만이 요동하지 않으신다. 당신의 마음이 그분에게 고정되면, 폭풍우나 고난도 당신을 결코 해할 수 없을 것이다.

주님, 의심이 피어 오를때, 나로 공포의 불길 속으로 불어넣지 않도록 하시옵소서. 나는 불멸하시는 당신과 당신의 말씀을 믿겠습니다.

구원의 확신

본문읽기 ★ **요 5:24-29**

요절 ★ 주의 약속은 어떤 이들이 더디다고 생각하는 것 같이 더딘 것이 아니라 오직 주께서는 너희를 대하여 오래 참으사 아무도 멸망하지 아니하고 다 회개하기에 이르기를 원하시느니라 (벧후 3:9)

우리가 하나님의 사랑과 구원을 경험하기 위해 온전해지지 않아도 된다는 것을 아는 순간 자유가 마음 속에 넘치게 된다. 하나님이 보시기에 어떻게 다음 번에 실패할지 모른다고 걱정하면서 매일 살아간다면, 자유의 삶을 살 길이 없다. 우리가 복종함으로 하나님께 영광을 돌려야 하는 한편, 구원은 우리가 실패하는 순간마다 미끄러지지는 않는다.

구원의 확신을 굳게 잡기 위해서, 인류의 구속을 위한 하나님의 뜻을 이해할 필요가 있다. 바울은, "이것이 우리 구주 하나님 앞에 선하고 받으실 만한 것이니 하나님은 모든 사람이 구원을 받으며 진리를 아는데에 이르기를 원하시느니라" (딤전 2:3-4)고 기록하고 있다. 하나님은 모든 사람이 죄와 회개에 대해 알기를 원하신다.

항상 우리는 하나님이 우리로부터 그의 구원을 숨기고 있다고 생각할지도 모른다. 그러나 그분은 숨기지 않으신다. 구원은 모든 사람에게 해당된다. 베드로는, "주의 약속은 어떤 이들이 더디다고 생각하는 것 같이 더딘 것이 아니라 오직 주께서는 너희에 대하여 오래 참으사 아무도 멸망하지 아니하고 다 회개하기에 이르기를 원하느니라" (벧후 3:9)고 쓰고 있다.

많은 사람이 그것을 깨닫지 못한다. 그러나 하나님은 개인적으로 우리의 삶에 깊이 관련되기를 원하신다. 그분은 우리가 그의 은혜를 경험하기를 원하지만, 우리는 그를 향하여 첫 발을 디디기를 원하신다. 우리가 그렇게 할 때, 그분은 우리 영혼의 구원을 시작하면서 우리에게 필요한 것을 주신다.

주님, 내가 약할 때에, 올라가고 내려가고 네 발로 걷든지, 당신은 나를 돕기 위해 계속해서 팔을 벌리고 서 계심을 믿습니다. 당신의 불변의 사랑에 대해 찬양합니다.

영원한 모험

본문읽기 ★ 요일 5:6-13
요절 ★ 만일 우리가 사람들이 증언을 받을진대 하나님의 증거는 더욱 크도다 하나님의 증거는 이것이니 그의 아들에 대하여 증언하신 것이니라 (요일 5:9)

사람이 상품, 사건, 다른 사람의 인격을 증명할 때, 그 증거는 그것을 설명하는 사람의 인물됨보다 더 효과적이다. 하나님에 관해서도, 그분이 말씀하신 것에 관해 의심이 없어야 한다. 그의 말씀은 진리이다.

그러나 하나님을 안다는 것은 더 큰 유익이 있다. 우리가 그분에게 더 가까이 할때, 그분은 삶 속에서 언제나 우리를 인도해 주실 뿐만 아니라 우리의 삶을 위한 그분의 계획을 성취하는 법을 분명하게 제시해 주신다는 것을 알게 될 것이다.

요한은, "만약 우리가 사람들의 증언을 받을 진대 하나님의 증거는 더욱 크도다 하나님의 증거는 이것이니 그의 아들에 대하여 증언하신 것이니라… 또 증거는 이것이니 하나님이 우리에게 영생을 주신 것과 이 생명이 그의 아들 안에 있는 그것이니라"(요일 5:9,11)고 기록하고 있다. 구원의 확신은 하나님의 말씀에 기초를 두고 있다. 어느날 그의 은혜에서 떨어질 것이라는 두려움을 가져서는 안된다. 이것은 그리스도를 구주로서 영접한 사람들에게 일어날 수 없다. 하나님의 사랑은 영원하다. 그분이 다른 방향으로 그의 사랑을 바꾸는 시간은 한 순간도 결코 없을 것이다. 그것은 언제나 우리에 대해 초점을 맞추고 있다.

그분은 그의 아들에 관하여 증거하신 말씀을 통해 우리에게 필요한 확신을 주신다. 우리가 하나님의 말씀을 진리로 받아들이고 그리스도를 구주로 영접하는 순간, 우리는 구원받았다. 영원한 모험은 위대한 확신과 함께 시작되는 것이다.

구원과 확신을 주시니 감사합니다. 주님, 당신의 사랑이 나를 향하여 영원히 있으니 감사합니다.

신자의 안전 시스템

본문읽기 ★ 벧후 2:18-21

요절 ★ 의의 도를 안 후에 받은 거룩한 명령을 저버리는 것보다 알지 못하는 것이 도리어 그들에게 나으니라 (벧후 2:21)

하나님의 모든 자녀들은 내장된 '영적 안전 시스템' 을 가지고 있지만 어떤 성도는 다른 사람들보다 훨씬 더 영적 약탈자에게 공격을 받기도 한다. 거짓 교사나 '양의 탈을 쓴 늑대들' 은 성숙하지 않은 성도들을 찾아 그들의 무지를 이용한다.

성경을 따라서 죄를 고백하지 않고 버리지 않는 사람은 사탄의 계략에 쉽게 속아 넘어갈 수 있다. 유혹의 위험에 노출된 중에 사람중에 예수님과 종교적인 의식에 대해 최상의 지식을 가지고 있었지만, 그들은 참된 제자도를 끝까지 따르지 않았다. 그들은 교회에서 직분자이고, 세례까지 받았지만, 무엇인가를 잃어버리고 있다. 그들은 참된 경건에 대한 뿌리도 없어서 이전보다 더 나쁜 상태에서 혼란스러운 결말을 맞고 있는 것이다.

다행스럽게도, 성도는 이런 둥근 웅덩이를 피할 준비를 갖추고 있다. 우리는 하나님의 진리에 지속적으로 마음을 적셔야만 한다. 그렇게 함으로 우리는 사실 거짓된 것이 우리 앞에 나타나면 경고로 반응하는 마음의 장치(grid)를 작동시킬 것이다.

그리스도인은 또한 인격적으로 성령에 관해 알고 그분의 음성을 듣는 것을 배워야 한다. 그분은 우리에게 분별력을 주시고, 양심을 교육시켜서 우리가 나쁜 길로 갈 때, 적절히 경고를 주기도 하신다. 우리는 마귀의 덫을 피해서 예수님 안에서 안전하게 쉴 수 있다.

주님, 나에게 당신의 안전 시스템을 주심을 감사합니다. 내가 나쁜 길에 빠질때 나에게 경고를 주시옵소서. 나로 마귀의 덫에서 피하여 당신 안에서 안전히 쉬게 하시옵소서.

하나님은 당신을 아신다

본문읽기 ★ 시 18:1-6
요절 ★ 내가 환난 중에서 여호와께 아뢰며 나의 하나님께 부르짖었더니 그가 그의 성전에서 내 소리를 들으심이여 그의 앞에서 나의 부르짖음이 그의 귀에 들렸도다 (시 18:6)

인류를 구원하시는 하나님의 능력은 성경 전체를 통해 분명하게 드러난다. 시편 18편 1-2절에서, 다윗은, "나의 힘이 되신 여호와여 내가 주를 사랑하나이다 여호와는 나의 힘이시요 나의 요새시요 나를 건지시는 이시요 나의 하나님이시요 내가 그 안에 피할 나의 바위시요 나의 방패시요 나의 구원의 뿔이시요 나의 산성이시로다"라고 기록하고 있다.
구약성경 속에 성도들 하나님은 그들의 구원의 유일한 소망이라고 이해했다. 선지자들은 미래를 보았고 하나님이 죄로부터 인류를 구원하실 것을 믿었다. 이 진리로 인하여 주님을 찬양하고 경배하는 것이다. 그런데 그들이 주님을 사랑하고 그분과의 관계는 오늘날 우리가 경험하는 것과 아주 달랐다. 성령의 능력으로 말미암아 우리로 하나님을 친밀하게 알 수 있고 그분은 우리를 아신다고 확신할 수 있다.
이 세상에 어두움이 몰려오면, 멈추고 하나님의 무한하시고 무조건적인 사랑에 대해 생각하라. 대대로 하나님의 구원은 겸손하게 열린 마음으로 그분에게 나오는 자들에게 주셨다는 것이다.
다윗은, "내가 환난 중에서 여호와께 아뢰며 나의 하나님께 부르짖었더니 그가 그의 성전에서 내 소리를 들으심이여 그의 앞에서 나의 부르짖음이 그의 귀에 들렸도다"(시 18:6)라고 기록했다. 하나님은 당신의 가장 깊은 필요를 아시므로, 도움과 구원을 위한 부르짖음에 응답하실 것이다.

주님, 당신은 나의 구원의 소망이십니다. 내가 환난 중에 내가 당신께 부르짖나이다. 나는 당신에게 도움을 구합니다.

영적 안전

본문읽기 ★ 마 17:15-23
요절 ★ 갈릴리에 모일 때에 예수께서 제자들에게 이르시되 인자가 장차 사람들의 손에 넘겨져 죽임을 당하고 제삼일에 살아나리라 하시니 제자들이 매우 근심하더라 (마 17:22-23)

오늘 몸의 안전을 바라는 마음이 우리에게 있는데, 특히 9.11 테러를 겪은 후 세상에 많은 변화를 주었다. 우리는 곧바로 국내의 안전에 관해 관심을 갖게 되었다. 사실은 매여있지 않은 영적 테러리스트가 있다.
예수님은 그들을 "양의 옷을 입은 늑대들"이라고 칭하고, 우리에게 엄격한 경고를 주셨다. 이 늑대들은 진짜 영적 안내자가 되기 위해 출현한 거짓 교사들이요 거짓 선지자들이지만, 그들의 계획속에 계략들로 가득차 있다. 그들은 선하게 보이고 좋은 소리를 내지만, 그들은 정욕과 탐욕에 사로잡혀 있는 자들이다. 처음에 그들은 분명히 나타나지 않는다. 그런데 점차적으로 그들은 사실과 맞지 않는 것을 혼합한다. 이 시점에서 오류가 혼합된 진리는 더 이상 진리가 아니라는 것을 사람들은 잊는 것같다. 그것은 오류가 되고 만다.
당신은 수많은 방법으로 이 사람들을 알아 볼 수 있다. 예수님은 그들은 사실 그들의 진짜 모습을 드러내는 열매를 맺게 될 것이라고 말씀하셨다. 처음에는 교묘히 성경의 권위와 21세기의 관련성에 관한 문제를 제기하는 것을 간파할 것이다. 그때 당신은 거룩한 삶이나 하나님의 온전한 뜻에 순종하는 것에 신중해야 함에 관해 말하고 있음을 알아차리지 못할 것이다. 그 후 그들은 그들이 자기식대로 사는 것이 하나님께 순종하는 것이라고 할 것이다. 거짓 교사는 당신의 행복에 관심을 갖기보다 따르기를 원한다. 여기서 우리는 매우 분별력이 있어야 하고, 이와같이 기억하라. "그들의 열매로 그들을 알지니"(마 7:16).

사랑하는 주님, 나를 거짓 교사들과 거짓 선지자들로부터 보호해 주시옵소서. 나로 그들의 열매로 그들을 알아 볼 수 있게 하시옵소서. 나를 영적으로 안전하게 지켜 주시옵소서.

하나님의 무조건적인 사랑

본문읽기 ★ 롬 5:6-11

요절 ★ 우리가 아직 죄인 되었을 때에 그리스도께서 우리를 위하여 죽으심으로 하나님께서 우리에 대한 자기의 사랑을 확증하셨느니라 (롬 5:8)

우리는 때때로 우리가 사랑하는 사람에 의해 실망한다. 우리 중에서 학대, 배신 그리고 유기의 고통을 경험한 사람이 많다. 이런 일의 찌꺼기는 종종 마음에 '기억 흉터' 가 생기고, 우리에게 다시 사람을 신뢰하고 사랑하는데 있어서 경계를 하도록 한다.

인간이 마음으로 이해하기 힘들만큼, 하나님의 사랑은 완전하고 무조건적이다. 그분은 완전하시어서, 온전한 사랑을 나타낼 수 있으시다. 그런데 하나님은 우리가 그분의 사랑을 받을 가치가 있다는 것을 알기를 원하신다. 우리가 아직 죄인되었을 때에, 그리스도께서 우리를 위해 죽으셨다(롬 5:8). 당신은 당신의 외아들을 그를 위해 죽게 할만큼 누군가를 사랑한다는 것을 상상해 보았는가? 하나님은 그렇게 당신을 사랑하신다. 당신이 태어나기 전에, 그분은 그의 아들, 예수님을 당신을 죄에서 구원하시기 위해 희생시켰다.

이 큰 희생으로 인해서, 하나님은 보응을 요구하지 않으신다. 그분은 당신이 그의 사랑의 선물을 받기를 바라고 있다. 과거의 상처로부터 받은 고통으로 외롭게 되고 사랑하지 못한다면, 소망을 가져라. 당신을 결코 실망시키지 않으실 분이 계신다.

앞으로 당신의 인생 위에 하나님의 사랑의 손길을 확신할 수 있도록 당신의 마음을 고쳐 주시기를 하나님에게 기도하라.

사랑하는 하나님, 내가 나의 인생 위에 있는 당신의 사랑의 손길을 확신할 수 있도록 나의 마음을 고쳐주시고, 당신은 결코 나에게 상처를 주거나 실망치 않게 하신다는 것을 압니다.

하나님의 영원한 사랑

본문읽기 ★ 히 12:5-11

요절 ★ 또 아들들에게 권하는 것 같이 너희에게 권면하신 말씀도 잊었도다 일렀으되 내 아들아 주의 징계하심을 경히 여기지 말며 그에게 꾸지람을 받을 때에 낙심하지 말라 (히 12:5)

당신은 당신을 향한 하나님의 사랑을 의심한 적이 있는가? 위기를 만났을 때, 우리는 종종 우리의 고통이 악화되는 것에 대해 하나님을 원망하거나 비난할 유혹을 받았을 것이다.

종종 성도는 하나님은 그들이 범한 죄 때문에 벌을 내리신다고 느낀다. 형벌과 훈련의 차이점을 이해하는 것은 중요하다. 형벌은 하나님이 악인에 대해 심판을 행하시는 것이다. 훈련은 하나님의 자녀들을 더 불순종과 해로운 결과로부터 보호하시기 위하여 그들을 책망하는 것이다.

당신은 하나님이 어떻게 훈련과 사랑을 동시에 행하시는지 궁금 할지 모른다. 그 대답이 히브리서 12장 5-6절에 있다. 하나님이 당신을 사랑하기 때문에, 믿음이 성장할 수 있는 기회에 당신을 축복하기를 원하신다. 당신의 믿음이 성장할때, 그분에 대한 믿음은 증가할 것이다. 그리고 당신의 삶은 성숙함의 증거를 보여주실 것이다.

만약 당신이 하나님으로부터 훈련받고 있다고 생각된다면, 그것을 거부하지 말라. 하나님은 당신을 강하게 사용하기를 원하신다. 첫째,그분은 당신의 인생에서 결함들을 다듬어야 하신다. 그분이 당신을 사용할 아름다운 그릇으로 만들때, 그분을 신뢰하고 그분의 영원한 사랑에 대해 확신을 가지라.

아버지, 훈련이 두렵습니다. 그럼에도 불구하고 나는 당신이 원하는 모습은 그것이 없이 되지 않는다는 것도 알고 있습니다. 나는 당신에게 마음을 드립니다. 나는 오직 사랑하는 부모가 하는 것처럼 그것을 다스릴 것이라고 당신을 믿습니다.

소망의 길

본문읽기 ★ 시 103:1-22
요절 ★ 여호와께서 공의로운 일을 행하시며 억압 당하는 모든 자를 위하여 심판하시는도다 (시 103:6)

피터 마샬(Peter Mashall)이 죽은 후, 세 사람의 친구가 그의 미망인이 가난하게 살아간다는 소식을 듣고 케서린(Catherine)을 찾아갔다. 그녀는 그들의 조언을 듣고 그들의 조언에서 빠진 것이 있다는 것을 느꼈다. 《케서린 마샬 선집》이라는 책에서 그녀는 그의 경험을 회상하고 있다.
"홀로 내 방에 있으면서, 창문 밖으로 흔들리는 나무 꼭대기에 달려있는 달빛을 바라 보고 있었다… 느닷없이 문쪽에 서 있는데, 잃어버린 것이 무엇인가 알게 되었다. 내게 많이 부족한 것을 알고 있는 세 친구들, 그들은 매우 친절하였지만, 하나님을 간과하고 있었다. 나는 종종 베드로가 어떻게 동역자들에게 그와같은 자세로 대했는지 생각해 본다." 그들이 시인을 하든지 안하든지간에 그들의 기도는 언제나 똑같다. "케서린 마샬 박사님, 돈이 어디서 나는 것인가요? 그들이 하나님을 믿는 믿음이 어디 있나요?" 하나님이 나와 함께 계셨든지-숫자나 그래프보다더 더 실제적인 것, "나는 스스로 있는 자니라"-그분이 함께 계시지 않았든지 둘 중의 하나이다. 만약 그분이 거기에 계셨다면, 그때 그를 간과하는 것은 확실히 '실제적인' 것이 아니었을 것이다. 사실, 그것은 모든 것 중에서 가장 위험한 생각일 것이다. 캐서린 마샬은 그리스도인의 삶에 있어서 가장 순수한 진리들 중의 하나를 알게 되었다. 하나님은 모든 것을 통치하신다는 것이다. 그분은 전능하신 손으로 우리의 장래를 붙들고 계신다. 불가능은 그분에게로 가는 원대한 소망의 길이다.

아버지, 내게 불가능은 소망의 길임을 깨닫도록 도와주시옵소서. 나는 당신이 전능하신 손으로 나의 장래를 붙들고 계심을 확신합니다.

불확실성의 원인

본문읽기 ★ 시 102:1-2
요절 ★ 아들이 있는 자에게는 생명이 있고 하나님의 아들이 없는 자에게는 생명이 없느니라 (요일 5:12)

성경은 우리가 절대적으로 구원받았음을 확신할 수 있다고 말씀하신다. 그런데 많은 그리스도인들이 의심에 의해 고통을 당한다. 무엇이 이런 불확실성을 일으키는가? 죄는 우리의 내면에서 믿음을 약하게 한다. 사탄은 말한다. "당신이 구원받았다고 나에게 말하지 말라. 당신의 과거를 보라. 당신의 삶을 보라."

의심의 다른 원인은 하나님의 말씀을 믿지 않는 것이다. 성경은 우리가 그의 아들이 있으면 영생을 가진다고 약속하셨다(요일 5:12). 우리는 하나님의 말씀 속에서 약속한 것을 믿든지 거부하든지 할 수 있다.

다른 원인으로 우리는 감정 곧 속히 변하는 것에 초점을 맞춘다는 것이다. 만약 구원이 감정에 기초를 두게 되면 우리가 구원을 받았는지 결코 매일 알 수는 없다. 더욱이 성도는 때때로 구원받은 것을 의심하게 되는데 그것은 다른 사람과 자신을 비교하기 때문이다. 당신의 눈을 그들에게서 떠나, 예수님을 보기 시작하라.

때론 시련과 비극들이 우리를 의심하도록 만든다. 사탄이 절망하거나 육체적으로 상처를 입은 하나님의 자녀를 보게 되면, 그는 조용히 악한 공격을 시작한다. 믿음이 환경에 근거하지 말고 하나님의 말씀에 근거를 두어야 한다.

당신이 어떤 이유로 의심하게 되면, 성경으로 돌아가서 주님이 당신을 사랑하시고 공급해 주신다는 사실을 확신하게 하라.

주님, 모든 의심을 제거해 주시옵소서. 나는 당신은 참되시고, 당신의 말씀은 진실하고, 나의 영원한 미래는 확실하다고 고백합니다.

당신의 기적을 놓치지 말라

본문읽기 ★ 마 9:19-22

요절 ★ 예수께서 이르시되 어찌하여 무서워하느냐 믿음이 작은 자들아 하시고 곧 일어나사 바람과 바다를 꾸짖으시니 아주 잔잔하게 되거늘 (마 8:26)

그리스도의 제자들이 폭풍우가 몰아치는 바다를 향해 할때, 두려워하였다. 예수님께서 그들에게 왜 두려워하느냐고 물으셨고, 그때 그분은 폭풍우를 잔잔케 하셨다(마 8:25-27).

당신도 비슷한 상황을 만날지도 모른다. 당신 주위에 있는 모든 것이 혼란 상태에 놓이게 되면, 두려움과 의심에 굴복하는 것은 쉬운 일이다. 이 때 기억해야 할 중요한 것이 있다. 만약 그리스도가 당신 안에 계신다면, 그분은 당신에게 신실하시다. 예수님이 함께 하신 배는 하나님이 명령하지 않으신 곳으로 떠내려 가지 않을 것이다. 그러므로 당신은 안전하다. 비록 당신이 그분을 볼 수 없을지라도, 하나님은 당신의 상황을 빈틈없이 알고 계시고 그것을 성공적으로 인도할 것이다.

아이러니하게도, 전에 예수님이 보지 못했던 여자의 믿음은 제자들의 믿음을 작게만 하였다. 그녀는 병고침을 받을 것이라고 열심히 믿었기 때문에, 담대히 예수님의 옷자락에 손을 대었다. 예수님은 돌이켜 그녀에게 말씀하시기를, "딸아 네 믿음이 너를 구원하였으니" 라고(마 9:22) 하셨다.

예수님은 그를 따르는 사람들의 믿음과 관계없이, 모든 이들에게 신실하시다. 그러나 당신이 의심과 두려움에 굴복하게 되면, 그의 축복의 부요함을 놓치고 말 것이다. 예수님이 고향을 방문하셨을때, 그분을 한 아이로서 알고 있는 사람들은 그분이 선지자인 것을 믿을 수 없었다. 그들의 믿음이 부족했기 때문에, 예수님은 거기서 많은 기적을 행할 수 없었다(마 13:54-58). 당신의 불신앙으로 인해 얼마나 많은 기적들을 놓쳤는가?

주님, 나는 당신의 기적적인 일들을 방해하기 원하지 않습니다. 나로 인간적인 두려움을 버리고, 사람이 행할 수 없는 것을 하실 수 있는 당신을 신뢰하도록 도와 주시옵소서.

믿음의 승리(전투)

본문읽기 ★ 대하 20:1-18
요절 ★ 우리 하나님이여 그들을 징벌하지 아니하시나이까 우리를 치러 오는 이 큰 무리를 우리가 대적할 능력이 없고 어떻게 할 줄도 알지 못하옵고 오직 주만 바라보나이다 하고 (대하 20:21)

믿음은 종종 전투라고 할 수 있다. 우리는 주님께로 이끄는 것을 느끼고 그분을 신뢰하면서 아침에 깨어나지만, 저녁에는 전적으로 그분을 의심하고 있는 것을 보게 된다. 시계추처럼 흔들리는 생각과 감정은 의심에서 확신까지 또 의심에서 확신으로 계속 흔들린다.

역대하 2장에서, 여호사밧 왕의 이야기와 우리의 믿음을 견고하게 하는 열쇠를 발견하게 된다. 우리가 의심으로 흔들리게 하는 것이 무엇인가? 우리가 환경을 극복하게 하는 하나님의 능력보다 오히려 환경에 초점을 맞추게 될때, 우리의 믿음은 제약을 받게 된다. 하나님에 대한 지식보다 감정을 신뢰하게 되면 그분을 의심하기 시작하게 된다. 그리고 우리가 다른 사람의 불평과 사탄의 거짓말을 듣게 될때, 우리는 하나님의 신실하심을 잊어버리게 된다.

그러면 믿음으로 되돌아오게 하는 것은 무엇인가? 하나님의 신실하심을 잊어버린 것에 대한 해결책은 하나님의 말씀에서 발견하게 되는데, 그것에서 그분의 약속을 묵상할 수 있다. 당신이 매일 그분의 말씀을 읽을때, 그분이 당신의 삶 속에서 행하신 일들을 상기하라. 하나님의 성품과 당신 주변과 당신의 경험 속에서 어떻게 그분이 자신을 나타내시는지 생각해 보아라. 마지막으로 어려운 상황에 부딪칠때 그분의 관점을 주님께 구하라. 주님께 직접 말씀하는 것은 어떤 해결책보다도 더 빨리 의심을 흩어버리게 될 것이다. 흔들리는 믿음을 견고하게 하려면, 당신은 매일 하나님과 교통해야 한다. 당신보다 뛰어난 그분의 뜻을 열심히 구하는 하나님 중심의 기도를 하고, 주님을 기다리라.

주님, 나의 흔들리는 믿음을 견고하게 하시옵소서. 나에게 당신의 말씀과 거룩한 성품에 기초한 확신을 주시옵소서.

네 모습 그대로 오라

본문읽기 ★ 롬 5:12-21

요절 ★ 한 사람의 범죄로 말미암아 사망이 그 한 사람을 통하여 왕 노릇 하였은즉 더욱 은혜와 의의 선물을 넘치게 받는 자들은 한 분 예수 그리스도를 통하여 생명 안에서 왕 노릇 하리로다 (롬 5:17)

이런 질문을 꺼낼 경우를 생각해 보라. "나는 하나님에 관하여 알지 못하는데, 남에게 그에 관하여 말해 줄 수 있는가?" 당신은 그 사람에게 어떤 분이라고 하나님을 설명해 주겠는가? 대화가 끝났을때 그 사람은 어떻게 떠나게 될까? 그는 주님과의 관계를 맺는데 있어서 실망하든지 아니면 하나님과의 영원하고 인격적인 관계를 누리든지 하지 않겠는가?

성도들 가운데도 하나님이 누구신가에 관하여 많은 혼동이 있다. 어떤 이는, 그분을 심판과 보복의 하나님으로 생각하고 두려움 가운데 살아가기도 한다. 그 믿음은 우리에게 의심과 두려움을 남기고, 하나님이 우리를 사랑하지 못하게 만드는 것이 무엇인지 꼭 의심한다.

성경은 진실을 말한다. 그분은 은혜의 하나님이시다. 은혜는 우리를 향해 아낌없이 베푸시는 하나님의 선하심과 친절하심으로 그 특징은,

첫째로, 우리가 그것을 받을만한 자격과 상관없이 주신다. 선행이나 탁월한 재능은 하나님의 은혜를 가져오게 할 수도 없고, 실패들이 하나님의 은혜를 박탈하게 할 수도 없다. 우리는 누가 무엇을 받느냐를 결정하는데 있어서 계급, 점수, 업적 평가를 보지만, 하나님은 공로를 보지 않으신다.

둘째, 은혜는 우리에게 값없이 주신다. 대가가 없다. 세상은 이런 방식으로 움직이지 않지만, 하나님은 그렇게 하신다. 구원의 순간이나 그리스도인의 모든 삶에서, 우리는 있는 그대로 와서, 우리의 죄를 인정하고 죄용서와 하나님의 은혜를 받으라고 초청하신다.

주님, 나는 당신이 나를 받으시고 나를 용서하시고 나에게 당신의 은혜를 베풀어 주실 것을 확신하면서 나옵니다.

하나님이 주신 선물

본문읽기 ★ 벧전 2:21-24

요절 ★ 친히 나무에 달려 그 몸으로 우리 죄를 담당하셨으니 이는 우리로 죄에 대하여 죽고 의에 대하여 살게 하려 하심이라 그가 채찍에 맞음으로 너희는 나음을 얻었나니 (벧전 2:24)

당신은 당신의 행위 때문에 죄책감을 느낀 적이 있는가? 확실히 그럴 것이다. 사실은 이 세상에 완전한 사람은 없다. 그리고 바로 거기에는 당신과 내가 포함되어 있다는 것은 놀라운 일이 아니다.

문제는 당신이 죄책감을 겪고 있느냐 없느냐에 관한 것이 아니고, 오히려 하나님이 당신의 정죄 의식에 관해 어떻게 생각하고 있느냐는 것이다. 그리스도 안에서 의롭다하심은 당신에게 죄에 대해 계속적으로 슬퍼할 것을 요구하고 있는가?

대답은 완전하게 '아니요' 이다. 너무 많은 성도들이 죄책감에 희생되고 있다. 분명히 하나님은 죄를 기뻐하지 않으신다. 그러나 그분은 죄책감으로 지배되는 것도 원하지 않으신다.

이것은 범죄가 무의미하다는 것을 의미하는 것은 아니다. 사실, 죄, 죽음 그리고 죄책감에서의 자유를 확보하기 위해서 아주 값비싼 대가가 요구된다. 그 대가는 바로 하나님의 아들이였다.

성도가 죄로 인해 정죄감에 빠지지 말아야 할 유일한 이유는 예수님이 이미 형벌을 짊어지셨다는 것이다(벧전 2:24, 3:18).

예수님이 죽으신 것은 단지 '세상' 의 죄를 위한 것이 아니라 당신을 위한 것임을 이해하라. 그분은 형벌을 받으셨고, 죄책을 당하셨다. 하나님은 두 번다시 당신의 죄에 대해 형벌을 내리시지 않을 것이다. 죄값은 지불되었다. 아무도 그분이 행하신 것에 대해 하나님께 빚을 갚을 수 없다. 우리는 오직 그분을 찬양하고 값없이 주시는 놀라운 선물을 받을 수 있는 것이다.

주님, 나는 당신이 주신 선물—구원과 영생을 주심을 찬양합니다. 나의 죄값을 지불해 주시니 감사합니다.

은혜 충만한 관계

본문읽기 ★ 요 1:14-17

요절 ★ 예수께서 그 곳에 이르사 쳐다 보시고 이르시되 삭개오야 속히 내려오라 내가 오늘 네 집에 유하여야 하겠다 하시니 (눅 19:5)

하나님이 은혜의 하나님이심을 알기 위해 예수님만 바라볼 필요가 있다. 예수님의 행동은 은혜로 구체화되었다. 모든 사람을 정죄하지 않으시고 그들을 들어올리시며, 격려하시고, 하나님을 향하게 하시는 분이심을 보게 된다.

그분은 간음한 여인에게 그분도 그녀를 정죄하지 않으시고, 바로 가서 다시는 죄를 범하지 말라고(요 8:11) 말씀하셨다. 비록 그분은 삭개오가 부정이득을 취한 미움받는 세리라는 것을 알고 계셨음에도 불구하고, 예수님은 그의 집을 기꺼이 방문하셨다(눅 19:5). 예수님은 위선적이고 율법적인 바리새인들에게도 은혜를 베푸셨다. 그분은 회개하라고 죄를 지적하셨던 것이다.

은혜는 또한 용서하심을 의미한다. 그것은 우리가 선택하고 그것을 잘 해내는 방식으로 산다는 것을 의미하는가? 결코 아니다. 하나님이 그의 자녀들을 용서하시기도 하지만, 또한 그들을 훈련시키신다.

기독교 생활의 주제는 은혜 곧 그의 자녀를 향한 하나님의 풍성한 선하심, 사랑 그리고 자비이다. 사실은 우리가 그분이 우리에게 주신 선하심과 친절함이 다하기 전에, 더 많은 선하심과 친절함을 계속해서 베푸실 것이다. 요한은 그것을 "은혜 위에 은혜"라고 부른다(요 1:16).

은혜로 말미암아 구원을 받고 지금 하나님과 은혜충만한 관계를 맺으며 살아가면서, 우리는 다른 사람에게 은혜로 반응해야 한다. 하나님의 은혜의 비전을 넓혀가도록 성령께 구하라. 그리고 그것을 따라 살아갈 길을 구하라.

성령이여, 나의 비전을 넓혀주시옵소서. 내 안에 역사하시는 당신의 은혜를 확신하고 매일 그것대로 살아갈 수 있는 길을 보여 주시옵소서.

생명의 기적

본문읽기 ★ 시 45:1-15
요절 ★ 그들은 기쁨과 즐거움으로 인도함을 받고 왕궁에 들어가리로다 (시 45:15)

왜 그렇게 많은 사람들이 예수 그리스도를 구주로 믿고 살면서도 패배감에 사로잡혀 있는가? 한 가지 이유는 구원 가운데 일어나는 일들을 정확하게 이해하지 못하고, 더욱이 삶 가운데서 현재의 의미를 이해하지 못하기 때문이다.

하나님의 관점으로 볼 때, 그리스도를 구주로 믿기 전에, 우리는 영적으로 죽었고(엡 2:5), 진노 아래 있었고(요 3:36), 하나님으로부터 영원히 분리되어 정죄되었던(계 20:15) 것이다. 그분은 다음과 같이 우리를 보신다.

- 죽은 사람은 스스로 살아날 수 없다.
- 심판 아래 있는 사람은 자신의 노력으로 하나님의 진노에서 벗어날 수 없다.
- 불순종하는 사람은 성령의 능력을 떠나서 하나님께로 돌아갈 수 없다.

분명히 우리 자신의 밖에 있는 그 무엇이 필요하다. 주님은 우리를 절망적인 상태에서 구원하기 위해 필요한 것은 무엇이든지 행하실 정도로 우리를 사랑하셨다. 하나님의 해결책은 은혜이다.

- 그분은 우리의 죄를 짊어지시고, 우리를 위해 죄인이 되었으며, 그 죄들을 위해 하나님의 진노를 참으신 구주를 주셨다.
- 그분은 우리가 져야 할 죄 곧 우리가 지불할 수 없는 빚을 갚기 위해 그의 아들을 보내셨다.

그 후 무슨 일이 일어났는가? 영적으로 한번 죽었던 우리를 위해 생명의 기적이 일어난 것이다.

하나님, 기적을 주시니 감사합니다. 나의 죄를 지시고 나의 빚을 갚아주시기 위해 구주를 보내 주시니 감사합니다. 영생의 확신을 주시니 감사합니다.

은혜로 구원받음

본문읽기 ★ 고후 5:14-17
요절 ★ 그런즉 누구든지 그리스도 안에 있으면 새로운 피조물이라 이전 것은 지나갔으니 보라 새 것이 되었도다 (고후 5:17)

은혜란 전적으로 무가치한 당신과 나를 위해서 값없이 베푸시는 하나님의 선하심과 친절하심이다. 그의 은혜로 인해, 그분은 우리가 그분과의 관계를 위해 예수 그리스도를 통해서 구원을 주시는 것이다.

● 우리가 의롭게 되었음을 선포하라. 그리스도의 의가 우리 자신에게 돌려졌다(고후 5:21). 죄의식과 수치가 제거되었다(롬 8:1). 전에 어떤 사람이었든지 관계없이 예수님을 위해 담대히 살아갈 수 있게 된 것이다.

● 가족임을 주장하라. 영적 양자는 하나님의 자녀가 되고 그를 '아버지'라고 부르도록 하기 위함이다. 세상이 우리를 무가치한 존재라고 말할지라도, 우리는 왕의 자녀임을 기억고 우리 삶을 살아야 하는 것이다.

● 영적으로 죽은 우리에게 새로운 마음과 새로운 영을 주신다. 우리는 다시 태어나게 되었다. 우리는 그리스도 안에서 새로운 삶을 살게 된 것이다(고후 5:17).

● 우리가 살아왔던 삶에서 그분과 함께 새로운 삶으로 끌어올린다. 이 새로운 삶의 보증은 성령의 임재에 있고 그의 열매는 사랑, 희락 그리고 화평이다.

● 죄와 사탄과 자아의 능력으로부터 자유롭게 한다. 순종과 승리는 우리의 믿음의 성장에 도움을 준다.

하나님의 한없는 은혜를 찬송하라!

주님, 당신의 한없는 은혜를 감사합니다. 나를 의롭다고 선포하시고 나를 가족으로 삼아주시고, 유업을 주시고, 죄에서 자유롭게 하시고, 옛 생활에서 새 삶으로 끌어올려 주심을 감사합니다.

하나님의 은혜의 부요함

본문읽기 ★ 엡 1:3-14
요절 ★ 찬송하리로다 하나님 곧 우리 주 예수 그리스도의 아버지께서 그리스도 안에서 하늘에 속한 모든 신령한 복을 우리에게 주시되 (엡 1:3)

무엇이 당신을 부요하게 한다고 생각하는가? 많은 예금 통장이 필요한가? 차고에 환상적인 새 차가 있어야 하는가? 자유롭게 온라인에 접속할 수 있고 당신이 원하는 것을 바로 집 현관 앞에 배달해 주는 것인가?

당신은 위 질문들에 대해 '예' 라고 자신있게 대답하지 못할지는 모르겠지만, 당신은 이런 태도에 대해 생각해 보았는가? 안타깝게도 많은 성도들이 부요에 대한 세상적인 기준에 의해 완전히 추월당했다. 이런 현상이 개인적으로 부유하든지 그렇지 않든지 일어나고 있다. 부유한 사람들에게, 유혹이 되는 것은 그들의 삶에서 가치를 돈으로 알고, 가난한 자에게 돈은 위로와 만족의 모든 것이자 궁극적인 것이 된다.

많은 성도들은 그리스도 안에서 우리 모두는 부요하다는 사실을 깨닫지 못한다. 확실히 당신이 저당잡힌 것, 매월 자동차 납부금, 그리고 신용카드와 청구서 등이 있을지 모른다. 그러나 만약 예수님을 믿는다면, 당신은 담대히 전능하신 하나님이 이미 당신에게 그의 가장 부유한 축복을 쏟아 부어 주셨다고 담대히 인정해야 한다. 할렐루야!

에베소서 1장 3절에 하나님은 모든 영적 축복을 주셨다고 말씀하신다. 당신은 동사의 시제를 주목해 보았는가? 그는 "복 주셨다" 라고 말했고, 그것은 이미 일어났다는 것을 의미한다. 그리고 그는 여기에서 조금 주셨다고 말씀하지 않으시고, 오히려 아낌없이 그의 축복을 우리에게 부어주신다고 말씀하셨다.

주님, 세상의 피상적인 가치가 아니라 당신의 가치에 따라서 나의 축복들을 헤아릴 수 있도록 도와 주시옵소서. 당신은 영원한 선물들을 나에게 주셨습니다. 감사합니다.

하나님의 금메달

본문읽기 ★ 요 16:31-33

요절 ★ 내 형제들아 너희가 여러 가지 시험을 당하거든 온전히 기쁘게 여기라 이는 너희 믿음의 시련이 인내를 만들어 내는 줄 너희가 앎이라 (약 1:2-3)

고난이 당신의 삶 속에 다가올 때, 당신은 어떻게 하는가? '당신이 유리한 입장에 있을 때 그만두는 것' 이 더 쉬운 것처럼 보일 수도 있지만, 이것은 하나님께서 우리에게 보여 주시기를 원하시는 마음가짐의 모습은 아니다. 그보다도 우리는 머리를 들고 고통을 맹렬히 공격해야하는 것이다.

이것은 많은 초신자에게 충격이 된다. 예수님을 믿은 후에, 그들은 종종 예기치 않은 고난이 올때 놀라워한다. 이것은 무시무시한 오해를 불러 일으킨다. 성경은 예수님을 주님으로 영접한다고 해서 쉬운 삶을 약속하지는 않는다. 사실 말씀은 아주 정반대에 대해 확신을 준다. 예수님 자신은 선포하시기를, 우리가 그 안에 있으면 세상은 우리에게 큰 고난을 줄 것이라고 하셨다(요 16:33).

야고보서 1장 2절에, "온전한 기쁨" 의 원천을 싸움으로 여기라고 가르치고 있다. 이것은 우리가 하나님의 관점 곧 성장의 기회로 볼 때만 의미가 있다. 연단받지 않은 믿음은 약하고 효과가 없다. 우리의 근육처럼, 우리의 믿음은 어떤 저항에 대해 훈련되어야 한다. 우리가 지혜롭게 시련을 대하고 경건한 결심으로 그들을 인내하면, 우리가 생각하지 못했던 축복을 보게 될 것이다.

전투의 마지막에, 우리는 상급-생명의 면류관을 준비하신 하나님을 볼 것이다(약 1:12). 이것은 운동경기에서 사용하는 것이지만, 본질적으로 '생명의 면류관' 은 사명을 잘 감당한 사람들을 위한 하나님의 금메달인 것이다.

당신은 당신의 영적 승리에 대해 하나님께서 인정해 주시기를 원하는가? 그 때 확신과 인내를 가지고 고난을 이기라.

주님, 인내와 확신을 주시옵소서. 나는 생명의 면류관을 받기를 원합니다. 끝까지 인내 할 수 있는 힘을 주옵소서.

은혜로 회복하심

본문읽기 ★ 눅 15:11-16
요절 ★ 다 없앤 후 그 나라에 크게 흉년이 들어 그가 비로소 궁핍한지라 (눅 15:14)

독립은 매우 가치있는 능력이다. 그것을 자녀들에게 가르치고 자기 자신에게 요구한다. 심지어 로데 섬의 수도의 꼭대기에 《독립한 남자》(Indepenent Man)라는 동상이 있다. 그것은 자급자족과 자유에 대한 찬사를 상징한다. 탕자의 이야기에서, 자신의 삶에 대해 책임을 지고 아버지의 돌봄과 보호를 피해 도망한 사람에게서 독립이라는 다른 면을 보게 된다. 그 이야기는 죄로 인한 타락과 하나님의 회복의 은혜를 함께 보여준다.
죄는 하나님의 뜻에 맞서 멋대로 행하는 것을 말한다. 그것은 하나님의 계획에 속하지 않은 욕구와 함께 시작한다. 다음에는 자기 멋대로 행동하게 된다. 우리가 행동할 때, 먼 나라에 있는 탕자 같은 모습을 자신에게서 발견하게 되는데 그것은 하나님의 뜻에 속하지 않은 곳에 있기 때문이다.
거기에 남아 있기 위해서는 속임수가 필요하다. 우리는 하나님보다 더 잘 알고 있다고 생각하고 스스로를 속이고 있는 것이다. 실패가 뒤따라오게 된다. 당분간은 모두가 좋은 것처럼 보일 것이나, 그 이야기의 분별없는 아들처럼 패배의 길로 가고 있다는 것을 알게 될 것이다. 결국 영혼, 감정 그리고 관계의 흉년 가운데 절망적인 상태에 빠지고 말 것이다. 그것은 절망으로 몰고 가서 피폐해지고 말 것이다.
탕자는 그렇게 되고 말았다. 그러나 절망적인 상태가 그 탕자 이야기의 끝은 아니고, 우리가 범죄할 때가 우리의 결말은 아니다. 예수님이 세상의 아버지의 용서하시는 사랑의 이야기를 한 것은 하늘에 계신 아버지의 회복하시는 은혜를 주목하게 하시기 원했기 때문이다. 하나님은 두 팔을 벌리고 집 나간 자식인 우리를 기다리신다.

아버지, 당신의 사랑에 대해 확신하고, 당신의 방황하는 자녀를 집으로 환영하시기 위해 두 팔 벌리고 기다리시니 감사합니다.

큰 은혜

본문읽기 ★ 눅 15:17-24

요절 ★ 그런즉 우리가 무슨 말을 하리요 은혜를 더하게 하려고 죄에 거하겠느냐 그럴 수 없느니라 죄에 대하여 죽은 우리가 어찌 그 가운데 더 살리요 (롬 6:1-2)

가족 중심의 영화는 종종 사랑하는 사람과의 재결합으로 끝난다. 사랑과 지지의 표현으로 서로를 부둥켜 안은 가족을 보게 된다. 탕자의 비유를 통하여, 예수님은 이와 같은 모습으로 하늘에 계신 아버지가 우리를 향한 마음을 나타내려고 하신다(눅 15:20-24). 거기에서 예수님은 큰 은혜를 보여 주셨다. 우리는 피해자가 범죄자를 맞이하기 위해 열심히 달려가는 것을 보게 된다. 피해를 입은 사람은, 사랑으로 인해, 깨어진 관계를 회복하기 위해 솔선해서 나서고, 학대를 받은 사람은 잘못한 사람에 대해 긍휼을 보이게 된다.

그 이상의 것도 있다. 탕자는 아들로서 온전한 권리가 회복될 것을 알지 못했다. 그러나 성도는 겸손히 되돌아가면 우리를 기다리신다는 것을 미리 알고 있다. 은혜 때문에 우리가 아버지 곁을 아무리 오랫동안 떠나 있었고, 멀리 방황했을지라도 받아 주실 수 있는 것이다. 은혜는 주님이 우리를 긍휼과 용서로 영접해 주시고 사랑으로 우리를 완전한 자녀의 권세를 회복시켜 주실 것을 보증해 준다.

그것은 우리의 공로나 선행 그리고 정당한 사죄 때문이 아니라 우리가 그리스도 안에 있기 때문이다. 하나님은 우리가 그의 아들에게 속해 있다고 여기실때, 우리를 용서해 주신다. 탕자의 비유는 우리에게 예수 그리스도 때문에, 우리가 되돌아 오기 전에 이미 용서하심을 받았다는 사실을 가르치신다. 이것이 우리에게 죄에 대한 면죄부를 주는 것이 아니라(롬 6:1-2). 환영받게 되는 이유를 제공해 주는 것이다. 우리 아버지는 우리를 환영하기 위해 집에서 기다리신다.

아버지, 당신은 나를 집에서 환영하기 위해 기다리십니다. 나는 당신의 위대한 은혜에 대해 확신합니다. 감사합니다!

성공에 이르는 경건한 방법

본문읽기 ★ 시 1:1-6

요절 ★ 그는 시냇가에 심은 나무가 철을 따라 열매를 맺으며 그 잎사귀가 마르지 아니함 같으니 그가 하는 모든 일이 다 형통하리로다 (시 1:3)

항상 TV나 라디오를 켜게 되면, 빠르게 성공하는 공식을 가지고 있다고 주장하는 것을 들을 수 있다. 광고는, 성공하기 원한다면, 지금 그것을 이룰 수 있고, 49.95달러만 든다고 말한다.

그런 것은 단지 인간의 성공일 뿐이지, 경건한 성공, 우리를 향한 하나님의 마음을 표현하거나 그를 알게 됨으로써 얻게 되는 큰 기쁨이나 성취와는 거리가 멀다.

만약 우리가 세상의 휴식으로부터 나오기를 원한다면, 시편 1편은 우리가 결코 알 수 없는 것–당신의 관계를 소중히 하라–처럼 우리가 경건한 성공에 이르는 길을 보여준다.

성공하기 위해서, 당신은 어떤 일에 대해 하나님의 관점이 무엇인가를 듣거나 하나님의 뜻을 구하는 것이 필요한 것이지, 단지 인간의 의견을 듣는 것이 필요한 것이 아니다. 일부 그리스도인들은 하나님이 말씀하신 것을 성경에서 찾으려고 하지 않고 어떤 상황에 대해 대강 생각하는 것을 좋아한다.

성경의 원리에 마음을 집중하라. 당신이 갈팡질팡할 때 오는 경고 표시는 당신이 하나님의 말씀을 양보하기 시작하였다는 것을 보여준다. 하나님의 말씀을 당신의 삶의 표준으로 삼게 되면, 성공하게 될 것이다.

하나님은 당신이 성공적인 인생을 살기 원하신다. 우리가 하나님의 가장 좋은 것을 받으면서, 또한 그분은 우리가 그의 이름에 존귀와 영광을 돌리는 사람이 되기를 원하신다.

주님, 나는 인간적인 성공이 아니라 진정한 성공을 원합니다. 나에게 당신의 뜻을 구하고 당신의 말씀의 원칙에 전념하도록 도와 주시옵소서.

충만한 축복

본문읽기 ★ 잠 12:1-5
요절 ★ 선인은 여호와께 은총을 받으려니와 악을 꾀하는 자는 정죄하심을 받으리라 (잠 12:2)

"주님과 동행한다"는 말은 진부한 것처럼 들릴지 모르지만, 기독교계 내에서는 자주 사용되고 있는데, 그것은 하나님과 함께 하는 삶이 무엇과 같아야 하는지를 표현하는데 있어서는 더할 나위없는 묘사이다.
하나님과의 관계는 지치는 것이 아니라, 오히려 새롭게 되어야 한다. 그것은 우리가 때때로 도전받지 말거나 믿음을 확장시키지 말아야 한다는 것을 의미하는 것은 아니다. 그러나 하나님은 우리가 뒤에 남아있게 하지 않으신다. 하나님과의 한결같고 활발한 관계는 하나님이 누구신가와 그분이 삶 가운데 무엇을 원하시는지를 잘 이해할 수 있게 한다. 이 관계를 깊게 하는 과정에서, 우리 위에 계신 하나님의 사랑의 손길을 보게 된다.
잠언 12장 2절은 선한 사람을 설명한다. 하나님과 동행할때, 우리는 '선한' 남자와 여자가 된다. 의를 위한 소원은 우리가 그의 영광의 빛 가운데서 행할 때 증가하게 된다. 우리는 삶 가운데서 죄를 인정하고 그분이 우리를 온전히 변화시켜 주시기를 열망하고 있다.
하나님과 동행하기 위해, 우리의 삶 가운데서 모든 것으로 그분께 존귀와 영광을 돌리면서, 그분과의 걸음을 유지해야 한다. 거기에서 우리는 그분의 은혜를 입게 되고 삶 가운데 그분이 내려주시는 충만한 축복을 경험하게 되는 것이다.

주님, 나는 당신과 나란히, 당신의 임재 가운데서 걸어가기를 원합니다. 내가 방황하거나 뒤쳐지려고 할때 나의 손을 잡고 주님을 따라가게 하시옵소서.

인생에서 좋은 것들

본문읽기 ★ 시 63:1-11

요절 ★ 하나님이여 주는 나의 하나님이시라 내가 간절히 주를 찾되 물이 없어 마르고 황폐한 땅에서 내 영혼이 주를 갈망하며 내 육체가 주를 앙모하나이다 (시 63:1)

열심히 주님을 찾고, 당신의 가장 깊은 곳에서 예수 그리스도를 더 알기를 간절히 원하기 위해서는, 당신의 마음이 그것에 전념해야 한다. 그것은 주님께서 당신에게 말씀하신다고 확신을 갖게 하는 생각이나 감정을 기다리는 경험적인 순간이 아니다.

오히려, 그것은 날마다 겸손하고 계획적이고, 신중하게 노력하는 것이고 하나님에 관하여 더 성실하게 알고자하는 것이다. 만약 당신이 주님을 구하고 있다면, 솔직하게 그것을 할 계획을 가져야 하고 당신의 마음의 기도에 응답해 주실 것이라고 그분을 신뢰해야 한다.

하나님을 더 깊이 아는 중요한 방법은 그의 말씀을 읽고 그분과 교제하는 것이다. 때론 성경을 읽고 기도하는 것이 훈계로 넘쳐나는 것처럼 느껴질 때도 있지만, 그래도 성경을 읽고 기도하라. 거기에는 이유가 있다.

성경은 하나님의 마음과 생각을 나타내시는 책이다. 그것은 자신을 우리에게 계시하시는 중요한 도구이다. 그분은 그의 말씀과 성령을 통하여 우리에게 말씀하시고, 우리는 기도를 통하여 그분에게 말씀드리게 된다.

당신은 의식적으로 일상대화, 성경공부, 교회출석, 독서 그리고 봉사를 통해 그의 뜻과 길을 발견하기를 열심히 기대해야 한다. 이것은 우리가 하나님을 더 알아가는 방식이다. 이것은 우리가 인생에서 진정으로 좋은 것을 풍성히 보상받는 방법이기도 하다.

주님, 나의 시계를 맞추고 기구들을 조정하고, 컴퓨터 프로그램을 짤때, 성경공부, 기도 그리고 묵상을 통해 당신을 구할 마음을 갖게 하시옵소서.

10

성공에 이르는 길

"오직 강하고 극히 담대하여 나의 종 모세가 네게 명령한
그 율법을 다 지켜 행하고 우로나 좌로나 치우치지 말라
그리하면 어디로 가든지 형통하리니 이 율법책을 네 입에서
떠나지 말게 하며 주야로 그것을 묵상하여 그 안에 기록된 대로
다 지켜 행하라 그리하면 네 길이 평탄하게 될 것이며
네가 형통하리라" (여호수아 1:7-8).

사명의 완수

본문읽기 ★ 시 66:1-16
요절 ★ 하나님을 두려워하는 너희들아 다 와서 들으라 하나님이 나의 영혼을 위하여 행하신 일을 내가 선포하리로다 (시 66:16)

두려움은 우리에게서 소망을 앗아갈 수 있을 정도로 아주 단단히 우리를 붙잡아 매는 수단을 가진다. 그런데 우리의 두려움이 근거가 없다는 것을 깨닫는 순간, 그것이 얼마나 잘못된 것인 지를 보기 시작한다. 많은 성도들이 두려움으로 인해 부족함을 느끼게 된다. 어떤 이는 하나님이 주신 책임감을 걱정한다. 다른 사람은 실패나 비난을 염려한다. 그리고 여전히 다른 이들은 그들의 삶을 하나님의 부르심에 복종하는 것을 두려워한다.
두려움은 우리가 하나님의 요구를 성취할 수 없다고 믿도록 해서, 그리스도 안에 있는 우리가 누구인가를 이해하지 못하게 한다. 그런데 우리는 그리스도 없이는 인생에서 하나님의 부르심을 성취할 수 없음을 깨달아야 한다. 그러나 하나님은 우리를 성공시킬 준비도 없이 하나님의 나라를 위해 일군으로 부르시지 않으셨다. 우리의 부족함이 축복임을 깨달아야 한다.
미지의 세계로 나가는 것을 두려워하지 말고, 하나님이 그것에 우리를 부르셨다면, 모든 길에서 도우실 것이라는 믿음으로 담대하게 나아가야 한다. 우리의 부족함을 깨달으면, 하나님의 능력과 완전하심을 보게 될 것이다. 아무도 그의 능력에 미치지 못할 뿐만 아니라 어떤 상황도 그의 손길에 미치지 못할 것이다. 더 이상 우리 스스로 하나님의 나라를 위해 일할 수 없을 것이다. 오직 성공적으로 주님께서 우리 앞에 놓으신 사명을 완수하기 위해 주님만 신뢰해야 할 것이다.

아버지, 왜 내가 당신의 부르심을 걱정하는지 모르겠습니다. 나는 나와 함께 하셔서 내 앞에 놓인 것들을 위해 준비시켜 주시겠다는 약속을 주장하면서, 두려움을 당신께 드립니다.

부족함을 받아들임

본문읽기 ★ 고후 3:1-6
요절 ★ 우리가 무슨 일이든지 우리에게서 난 것 같이 스스로 만족할 것이 아니니 우리의 만족은 오직 하나님으로부터 나느니라 (고후 3:5)

우리가 하나님의 부르심을 감당하기에 부족하다는 것을 받아들일 때 우리는 온전한 축복을 보게 된다. 바울은, "우리가 무슨 일이든지 우리에게서 난 것같이 스스로 만족할 것이 아니니 우리의 만족은 오직 하나님으로부터 나느니라"(고후 3:5)고 기록하였다.

여기 우리의 부족함을 앎으로 오는 여러가지 축복이 있다.

- 그것은 우리를 하나님께로 이끌고 간다. 만약 우리가 모든 상황에서 만족을 느낀다면, 하나님의 인도하심을 구하지 않을지도 모른다.
- 그것은 우리 자신의 힘으로 하나님의 뜻을 행하는 것에 대한 부담감으로부터 해방해 준다. 부담감은 우리에게 있는 것이다.
- 그것은 우리로 성령의 능력으로 살며, 그의 사역을 하게 한다.
- 그것은 하나님이 얼마나 놀라운 일을 행하실 수 있는지를 보여주는 기회가 된다. 우리는 무능하지만 하나님은 모든 것을 하실 수 있다.
- 그것은 하나님이 우리의 잠재력을 최대한 자유롭게 사용하도록 한다. 우리 자신의 공로가 개입되는 것을 중지하고, 그분의 목적들을 위해 우리가 누구인가에 대해 집중하게 한다.
- 그것은 하나님이 그분의 사역을 통해 모든 영광을 받도록 한다. 만약 그분이 신뢰할 수 있는 분이라면, 그분께 초점을 맞추어야 한다.

아버지, 당신의 목적을 성취하시기 위해 나의 부족함을 사용해 주시고 그 과정 속에서 나를 당신에게 더 가까이 이끌어 주시는 것 그 자체가 기적입니다. 당신은 최고의 하나님이십니다.

고백의 힘

본문읽기 ★ 시 138:1-8
요절 ★ 내게 능력 주시는 자 안에서 내가 모든 것을 할 수 있느니라 (빌 4:13)

막대기와 돌맹이는 우리의 뼈들을 부수어뜨리지만, 부정적인 말은 우리의 마음을 짓밟는다. 거친 말씨와 무자비한 비난은 우리 삶에 관한 무서운 오해를 확고히 한다. 아마 그들의 비난을 고치는 것을 인정하는 것 대신에, 바울은 하나님이 그의 인생에 관하여 말씀하신 것을 알고 있었다. 그리고 그는 고백하고 있다. "내게 능력 주시는 자 안에서 내가 모든 것을 할 수 있느니라" (빌 4:13).

바울의 고백은 대담했고 진실했다. 그는 곧 능력의 근원되시는 예수 그리스도에대해 확고한 주장을 했다. 이것은 자존심이 큰 사람으로부터 나온 반항적인 진술이 아니었다. 이것은 하나님의 나라에 있는 그의 지위와 그분이 섬기는 분의 능력을 이해한 사람으로부터 나온 고백이었다.

입에서 나오는 말은 강력한 도구이므로, 우리는 하나님이 그의 말씀을 우리와 교제하고, 그의 형상으로 계속 만들어 가는데 사용하신 것처럼 신중하게 사용해야 한다. 우리가 누구인가에 관한 입술의 고백이 하나님의 말씀과 일관된 태도를 취할때, 그러한 말의 건강한 이익을 보게 되기 시작한다. 건강치 못한 자아상 대신에, 하나님이 우리를 보시는 것-하나님이 그의 자비,선하심과 은혜로 복주시기를 열망하는 그의 사랑스러운 자녀처럼 우리 자신을 보게 된다.

주님, 내가 당신 안에서 어떤 일을 성취할 때, 나의 힘으로는 그것을 할 수 없음을 결코 잊지 말게 하시옵소서.

당신의 가장 위대한 유산

본문읽기 ★ 엡 3:10-19
요절 ★ 우리는 그리스도 안에서 그의 은혜의 풍성함을 따라 그의 피로 말미암아 속량 곧 죄 사함을 받았느니라 (엡 1:7)

역사상 사람은 다양한 방법으로 자신의 지위를 지키려고 노력했다. 한번은 위대한 지도자가 큰 가문이나 전쟁에서 얻는 전리품으로 얻은 그의 유산을 평가해 보았다 .

그 이래로 유명한 사람이나 평범한 사람이나 똑같이 경기 기록들을 깨든지, 예술을 번성시키든지, 더 기록될 만한 완전 범죄를 저지르기 위해 온갖 노력을 하였던 것이다. 비록 크리스챤이 종종 경기에 출전하고 공적으로 봉사하지만 목적은 이 세상에서 명성을 얻는 것이 아니어야 한다.

크리스챤의 보배는 그리스도이다. 그러므로 크리스챤의 유업은 곧 하늘의 소망인 것이다.

에베소서 3:14-16절은, "이러므로 내가 하늘과 땅에 있는 각 족속에게 이름을 주신 아버지 앞에 무릎을 꿇고 비노니 그의 영광의 풍성함을 따라 그의 성령으로 말미암아 너희 속사람을 능력으로 강건하게 하시오며"라고 가르치고 있다.

사람은 유산을 얻기 위해 과거에 기대를 하고 있지만, 크리스챤은 미래에 두고 있다. 그리스도는 다른 사람이 그의 왕국의 실제를 이해할 수 있도록 당신이 이 세상에서 그의 거룩함과 사랑을 반사해 주기를 원하신다.

당신의 유업은 역사가들이 인정해 주지는 않을지 모르지만, 당신은 확실히 세상에서 취한 사랑과 거룩함의 모든 행적에 대해 하나님에게 축하를 받는다. 당신의 가장 큰 유산은 당신의 온 마음을 다하여 당신의 주 하나님을 사랑하는 것이 되게 하라.

주님, 나는 온 맘으로 당신을 사랑하는 것이 나의 가장 큰 유산이 되기를 원합니다. 그것은 진정한 성공의 척도입니다.

내면의 능력

본문읽기 ★ 엡 3:20-4:6

요절 ★ 우리 가운데서 역사하시는 능력대로 우리가 구하거나 생각하는 모든 것에 더 넘치도록 능히 하실 이에게 교회 안에서와 그리스도 예수 안에서 영광이 대대로 영원무궁하기를 원하노라 아멘 (엡 3:20-21)

어떻게 당신은 자신의 실수들과 약점들을 알 수 있는지, 당신 자신을 살펴보면, 당신의 마음 속에 품은 원대한 계획들과 목표들을 당신이 가지고 있는지 궁금해 할 것이다.

마이스터 엑하르트(Meister Eckhart)는 당신을 격려하고 있다. "만약 당신이 실패하지 않을 의지와 하나님의 능력을 가지고 있었다면 당신은 그 모든 것을 할 수 있었을 것이다. 그리고 아무도 당신으로부터 그것을 빼앗을 수 없고 한 순간도 당신을 방해할 수 없었을 것이다. 왜냐하면 내가 할 수 있는 한 하겠다고 하는 것은 하나님 앞에서 그와 같이 내가 하겠다고 하는 것이다."

만약 하나님이 당신을 어떤 훌륭한 일에 부르셨다면, 그때 당신이 그것을 성취할 수 있는 모든 능력도 가지게 된다. 당신이 필요한 것은 성취하겠다는 의지와 결심뿐이다. 에베소서 3장 20-21절은 성도들에게 하나님은 그의 능력으로 우리가 상상할 수 없는 것을 우리 안에서, 우리를 통해서 할 수 있다고 권고하신다.

하나님의 계획들은 놀라운 것이고, 그것은 당신을 위한 기회를 포함하고 있다. 당신은 그의 자녀이고 그분의 소원은 당신이 성공하는 것이다. 그러므로 거울 속의 당신 자신을 보게 되면, 당신의 내면에 하나님의 능력이 있음을 스스로 상기하라. 그리고 그분에게 불가능한 것은 없다.

주님, 만약 당신이 나를 활동가가 되라고 부르셨다면, 나는 당신에게 연결하기를 원합니다. 나는 당신만이 내가 성공하는데 필요한 모든 것을 가지고 계신다는 것을 압니다.

하나님의 은혜의 부요함

본문읽기 ★ 엡 1:3-12
요절 ★ 우리는 그리스도 안에서 그의 은혜의 풍성함을 따라 그의 피로 말미암아 속량 곧 죄 사함을 받았느니라 (엡 1:7)

하나님이 당신을 구원하셨을때, 그분은 비용을 아끼지 않으셨다. 그분은 당신에게 영생을 주시기 위해 그리스도의 고귀한 피를 흘려주셨다. 그렇다면 왜 어떤 성도들은 하나님이 이미 지불해 주신 것을 얻기 위해 그들의 삶을 바치는가?

아브라함 링컨은 그것은 성도들이 하나님의 큰 은혜를 기억하지 않기 때문이라고 추측하였다. 링컨은, "우리는 우리의 평화를 지켜 주시고 우리를 번성케 하시고 부요하게 하시고 강하게 하신 은혜로운 손길을 잊고 있으며, 이 모든 축복이 우리 자신의 우수한 지혜와 미덕에 의해 나왔다고 마음으로 기만을 당하고 있는 것이다" 고 기록하고 있다.

만약 성도가 미덕으로 구원을 얻는다고 생각한다면, 덕이 결핍될 때, 그들은 축복을 잃었다고 믿게 된다. 그런데 구원은 인간의 경건한 행위에 근거한 것이 결코 아니다. 구원은 그리스도의 대속의 은혜에 그 기초를 가지고 있다. 그의 은혜가 당신의 죄를 덮어주신다. 그것은 갚아야 할 큰 형벌이었으나 예수님이 당신을 구원하는 것이 귀한 것이라고 생각하셨다.

그의 은혜의 부요함을 받아들이라 그리고 당신은 그에게 감사하는 마음으로 삶을 살아라.

당신이 베푸신 은혜는 나의 죄를 덮습니다. 주님! 감사합니다. 나는 당신이 나의 구원을 귀하게 여기심이 매우 기쁩니다.

영향력 있는 관계

본문읽기 ★ **요 15:14-16**

요절 ★ 이제부터는 너희를 종이라 하지 아니하리니 종은 주인이 하는 것을 알지 못함이라 너희를 친구라 하였노니 내가 내 아버지께 들은 것을 다 너희에게 알게 하였음이라 (요 15:15)

요셉 스크리븐(Joseph Scriven)의 약혼녀는 결혼하기 전날 밤 물에서 익사했다. 실의에 빠진 스크리븐은 그녀에 대한 기억을 없애기 위해 그의 고향을 떠나 카나다로 이사를 하였는데 그곳에서 그는 엘리사(Eliza)라는 여인을 만나 사랑하게 된다. 그러나 그들은 결혼하기 전에, 그녀가 병으로 죽고 말았다.

요셉 스크리븐은 이것들과 다른 많은 비극들을 만나게 되었는데, 그리스도는 변함없이 위로해 주셨다. 그는 아름다운 시를 지었는데, "예수님 보다 더 좋은 친구 없네" 이다. 그 시에서 그는 "우리의 모든 슬픔을 나눌 수 있는 매우 신실하신 친구를 만날 수 있을까? 예수님은 우리 모든 약함을 아시니, 모든 것을 주님께 기도하라."

예수님은 당신의 고통의 깊은 것까지도 이해하신다. 요한복음 15장 15절에서, "이제부터는 너희를 종이라 하지 아니하리니… 너희를 친구라 하였노니" 라고 예수님은 말씀하셨다. 당신은 고상한 말로 예수님을 "구주", "만왕의 왕" 그리고 "전능하신 분" 으로 이해하고 있으나, 그분은 또 당신에게 "친구" 로서 알려지기를 원하신다.

예수님이 당신을 친구라고 하시는 것은 그분이 당신을 사랑하시기 때문이다. 아무도 당신의 마음을 깊이 알지 못하고, 당신의 필요를 돌볼 수 있을 만큼 신실하지 못할 것이다. 그분은 당신을 위로해 주시겠다고 약속하신다. 그분에게 가서 당신의 가장 친한 친구가 되어라. 당신은 그분과 영향력 있는 관계임을 알게 될 것이다.

주님, 당신은 나의 왕이요 나의 친구이고, 나의 창조자되시고 나의 영원한 동반자가 되십니다. 나는 당신이 나를 부르신 것처럼, 모든 생각과 걱정을 당신께 가져갑니다.

성공의 열쇠

본문읽기★ 갈 6:6-10
요절★ 너희를 부르시는 이는 미쁘시니 그가 또한 이루시리라 (살전 5:24)

흔히 조직에서 20퍼센트의 사람이 일의 80퍼센트를 감당한다고 말한다. 헌신도 마찬가지로 교회에서도 책임감을 가지고 큰 일들을 감당하는 사람은 신실한 성도들이라고 할 수 있다.

비록 당신의 신실한 봉사가 교회에서 없어서는 안 될 것이지만, 당신은 그렇게 큰 책임감 때문에 지칠 수 있고, 또 교만해 질 수 있는 위험을 가지고 있다.

안토니 핸슨(Anthony Hanson)이 당신에게 조언자가 될 것이다. "그리스도인들에게 있어서 봉사는 그가 하는 것이 아니라 그리스도가 하시는 것이다… 이것은 행동을 억제하게 하는 것이 아니라, 많은 사람을 절망에 빠지게 하는 소름끼치는 책임감으로부터 벗어나게 한다… 그리스도인들이 성실하게 행하는 사역은 그리스도가 하시는 봉사에 있어서 서로 한 몫을 할 뿐이다. 하지만 그것도 그리스도의 일인 것이다. 그러므로 그리스도인은 그것을 성공적으로 감당했다고 교만할 필요도 없고, 실패했다고 해서 당황할 필요도 없는 것이다."

당신은 일을 잘 하지 못했으면 사역을 완수하지 못했다고 느낄지도 모른다. 그러나 기억할 것은 너를 통해 그 일을 성취하시는 분은 바로 하나님이시다. 데살로니가전서 5장 24절에 약속하신다. 궁극적으로 일을 성취하시는 분은 하나님이시다. 봉사는 우리가 하나님을 위해 무엇을 하는 것이 아니라, 하나님이 우리를 통해서 일하신다는 것이다.

하나님께서 의무를 감당할 수 있도록 당신에게 능력을 주시는 것처럼, 그분은 다른 사람을 준비시킬 수도 있으시다. 그를 신뢰하라. 그를 의지하라. 그리하면 그분이 그의 뜻을 성취하실 것이다.

아버지, 나는 당신을 의지합니다. 나는 당신이 내 안에서, 나를 통해 당신의 뜻을 이루실 것이라는 것을 압니다.

작은 일의 가치

본문읽기 ★ 마 10:38-42
요절 ★ 또 누구든지 제자의 이름으로 이 작은 자 중 하나에게 냉수 한 그릇이라도 주는 자는 내가 진실로 너희에게 이르노니 그 사람이 결단코 상을 잃지 아니하리라 하시니라 (마 10:42)

빌리 그래함과 같은 복음전도자에게, 사역은 많게는 수백만 명의 사람을 대상으로 복음을 설교하고, 행사를 미리 계획한다. 그런데 하나님이 그를 통해서 하시는 사역의 대부분은 아주 작은 규모의 집회이다. 마태복음 10장 42절에 있는 예수님의 말씀–작은 자에게 냉수 한 그릇을 주는 것도 하나님이 상을 주실 것이다–을 주목해 보라.

어린이에게 물을 주는 것과 같은 봉사는 겸손한 마음이고 진심으로 하나님께 영광을 돌리는 것이라고 말한다. 접는 의자를 펼치고, 노숙자에게 음식을 제공하고, 하나님이 크게 사용하신 친구의 상처를 들어주는 사람이 그런 사람이다.

아마 이런 행동들은 부흥회에서 설교하거나 교회를 세우는 것에 비하면 사소한 일처럼 보일 것이다. 그러나 그것은 하나님의 사랑이 드러나는 건강한 교회의 중요한 요소이다.

당신의 작은 헌금은 쓸모없는 것이라고 생각하지 말 것을 브라더 로랜스(Brother Lawlance)는 충고하였다. "우리는 하나님의 사랑을 위해 작은 일을 하는 것에 지치지 말아야 할 것이다. 그분은 사역을 중요하게 여기시는 것이 아니라 실천하는 사랑을 중요하게 여기신다.

그러므로 그런 작은 일을 행할 기회를 최대한 활용하라. 하나님은 확실히 당신의 상을 잃지 않을 것이다.

주님, 모든 기회를 잘 활용하도록 도와 주시옵소서, 나는 열심히 작은 일을 하기를 원합니다.

일어나라

본문읽기 ★ 눅 22:31-34
요절 ★ 시몬아, 시몬아, 보라 사탄이 너희를 밀 까부르듯 하려고 요구하였으나 (눅 22:31)

베드로는 메시야와 함께 있을때에는 용감하였다. 손에 칼을 든 베드로는 예수님을 도와 로마제국으로부터 이스라엘의 독립을 쟁취하기 위해 할 수 있는 모든 것을 할 수 있었을 것이다.

그리스도가 로마에 대항하여 싸우지는 않으셨지만, 죄에 대해 싸우셨던 것이다. 베드로는 제한된 시야를 가지고 있었지만, 예수님은 상황을 제대로 보고 계셨다. 예수님은 십자가로 가는 긴장된 순간에 제자들은 슬픔과 혼란에 가득차 있음을 알고 게셨다. 예수님은 베드로가 실패할 것을 아시고, 그에게 말씀하셨다. "그러나 내가 너를 위하여 네 믿음이 떨어지지 않기를 기도하였노니 당신은 돌이킨 후에 네 형제를 굳게 하라"(눅 22:32).

예수님은 당신이 실패할 때가 있을 것을 알고 계신다. 당신의 인생에서 감당하기 어려운 재난, 당혹스러운 일, 큰 고통이 일어날 것이고 몸부림치게 될 것이다. 그러나 예수님께서 너를 위해 중보의 기도를 하고 계신다. 그분은 당신의 실패를 보시는 것이 아니라 당신이 다시 일어나서 그를 섬기는지를 보신다.

헨리 리돈(Henry Liddon)은 말하기를, "희생적인 삶으로는 아무 것도 잃지 않는다. 모든 것은 하나님의 부르심에 복종하지 않음으로 잃게 될 것이다"고 하였다. 우리가 실패할때, 하나님을 두려워하지 말라. 그분은 언제나 팔을 벌리고 당신을 영접해 주신다. 대신에 그의 용서하심에 초점을 맞추고 다시 일어나라.

주님, 당신은 베드로가 실패하고, 다시 돌아와서 겸손히 섬길 것을 알고 계셨던 것처럼, 당신은 나의 실패를 아시고 내가 회개하는 마음으로 당신에게 돌아오게 하실 줄을 믿습니다.

다시 일어나라

본문읽기 ★ 요 21:1-17
요절 ★ 그들이 조반 먹은 후에 예수께서 시몬 베드로에게 이르시되 요한의 아들 시몬아 네가 이 사람들보다 나를 더 사랑하느냐 하시니 이르되 주님 그러하나이다 내가 주님을 사랑하는 줄 주님께서 아시나이다 이르시되 내 어린 양을 먹이라 하시고 (요 21:15)

당신은 실패하였는가? 당신의 속사람이 혼란과 후회와 같은 몰래 들어온 감정으로 인해 고통스러워하고 있는가?

그 때 훌륭한 제자들 중 한 사람도 실패한 것을 보고 용기를 내라. 그리스도가 고난을 당하시고 십자가를 지는 순간은 제자들은 도망했다. 시몬 베드로는 그의 사랑하는 친구를 세번씩 부인하면서 떠나 갔다.

그런데 그들이 부활하신 주님을 다시 만났을때, 예수님은 베드로에게 원한을 품고 있지 않으셨다. 요한복음 21장 15절은, "그들이 조반 먹은 후에 예수께서 시몬 베드로에게 이르시되 요한의 아들 시몬아 네가 이 사람들보다 나를 더 사랑하느냐 하시니 이르되 주님 그러하나이다 내가 주님을 사랑하는 줄 주님께서 아시나이다 이르시되 내 어린 양을 먹이라 하시고"라고 기록하고 있다.

예수님은 베드로를 질책하지 않으셨다. 오히려 베드로에게 진심으로 그의 사랑을 보여주기 위해, "나의 어린 양을 먹이라" 고 했던 것이다.

올리버 골드스미스(Oliver Goldsmith)는 예리하게 주석하기를,"우리의 가장 큰 영광은 결코 실패하지 않는 것이 아니라 실패했을 때 다시 일어나는 것이다"라고 하였다. 당신은 부끄럽게 살 이유가 없다. 다시 일어나서 하나님이 당신을 부르신 대로 경건한 삶을 살라.

주님, 내가 죄책감으로 허우적거린 것은 당신 때문에 한 것이 아니라 나 때문에 그랬습니다. 나로 빨리 일어나서 당황과 후회와 같은 고통을 무시하고, 당신의 일을 열심히 하게 도와 주시옵소서.

한없는 축복

본문읽기 ★ **약 2:20-24**
요절 ★ 많은 친구를 얻는 자는 해를 당하게 되거니와 어떤 친구는 형제보다 친밀하니라 (잠 18:24)

성경은 우정에 대한 많은 실례를 준다. 하나님은 아브라함을 그의 친구라고 부르셨다(약 2:23). 아론과 훌은 모세 옆에 서서 전쟁에서 승리를 확보하기 위해 그의 손을 떠받쳤다(출 17:12). 다윗과 요나단은 잘 알려진 우정의 사례이다(삼상 18장).

이런 우정들은 우연한 관계들보다 낫다. 고난과 역경을 당할때, 그들은 서로 도움을 주게 된다. 우리가 깊고 상호적인 관계를 맺고 있을 때에는, 우리는 무슨 일을 만나든지 간에 우리가 의존하고 우리와 함께 할 수 있는 사람이 있게 된다.

우리는 친구를 선택하는데 있어 신중할 필요가 있다. 왜냐하면 그들은 우리의 삶에 영향을 주기 때문이다. 그들은 기쁨, 즐거움을 가져온다. 친구들은 우리가 다른 사람들과 함께 살아가는 법, 주고 받는 법, 더욱 친밀하게 관계를 맺는 법을 배우도록 도움을 준다. 그들은 우리에게 동기부여를 시키고, 실망시키고, 괴롭히고, 심지어 파멸에 이르게 할 수도 있다.

우리 모두는 환영받고 사랑받는다는 느낌을 원한다. 만약 당신이 필요에 의해 우정을 맺는다면, 그것은 지속되지 못할 것이다. 그 필요가 만족되면 당신은 그 우정에 대해 싫증내거나, 필요가 충족되지 않으면 불만족스러워하게 될 것이다.

진실하고, 성실하고, 헌신적이고 충성스러운 우정을 갖도록 신중을 기하라. 그러면 당신의 인생은 그 노력으로 인해 무한한 복을 누리게 될 것이다.

주님, 내가 선택한 친구들이 나의 믿음을 세우는데 도움을 주거나 당신과 나 사이에 장애물이 되기도 합니다. 나로 함께 할 친구를 지혜롭게 선택하게 도와주시옵소서.

지혜로운 관계

본문읽기 ★ 삼상 20:1-42
요절 ★ 요나단이 다윗에게 이르되 평안히 가라 우리 두 사람이 여호와의 이름으로 맹세하여 이르기를 여호와께서 영원히 나와 너 사이에 계시고 내 자손과 네 자손 사이에 계시리라 하였느니라 하니 다윗은 일어나 떠나고 요나단은 성읍으로 들어가니라 (삼상 20:42)

우리가 지혜로운 우정을 어떻게 발전시켜 나갈 수 있을까? 우정은 보통 상호적인 관심사와 이익 때문에 시작되고, 당신이 그 관계를 맺기 위해 투자한 시간만큼 깊어지게 된다. 보통 스포츠나 클래식 음악이나 자녀를 양육하는 것에 관심이 있을지 모르지만, 성도라면, 예수 그리스도를 믿는 것과 그분과의 관계에 대해 서로 관심을 가지게 된다.

종종 우리 과거는 돈독한 관계를 세움에 있어서 우리의 능력에 영향을 끼친다. 만약 전에 상처를 받은 적이 있다면, 다시 마음의 문을 여는 것이 쉽지는 않을 것이다. 그렇지 않으면 개인적인 야망이나 이기주의에 근거해서 우정을 세울 것이다. 우리의 안전을 위해 다른 사람을 의존하거나 자신의 개인적인 이익을 위하여 어떤 사람을 이용할 때, 우리는 지혜롭고 지속적인 관계를 유지해 나가지 못할 것이다.

어떤 사람이 당신을 위해 무엇을 할 수 있는지의 문제에 기초한 우정은 참된 우정이 아니다. 당신의 인생 속에서 그 열망과 필요를 채워줄 수 있는 사람은 한 사람도 없다. 오직 예수님만이 당신의 영적, 육체적이고 감정적인 모든 필요들을 충족시킬 수 있다.

우정을 쌓는 것은 고통과 거절을 당할 위험을 갖고 있다. 그런데 참된 신뢰, 헌신 그리고 충성에 의해 세워진 우정을 찾기 위해 위험을 감수하는 것은 가치가 있다. 참된 친구가 되는 법을 보여 주시기를 하나님께 구하라. 그리하고 지속적이고 가치있는 우정을 쌓아가라.

주님, 당신이 주신 좋은 우정에 대해 감사합니다. 나로 이기적인 동기 없이 다른 사람들과 함께 갈 수 있는 친구가 되도록 도와 주시옵소서.

경청과 순종

본문읽기 ★ 시 92:12-14
요절 ★ 의인은 종려나무 같이 번성하며 레바논의 백향목 같이 성장하리로다 (시 92:12)

우리가 과제를 받고 놀랍게 잘 끝마쳤지만, 그 과제를 맡긴 사람이 우리에게 지시한 것이 아니었을때, 그것을 성공이라고 할 수 있을까? 우리 주변에는, 인간적인 기준-명성, 행복, 부유-으로 성공한 사람들이 많은데, 하나님의 기준으로 볼 때에는 완전히 실패이다. 그들은 표적을 놓치고 있다. 그들은 하나님이 계획하신 것을 하지 않고 있다.

만약 인생에서 거룩한 성공을 바란다면, 우리는 먼저 곧바로 우리의 과제, 우리 인생을 향한 하나님의 뜻이 무엇인가를 얻어야 한다. 모든 사람을 향한 하나님의 뜻은 그분을 알고 그분이 각자에게 창조하신 목적대로 살면서 그분과 인격적이고 친밀한 관계를 증대시켜 나가는 것이다. 그런데 그것이 각자의 삶에서 얼마나 뚜렷하게 보이는지는 아주 다양하다.

다윗에게 그것은 이스라엘의 왕이 되는데 있어서 시련과 싸움을 통해 하나님과의 관계가 증대되는 것을 의미한다. 요나단에게 그것은 다윗에게 왕위를 양보하는 것과 같은 엄청난 희생을 통해서 하나님과의 관계가 증대되는 것이었다. 거룩한 성공은 이 사람들의 삶 속에서 다양하게 나타난다. 그럼에도 불구하고 그들은 하나님의 뜻을 따름으로 그것을 달성하고 있는 것이다.

삶 속에서 그의 뜻을 듣고 순종한다면 하나님의 사람으로서 우리는 세워져 가게 된다. 그것은 삶에서 참되고 거룩한 성공을 이룰 수 있는 유일한 방법이다. 우리가 그분이 요구하시는 것을 행하고 있느냐는 성공을 평가하는 유일한 방법이기도 하다.

아버지, 나로 당신의 뜻을 듣고 순종하는 사람으로 세워지게 하시옵소서. 나로 당신이 요구하시는 것을 행함으로 나의 성공에 대한 평가를 받도록 하시옵소서.

그분의 때

본문읽기★ 시 40:13-17
요절★ 내가 여호와를 기다리고 기다렸더니 귀를 기울이사 나의 부르짖음을 들으셨도다 (시 40:1)

그것을 성취하는 것이 아무리 힘들다 할지라도, 그것을 했다. 압박이 쌓이기 시작했고, 최종 시한, 괴롭히는 상사들, 어려운 아이들, 맡은 일들, 복잡한 가족문제 등이 쌓였다. 그때 갑자기 견딜 수 없는 상황이 되었다. 우리 주위를 보니 그것은 우리 스스로 처리할 수 없는 것들이었다.

시시때때로 삶에 몰려오는 스트레스를 다룰 능력이 없음을 인정하는 것은 정확히 하나님이 원하시는 것이다. 스스로 거친 바다를 항해하기 위해 노력하는 대신에, 그분은 더욱더 우리가 그에게 돌아서서 보기를 원하신다. 이것이 우리를 평안한 곳으로 인도하시고 안내하심으로 우리를 통해 빛을 비추시는 바로 그의 때인 것이다. 그것이 그의 때이다.

바울은 빌립보서 4장 6-7절에서 염려하지 말고 기도로 우리의 염려를 하나님께 아뢰라고 격려하고 있다. 왜 우리는 우리의 문제를 그렇게 쉽게 하나님께 말할 수 있는가?

첫째로, 하나님은 이미 우리가 경험해야 할 것을 알고 계신다. 그러나 그분은 여전히 우리로부터 그것을 듣기를 원하신다. 때때로 우리가 약함을 시인하는 것은 우리 삶 가운데서 역사하시는 하나님이 길을 열어가신다.

둘째로, 우리가 문제를 하나님께 말씀드려야 하는 이유는 그분이 그 문제를 해결하는 방법을 알고 계시기 때문이다. 우리 자신의 지혜로는 참된 성공을 결코 경험할 수 없을 것이다.

마지막으로, 하나님은 삶에서 우리의 도전들로 놀라지 않으신다. 그분은 일어날 일과 그것을 수행하는 방법을 알고 계신다. 누가 이와같은 때에 우리의 염려를 더 완벽하게 말할 수 있겠는가?

주님, 나는 나의 부족함, 나의 염려들, 그리고 나의 실패들을 시인합니다. 나로 당신이 영광을 받으시도록 그것들의 방향을 바꾸도록 도와 주시옵소서.

하나님의 은혜를 입으라

본문읽기 ★ **잠 3:1–4**
요절 ★ 인자와 진리가 네게서 떠나지 말게 하고 그것을 네 목에 매며 네 마음판에 새기라 (잠 3:3)

어떤 사람의 사랑을 받을 때에는, 그들의 지지도 받는다고 느낄 것이다. 하는 일마다, 용기를 갖게 된다. 그것은 우리가 악을 행할 수 없다고 느끼는 것은 아니지만, 우리가 언제나 바르게 행할 것이라고 느낀다. 성경에는 하나님의 은혜를 입을 수 있는 방법들이 많이 있다. 가장 기본적인 방법은 하나님의 말씀을 열어 마음과 생각 속에 넣는 것이다.

솔로몬은, "인자와 진리가 네게서 떠나지 말게 하고 그것을 네 목에 매며 네 마음판에 새기라" (잠 3:3)고 기록하고 있다.

하나님의 말씀은 우리가 매일 그의 말씀을 읽을 때 마음에 새기는 것이고, 하나님의 나라를 구성하는 원칙과 개념들을 이해하기 위해 노력해야 한다. 성경에서 생명을 위해 필요한 것, 인내하는 힘, 두려움을 극복하는 소망 등이 발견된다.

성경에서 가르치는 모든 교훈은 하나님의 본질과 성품을 직접적으로 나타내고, 그분은 우리가 실천해야 할 방식을 설명한다.

하나님의 말씀을 읽음으로, 그분과 예수 그리스도의 본질을 더욱 잘 이해하게 된다. 우리가 삶에서 실천해야 할 원칙을 적용할때, 주님의 은혜로운 손길이 우리를 감싸고 있음을 보게 된다.

주님, 내가 당신의 말씀을 찾을때, 당신의 진리를 이해하고, 나의 마음 속에 그것을 새기게 하시옵소서. 왜냐하면 내가 말씀이 필요할 때 속히 생각나기 위함입니다.

성공적인 연합

본문읽기★ 대하 6:1-10
요절★ 오직 믿음으로 구하고 조금도 의심하지 말라 의심하는 자는 마치 바람에 밀려 요동하는 바다 물결 같으니 (약 1:6)

매일 하나님의 보좌에 올라오는 무수한 기도들.
치유, 도움, 은혜 그리고 명예를 구하는 기도들을 생각해 보라. 당신이 개인의 기도를 하나님께 드릴때, 그분이 응답해 주실 것에 대한 믿음이 있는가? 기도와 연결된 믿음이 성공적인 연합이다.
성경은 기도의 응답을 받기 위해서는 의심하지 말고 믿음으로 구해야 한다고 가르친다(약 1:2-8). 이 생각에 대해 초신자와 기존 신자가 똑같이 혼동하는 것을 보게 된다. 그런데 오늘 본문을 통해 분명히 구별할 수 있다. 야고보는 주님께 전심으로 기도하라고 충고한다. 그분은 우리가 의심없이 기도하면, 우리가 기도한 것 그대로, 그것을 구한 바로 그 순간에 자동적으로 응답받게 될 것이라고 말하지 않는다. 열쇠는 나누어지지 않은 믿음으로 기도하는 것이다. 하나님은 언제나 기도에 응답하시지만, 그의 응답과 시간은 우리 모두가 다를 수 있다는 것이다.
우리의 책임은 의심하는 마음을 없애는 것이다. 기도와 관련된 의심은 문제가 하나님보다 우선할 때 생긴다. 의심은 또한 하나님의 말씀에 익숙하지 않을때 생긴다. 우리가 기대하는 방식이나 원하는 시간이 아닐지라도, 하나님은 그의 약속을 이행하실 것이다(대하 6:1-4,6-10).
당신은 믿음의 수준을 점검해 보라. 당신이 하나님께 간구할때, 스스로 물어보라. "나는 진짜로 하나님을 신뢰하고 있는가? 아니면 나는 의심하고 있는가?"

주님, 나의 문제가 내 시야를 가로막고 있을 정도로 크다면, 그것은 내가 하나님을 의심하고 있다는 것입니다. 나의 짐을 당신께 맡기게 도와 주시옵소서.

의심을 줄이기

본문읽기 ★ 욥 42:1-6
요절 ★ 돈을 사랑하지 말고 있는 바를 족한 줄로 알라 그가 친히 말씀하시기를 내가 결코 너희를 버리지 아니하고 너희를 떠나지 아니하리라 하셨느니라 (히 13:5)

성공적인 그리스도인은 의심을 어떻게 다루어야 하는가? 이 질문은 종종 재난을 당하여 잠간동안 하나님이 계시지 않은 것처럼 느낄 때, 겉으로 드러난다. 그런데 성경은 하나님은 범사에, 우리의 삶의 순간마다 우리와 함께 계신다고 말씀하신다. 성경에서 그분은 결코 우리를 버리지 않고 떠나지 않을 것이다(히 13:5)고 약속하신다.
인간이기 때문에, 우리를 좌절시킬 수 있는 어떤 사람의 생각은 파악하기가 쉽지 않다. 그러므로 우리의 흔들리는 마음은 종종 하나님이 우리에게 공급해 주시고, 우리의 필요를 채워주시며, 불가능을 가능으로 바꾸실 수 있다는 것을 의심하는 마음에 꺾이고 만다.
그런 감정이 하나님에 대한 확신이 깨뜨려질 때, 당신은 조치를 취해야 한다. 당신이 방어할 수 있는 가장 좋은 것은 그의 말씀이다. 성경은 하나님의 사랑과 더 우리를 깊이 알기를 원하신다는 명백한 진리에 대해 재확신을 갖게 하고 인도하신다.
만약 당신이 성경을 읽음으로 용기를 얻지 못한다면, 성경연구에 필요한 도구들-주제별사전을 구입하는 것을 고려해 보라. 그렇지 않으면 함께 성경을 연구할 친구를 초대하라. 이것은 교제 가운데 지식을 증대시킬 것이다. 당신은 의심이 생길 때 성경을 통하여 하나님의 진리로 지도할 수 있는 믿을만한 사람을 선택하라. 당신이 성경을 함께 공부하면, 당신의 지식은 늘고 의심은 감소하게 될 것이다.

주님, 내가 어렸을때, 성경은 나를 위한 책이라고 노래했습니다. 나는 지금도 그렇게 믿고 있습니다. 나의 마음 속에 당신의 말씀을 새롭게 할 수 있는 방법과 수단으로 나를 이끌어 주시옵소서.

건강의 지혜

본문읽기 ★ 시 34:8-14

요절 ★ 너희 몸은 너희가 하나님께로부터 받은 바 너희 가운데 계신 성령의 전인 줄을 알지 못하느냐 너희는 너희 자신의 것이 아니라 값으로 산 것이 되었으니 그런즉 너희 몸으로 하나님께 영광을 돌리라 (고전 6:18-19)

목요일 점심은 "타코가이(The Taco Guy-타코 요리를 나르는 사람 : 역주)로 잘 알려진 요리의 귀재에 의해 배달된다. 아무도 목요일에는 직장에서 돈벌이에 급급해 하지 않는다.

그런데 그렇게 공들인 음식의 진수성찬에 대한 생각에 주춤하는 사람들이 있다. 이런 한심스런 사람들의 문제는 그들이 풍성한 뷔페가 제공되었을 때 능히 자기 절제를 생각하지 못한다는 것이다.

지혜는 더 좋은 해답을 제시하는가? 성경은 몸은 하나님의 성령의 전이라고 분명히 가르친다. 타코(taco : 저민 고기 등을 옥수수 가루를 반죽하여 구운 얇고 둥근 떡에 싸서 먹는 멕시코 요리 : 역주), 파히타스(fajitas-양파, 고추, 닭고기 등으로 조리하여 구운 얇고 둥근 떡에 싸서 먹는 멕시코 요리: 역주), 소스 크림, 살사(salsa-멕시코, 스페인 요리에 쓰이는 매운 칠레 소스 : 역주)를 성전의 구석진 곳과 틈에 채워 넣는 것은 지혜롭지 못한 것이다. 왜냐하면 몸과 하나님이 주신 맛있는 음식이 모두 잘못 사용되기 때문이다. 당신은 정신적, 영적 그리고 육체적으로 성공하기 위해 건강한 생활방식을 유지하는데 있어서 지혜를 구하라. 때때로 자신의 방종을 부정하지 말고, 해로운 습관을 경계하라. 당신의 몸은 하나님의 성전이다. 가능한 한 당신의 성전을 알맞게 움직일 수 있도록 먹으라.

주님, 나는 나의 몸이 당신의 성전임을 알고 있습니다. 나의 인생을 위한 당신의 목적들을 성공적으로 달성하기 위하여 건강한 생활방식을 유지하도록 도와 주시옵소서.

아름다운 것

본문읽기 ★ 시 139:1-12
요절 ★ 내가 주의 영을 떠나 어디로 가며 주의 앞에서 어디로 피하리이까 (시 139:7)

당신은 어떤 환경 아래서 하나님의 임재를 가장 잘 알아챌 수 있는가? 당신의 기도생활에 더 열심을 내는 때가 언제인가? 당신이 모든 힘을 다해 하나님을 찾을 수 있는 때가 언제인가?

대부분의 사람들에게, 심한 압박과 시련을 당할 때가 하나님의 능력을 가장 크게 깨닫게 된다. 그것은 인생에서 가장 큰 성공을 할 때가 아니라, 온전히 하나님을 의지하는 전성기이다.

인생에서 고난을 당할 때 가장 큰 믿음을 일으킨다는 것은 얼마나 묘한가? 당신은 정반대 결과를 기대하지 않았는가? 어쨌든 당신이 기쁠때 하나님을 찬양하는 것은 지극히 당연한 것처럼 보인다. 그런데 당신의 인생이 완전히 실패할때, 그때 무엇을 감사할 수 있겠는가?

시련을 당할 때, 당신의 상황에 확실히 나쁜 영향을 주는 자신의 무능력을 빨리 깨닫게 된다. 완전히 무능력을 느끼는 것은 놀라운 일이다. 절망에 부딪힐때, 유일한 대안은 그 문제를 하나님께로 향하는 것인데, 그분은 모든 필요를 채울 수 있는 분이시다.

"사랑의 하나님은 그것이 일어나지 않게 하신다"고 외치는 사람은 스스로 극단적인 시련을 결코 경험하지 않는다는 것을 강조하고 있다. 손실, 흉년, 재난 등으로 인한 고통에 익숙한 사람들은 역경을 통해 배운 교훈의 가치를 중대시키는 사람이다.

만약 당신이 극복할 수 없는 고난을 만나고 마음의 무너짐을 느낄때, 당신의 일부를 십자가 밑으로 가지고 오라. 거기서 당신은 당신의 인생을 아름다운 것으로 다시 만들 수 있는 분을 만나게 될 것이다.

주님, 내 밑에 있는 깔개를 잡아 뽑고 지금 곧 무릎을 꿇었을 때, 나는 기도하기가 더 쉽다는 것을 알았나이다. 이 시간 중에 나의 성품을 만들어 주심을 감사하나이다.

진흙으로 만들어진 그릇

본문읽기 ★ **고후 4:7-18**
요절 ★ 우리가 이 보배를 질그릇에 가졌으니 이는 심히 큰 능력은 하나님께 있고 우리에게 있지 아니함을 알게 하려 함이라 (고후 4:7)

사도 바울은 사역에서 진정한 성공이 무엇인지를 알고 있었지만 또한 고통과 혼란에 관한 것도 알고 있었다. 그는 사역 가운데 쫓겨 다녔고, 감옥에 갇혔었고, 매질을 당하였으며, 조난을 당하였고, 조롱을 당하였다. 그의 동족들은 그를 배반자라고 낙인을 찍었고, 그는 종종 그리스도인 형제들에 의해서 모욕이나 불신을 받았다. 바울은 인생에서 최악의 때를 만났었지만, 그는 예수님과의 관계에서 오는 기쁨을 유지하였다.
안타깝게도 많은 초신자들은 그리스도의 구원 사역이 삶 가운데서 시련과 고생을 겪지 않게 할 것이라고 생각한다. 고린도후서 4장 7-18절에서, 바울은 종종 제자도와 관련된 고난을 설명하고 있다. 크리스챤은 역경을 당하지 않는다는 환상을 없애면서, 바울은 대신에 하나님의 능력이 약함 가운데서 드러날때 하나님께 찬양하게 되었던 것이다.
분문 7절에, 바울은 질그릇과 하나님의 능력에 관해 기록하고 있다. NIV 영어성경에는, "질 그릇" 을 "흙으로 만든 그릇" 으로 번역한다.
하나님의 영광은 깨어짐에도 "불구하고" 나타나는 것이 아니라, 오히려 깨어짐을 통해 나타나는 것이다. 깨어진 그릇에서 물이 새게 되는 것처럼, 하나님의 능력도 깨어진 삶에서 새어나오게 된다.
당신의 '깨어진 것' 을 부끄러워 하지 말라. 오히려 고난을 통해 하나님이 어떻게 당신과 다른 사람에게 더욱 온전하게 드러내시는지를 발견하기 위해 자신을 점검하라.

사랑하는 하나님 아버지, 나로 질그릇의 '깨진 것' 이 당신의 빛을 비추시기 시작한 것임을 깨닫게 하시옵소서. 오늘 나를 통해 당신을 드러내게 하시옵소서.

성공적인 가정교육의 열쇠

본문읽기 ★ 엡 6:1-4
요절 ★ 네 아버지와 어머니를 공경하라 이것은 약속이 있는 첫 계명이니 (엡 6:2)

안타깝게도, 본문에서 제시되는 성경의 말씀들이 어떻게 해서 절반은 칭찬을 받고 나머지는 침묵을 지키고 온전히 빠지는 경우가 있다. 에베소서 6장 1-4절은 그런 구절이다. 확실히 대부분 1-3절까지는 자녀들에게 부모를 공경하고 순종하라는 권고로 알고 있다. 이것은 분명히 중요한 일인데, 2절에서 지적해주는 것처럼, 계명을 따른다면 축복의 약속이 포함된 하나님이 주신 십계명 중 첫 번째 것이었다.

그런데 우리는 본문 4절을 종종 소홀히 한다. 이것은 똑같이 관련된 교훈으로 읽히는 것이다. "또 아비들아 너희 자녀를 노엽게 하지 말고 오직 주의 교훈과 훈계로 양육하라."

본질적으로 자녀는 항상 그의 부모를 공경해야 하는 반면에, 부모는 존경을 받을만한 어머니와 아버지가 되기 위해 노력해야 한다. 이것은 당신의 가족과 개인생활의 중요한 부분에 하나님을 모심으로서 성취될 수 있는 것이다.

당신의 삶 가운데 당신의 자녀들이 알기 원치 않는 부분이 있는가? 당신의 언어, 행동 그리고 도덕성이 자녀들 앞에서 변화하였는가? 자녀들은 하나님의 교훈을 들어야 할뿐 아니라, 똑같이 그것을 볼 필요도 있다. 우리 자녀들은 우리가 어떻게 사는가를 극적으로 나타내는 것을 본다. 오늘 이후로 당신의 양육에서 작은 자에 합당한 삶을 살도록 노력하라.

주님, 나는 종종 부모의 역할을 제대로 하지 못합니다. 내가 섬기는 자녀들과 모든 다른 아이들에게 본보기가 되게 하시옵소서.

하나님의 가장 좋은 것을 경험하기

본문읽기 ★ 시 138:1-8
요절 ★ 여호와께서 나를 위하여 보상해 주시리이다 여호와여 주의 인자하심이 영원하오니 주의 손으로 지으신 것을 버리지 마옵소서 (시 138:8)

하나님의 가장 좋은 것을 어떻게 아는가? 해답은 두 가지이다. 우리는 먼저 하나님의 방법이 최선의 것임을 깨달아야 하고, 그 다음에 그분의 음성을 듣는 법을 배워야 한다.

하나님의 방법이 우리의 방법보다 훨씬 좋다는 것을 깨닫는 것은 우리 모두에게 어려운 과정이다. 왜냐하면 우리는 스스로 어떤 것을 해결할 수 있다고 생각하기 때문이다. 우리는 교만하게 스스로 말하기를 우리는 어떤 책임을 맡아 결정하게 될 때 그 누구에게서도 도움을 받을 필요가 없다는 것이다. 그럼에도 불구하고 하나님은 우리를 돕고 복주시기를 열망하신다. 정말로 하나님보다 우리의 필요들을 아는 사람은 하나도 없다.

우리가 이것을 이해할때, 우리의 마음은 그의 인도와 교훈을 받을만한 비옥한 토양이 되는 것이다. 우리는 성령의 격려를 환영하고 하나님의 말씀을 읽을때 매일 생활을 위한 실제적인 통찰력을 발견하게 된다.

하나님의 음성을 듣는데 도움을 주는 것은 새롭고 온전한 평화의 마음이다. 예수님은 그분이 "세상이 주는 것과 같지 않은"(요 14:27) 평화이지만, 모든 지각에 초월한 평화(빌 4:7)를 주시겠다고 말씀하셨다. 그러므로 그의 평화는 모든 결정에 있어서 지배적인 힘이 됨이 틀림없다.

하나님의 가장 좋은 것은 스스로 할 수 있는 어떤 좋은 것보다 훨씬 뛰어남을 명심하고, 하나님의 평화가 다음 중요한 결정에서 당신을 인도하도록 하라.

주님, 모든 역사는 당신의 인도함을 받은 사람들과 그렇지 않는 사람의 이야기이나이다. 당신의 교훈에 나의 인생의 장을 열게 하시옵소서.

극복해야 할 장애물

본문읽기 ★ 벧전 5:6-10

요절 ★ 나에게 이르시기를 내 은혜가 네게 족하도다 이는 내 능력이 약한 데서 온전하여짐이라 하신지라 그러므로 도리어 크게 기뻐함으로 나의 여러 약한 것들에 대하여 자랑하리니 이는 그리스도의 능력이 내게 머물게 하려 함이라 (고후 12:9)

하나님의 가장 좋은 것을 받아들이는 것을 방해하는 일반적이고 잠재적인 방해물을 생각해 보자.

지혜로운 결정을 하는데 제일 방해되는 것은 우리의 눈이 하나님에게서 멀어져 있는 것이다. 항상 보이지 않는 장애물이나 시련들이 삶 가운데 들어올때, 우리의 초점을 궁극적인 해결책인 하나님의 지혜에 두지 않고 그 문제에 둔다는 것이다. 우리가 부족함과 무능함을 보지 말아야 할 순간이다.

우리는 또 자신과 다른 사람을 비교하지 말아야 한다. 대신에 연약함 가운데서 주님의 능력을 구해야 한다. 하나님은, "내 은혜가 네게 족하도다 이는 내 능력이 약한 대서 온전하여 짐이라"(고후 12:9)고 말씀하셨다.

또 다른 방해물은 사탄이다. 적은 당신을 하나님으로부터 멀어지게 하고 어리석은 결정을 하도록 가능한 한 모든 것을 다할 것이다. 그러므로 경건치 않는 계획을 버리고 그의 숨겨진 계략을 예민하게 알아야 한다. 성경은 사탄에 대해 "너희 대적 마귀가 우는 사자 같이 두루 다니며 삼킬 자를 찾나니"(벧전 5:8)라고 말씀하신다. 재난을 피하기 위해 보호하심을 구해야 하고 성령의 분별하심을 의지해야 한다.

지혜로운 결정을 못하게 하는 방해물을 극복할 수 있는 도움으로 주 예수 그리스도를 의지할 수 있는 것은 놀라운 일이다. 우리가 그분을 신뢰할때, 그분은 그의 뜻대로 우리 길을 인도하실 것이고 우리는 그의 가장 좋은 것을 경험하게 될 것이다.

사랑하는 주님, 모든 장해물을 제거해 주시고 당신에게 초점을 맞추고, 사탄으로부터 피하지 않게 도와주시옵소서. 나에게 성령의 분별력을 주시옵소서.

하나님의 선한 계획

본문읽기 ★ 느 1:3-11
요절 ★ 내가 이 말을 듣고 앉아서 울고 수일 동안 슬퍼하며 하늘의 하나님 앞에 금식하며 기도하여 (느 1:4)

당신은 때때로 무엇을 하든지 관계없이 좌절의 먹구름이 몰려온다고 느낄 때가 있는가? 당신의 평화와 기쁨이 절망감과 좌절감에 의해 뒤바뀐 적이 있는가?

확실히 느헤미야 선지자는 예루살렘의 비탄과 멸망의 소식을 듣고서 큰 절망감을 겪었다. 1장 4절은 이 소식에 대한 반응으로 그는 슬퍼하고 몇일동안 기도했다고 말한다.

이 구절의 흥미있는 부분은 느헤미야가 다음에 무엇을 했는가에 대한 표현이다. 그는 슬픔에 잠긴 동안, 하나님께 네 가지로 기도했다.

첫째로, 느헤미야는 그의 신실하심과 인자하심에 대해 하나님을 찬양하였다(5절). 다음에 그는 백성의 모든 죄를 고백했다(7절). 그때 그는 하나님의 심판의 적합함을 인정했다(8절). 그리고 마지막으로 그는 그에게 성공과 긍휼을 보여주실 것을 하나님께 간구했다(11절).

느헤미야의 간구는 낙심자에게 필요한 가치있는 통찰력을 포함하고 있는데, 주위에서 무슨 일이 일어날지라도 하나님이 통치하신다는 것이다.

만약 당신이 오늘 낙심했다면, 느헤미야의 말들을 하나님께 드리는 당신 자신의 기도로 만들어라. 그를 찬양하고, 당신의 생활에서 어떤 죄든지 고백하며, 하나님의 말씀의 진정성을 인정하라. 그리고 당신이 일어나서 다시 시작할때 그의 은혜를 구하라.

주님은 모든 일에 신실하시다. 낙심이 하나님의 최고의 사랑과 능력에 대한 당신의 견해를 막지 못하게 하라.

사랑하는 주님, 당신의 신실하심과 인자하심에 대해 감사합니다. 나의 초점을 새롭게 하고 나로 일어나서 다시 시작하게 도와주시옵소서.

남을 격려하기

본문읽기 ★ 느 2:17-20

요절 ★ 또 그들에게 하나님의 선한 손이 나를 도우신 일과 왕이 내게 이른 말씀을 전하였더니 그들의 말이 일어나 건축하자 하고 모두 힘을 내어 이 선한 일을 하려 하매 (느 2:18)

어제 우리는 느헤미야 선지자가 낙담을 극복하기 위해 어떻게 기도해야 하는지를 알아 보았다. 오늘 느헤미야 2장으로 옮겨서, 다른 사람을 성공할 수 있도록 격려하기 위해 똑같은 상황을 어떻게 사용했는지를 알게 될 것이다.

무너진 성벽을 재건하기 위해 예루살렘으로 여행하면서, 느헤미야는 곧 하나님의 선하심에 관하여 다른 사람에게 증거할 기회를 만나게 되었다. 그는 하나님의 인도하심과 돌보심에 대해 백성들에게 말했다. 그의 주님에 대한 확신을 보고, 백성들은 그의 계획을 돕기 시작했다.

그 때 19절에서, 우리는 그가 일할 때, 느헤미야는 의심하는 자들과 조롱하는 자들에 의해 도전을 받았음을 본다. 그들은 계속해서 그를 의심했으나, 그들의 의심에도 불구하고 선지자는 강하게 남아서 그가 신뢰한 하나님께 영광을 돌렸다.

다시 한번 느헤미야의 모범으로부터 귀중한 교훈을 배울 수 있다. 무너진 성벽을 재건하는 일이 지체되었을때, 그는 적들을 두려워하거나 회의론자들로부터의 압박에 굴복하지 않았다. 주님은 그에게 한가지 일을 주셨고 그는 그 앞에 어떤 장벽이 놓여 있다 할지라도 그것을 완수할 책임이 있었다.

이런 확신의 원천은 무엇이었는가? 느헤미야의 믿음의 근거는 견고하게 약속의 하나님을 기초하고 있었다. 그러므로 그가 확신을 가지고 전진할 수 있었을 뿐만아니라 그의 능력의 근원되시는 분을 신뢰하도록 남을 격려할 수 있었다.

주님, 내 마음 속에 당신을 간직하게 도와주셔서, 다른 사람이 내 안에 역사하시는 것을 보고 믿음으로 격려를 받게 하여 주시옵소서.

성공적인 성화

본문읽기 ★ 고전 1:1-7

요절 ★ 예수 그리스도의 사도 베드로는 본도, 갈라디아, 갑바도기아, 아시아와 비두니아에 흩어진 나그네 곧 하나님 아버지의 미리 아심을 따라 성령이 거룩하게 하심으로 순종함과 예수 그리스도의 피 뿌림을 얻기 위하여 택하심을 받은 자들에게 편지하노니 은혜와 평강이 너희에게 더욱 많을지어다 (벧전 1:1-2)

성경 여러 곳에서 성화라는 단어가 발견된다. 성화란 "거룩하게 하다" 또는 "평범한 습관에서 거룩한 습관으로 분리하다"란 의미이다. 당신이 예수 그리스도를 구주로 믿을때, 그분은 당신을 거룩하게 하시고, 바로 거룩한 목적을 위해 당신을 구별하시는 것이다.

성화의 과정은 구원에서부터 시작되고, 믿는 자들을 성도라고 간주한다(고전 1:1-2). 모든 믿는 자는 성도이다. 왜냐하면 하나님께서 그렇게 만드셨다(벧전 1:2). 위치상으로 우리의 행동이 그리스도와 같지 않을지라도, 우리는 성도이다.

이것은 구원을 받는 순간에, 우리는 지위가 변화되었기 때문이다(엡 2:1-5). 우리는 다시 거듭났고, 죄 용서함을 받았고, 하나님의 가족으로 양자되었고, 지금은 그의 진노 아래가 아니라 하나님의 은혜 아래 살고 있다.

성화의 첫 단계는 우리를 위해 하나님에 의해 이루어짐을 이해하는 것이 중요하다. 누구도 스스로 거룩해 질 수 없다. 우리는 오직 예수 그리스도의 보혈 곧 우리를 위해 하늘에 계신 사랑하는 아버지에 의해 완수된 사역에 의해 성화된다. 멈추어서 그의 거룩하게 하시는 사랑과 은혜에 대해 하나님께 감사하고 찬양하라.

주님, 평범한 인간을 당신의 거룩한 목적들을 위해 구별해 주시니 당신을 찬양합니다. 그것이 나의 행위가 아니라 당신의 은혜로 이루어지게 됨에 감사합니다.

건축의 끝

본문읽기 ★ 엡 4:1-3

요절 ★그러므로 주 안에서 갇힌 내가 너희를 권하노니 너희가 부르심을 받은 일에 합당하게 행하여 (엡 4:1)

룻 벨 그레이엄(Ruth Bell Graham)은《순례자의 발자국》이란 책에서 스스로 제시한 비문을 준비했다. "건축의 끝. 당신의 인내에 감사합니다."

비록 유머스럽지만, 그녀의 표현은 진리에 근거하고 있다. 빌립보서 1장 6절에서, 바울은 하나님께서 그리스도 예수의 날까지 그분이 우리 안에서 시작하신 선한 일을 계속 완성시킬 것이라는 사실을 확신하였다. 이 완성의 과정은 성화와 함께 시작되고, 우리의 생의 마지막까지 계속된다. 그것은 온전히 주목할 것을 요구하는 두 사건 사이에서 진행되는 기간이다.

우리가 다시 거듭나자마자 우리는 그리스도와 같이 성장하고자하는 삶을 시작해야 한다. 그리스도의 성품, 대화 그리고 행동을 닮아가려고 노력해야 한다(롬 12:1-2). 우리는 또 우리를 통해 그리스도가 살아가도록 함으로 진보해야 한다(엡 4:1).

물론 그리스도인으로서 우리 모두는 때때로 넘어지고 쓰러질 것이다. 그러나 우리가 진리를 더 이해하고 우리의 삶에 적용할 때, 우리는 적들의 맹렬한 표적을 피할 태세를 잘 갖추게 될 것이다. 영적 성장과 진보에 관하여 당신의 삶을 점검하라. 당신은 회심한 이래 성경 지식이 증가하였는가? 당신은 하나님과의 친밀함이 새로운 단계를 경험하고 있는가? 그렇지 않다면, 오늘 자기 만족에서 그리스도 안에서 온전함을 향하여 전진을 시작하라.

주님, 나는 공사 중이고 내가 당신과 함께 할때 온전해 질 뿐이라는 것을 알고 있습니다. 나로 즐겁게 성화의 과정에 참여하도록 도와 주시옵소서.

영적 성장을 점검하라

본문읽기 ★ **시 143:8-12**
요절 ★ 아침에 나로 하여금 주의 인자한 말씀을 듣게 하소서 내가 주를 의뢰함이니이다 내가 다닐 길을 알게 하소서 내가 내 영혼을 주께 드림이니이다 (시 143:8)

아침에 일어나서 제일 먼저 하고 싶은 것이 무엇인가? 따뜻하고 신선한 한 잔의 커피나 차가 당신의 마음을 끄는가? 당신의 아침에 늘 먹던 빵 한 쪽과 계란이 없으면 어딘가 허전해 보이는가? 당신은 조간신문을 읽거나 즐거운 아침 프로그램을 보지 않으면 현관을 나설 수 없을 것처럼 느껴지는가?

시편 143편 8절에서 다윗은 "아침에 나로 하여금 주의 인자한 말씀을 듣게 하시옵소서 내가 주를 의뢰함이니이다 내가 다닐 길을 알게 하시옵소서 내가 내 영혼을 주께 드림이니이다"라고 기록하고 있다. 다윗은 그의 길을 지도하시는 하나님을 구할 필요를 느꼈다. 그는 날마다 필요한 것을 위해 하나님의 인도하심을 구했다.

영적 성장의 표시는 매일 성경공부와 기도 시간에 주님과 함께 있기를 간절히 원하는 것이다. 아침이나 밤이나 구주와 함께 하는 시간이 당신에게 있는가? 당신이 잊지 않고 지키는 시간이 있는가?

헨리 와드 비쳐(Henry Ward Beecher)는 "아침의 첫 시간은 그날의 (배의)키다."라고 말했다.

하나님과 홀로 있는 시간 외에 아무것도 심지어 커피를 마시는 것까지도 먼저 하루를 시작하지 않게 할 것이다. 당신은 성장하기 위해 그에게 기도하라. 당신이 기쁨으로 노래하고 온종일 즐거워하기 위해 그의 임재 가운데 들어가라(시 90:14). 당신이 하나님을 만날 계획을 할 때, 그분은 당신의 마음에 기쁨을 주실 것이다. 그때 당신은 하나님의 말씀에 대한 갈급함을 느끼게 될 것이다.

아버지, 나로 당신의 말씀에 대한 갈급함을 주시옵소서. 나로 아침에 당신의 인자하심을 듣게 하시옵소서. 나의 영혼을 당신께 드립니다.

그리스도를 갈망하라

본문읽기 ★ 마 13:45-51

요절 ★ 또 천국은 마치 좋은 진주를 구하는 장사와 같으니 극히 값진 진주 하나를 발견하매 가서 자기의 소유를 다 팔아 그 진주를 사느니라 (마 13:45-46)

당신의 인생에서 가장 바라는 것이 무엇인가? 당신이 추구하는 10가지 일은 무엇인가? 그리스도는 당신의 추구하는 것들 중에 들어있는가? 영적 성장의 확신한 증거는 당신이 그 어느것보다 그리스도를 갈망하는 것이다. 레아 밀러(Rhea F. Miller)는 "나는 금과 은보다 예수님이 더 좋다. 나는 셀 수 없을 정도의 많은 재물보다 그의 소유가 되는 것이 좋겠다. 집이나 땅보다 예수님이 더 좋다. 그의 못박힌 손으로 인도하심을 받으면 더 좋겠다"라고 기록하고 있다.

특히 예수님을 원하는 것은 근본적인 변화이지만, 성령은 당신의 삶 속에서 역사하고 계신 것이다. 성령은 언제나 그리스도와의 성숙한 관계와 그의 형상을 닮아가는 것을 목표로 하고 있다.

예수님은 제자들에게 하나님의 나라를 구하는 것은 당신이 그것을 얻기 위해 모든 것을 처분할 정도의 아주 귀한 진주를 발견하는 것과 같다고 가르치셨다(마 13:45-46). 참으로 주님을 경험하는 것은 그를 아는 것만큼 가치있는 것은 없음을 깨닫는 것이다. 당신이 먼저 그리스도를 구하는 소망 사이에 방해하는 것이 무엇인가? 당신이 의지할 것은 오직 그분 뿐 이라는 입장이 되어가고 있는가? 당신은 그리스도를 추구하는 것이 인생에서 가장 놀라운 투자가 된다는 것을 알게 될 것이다. 그의 임재 앞에서 당신의 영혼이 원하는 평화를 발견하게 될 것이다.

주님, 나는 인생에서 어느 것보다도 당신을 원합니다. 나는 당신을 더 잘 알기를 원하고 당신만을 전적으로 의지합니다.

하나님과의 친밀함

본문읽기 ★ 마 17:1-9
요절 ★ 대저 패역한 자는 여호와께서 미워하시나 정직한 자에게는 그의 교통하심이 있으며 (잠 3:32)

우리는 "하나님은 당신과 관계를 맺고 싶어 하신다"는 이 말씀의 중요성을 이해하고 있는가? 하나님을 생각하고 그분이 우리를 위해 행하신 것들을 이해할때, 그분이 왜 우리와 친밀한 교제를 원하시는지를 이해하는 것은 어려운 일이다.

하나님은 그의 형상대로 우리를 창조하셨는데, 우리의 마음의 타고난 욕구-사랑하고 사랑받으며, 창조된 목적대로 되고자하는 것-는 그분에 의해서 거기에 두셨다는 의미이다. 모든 광채와 위엄을 가지신 하나님은 또 우리와 교제를 원하신다. 그분은 그의 피조물과 친밀한 관계를 원하신다. 그분은 우리를 사랑하실 뿐만 아니라, 사랑을 받기를 원하신다.

우리와 친밀한 관계를 이루는데 있어서 네 가지를 하신다. 그분은 우리를 선택하시고, 그의 사랑을 통해 우리에게 자신을 드러내시고, 그분을 우리 마음 속에 초대하면 응답하시고, 경험을 통해 우리에게 자신을 계시하신다. 정적인 관계는 정적인 결과를 낳는다. 하나님은 우리의 생각과 행동 그리고 삶을 변화시키는 역동적인 관계를 원하신다. 그리고 우리가 삶을 변화시키는 원칙을 배우는 것은 친밀한 교제를 통해서 되는 것이다.

우리가 하나님과 친밀한 교제를 구할때, 의로운 삶을 살아갈 목표를 세워야 한다. 그리고 우리가 친밀함을 발견하게 되는 것은 오직 의로운 생활을 통해 되는 것이다.

주님, 나를 선택하시고 나에게 당신을 드러내 주시니 감사합니다. 나는 당신을 더욱 가까이 하기를 원합니다.

성도의 행동

본문읽기 ★ 벧전 1:17-21

요절 ★ 너희는 그를 죽은 자 가운데서 살리시고 영광을 주신 하나님을 그리스도로 말미암아 믿는 자니 너희 믿음과 소망이 하나님께 있게 하셨느니라 (벧전 1:21)

우리는 주님과의 동행에서 돌이켜서 잡다한 행동규범으로 들어가려는 함정에 빠지는 것을 막아야 한다. 만약 이런 일이 발생한다면, 주를 향한 열정과 열심도 사라지고 말 것이다.

하나님과의 관계가 멀어져서 경직되는 것은 쉬운 일이다. 우리는 아무것도 느낄 수 없고 표현할 수 없게 되고, 거의 하나님의 로보트처럼 움직이게 된다. 하나님을 경외한다는 것은 그분이 행동하기 원하는 것을 행하는 것을 무서워하는 것이 아니다. 하나님을 경외하는 것은 우리가 옳은 것을 행하는 것만큼 그를 예배하고,존경하고 사랑하는 것이다. 우리는 그분을 기뻐하는 방식으로 그분을 섬기고 그의 이름에 영광을 돌리기 원한다.

베드로는 훈련에 열정을 품어야 한다고 알고 있었다. 하나님의 사랑과 용서하심은 베드로의 동기부여에 도움이 되었고 그분은 율법을 완수했다. 이것은 성도가 어떻게 스스로 행동할 필요가 있느냐를 이해하는데 있어서 시작점이 된다.

성경의 마지막 부분에서, 베드로는 우리의 소망이 어디에 있는가를 상기시키고 있다. "너의 믿음과 소망이 하나님께 있게 하셨느니라" (벧전 1:21).

만약 당신이 당신의 말을 뒷받침하는 삶을 살고 있다면, 왜 하나님을 섬기는 것 외에 무엇을 하겠는가? 행동은 하나님과 그의 말씀에 관해 진실로 믿는 것을 반영한다. 당신의 행동이 어떤 메시지를 전달하고 있는가?

주님, 나는 나의 삶 가운데 당신을 구하고 있는 것은 당신의 로보트가 아니라 제자이기 때문입니다. 나로 하나님과의 관계가 규칙과 의무들로 바뀌지 않게 하시옵소서.

11

영적 성숙에 이르는 길

"그러므로 우리가 그리스도의 도의 초보를 버리고
죽은 행실을 회개함과 하나님께 대한 신앙과…
하나님께서 허락하시면 우리가 이것을 하리라"(히 6:1,3).

불가능한 것을 맡기라

본문읽기 ★ 마 19:23-26
요절 ★ 예수께서 그들을 보시며 이르시되 사람으로는 할 수 없으나 하나님으로서는 다 하실 수 있느니라 (마 19:26)

1911년, 이블린 포레스트(Evelyn Forrest)가 그의 남편인 리처드(Richard)와 함께 토코아 폴스 대학(Toccoa Falls College)을 설립했을 때, 그녀의 인생에 그런 슬픔과 좌절이 있으리라고는 꿈에도 생각하지 못했다. 예배를 위해 젊은이들을 훈련시키는 것은 그녀의 유일한 소망이었다. 그녀가 하나님이 사용하시는 사람들을 알자마자, 하나님은 그녀의 경건을 시험하는 고난을 주셨다.

1913년 3월, 무서운 화재로 이블린의 학교가 입주해 있는 3층 건물이 전소되었다. 건물과 내부에 있는 것들이 모두 타버리고 말았다. 그후 이블린은 그 순간을 이렇게 회상하고 있다.

"사람에게 이것은 불가능한 일이다. 그러나 하나님에게 모든 것이 가능하다(마 19:26). 하나님은 불가능한 것을 위해 기도하는 자녀들이 있는 것을 기뻐하신다. 그것은 인간이 할 수 없는 것을 그분에게 해 주시기를 구하는 하나님의 초청장이다"

우리는 기독교의 영원한 젊음을 잃고 타산적인 장년이 되었다. 우리는 탁월한 것, 무한한 것, 영광스러운 것을 위해 열심히 기도하지 않는다. 우리는 어떤 좋은 결과를 위해서 좀처럼 확신을 가지고 기도하지 않는다.

모든 길이 막혔을 때, 불가능한 것을 하나님께 맡기는가? 이블린은 그렇게 했다. 하나님만을 신뢰하고 맡긴 결과의 증거로서 학교는 오늘날 그대로 남아있다.

주님, 만약 내가 믿음생활에서 타산적이 되고, 모든 것을 하실 수 있는 당신에게 불가능한 것을 해 달라고 구하지 않는다면, 나의 마음을 바꾸어 주시옵소서.

하나님의 방법이 가장 좋은 것이다.

본문읽기 ★ 삼상 13:5-15

요절 ★ 사무엘이 사울에게 이르되 왕이 망령되이 행하였도다 왕이 왕의 하나님 여호와께서 왕에게 내리신 명령을 지키지 아니하였도다 그리하였더라면 여호와께서 이스라엘 위에 왕의 나라를 영원히 세우셨을 것이거늘 지금은 왕의 나라가 길지 못할 것이라 여호와께서 왕에게 명령하신 바를 왕이 지키지 아니하였으므로 여호와께서 그의 마음에 맞는 사람을 구하여 여호와께서 그를 그의 백성의 지도자로 삼으셨느니라 하고 (삼상 13:13)

사울은 조급하게 되었고, 그가 블레셋과 싸움을 하기 위해 번제를 드리고 싶었으나, 사무엘이 아직 도착하지 않았었다. 전쟁을 시작하기 전에 주님께 제사를 드리지 않으면 안되었다.

군대는 흩어지기 시작했고, 결국 사울은 행동을 개시했다. 그는 주님께서 명령하신 것이 아니라는 것을 알고 있었지만 제사를 드렸다. 그는 세부적인 제물은 그것을 행하는 것만큼 중요하지 않다고 생각했다.

사무엘이 돌아왔을 때, 그는 분노했고, 분노한 사무엘은 사울의 어리석은 행동을 책망했다(삼상 13:13-14).

사울은 몇 개의 명령을 위반했을 뿐이었다. 그럼에도 불구하고 그는 하나님의 방법보다 자신의 것이 더 좋다고 생각하고 하나님의 시간보다 자신의 것을 선택함으로 범죄하였다. 메튜 헨리(Matthew Henry)는 "그는 하나님의 은혜에 관심을 갖고 있는 채 하면서 하나님의 명령을 불순종함으로 은폐했다. 위선자들은 종교의 외부적인 의식을 강조하고, 그것 때문에 율법이 더 중요하다는 것을 무시하는 것을 너그러이 봐준다." 고 주석한다.

사랑과 존경 그리고 복종으로 하나님을 섬기라. 하나님이 당신을 그의 길로 인도하도록 하라. 그리하면 당신이 스스로 노력할 수 있는 것보다 더 훌륭한 승리를 보여주실 것이다.

주님, 당신은 무엇보다도 사랑과 복종의 마음을 원하십니다. 나로 위선적으로 종교적인 행위 뒤에 숨지 않게 하시옵소서. 다만 당신을 신실함으로 섬기게 하시옵소서.

두려워 말라

본문읽기 ★ 삼상 15:17-24

요절 ★ 사울이 사무엘에게 이르되 내가 범죄하였나이다 내가 여호와의 명령과 당신의 말씀을 어긴 것은 내가 백성을 두려워하여 그들의 말을 청종하였음이니이다 (삼상 15:24)

두려움은 결코 하나님의 명령에 대한 불순종 때문에 생기는 것은 아니다. 사실 불순종하게 하는 두려움은 불법을 행했다는 두려움에서 생긴다.

사울은 사람을 두려워해서 하나님의 명령을 어긴 것은 누구를 두려워할 지를 모르고 있었다는 것이다. 이것이 모든 성도들의 삶 속에서 받는 시험이다. 때때로 그리스도인에게 하나님의 교훈과 명령을 의심하도록 위협을 주는 상황과 사람들이 있을 것이다. 하나님의 뜻은 순종하는 종을 위험에 처하게 하거나 상황이 어려워질 때 두려움이 성도를 행동하지 못하게 한다.

마태복음 10장 28절에서 예수님은 "몸은 죽여도 영혼은 능히 죽이지 못하는 자들을 두려워하지 말고 오직 몸과 영혼을 능히 지옥에 멸하실 수 있는 이를 두려워하라"고 말씀하셨다. 그리스도는 이 세상의 염려와 영원한 문제를 대비시키고 있다. 그는 하나님의 뜻을 벗어나서 일할 때 겪는 고통과 고난은 다른 사람을 죄의 영원한 형벌로부터 구원받도록 돕는데서 얻는 영광스러운 승리와 비교할 수 없다고 강조한다.

당신이 스스로 하나님의 뜻을 행하고 놀라운 상황이 일어날때, 두려워 말라-만물의 하나님이 당신의 보호자이시다.

주님, 군중의 의견은 당신 앞에서 옳은 일을 행하는데 있어서 강한 압박이 됩니다. 내가 혼자 있을때 나를 담대하게 하시옵소서.

세계를 품는 비전

본문읽기 ★ 마 28:16-20

요절 ★ 그러므로 너희는 가서 모든 민족을 제자로 삼아 아버지와 아들과 성령의 이름으로 세례를 베풀고 (마 28:19)

하나님에게 불가능은 없다는 생각은 매우 위로가 되는 것이다. 홍해 바다를 나누신 일, 여리고 성벽을 허무신 일 그리고 그리스도의 부활-하나님께서 성취하신 위대한 역사를 생각해 보라.

그런데 당신을 통해서 기적을 행하시는 하나님께 나오면, 의심이 생길지도 모른다. 당신은 하나님이 큰 일에 당신을 사용하실지 의심이 생길지도 모른다. 그럼에도 불구하고 하나님이 당신을 창조하실 때, 마음 속에 매우 특별한 계획을 가지고 만드셨다. 그리고 예수님께서 마태복음 28장 19절에서 그의 제자들을 온 세상의 제자로 삼으셨다고 말씀하실 때 그분의 계획들을 말씀하셨다. 예수님에게, 어느 나라와 민족도 복음에서 제외되지 않는다. 하나님의 바람은 모든 사람이 그의 귀하신 아들의 보혈을 지나 하나님의 나라에 들어가기를 원하신다.

헨리 포드(Henry Ford)는 "나는 할 수 없는 일이 없다고 여기기 때문에 무한한 능력을 가진 많은 사람들을 구하고 있다"고 말했다. 그것은 하나님께서도 구하시는 것이다. 그분은 하나님은 불가능한 것이 없다는 것을 알고 있는 성도들을 찾고 계신다. 그분은 구주를 온전하게 믿고 기꺼이 따르는 제자들을 원하신다. 하나님이 하고자 하시는 것과 그분이 우리에게 성취하기 원하시는 것에는 한계가 없다.

주님, 나에게 세계를 품은 비전을 주시옵소서. 내 안에서 나를 통해 당신의 뜻을 이루도록 역사하시옵소서.

절대적인 요소

본문읽기 ★ 눅 24:36-43
요절 ★ 이 말을 할 때에 예수께서 친히 그들 가운데 서서 이르시되 너희에게 평강이 있을지어다 하시니 (눅 24:36)

제자들은 그들 앞에 있는 사람을 보고 놀랐다. 예수님이 다시 살아나셨다는 소식을 들었을지라도 방 안에서 그분을 만난다는 것은 그들에게 너무 뜻밖의 일이었다. 예수님은 사람의 마음으로 곧바로 이해하기 힘든 일로 그들을 충격에서 안심시키면서 "너희에게 평강이 있을지어다"라고 말씀하셨다.

당신은 주님께서 놀랍고도 초자연적인 방법으로 역사하심을 보고 놀라워한 적이 있는가? 아마 하나님의 공급하심에 당신은 놀랐으며 그를 의지하였음을 깨닫게 될 것이다. 그것이 하나님이 성령을 보내신 이유인데 당신을 안심시키고 평강을 주시기 위함이다.

폴 호베이(E. Paul Hovey)는 "성령에 사용된 '위로자' 라는 단어는 활기있는 말로 번역될 필요가 있다. 문자적으로 그것은 '힘으로' 란 의미이다. 예수님은 그의 제자들에게 '능력자' 가 영원히 그들과 함께 계실 것이라고 약속하셨다. 이 약속은 나약한 심령들에게 자장가와 같지 않다. 그것은 활기찬 생명을 수혈받는 것이다."라고 하였다.

하나님의 뜻 가운데서, 당신은 주님께서 당신 주위에서 행하고 계시는 것들을 보고 스스로 놀라고, 압도될 것이다. 그런데 그분이 성령을 통해 당신에게 평강을 말씀하시도록 하라. 그러면 능력과 성숙함으로 어떤 상황이라도 담대하게 맞서게 될 것이다.

성령이여, 나의 신앙생활에 용기를 불어넣어 주심으로, 당신의 인도하심을 믿음으로 따라가게 하시옵소서.

친밀함의 참뜻

본문읽기 ★ 마 26:36-39

요절 ★ 이에 말씀하시되 내 마음이 매우 고민하여 죽게 되었으니 너희는 여기 머물러 나와 함께 깨어 있으라 하시고 (마 26:38)

솔직함은 예수 그리스도께 더 가까이 나아가는 길에 있어서 간과되는 요소이다. 주님과의 친밀함은 그분 앞에서 온전하고 겸손하며 정직하며 열려있음이 요구된다.

예수님 자신은 그의 제자들과 교제하실때 놀라도록 솔직한 모습을 가지고 계셨다. 예를 들면 오늘 본문 말씀 속에 보면, 예수님은 겟세마네 동산에서 제자들과 함께 임박한 십자가와 하나님 아버지로부터 버림받을 것에 대한 고민을 나누셨다.

전 세계의 죄가 그에게 지워질 것이라는 것을 알고 예수님은 다가오는 죽음의 순간까지 슬퍼하셨다. 여기에서 인간의 몸을 입으신 하나님은 자신의 감정에 대해 온전히 정직하고 열려있으면서도 솔직하셨다.

이것은 그리스도가 우리에게 어떻게 그에게 반응해야 하는지를 보여 준다. 교만하고, 거만하며 이기적이고 자만심이 강한 그리스도인은 솔직해야 한다는 생각에 대해 벌컥 화를 낸다. "내가 스스로 그것을 처리할 수 있는데, 왜 내가 하나님께 부담을 드려야 하는가? 나는 지금 이것에 대해 하나님과 논의하지 않을 것이다." 그런 생각과 행동은 곧 하나님이 우리를 창조하신 만물에 대해 반대되는 것이다. 그런데 하나님은 주님 앞에서 겸손하고 통회하는 심령을 귀하게 여기신다.

죄와 걱정, 의심과 두려움을 고백하라. 그분은 이미 모든 것을 알고 계신다. 그러나 당신이 그 모든 것을 그분과 친밀하게 나누는 것은 당신의 마음의 경향을 웅변적으로 말해 주는 것이다.

아버지, 나의 염려, 의심 그리고 두려움을 고백합니다. 나는 당신과 함께 나의 인생의 모든 것을 친밀하게 나누기를 원합니다.

하나님과 동행하는 비결

본문읽기 ★ 시 12:1-8
요절 ★ 여호와의 말씀은 순결함이여 흙 도가니에 일곱 번 단련한 은 같도다 (시 12:6)

우리가 뒤에서 밀어 주고, 위해서 싸우고, 전념하고, 위해서 죽을 이유를 아는 것은 철저한 원칙과 리더십에 따라서 우리들에게 존재를 깨닫게 한다. 우리는 광적으로 우리를 감동시키지 않는 무엇인가를 정당화하려고 하지 않았는가? 우리는 우리의 호기심을 불러일으킨다는 이유만으로 어떤 것을 위험을 무릅쓰고 간절히 하고 싶어 하지 않았는가?

만일 우리가 참으로 그분과 동행하기를 원한다면, 하나님과 그분의 말씀에 따라 사는 방법을 배워야만 한다. 우리의 마음이 그분과 하나가 되지 않는다면 하나님과 동행하는 것에 대해 문제를 제기해야 하는 것이다. 우리가 그의 아들 예수 그리스도를 우리 주님과 구주로 영접하여 하나님과 화목한 후에, 그의 규범과 교훈에 따라서 생활함으로 그를 신뢰하는 것을 배워야 한다.

하나님이 그의 아들과 교회, 말씀과 죄에 관하여 말씀하신 것은 우리에게 모두 중요한 것이다. 만약 이것의 일부에 오류가 있고 참되지 않는다고 생각한다면, 어떻게 하나님이 우리에게 원하시는 삶을 살 수 있겠는가?

임원들와 회원 사이에 불일치가 있다면 어떤 모임이든지 분열이 발생되게 된다. 어떤 사람이 추진하고 있는 동기를 믿지 않는다면 그 근거가 어떤 사람에 의해 진행이 되겠는가? 주님께 우리의 삶을 더욱 복종시킨다면, 우리의 뜻이 하나님이 원하시는 것이 될 때까지 중단되어야 한다.

하늘에 계신 아버지, 나는 다시 나의 삶을 복종합니다. 내가 쉽게 나를 향한 당신의 뜻에 복종하도록 나의 의지를 깨뜨려 주시옵소서

기도를 통한 변화

본문읽기 ★ 시 18:1-15
요절 ★ 내가 찬송 받으실 여호와께 아뢰리니 내 원수들에게서 구원을 얻으리로다 (시 18:3)

영화 "셔도우랜드(shadowlands)"는 기독교 변증가 루이스(C. S. Lewis)와 하나님이 마지막으로 그의 기도에 응답하신 루이스의 친구 죠이 그래함(Joy Gresham)과의 친밀한 관계를 표현하고 있다. 그의 반응의 일부로서, 루이스는 "기도는 하나님을 변화시키는 것이 아니라 그것이 나를 변화시킨다."라고 말했다.

얼마나 심오하고 참된지! 하나님과의 교제는 그분과의 친밀한 관계이고, 그분은 당신으로 그분이 하고 계시는 사역에 참여하게 하고, 당신의 기도와 관계된 행동을 보게 하신다. 하나님은 모든 기도를 듣고 응답하시지만, 기도의 목적은 당신에게 적당한 응답을 주는 것 이상이다.

하나님은 기도의 과정을 통해 당신의 인생이 변화되기를 원하신다. 당신이 그에게 기도할때, 그리스도와의 인격적인 관계는 더욱 깊어지고 증대된다. 당신이 경외심과 조용한 마음으로 그의 임재로 나아가서 그의 음성을 들을 준비가 되어 있으면 그분은 당신의 마음을 정결케 하시고 당신의 우선 순위를 구분하신다. 당신은 하나님께 열심히 복종하고, 그분이 당신의 모든 필요의 공급자가 되심을 보게 된다.

가장 중요한 것은 당신은 하나님이 주권자되심을 아는데서 나오는 평안을 경험하게 된다는 것이다(빌 4:6-7). 당신의 걱정은 그분을 신뢰하게 될 때 사라지게 된다. 이것은 하나님께서 당신의 마음을 변화시키는 데 기도를 사용하시는 것이다. 당신이 기도하면 할수록 당신은 더욱 변화되는 것을 알게 될 것이다.

주님, 기도를 통하여 세상에서 행하시는 당신의 사역에 나를 참여하게 하심에 대해 매우 감사드립니다. 나의 삶을 변화시켜 주시옵소서. 당신과의 관계는 더 깊어지고 증진되게 하시옵소서.

전진하라

본문읽기 ★ 요 12:23-26

요절 ★ 사람이 나를 섬기려면 나를 따르라 나 있는 곳에 나를 섬기는 자도 거기 있으리니 사람이 나를 섬기면 내 아버지께서 그를 귀히 여기시리라 (요 12:26)

세상은 경쟁적으로 우리의 주의를 흩뜨리고 있다. 좌우에서 무차별적인 공격을 받는 우리가 신중하지 않으면 방향을 쉽게 잃어버릴 수 밖에 없다. 그러나 상황이 좋든지 나쁘든지 관계없이 하나님께 붙어있으면 그와 친밀하게 동행하는 삶을 살 수 있다.

하나님은 우리의 삶을 인도하시는 빛이시니, 그의 성령의 음성으로 우리를 생명으로 인도하신다. 그런데 우리가 그와의 관계에서 잊어버리는 것은 우리가 그를 따르는 자요 곧 그분은 우리의 인도자라는 사실이다.

혼란으로 우리가 방향을 잃게 될 때마다, 하나님이 우리의 인도자이심을 잊어버리고 만다. 대신에 우리를 인도하시는 그분을 억지로 따르도록 하고, 그에게 원하시는 것을 따르지 못하게 하는 것이다. 예수님은 그의 제자들에게 그분을 따르는 것은 그와 "함께" 있는 것이라고(요 12:26) 말씀하셨다. 만약 주님과 동행하지 않는다면, 주님을 섬기는 것이 아니다. 만약 우리가 주님이 우리를 위해 정하신 걸음걸이보다 앞서서 나간다면 주님과 함께 걸어갈 수 없다. 때때론 하나님을 앞서서 스스로 전진하는 것은 그의 도움이 필요없다는 의미이다.

그의 사랑하는 자녀로서 그분에 합당한 섬김과 영광을 돌리기 위해서, 하나님이 그의 말씀과 성령 그리고 우리 주변에 있는 지혜로운 성도들을 통해 우리를 인도하시는 것을 친밀하게 들어야 한다.

주님, 마음을 혼란하게 하는 것들을 제거해 주시옵소서. 내가 당신과 발걸음을 맞추기 위해 나의 눈을 당신에게 초점을 맞추도록 도와주시옵소서.

확신있는 증거

본문읽기 ★ 막 16:14-18
요절 ★ 또 이르시되 너희는 온 천하에 다니며 만민에게 복음을 전파하라 (막 16:15)

부활 이후에 그리스도는 두 제자에게 나타나셨다. 그런데 예수님의 부활 소식이 참된 것이 아닌 것처럼 보고, 실망한 다른 제자들은 그 소식을 믿지 않았다.

예수님이 그들에게 나타나서 그들의 불신앙을 책망하셨다.

그분은 그들이 하나님이 그들에게 주신 명령을 감당하는데 큰 믿음이 필요하고, 그 믿음은 하나님의 능력을 이해해야만 한다는 것을 아셨다.

열 한 사람들은 온 세상에 복음을 전파할 책임을 지고 있었다. 그들은 놀라운 목표를 지닌 사람들이고, 예수님을 죽음에서 살리신 능력을 공급받았다. 확실하게 우리의 임무는 제자들이 직면했던 것과 같이 기죽을 필요가 없다. 그럼에도 불구하고 크리스챤들은 종종 복음이 불가능한 것처럼 생각한다.

클래런스 홀(Clarence Hall)은 "문제는 우리가 우리 새 영역을 철저히 연구했다는 것이 아니다. 문제는 그들을 알지 못한다는 것이다. 그리고 우리의 비전이 축소될때, 비관주의는 더 깊어지게 된다"라고 기록하고 있다.

주님, 복음을 전할 새 영역을 알지 못하는 죄를 지었습니다. 나의 근시안적인 면을 용서하시고 당신을 위해 증거할 수 있는 강한 추진력을 주시옵소서.

임무를 위한 능력

본문읽기 ★ 눅 24:44-49

요절 ★ 볼지어다 내가 내 아버지께서 약속하신 것을 너희에게 보내리니 너희는 위로부터 능력으로 입혀질 때까지 이 성에 머물라 하시니라 (눅 24:49)

당신은 예수님이 제자들에게 곧바로 세계 복음화의 놀라운 임무를 착수하도록 할 것이라고 기대했을지 모른다. 그러나 누가복음 24장 49절에서 예수님은 그들에게 능력을 받을 때까지 예루살렘에 머무르라고 지시하셨다. 만약 그들이 그 성에만 제한되었다면 제자들이 어떻게 세상에 영향을 줄 수 있었겠는가? 그들이 어떻게 복음을 전파하는 중요한 임무의 시작을 기다릴 수 있었겠는가? 예수님은 제자들에게 성령을 기다리라고 지시하셨다. 왜냐하면 그분은 그들의 위대한 임무를 위해 하나님의 능력을 받기를 원하셨다.

딕슨(A. C. Dixon)은 "우리가 교육을 의지하면 웅변이 할 수 있는 것을 달성하게 된다. 그러나 성령을 의지하면 하나님이 하실 수 있는 것을 달성하게 된다"고 상기시켜 준다.

아마 당신도 똑같이 이상하게 여겼었을지도 모른다. 하나님이 당신에게 어떤 영역들을 지시하셨는데, 그분은 당신에게 역시 기다리라고 요구하신다. 당신은 하나님을 위해 일을 잘 할지 모르지만, 하나님의 능력이 당신을 통하여 일하실 때, 놀라운 일이 일어난다.

어느날 제자들은 삼천 명을 주님께로 인도했다.

하나님은 당신을 통해서도 큰 일을 하실 수 있다. 그분이 성령을 통해 당신에게 능력을 주실 때까지 기다리라.

성령이여, 나는 복음의 전파에 있어서 인도해주시기를 당신을 의지합니다. 나는 단지 크리스챤 교육자나 연설자가 되고 싶지 않습니다.

가지를 치라

본문읽기 ★ 요 15:5-8

요절 ★ 무릇 내게 붙어 있어 열매를 맺지 아니하는 가지는 아버지께서 그것을 제거해 버리시고 무릇 열매를 맺는 가지는 더 열매를 맺게 하려 하여 그것을 깨끗하게 하시느니라 (요 15:2)

당신은 하나님이 당신의 삶에서 어떤 것을 제거하고 있다고 느낀 적이 있는가? 마치 당신이 겪고 있는 시련들과 환경들이 당신의 우선순위를 최소한도로 축소시킬 필요가 있는 것처럼 보이는가?

카우맨(L. B. Cowman)의 저서 《사막에서의 시내들》에서는 그 질문에 대해 대답을 주는 간단하면서도 통쾌한 시가 담겨져 있다. "왜 이 많은 인생이 나의 것이 되어야 하는가?" 그 대답은 "하나님은 나를 위한 계획이 영원히 피어날 것을 아시기 때문이다."

하나님은 어떤 기회가 당신을 기다리고 있는지를 알고 계신다. 그리고 그분은 그의 영광이 당신을 통하여 참 빛나도록 하기 위해 당신을 준비시키고 있다. 그러나 먼저 그분은 불필요한 것을 제거해야 한다. 요한복음 15장 2절에 "무릇 열매를 맺는 가지는 더 열매를 맺게 하려 하여 그것을 깨끗하게 하시느니라"고 약속하셨다. 시련들은 하나님이 당신을 버리셨다는 증거가 결코 아님을 이해하라. 반대로 그것은 하나님이 큰 일을 위해 당신을 만들고 계신 것이다.

그분은 당신을 위해 완전히 알맞은 사역의 장소를 준비하고 있다. 그런데 그분은 먼저 당신이 그에 대한 신뢰를 향상시켜야 한다. 그때 그분은 큰 열매를 보고 주님이 당신을 통해 역사하시는 기쁨을 경험할 것이다.

주님, 당신이 나에게 완전히 알맞은 사역의 장소를 가지고 계심을 감사합니다. 당신을 향한 나의 믿음이 커지게 하시옵소서. 나의 삶의 가지들을 제거해 주시고 나를 통해 역사해 주시옵소서.

정욕을 제거하라

본문읽기 ★ 막 12:1-9
요절 ★ 예수께서 비유로 그들에게 말씀하시되 한 사람이 포도원을 만들어 산울타리로 두르고 즙 짜는 틀을 만들고 망대를 지어서 농부들에게 세로 주고 타국에 갔더니 (막 12:1)

우리 삶의 영적 정결 과정에는 하나님의 거룩함과 반대되는 세속적인 정욕들을 야기하는 모든 것을 제거하는 것을 포함한다. 심프슨(A. B. Simpson)은 이와같이 말하였다.

지성소가 우리의 마음에 온전히 개방되어 하나님과의 교제로 들어가기 전에, 우리 마음의 휘장이 찢어져야만 한다. 그리고나서 이것이 갈보리-우리의 육신의 죽음-위에서 그대로 되는 것이다.

하나님과의 교제의 방해물이 제거되고 더욱 온전하게 되는 것은 우리 자연적인 자아를 죽도록 하나님께 내놓고 그분이 성령의 능력으로 우리를 죽일 때이다. 우리의 평화와 승리에 가장 큰 장애물은 육신이다. 자아에 대한 의식이 당신 앞에서 생생하게 일어나고, 당신 자신의 문제들과 염려들,의와 불의에 몰입하게 될 때면 곧 하나님과의 교제가 단절되고, 어둠의 먹구름이 마음에 엄습해 오게 된다.

정말로 무거운 죄책감 곧 사탄의 씨앗 그 외에 우리를 해치거나 방해하는 것은 아무것도 없다. 우리는 결코 그것을 산산히 부술 수는 없으나, 성령은 하실 수 있다. 그것을 그에게 가지고 가서, 그것을 죽일 권리를 그에게 드리라. 그렇게 하면 휘장은 완전히 찢어질 것이다. 지성소는 넓게 열리게 될 것이고, 하나님의 현현의 빛이 하나님의 집을 통해서 비치게 될 것이고 하늘의 영광이 당신의 삶 속에서 드러나게 될 것이다.

주님, 나 자신을 당신에게 드립니다. 당신과의 교제에 방해가 되는 모든 장벽들을 제거해 주시옵소서.

그리스도인의 성장

본문읽기 ★ 엡 2:1-10
요절 ★ 그는 허물과 죄로 죽었던 너희를 살리셨도다 (엡 2:1)

수박 씨앗을 심은 후, 당신은 물을 주고 싹이 트기를 열심히 지켜 볼 것이다. 그들이 성장하게 되면, 계속 물을 주고, 비료를 주며, 열매를 맺기를 기대할 것이다. 당신이 그리스도를 영접한 순간부터 그와 같이 해서 자라게 된다(엡 4:24).

그리스도인의 생활은 영적으로 여러 단계를 걸쳐 성장해 가는 과정이다.

- 불신앙 : 그리스도 없이 우리는 허물과 죄로 죽었다(엡 2:1).
- 구원 : 하나님의 구원의 선물은 믿는 자마다 얻을 수 있는 것이다(딛 2:11).
- 섬김 : 그리스도 안에서 새생명을 받은 후에 일어나는 자연스러운 반응은 하나님과 인격적인 교제로부터 흘러나오는 기쁨과 평화를 나누고 믿음으로 다른 그리스도인들을 격려하고자하는 마음이 생기는 것이다(엡 4:11-12).
- 실패한 부적격자 : 하나님은 우리가 자기중심적이거나 또는 그분과 우리의 관계에 만족하며 또는 우리 자신의 힘으로 하나님의 일을 성취할 수 있다고 생각하는 것을 원치 않으신다.
- 전적으로 하나님을 의지함 : 그리스도를 떠나서는 아무것도 아니고 아무것도 할 수 없다(갈 2:20).

하나님을 추구함으로 당신은 그리스도 안에서 계속 배우고, 발달하고, 자라서 당신이 상상할 수 없을 정도로 영적 열매를 맺게 될 것이다(갈 5:22-23).

아버지, 나는 불신앙을 거부합니다. 나를 당신을 섬김에 사용해 주시고, 전적으로 당신만을 의지하도록 도와 주시옵소서.

격려의 말들

본문읽기 ★ 시 8:1-9
요절 ★ 근심이 사람의 마음에 있으면 그것으로 번뇌하게 되나 선한 말은 그것을 즐겁게 하느니라 (잠 12:25)

당신은 사람들이 어떻게 받아들일까에 대해 확신이 없어서 격려의 말을 주저한 적이 있는가? 격려자가 되는 것은 확신이 들지 않을지라도 용기를 주려고 노력하는 것이다.
당신이 어떤 영향력을 미칠지 결코 알 수 없다. 데이비드 예레미야(Dr. David Jeremiah) 박사는 《격려의 힘》이라는 책에서 이렇게 설명한다.
나는 내가 듣고 있는 것으로 격려가 될 수 있다. 만약 내가 누군가 나에 대해 정말 관심을 가지고 있다고 느껴진다면 그 사람의 말은 강력할 수 있다. 속담에 이르기를 "사람들이 당신이 얼마나 많은 관심을 갖고 있는지를 알 때까지는 아무도 당신이 얼마나 많이 알고 있는지 관심을 가지지 않는다"라고 했다.
잠언에서는 종종 격려에 대해 말씀한다. 여기 한 실례가 있다. "근심이 사람의 마음에 있으면 그것으로 번뇌하게 되나 선한 말은 그것을 즐겁게 하느니라"(잠 12:25). 누군가 찾아와서 용기를 주는 선한 말을 했을때 근심에 의해 압박을 받은 적이 있는가?
인생에서 가장 깊고 어두운 시간에, 동료 목사님이 찾아와서 말하기를 "데이비드, 나는 내가 너를 사랑하는 줄을 알기를 원하고, 나는 어떤 상처를 잘 이겨낼 줄 안다. 만약 네가 나를 필요하면 내가 여기 있다는 것을 알기를 원한다. 나는 너와 같이 기도하고 싶다"라고 했다. 그리고 그는 전화로 기도해 주었다. 그는 몇 주간 나를 격려하는 전화를 했다. 그는 나의 마음에 용기를 북돋아 주었다. 믿든지 안믿든지. 두 세개의 짧은 말이 개인의 삶을 바꿀 수 있다.

주님, 나로 남을 도울 수 있도록 영적 성숙을 주시옵소서. 나는 오늘 만나는 사람들에게 격려와 축복이 되기를 원합니다.

무조건 복종

본문읽기 ★ 시 86:1-17
요절 ★ 여호와여 주의 도를 내게 가르치소서 내가 주의 진리에 행하오리니 일심으로 주의 이름을 경외하게 하소서 (시 86:11)

당신은 노천시장이나 벼룩시장에서 물건을 사 본 적이 있는가? 종종 이 점포의 상인들은 의도적으로 가격표 없이 물건들을 진열해 놓는다. 이런 영리한 판매전략은 소비자들이 그것들로 적당한 가격에 이르기 위해 흥정할 것이라는 추측을 가지고 생각해 낸 것이다.

그런데 우리가 하나님과 흥정하려고 할때 그 결과는 바람직하지 않다. 당신이 "하나님, 당신이 나의 인생의 이 부분을 참견하지 않는다면 다른 사람들보다 부지런히 당신을 섬길 것입니다"라고 기도한 적이 있는가?

우리 하늘에 계신 아버지의 성품에 관해 더 배우게 되면 하나님은 우리의 삶을 온전히 그에게 복종하기를 원한다는 것을 깨닫게 된다. 사랑과 긍휼이 많으신 아버지로서, 하나님은 결코 우리에게 통치를 포기하는데 초점을 맞추지 않으신다. 대신에 그분은 우리에게 부드럽게 요구하신다. 우리의 소망과 꿈 그리고 실망들을 그에게 맡기라고 요청하신다. 그분은 권력을 위해 당신을 통제하기를 원하지 않으신다. 그분은 당신이 상상하는 것보다 더 큰 방식으로 당신을 사용하시기를 바라신다.

당신의 삶의 영역들-당신의 직업, 취미, 건강, 관계들-을 생각하는 시간을 가져 보라. 당신은 요즘 하나님이 당신의 결정을 지도하도록 하고 있는가?

오늘 기도로 당신의 의심과 두려움과 염려들을 주님께 가져오라. 그분은 당신을 사랑하시고 당신의 인생의 작은 부분까지도 관심을 가지고 계신다. 당신이 흥정하는 것을 멈추면 그분은 당신을 평화와 축복의 장으로 인도하실 것이다.

주님, 나는 무조건 당신에게 복종합니다. 나를 평화와 축복의 장소로 인도해 주시옵소서.

하나님께 드리라

본문읽기 ★ 롬 12:1-5

요절 ★ 그러므로 형제들아 내가 하나님의 모든 자비하심으로 너희를 권하노니 너희 몸을 하나님이 기뻐하시는 거룩한 산 제사로 드리라 이는 너희의 드릴 영적 예배니 (롬 12:1)

많은 사람이 "항복하다"란 단어를 들으면 싸움이나 강력한 힘의 이미지를 마음에 떠올린다. 반대로 하나님께 자신의 힘을 항복하는 행위는 아름답고 평화로운 경험이다.

왜 인생의 통치권을 하나님의 전능하신 지도력에 넘겨주는 것을 그렇게 두려워하는가? 그 대답은 우리 자아 중심적인 본능 안에 있다. 우리가 성취하고 축적한 것을 자랑하게 부추기는 세상에서 살아가고 있다. 이것들을 하나님께 넘겨준다는 생각은 대부분의 사람들에게 생각할 수 없는 일이다.

그런데 하나님은 신자에게 더 높은 인생의 기준을 요구하고 계신다.

그분은 당신을 위해 세우신 목표들에 도달하도록 돕기를 원하신다. 이제 그의 계획을 성취하기 위하여, 그분 앞에 우리의 이기적인 욕망을 내려놓아야 한다.

하나님을 향해 이 중요한 한 걸음을 내디딜 때까지는 당신은 불안과 불확실한 상태에 있음을 스스로 알게 될 것이다. 그러나 당신의 인생을 하나님께 드리게 되자마자 그분은 당신을 위해 기다리고 있던 축복의 창고를 열게 될 것이다.

로마서 12장에서 하나님은 당신에게 산제물로서 당신 자신을 드릴 것을 구체적으로 제시하고 있다(1-2절). 하나님은 당신을 인도하시고, 지도하시고, 복주시기를 원하신다. 당신은 불순종함으로 당신의 인생을 위한 하나님의 계획을 방해하게 하지 말라.

주님, 나는 나 자신을 산제물로 바칩니다. 나로 당신의 선하고 기뻐하시는 뜻을 이해하도록 도와 주시옵소서.

영적 혼미

본문읽기 ★ 고후 4:1-6

요절 ★ 그 중에 이 세상 신이 믿지 아니하는 자들의 마음을 혼미케 하여 그리스도의 영광의 복음의 광채가 비취지 못하게 함이니 그리스도는 하나님의 형상이니라 (고후 4:4)

경마에서 사용하는 중요한 장비는 말의 한 쪽 눈을 붙이는 눈가리개이다. 눈가리개들은 주의가 산만하게 되는 것-말이 가는 길에만 초점을 맞추게 함-을 막아준다. 초점은 감탄할 만한 것인데, 당신의 초점이 멸망으로 인도하는 길에 두지 않게 한다. 세상에는 좋은 의도로 인도하는 사람들이 있지만, 속임수로 눈을 보이지 않게 하는 사람들도 가득차 있다.

마음을 혼미케 하는 것이 무엇인가? 성경은 사탄은 불신자의 마음을 어둡게 한다고 말한다(고후 4:4). 불신자를 속여서 사탄은 종족과 사회 그리고 정치적인 집단들 내에 의심과 회의론의 주머니를 만든다. 거짓 교사들에 의해 전달되는 비진리는 마치 들풀처럼 퍼져나가게 된다. 곧 의심이 하나님에게 속한 모든 것에 대해 전부 거절하게 될때 무슨 일이 생기겠는가?

당신은 사탄의 계략으로부터 어떻게 당신 자신을 보호하겠는가? 성경의 진리를 공부함으로 하나님의 말씀 위에 기초를 세우라. 그때 스스로 당신이 진리라고 알고 있는 것을 잘못 해석하는 모임으로부터 떠나라.

예수님이 재림하실 때, 사탄의 거짓말은 우리 모두 앞에 폭로될 것이다. 그때까지 진리로 당신의 마음과 생각을 지키라. 하나님을 추구할때 그분은 거짓말로부터 진리를 분별할 수 있는 지혜를 주실 것이다.

아버지, 진리로 나의 마음과 생각을 지켜 주시옵소서. 나에게 거짓말로부터 진리를 분별할 수 있는 지혜를 주시옵소서.

영적 사각 지대

본문읽기 ★ 요일 2:7-11
요절 ★ 빛 가운데 있다 하며 그 형제를 미워하는 자는 지금까지 어두운 가운데 있는 자요 (요일 2:9)

오감 중에서, 시각은 가장 중요한 감각기관일 것이다. 눈은 하나님의 창조의 아름다움을 볼 수 있게 하고 그것을 통해 조종하도록 한다. 당신의 눈이 갑자기 문제가 생겼다고 잠시 생각해 보라. 몸에서 눈이 어둡게 됨으로 혼란하게 되는 것처럼, 성경은 우리에게 영적 혼미-빛(하나님에게 속한 것)으로부터 어둠(악)을 구분할 능력이 제한되는 질병-라고 부르는 더 무서운 질병에 대해 경고하고 있다.

심지어 그리스도와 인격적인 관계를 맺고 있는 사람들도 이런 상태에서 안전하지 못하다. 만약 날마다 인생의 중심 초점이 되신 그리스도와 함께 살지 않으면 세상의 유혹에 민감하지 않을 수 있다. 사탄은 진리로부터 신자들을 혼란스럽게 하는 것보다 더 좋아하는 것은 없다.

요한일서 2장에서는 어떻게 우리가 무지하게 영적 혼미-우리가 빛 가운데 있다고 하면서도 형제를 미워하는 것(9절)-를 경험할 수 있는지에 대한 실례를 제시하고 있다. 본질적으로 만약 우리가 스스로 그리스도인이라고 부르면서 남을 악하게 대우하고, 분노하면서 말하고, 원한을 품는다면, 실제로는 어둠 가운데 살아가고 있는 것이다. 우리의 행동은 하나님을 기쁘게 하지 않을 뿐만 아니라 그것으로 우리 주위에 있는 사람들에게 해를 입히고 있는 것이다.

D.L.무디는 이전에 이렇게 말했다. "한 사람이 성경을 읽고 있는 곳에는, 수 백명이 너와 나를 읽고 있다." 오늘 하나님이 당신의 길에서 어떤 "사각지대"를 보여 주시기를 기도하라.

하늘에 계신 아버지, 나에게 당신과의 관계 속에서 사각지대를 보게 하시옵소서. 나로 당신의 말씀의 진리에서 혼란스럽게 되지 않도록 하시옵소서.

영적 목록

본문읽기 ★ 빌 3:7-10
요절 ★ 그러나 무엇이든지 내게 유익하던 것을 내가 그리스도를 위하여 다 해로 여길 뿐더러 (빌 3:7)

당신의 집에 청소할 물건으로 가득차 있기 때문에 피하는 방이나 옷장이 있는가? 어느 날 당신은 그 일에 달려붙을 생각을 하고 있을 것이다. 당신이 상자들을 옮길 때 어떤 결정-그대로 놓을 것인지 옮길 것인지-을 해야만 할 것이다. 어떤 물건들은 쓰레기이고 어떤 것은 기념품들이다.

간소하게 당신의 소유물을 자세히 살펴보는 것은 일종의 우선순위를 정하는 것이다. 당신이 가지고 있는 것에 가치를 매겨서 그것들을 적당히 처리할 수 밖에 없는 것이다. 이 구절에서 바울은 일종의 영적 분류작업을 하고 있었다. 그는 주님과의 관계에서 중요하지 않은 것에 '쓰레기' 라는 라벨을 붙이고 있다. 그런 방식으로, 그는 많은 것-물질적인 소유에서 공적인 명성까지-을 잃게 되어 있다. 그러나 바울은 관심이 없었다. 그는 그의 '가치있는 것들' 곧 그리스도를 그의 구주로 아는 축복은 항상 그 위에 있었음을 알고 있었다.

당신의 인생에서 그리스도보다 더 귀한 것이 있는가? 오늘은 영적 목록을 작성하는 시간이다.

아버지, 나는 나의 영적 벽장을 청소하고 내가 당신보다 더 소중하게 여기는 것을 제거하기를 원합니다. 나로 나에게 유익한 것들이지만 실제로 영적인 손해가 되는 것을 인식하도록 도와 주시옵소서.

주를 섬기는 열정

본문읽기 ★ 빌 3:12-15
요절 ★ 푯대를 향하여 그리스도 예수 안에서 하나님이 위에서 부르신 부름의 상을 위하여 좇아가노라 (빌 3:14)

당신은 미식축구 선수들과 코치들의 열정을 주시해 본적이 있는가? 종종 260 파운드의 라인배커와 사이드라인에서 해드셋을 끼고 있는 55세가 된 사람 중에 누가 더 아드레날린의 분비가 더 많은지를 측정하는 것은 어려운 일이다.

그러나 이 열정은 빨리 타오르고 가히 폭발적이다. 프로 미식축구 선수의 평균 활동기간은 약 4년이고, 많은 코치는 심장병으로 고통당하고 '신경쇠약' 때문에 팀에서 떠났다. 종종 이런 사람들은 자신의 유한한 힘을 의지하였다.

보통 하나님을 믿는 성도들이 범하는 실수 중의 하나는 자신의 힘으로 노력하고 성령의 능력으로 하지 않는다는 것이다. 그것은 대적이 완벽하게 신실함으로 일을 시작하였을지 모르지만 진짜 객관성을 잃은 사람들을 낙심케 하는데 사용하는 함정이다. 때때로 성도들은 대부분 그들의 일에 초점을 맞추고 있고 점차로 그들은 본래 영광을 받아야 할 하나님에 대한 초점을 잃어버린다.

열매있는 섬김의 열쇠는 하나님을 우선순위에 두는 것이다. 많은 사람이 의도적으로 주목을 피하는 것은 어려운 것이지만 하나님의 말씀과 창조 공연자는 하나가 아니다. 우리는 "그리스도 예수 안에서 하나님이 위에서 부르신 부름의 상을 위하여" 열심히 달려가야 하고, 그리스도가 우리를 통해 일하시도록 해야 한다. 그것은 자체가 상급이다. 옛 미식축구 코치의 티-셔츠에서 말하고 있는 것처럼, "팀" 에는 "나" 는 없다.

주 예수님, 나로 당신을 섬김에서 공연자를 추구하지 않고 오히려 당신 안에 하나님이 위에서 부르심의 상급만 구하는 종이 되게 하시옵소서.

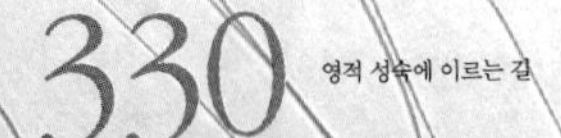

당신의 목표는?

본문읽기 ★ 시 84:1-7
요절 ★ 주께 힘을 얻고 그 마음에 시온의 대로가 있는 자는 복이 있나이다 (시 84:5)

어느 날 이른 아침에 대학 캠퍼스 주위를 걷고 있는데, 두 학생이 눈 덮인 축구장으로 왔다. 한 친구가 다른 친구에게 말하였다. "나는 당신이 그 운동장을 건너지 못하고 눈 위에 온전하게 곧은 발자국을 남기지 못할 것에 내기를 걸겠다." 학생은 도전을 거절하지 않고 받아들였다. 그는 끝 지역에서 시작해서 조심스럽게 운동장을 터벅터벅 걸었다. 그의 눈은 그의 발에 맞추고, 오직 얼마나 멀리 걸었는가를 판단하기 위해만 힐끗 볼 뿐이었다. 그가 끝까지 와서 두 젊은이가 운동장을 분명히 보기 위해 스타디움 계단으로 뛰어 올라갔다. 거기서부터 그들은 눈 위에 난 발자국의 선이 얼마나 굽었고 중앙에서 멀어졌는가를 알게 되었다.
실망한 학생은 그의 친구에게 과감하게 말했다. "문제 없어."라고 도전자는 되풀이했다. 한 쪽 골대에서 출발한 후 그는 오히려 빠르게 운동장의 한 쪽 끝에서 다른 쪽으로 걸어갔다. 끝난 후, 둘은 트랙을 판단하기 위해 계단을 올라갔다. 발자국들은 완전히 똑바르게 그어져 있는 것이 아닌가!
"당신은 어떻게 한 거야?" 첫번째 소년이 물었다.
다른 사람이 대답했다. "간단해. 나는 바로 나의 걸음을 잊고 반대편 골대만을 집중해서 바라보았다."
그리스도인의 생활에서도, 당신이 주목하고 있는 곳이 어디인가? 네 자신의 성취인지 아니면 목표인지? 만약 당신의 인생을 중앙에서 조금 떨어진 곳을 정했다면, 십자가에 초점을 맞추고 당신의 걸음을 재조정하도록 도와주시도록 그리스도에게 구하라.

주님, 때때로 나의 걸어가는 방향이 잘 맞지 않습니다. 왜냐하면 내가 목표를 보기 보다는 너무 바빠서 의의 길만을 응시하기 때문입니다. 나로 나의 눈을 거기로 인도하시는 십자가에 고정하게 도와주시옵소서.

그리스도와 같은 성숙

본문읽기 ★ 눅 2:41-52
요절 ★ 우리가 다 하나님의 아들을 믿는 것과 아는 일에 하나가 되어 온전한 사람을 이루어 그리스도의 장성한 분량이 충만한 데까지 이르리니 (엡 4:13)

예수님에 대한 사람들의 견해는 계절을 따라 바뀌는 것 같다. 크리스마스에는, 예수님은 담요 속에 평안히 누워계시고 헛간에 거처를 삼은 어린 유아처럼 보인다. 부활절에는 예수님은 채찍질 당하고 깨어지셨거나, 죽음의 정복자처럼 보인다. 그런데 전통적으로 배제되었던 시점은 그의 생애에서 가장 중요한 부분-어린 시절-중의 하나이다.

누가복음 2장 41-52절은 청년기의 예수님에 대한 유일한 성경말씀으로 그분이 지혜가 자라갔다고 나타난다. 이것은 예수님-완전한 하나님이심-은 성장하셨다는 것을 보여준다. 기도와 성경공부, 그의 은사들의 사용은 인자(the Son of Man)를 성장하게 하였다. 예수님은 무죄하고 완전하신 분이지만, 그분은 여전히 성장하고 계셨다. 죄인에게 있어서 성장은 얼마나 더 크게 필요한지!

에베소서 4장 13절은 모든 성도들이 예수님을 믿음으로 한 몸으로 연합되어 그리스도와 같이 성장할 것을 요구하고 있다. 당신은 그 성장을 경험하고 있는가? 당신은 그리스도의 몸을 강화하고 당신의 개인적인 성장을 증대시키기 위해 그런 방식으로 영적인 은사들을 활용하고 있는가? 그분이 당신을 온전한 그리스도인의 삶으로 인도해 주시기를 하나님께 기도하라.

주님, 나로 내 주변에 있는 사람들을 격려하는데 나의 영적 은사들을 사용하게 하시옵소서. 내가 지혜와 지식이 성장할 수 있도록 당신과 더 깊은 관계를 가지도록 이끌어 주시옵소서.

진행 중인 사역

본문읽기 ★ 엡 4:11-16
요절 ★ 우리 각 사람에게 그리스도의 선물의 분량대로 은혜를 주셨나니 (엡 4:7)

당신은 가구의 조각이나 어린이 장난감 그렇지 않으면 또 다른 거대한 조립식 건축물을 조립해 본 적이 있는가? 보통 이런 일들은 그 작업에 필요한 적당한 도구들과 부속품 뿐만 아니라 그 일을 완성하는 법에 관한 자세한 설명서가 딸려있다.

이런 일들 중에 어떤 것은 쉽고 한 시간 정도가 걸린다. 그런데 또 다른 것들 몇 일을 끌어가고 심지어는 전문적인 지원을 요구할지도 모른다. 그 일이 얼마나 어려우냐에 관계없이, 당신이 완성되어야 할 때–남겨진 부분들이 있다–당신은 보통 예측할 수 없는 현실화를 의존할 수 있다. 이 부분이 어디서 왔으며, 그들을 어떻게 다루어야 하는가? 세상은 결코 알 수 없다.

에베소서 4:11–16절은 신자들의 몸을 진행 중인 사역으로 묘사하고 있다. 바로 당신의 책상과 의자나 자동차처럼, 교회는 그리스도의 몸이라고 부르는 단 하나뿐이며 목적이 있는 인체로서 결합되어 가고 있는 많은 개인–당신과 같은 그리스도인–으로 구성되어 있다. 그런데 이 몸 안에는 쓸데없이 남겨진 부분이 없다. 모든 개개의 조각은 할 일이 있고, 각자는 다른 것에 영향을 준다. 만약 하나의 조각이 적절하게 작동하지 않는다면, 온 몸은 그것을 알고 그 문제를 해결하기 위해 일하게 된다. 이것이 다른 신자들과 연합되어 있다는 기쁨이요 안전함이다.

주님, 내가 그리스도의 온전한 몸의 긴요한 부분이 되고 그 몸의 일부분이 되는데 있어서 내가 나의 온전해짐을 발견하니 감사합니다.

영원한 생명

본문읽기 ★ 요 14:7-14
요절 ★ 내 이름으로 무엇이든지 내게 구하면 내가 시행하리라 (요 14:14)

성령이 신자들을 통하여 그리스도의 생명을 살게 하시는데 성령 충만한 삶을 어떻게 경험하는가? 그분은 의식적으로 능력의 근원되시는 포도나무에 연결되어 생명력을 유지하는 가지가 되도록 복종해야 한다. 가지는 스스로 열매를 맺을 수 없다. 왜냐하면 가지는 홀로 그것을 지지하거나 유지하지 못하기 때문이다.

성경 교사인 메릴 테니(Merril C. Tenney)는 이것이 어떻게 작용하는지를 설명한다.

관계는 순종과 기도로 유지된다. 그리스도 안에 있고 그의 말씀이 자신 속에 남아 있게 하는 것은 그의 말씀의 권위와 기도로 그와의 지속적인 교제를 의식적으로 수용하는 것이다. 간구는 제한적인 필요와 관련되고 예수님 자신이 바라는 목적을 가지고 있어야 한다. 그는 분명히 대화의 전반부에서 그 의도를 다시 언급하고 계신다. "내 이름으로 무엇이든지 내게 구하면 내가 행하리라"(요 14:14). 그분은 일시적인 생각을 만족시키겠다고 약속하지 않으셨다. 그러나 신자가 그의 삶 속에서 주님의 뜻을 구하는 한 예수님은 이 목적이 성취되도록 모든 간구에 응답해 주실 것이다.

사랑은 가지가 포도나무에 붙어있는 것처럼 제자들이 예수님과 연합되어 있는 관계이다. 이 관계로부터 두가지 결과 곧 복종과 기쁨이 나타난다. 복종은 열매를 맺음의 원인이고, 기쁨은 그 결과이다. 예수님은 제자의 삶은 무겁고 지루하기 보다 자발적이고 행복해야 한다고 말씀하셨다.

아버지, 나로 당신의 뜻에 복종하게 하시옵소서. 무겁고 지루한 삶이 아니라 자발적이고 행복한 삶을 살 수 있도록 풍성하게 하시옵소서.

영적 성장을 시험하기

본문읽기 ★ 시 84:10-12

요절 ★ 주의 궁정에서 한 날이 다른 곳에서 천 날보다 나은즉 악인의 장막에 거함보다 내 하나님 문지기로 있는 것이 좋사오니 (시 84:10)

당신은 그리스도와의 관계 속에서 성숙하게 된다는 것을 알게 되었다.

- 당신이 점점 당신의 죄와 약함을 깨닫게 된다.
- 죄에 대한 반응은 빠르고 참된 회개가 수반된다.
- 영적 전쟁은 더욱 격렬해진다. 그럼에도 불구하고 당신은 여전히 즐거워하게 된다.
- 고난들과 시험들을 성장의 기회로 보기 시작한다. "주님, 당신이 나에게 가르쳐 주시고자 하는 것이 무엇입니까?"
- 주님을 위한 섬김을 짐(burden)으로 보지 않고 영광으로 본다.
- 모든 것을 하나님으로부터 오는 것으로 본다. 그분은 주권자이시니 그분은 모든 것을 뜻대로 하신다.
- 당신의 믿음이 점점 강해지는 것을 느낀다. 그것이 점점 당신을 오만하게 굴게 할 수 있다.
- 당신은 찬양과 예배하는 시간을 더 갖기를 원한다. 주님과 사랑 안에 있고 그것을 보여 주기를 원한다.
- 주님께 복종하는 욕구는 더욱 강해지고, 죄의 매력은 점점 약해진다.
- 그리스도가 당신의 인생 가운데서 행하신 일을 남과 나누기를 열망한다.
- 항상 그의 임재하심에 민감해짐을 경험하게 된다.
- 철저히 기도와 성경 공부와 같은 경건의 시간을 지킨다.
- 다른 것들보다 주님과의 시간을 즐긴다. 그와 함께 하는 시간이 많아질수록 더욱 그를 닮아가게 된다.

주님, 나는 내가 하는 모든일 가운데서 당신의 얼굴과 임재를 구합니다. 나의 마음을 살펴서 나로 당신과의 관계에서 방해물을 보여 주시옵소서.

미래을 향한 소망

본문읽기 ★ 딛 2:11-15
요절 ★ 복스러운 소망과 우리의 크신 하나님 구주 예수 그리스도의 영광이 나타나심을 기다리게 하셨으니 (딛 2:13)

이 세상에 있는 것들이 아무리 불확실하다할지라도, 하나님은 우리와 우리 주위에 있는 사람들을 변화시킨 것같이 변함없이 계신다는 것을 확신한다. 하나님은 하룻밤 사이에 온전한 사람으로 변화될 것이라고 기대하지 않으시고, 영원히 우리의 삶을 변화시키는 과정을 밟아가기를 원하신다.
우리가 그의 죄용서하심과 은혜를 받고 그를 우리 삶의 주님으로 초대하심으로 하나님과의 관계에 들어가자 마자 그분은 우리가 가능하다고 생각할 수 없었던 방법으로 우리를 변화시켜 나가신다.
우리가 그리스도를 주님과 구주로 영접할때, 하나님은 우리를 그의 소유와 자녀들 그리고 예수님과 함께 후사라고 부르신다. 그분은 우리를 더이상 죄인으로 보지 않으시고, 성도로 보신다. 그런데 우리의 마음 속에서는 여전히 많은 일들이 일어나고 있다.
우리의 마음과 생각을 새롭게 하는 과정에는 시한이 없다는 확신을 가질 수 있다. 하나님은 우리를 그의 자녀로 부르시고 마음을 만지신다. 그러나 주님을 닮아가는 일은 장기적인 계획이다.
우리의 마음을 볼때, 얼마나 변화가 필요한지를 깨닫게 되면 실망할 수도 있다. 그러나 실망하지 말라. 왜냐하면 그 안에서 소망을 받았고, 그분이 그를 위해서 살아갈 각 사람의 삶 속에서 시작하신 일을 성령께서 참으로 완성하리라는 소망이 있기 때문이다.

주님, 당신이 나의 삶 속에서 나를 변화시키는 사역을 행하심과 당신이 나를 위한 계획의 청사진을 가지고 계심에 대해 감사합니다.

사는 이유

본문읽기 ★ 벧후 3:8-12
요절 ★ 주의 약속은 어떤 이의 더디다고 생각하는 것같이 더딘 것이 아니라 오직 너희를 대하여 오래 참으사 아무도 멸망치 않고 다 회개하기에 이르기를 원하시느니라 (벧후 3:9)

우리 주변에 있는 사람들이 절망에 빠져 있는 것처럼 보일 때가 많다. 그들의 얼굴을 보면, 어디에서도 희망이란 것을 찾아 볼 수 없다. 그들에게 희망이 없는 것은 모든 소망과 능력의 근원되신 이를 모르기 때문이다.
우리 주변에 있는 사람들이 죄악의 방법으로 아무리 자신을 보호한다할지라도, 절망스럽게도 그들에겐 희망이 없다. 그들에게는 삶의 이유가 부족하다. 그리고 많이 찾아보지만 그리스도를 찾지 못한 그들은 그 이유도 발견하지 못한다.
그러나 신자는 우리가 사는 이유와 우리가 섬기며 살아야 할 분을 세상에 증거하기 위해 부르심을 받았다. 하나님은 모든 사람이 회개에 이르고 그분과의 관계로 들어오기를 원하고 계신다. 그리고 이미 그를 만난 사람들은 그에게 나아가는 길을 다른 사람에게 증거하도록 부르심을 받은 것이다.
누군가 그리스도를 사랑하고 우리를 사랑하기 때문에 우리는 진리를 듣고 그리스도를 영접하게 되었다. 우리 중에 일부는 우리가 교회에서 들었던 간단한 말씀을 들었고, 우리 중 다른 이는 어떤 사람이 언제나 그리스도의 대표자로서 살아가는 것을 지켜 보았던 것이다. 여전히 또 다른 사람도 기적을 통해 하나님의 살아계심을 깨닫고 있는 것이다.
하나님은 다양한 방식을 통해 우리에게 자신을 소개하고 계신다. 그의 자녀인 우리도 우리의 말과 행동 그리고 삶을 통해서든지 남에게 구원의 소망을 전하는데 충성하라고 부르심을 받았다. 그리스도의 제자를 통해 세상은 그들의 인생의 소망을 보고 있다.

주님, 당신이 마음 속에서 역사하시는 방법은 각 사람의 필요에 맞추어져 있습니다. 나로 복음의 도구로 부르신 것에 복종하도록 도와 주시옵소서.

신실하신 하나님의 계획

본문읽기 ★ 창 12:10-20
요절 ★ 믿음으로 아브라함은 부르심을 받았을 때에 순종하여 장래 기업으로 받을 땅에 나갈새 갈 바를 알지 못하고 나갔으며 (히 11:8)

우리의 인생에 대한 주님의 계획이 종종 우리가 선택한 시기와 다르다. 나는 믿음의 길을 표지판이 두개가 붙은 고속도로로 묘사한다. 첫번째 것은, "속도를 줄이라" 고 하고, 다른 것은 "여기서 기다리라" 고 말해준다.
우리는 이 표지판 중에 어느 것도 좋아하지 않는다. 그렇지요? 우리는 목적지에 빨리 도달해야 하기 때문에 계속 움직이기를 원한다. 그러나 하나님은 모든 것을 알고 계시고, 서두르지 말라고 하신다.
아브라함에게 땅에 심한 흉년이 들었을 때, 그는 문제를 직접 처리해 나갔다. 그는 하나님과 상의하지 않고 애굽으로 여행을 떠났다. 비록 그는 바로가 아름다운 아내를 원한다고 정확히 추측하였지만 아브람은 다시 그녀를 보지 않으리라고 위험을 기꺼이 감수하였다. 그리고 자신의 목숨을 구하기 위해 사래에게 그의 아내가 아니라 누이라고 말하라고 하였다.
심지어 믿음의 사람(히 11:8)도 "육체" 를 의지할 수 있고 옛 사고방식으로 반응할 수 있다.
우리가 주님을 기다리는 것은 절대적으로 필요하다.
우리가 그의 목적을 이해하지 못할지라도, 행동의 방향을 따르는 것에 대해 여전히 변명할 여지가 없다. 인내하라. 하나님은 결코 늦지 않으신다.

주님, 나에게 인내력을 주시옵소서. 왜냐하면 나는 당신이 결코 늦지 않으신다는 것을 알고 있기 때문입니다. 나로 육체를 따라 행동하지 않게 하옵시고, 옛 사고습관으로부터 구원해 주시옵소서.

가장 위대한 목표

본문읽기 ★ 롬 4:13-22

요절 ★ 믿음이 없어 하나님의 약속을 의심치 않고 믿음에 견고하여져서 하나님께 영광을 돌리며 약속하신 그것을 또한 능히 이루실 줄을 확신하였으니 (롬 4:20-21)

아브라함이 죽을때, 그의 자손은 하늘의 별과 같이 그리고 바닷가의 모래와 같이 셀 수 없었다. 그런데 그것은 하나님이 약속하신 것처럼 할 것이라는 믿음을 멈추지 못했다.

아브라함은 멀리서 그의 상급을 보았고 흔들리지 않았으며, 궁극적으로 하나님과의 관계는 더욱 강화되었다. 아브라함을 위한 참된 선물은 그가 하나님을 친밀하게 알 수 있었다는 것이다. 많은 후손에 대한 약속은 그의 관계에서 부차적인 은혜였다.

당신의 인생 속에서 하나님은 신실하게 성취하실 약속들을 주신다. 그럼에도 불구하고 당신이 추구해야 할 것은 그 약속이 아니라, 그 약속을 주신 분이다. 골로새서 4장 12절에서, 우리는 에바브라가 하나님의 뜻을 확신하도록 모든 신자들을 위하여 기도하고 있음을 알고 있다.

당신이 그분을 알고 다른 사람에게 그분을 영접하는데 도움을 주는 것이 하나님의 뜻이다. 당신이 멀리서 성취된 그의 약속들을 볼 수 있을지라도, 당신은 더욱 하나님을 아는 큰 은사를 얻으려고 하고 있다. 예수님은 당신이 추구하는 모든 것의 가장 큰 목표이다. 당신의 믿음이 흔들리지 말고 더욱 강해지라. 그리스도와 함께 하는 삶은 당신이 구하고 생각하는 모든 것들보다 훨씬 뛰어난 축복이다.

주님, 내가 할 수 있는 것을 넘어 보기 위해 당신을 신뢰함에 있어서, 나는 당신을 알고 더욱 온전히 당신을 의지하게 됩니다. 나는 당신이 오늘 나를 만드실 수 있으므로 나의 장래를 당신께 바칩니다.

12

장래에 이르는 길

나 여호와가 말하노라 너희를 향한 나의 생각은
내가 아나니 재앙이 아니라 곧 평안이요
너희 장래에 소망을 주려 하는 생각이라(렘 29:11)

장래에 대한 확신

본문읽기 ★ 출 2:1-10

요절 ★ 믿음으로 모세가 났을 때에 그 부모가 아름다운 아이임을 보고 석 달 동안 숨겨 임금의 명령을 무서워 아니하였으며 믿음으로 모세는 장성하여 바로의 공주의 아들이라 칭함을 거절하고 도리어 하나님의 백성과 함께 고난받기를 잠시 죄악의 낙을 누리는 것보다 더 좋아하고 (히 11:23-25)

요게벳이 아기의 눈을 보고 하나님이 그를 사용하실 것을 알았겠는가? 그녀가 그를 나일 강에 띄워 보내면서 모세가 이스라엘 민족에게 미칠 영향을 추측할 수 있었겠는가? 요게벳은 아마 모세가 그 여정에서 생존할 것인지도 알지 못했다. 그럼에도 불구하고 그녀는 믿음이 있었다. 그가 안전할 것이라는 확신이 있었다. 왜냐하면 하나님을 신뢰했기 때문이다.

당신도 사랑하는 사람과 소유물들을 더 나은 미래의 약속을 위해 내보내는 도전에 직면할 것이다. 비록 장래를 알지 못하지만 당신은 믿음을 위해 부르심을 받았다. 어거스틴은 말하기를, "믿음은 당신이 아직 보지 못하는 것을 믿는 것이다. 이 믿음에 대한 보상은 당신이 믿은 것을 보는 것이다"라고 했다.

하나님이 당신의 여행의 모든 순서를 알려주시거나 각 과정을 설명해 주시는가? 그렇지는 않다. 그러나 안심하라. 비록 요게벳은 갈대 상자가 떠내려가는 길을 보지 못했지만 그녀는 아들이 생존하리라는 것을 믿었다. 왜냐하면 하나님을 강하게 믿었기 때문이다. 기적의 이야기는 이렇다. 모세는 생존했을 뿐만 아니라, 그는 하나님의 백성을 구원한 자가 되었다(출 2:1-10).

당신은 장래를 볼 수 없을지 모르나, 당신이 그 길의 모든 단계에서 그를 신뢰할 때 하나님이 너를 도와주실 것이라는 것을 확신할 수 있다. 보이지 않는 그를 믿으라. 그리하면 그분이 당신이 믿는 것을 볼 수 있도록 인도하실 것이다.

주님, 나로 요게벳처럼 믿음으로 행하면 당신의 사랑으로 충족될 것이라는 것을 믿게 하시옵소서. 비록 언제나 그 결과를 볼 수 없을지 모르지만 나는 당신을 신뢰합니다.

하나님의 약속을 상속하라.

본문읽기 ★ 창 15:1-6

요절 ★ 우리가 간절히 원하는 것은 너희 각 사람이 동일한 부지런을 나타내어 끝까지 소망의 풍성함에 이르러 게으르지 아니하고 믿음과 오래 참음으로 말미암아 약속들을 기업으로 받는 자들을 본받는 자 되게 하려는 것이니라 (히 6:11-12)

하나님이 그의 자녀들에게 큰 축복을 주시기를 원하지 않으신다면 성경에 약속들을 하지 않으셨을 것이다. 그럼에도 불구하고 우리는 우리에게 속한 그런 은혜를 당연하다고 할 수 없다.

하늘에 계신 우리 아버지 앞에 가지고 온 필요들을 점검하는데 있어서 구해야 할 여러 가지 질문들이 있다.

- 이 약속은 나의 개인적인 필요나 욕구를 만족시키는 것인가?
- 나는 그분의 뜻에 복종하겠다는 마음으로 구하고 있는가?
- 성령이 마음에 하나님은 나의 기도를 기뻐하신다는 증거가 있는가?
- 하나님은 이 약속을 이루심으로 영광을 받으실까?
- 이 약속을 주장하는 기도가 하나님의 말씀과 모순되지 않은가?
- 만약 하나님이 이 약속을 성취하신다면 나의 영은 더 성장할까?

우리가 이 질문에 대해 만족스럽게 대답했다면 하나님의 약속을 상속하는 것은 세가지 조건들에 의존한다. 먼저 우리는 믿음이 필요하다. 우리 아버지는 우리가 그를 신뢰하기를 원하신다. 그리고 그분은 행하는 사람에게 보상하신다(창 15:6; 히 11:6). 둘째로, 하나님의 뜻에 복종해야 한다. 만약 우리가 고의로 불순종한다면 그의 가장 좋은 것을 결코 얻지 못할 것이다. 셋째로, 주님의 완전한 때를 기꺼이 기다려야 한다. 그분이 우리에게 주시려고 원하는 축복이라고 여기고 기다릴 가치가 있다.

아버지, 당신의 약속들을 상속받을 수 있는 믿음을 주시옵소서. 당신의 뜻대로 갈 수 있는 능력과 당신의 때를 기다릴 수 있는 인내력을 주시옵소서.

인생의 계절

본문읽기 ★ 시 16:1-11
요절 ★ 내가 여호와를 항상 내 앞에 모심이여 그가 내 우편에 계시므로 내가 요동치 아니하리로다 (시 16:8)

겨울에 밖을 보면 갈색의 초라한 나무들을 보게 된다. 가을의 울긋불긋한 낙엽이 한적한 시골을 아름답게 수놓는 곳마다 지금은 빨강과 녹색과 노랑 등의 얼룩무늬는 없다. 드러난 가지는 활기 띠던 가을 무늬의 추억만 줄 뿐이다.

기쁨과 성공이 있는 것처럼 보일때 인생의 계절도 참 똑같다. 공허와 낙심의 시절에는 언제나 당신의 인생의 겨울이 영원히 계속되지 않을 것이라고 기억하는 것은 중요하다.

예레미야 애가 3장 22-23절의 말씀을 가까이 가보면, 그것은 황폐를 넘어 있는 놀라운 소망을 보여준다. "여호와의 인자와 긍휼이 무궁하시므로 우리가 진멸되지 아니함이니이다 이것들이 아침마다 새로우니 주의 성실하심이 크시도소이다." C. H. 스펄전은 이 감정을 되풀이한다. "그리스도인이여 두려워 말라. 예수님이 당신과 함께 계신다. 당신의 모든 맹렬한 시험 속에서 그의 임재가 당신의 위로와 안전이 된다. 그분은 그분이 스스로 선택하신 자를 결코 떠나지 않을 것이다."

봄이 당신에게 가까이 있다. 바로 새로운 꽃과 향기로운 꽃잎이 거무스름한 나무를 장식할 것이 확실한 것처럼 당신의 슬픔의 시간은 확실히 주님이 주시는 기쁨의 시간이 뒤따르게 될 것이다. 그의 긍휼과 자비에 초점을 맞추어라 그러면 당신은 믿음의 꽃들이 아름다운 새로운 계절로 뻗어가는 것을 보게 될 것이다.

주님, 나의 영적 겨울의 추위 속에, 봄이 바로 앞에 있다는 것을 깨닫게 하시옵소서. 나로 당신의 긍휼과 자비에 초점을 맞추게 하시옵소서. 믿음의 꽃들이 새로운 계절로 뻗어가게 하시옵소서.

미래의 안전

본문읽기 ★ 시 123:1-4
요절 ★ 여호와의 자비와 긍휼이 무궁하시므로 우리가 진멸되지 아니함이니이다 (애 3:22)

예레미야 애가는 예루살렘이 멸망한 후 곧 예레미야에 의해 기록되었다. 유대 백성들에게는 두려운 시기였다. 사랑하는 사람들이 바벨론으로 끌려갔고, 적군은 솔로몬 성전을 점령했다.
유대의 안전은 사라졌다. 나라는 흩어졌고, 예배의 중심지는 더럽혀졌고 군대는 패했고 가족은 해체됐다. 만약 당신이 이런 깊은 손실이나 당신의 안전이 벗겨졌다면, 당신은 마음을 극복할 수 없는 무서운 절망임을 알게 된다.
그럼에도 불구하고 예레미야는 온전히 슬퍼하지 않았다. 그는 하나님의 긍휼이 무궁할 것을 믿었다(애 3:22). 예레미야는 어떤 나라도 줄 수 없는 안전을 품고 있었다. 윌리엄 거넬(William Gurnall)은 "받침이 없는 컵처럼 그리스도인은 스스로 버틸 수 없고 하나님이 그의 강한 손으로 그를 붙들어 주는 것보다 더 오랫동안 유지할 수 있는 것은 없다."
당신은 군대나 집보다 나은 보호자가 있다. 왜냐하면 당신은 당신을 붙잡고 계신 하나님의 강한 손이 있다. 당신이 어려움을 당할 때 당신은 결코 제거할 수 없는 안전을 확보하고 있다. 당신의 미래는 안전하다는 것을 알 수 있다.

오 아버지, 나는 육체적인 안전에만 초점을 맞추고 있었습니다. 그럼에도 불구하고, 언제나 또 다른 위협이 존재합니다. 나로 당신의 긍휼은 어떤 상황에 놓여 있다할지라도 나와 함께 있음을 깨닫게 하시옵소서.

그리스도의 재림

본문읽기 ★ 마 24:36-42
요절 ★ 그러나 그 날과 그 때는 아무도 모르나니 하늘의 천사들도, 아들도 모르고 오직 아버지만 아시느니라 (마 24:36)

신자는 그리스도가 그의 적들을 정복하고 그의 나라를 세우시기 위해 재림할 것이라는 것을 알고 있다. 그리스도의 재림에 대한 자세한 것이 많이 있지만 우리는 그분이 다스리는 심판자와 왕 그리고 주님으로 오신다는 것을 알고 있다. 아무도 그리스도의 재림의 날이나 시간을 알고 있지 못하다. 그러나 그의 재림에 대해 정신을 차리고 있어야 하고 그분이 우리를 부르신 부름에 게을리하지 않도록 조심해야 한다(마 24:36-51).

하나님의 자녀로서, 우리의 목적은 하나님께 영광을 돌리는 것뿐만 아니라 우리 주위에 있는 사람들에게 복음을 증거하는 것이다. 당신은 그리스도의 재림을 기다리는 것 때문에 시간을 미루지 않도록 하라. 어느 때에는 모든 신자는 하나님 앞에서 그들의 삶에 대한 평가를 받아야 할 것이다. 당신은 하나님이 당신을 부르신 목적을 알고 있는가? 온 마음을 다하여 그것을 행하고 있는가?

당신이 가진 두려움이나 하나님이 세우신 목표를 성취할 능력에 관계없이, 당신의 인생에서 하나님이 일하시게 할 때, 그의 목적은 성취된다. 그리고 당신은 그의 기쁨과 평안을 경험할 것이다.

당신의 인생은 하나님의 무조건적인 사랑의 반영인가? 당신의 과제는 어느 순간 그리스도가 재림하심을 기대하는 것처럼 사는 것이고 어떤 사람에게 다른 영원한 목적에 영향을 주는 것이다. 하나님이 오늘 누군가에게 영원한 소망을 전해 주기 위해 하나님이 당신을 사용하시기를 위해 기도하라.

주님, 두려움 때문이 아니라 그리스도 앞에 다른 사람에게 손을 내밀 수 있는 열정 때문에 어떤 순간에 당신이 재림하시는 것처럼 나의 삶을 살도록 도와 주시옵소서.

당신의 영원한 미래

본문읽기 ★ 계 22:1-5

요절 ★ 무엇이든지 속된 것이나 가증한 일 또는 거짓말하는 자는 결코 그리로 들어오지 못하되 오직 어린 양의 생명책에 기록된 자들뿐이라 (계 21:27)

당신은 천국이 어떤 곳과 같은지 궁금해 본 적이 있는가? 죤 뉴톤은 말하기를 "내가 천국에 가게 되면 거기서 세가지 놀라운 일을 발견하게 될 것이다. 먼저는 내가 볼 것이라고 생각지 않았던 사람을 만나는 것이고, 두번째는 거기서 볼 것이라고 기대했던 사람을 못보는 것이며, 셋째로, 무엇보다도 가장 놀라운 것은 내 자신이 거기에 있다는 것을 발견하는 것이다"라고 했다.

성경은 천국은 아주 제한한 장소라고 말한다. 예수님은 "내 아버지 집에 거할 곳이 많도다. 그렇지 않으면 너희에게 일렀으리라 내가 너희를 위하여 거처를 예비하러 가노니"(요 14:2)라고 말씀하셨다.

당신은 천국에 갈 수 있을 것이라고 생각하고 있는가? 당신은 그곳에 들어가는 방법을 알고 있는가? 당신이 무엇을 위해 할 수 있는 일이 없다. 당신은 스스로 그 길을 갈 수 없다. 오직 영생-예수 그리스도가 십자가 위에서 행하신 것을 받아들이는 길 밖에 없다. 십자가는 예수 그리스도를 믿는 각 개인을 천국에서 영생을 누리게 하시는 하나님의 방법이다. 성경은 당신이 하나님의 은혜로 말미암아 구원을 받으면 천국의 시민이 된다고 말씀하신다. 당신의 이름을 어린양의 생명책에 기록되게 된다(계 21:27).

그의 자녀로서 하나님은 당신에게 지금부터 영원토록 그와 개인적인 관계를 갖기를 원하신다. 당신의 영원한 미래를 큰 기쁨으로 기대한다면, 날마다 하나님을 더 알기 위해 갈망하고 열망하라.

주 예수님, 나를 위해 하늘에 처소를 준비하시는 당신을 생각할 때 기쁨을 말로 다 표현할 수 없습니다. 나는 무가치합니다. 내가 당신과 함께 영생을 보낼 수 있도록 나를 위해 죽으심을 감사합니다.

당신의 인생을 사는 법

본문읽기 ★ 고후 5:14-17

요절 ★ 그런즉 누구든지 그리스도 안에 있으면 새로운 피조물이라 이전 것은 지나갔으니 보라 새 것이 되었도다 (고후 5:17)

한 여성이 수년 동안 친구에게 그리스도를 향한 그녀의 사랑을 어떻게 증거했는지를 설명했다. "나는 나의 친구에게 전도하려고 애쓰지 않았다. 대신에 나는 무조건적으로 이 사람을 사랑함으로 하나님의 사랑을 '이룩하기' 위해 애썼다. 나는 나의 말과 삶에 차이가 있다는 것에 대해 의아해 했다. 그 당시 어느 날 나의 친구가 나에게 와서 그녀를 사랑하고 예수님도 그녀를 사랑한다는 것을 말한 것에 대해 나에게 감사했다."

비록 우리가 그 결과를 즉시 보지 못하지만, 하나님의 무조건적인 사랑은 마음과 사람을 변화시킨다. 예수님은 죄를 심각하게 여기셨지만, 제일먼저 관심을 보인 것은 항상 죄인이었다. 그분은 그에게 나온 사람이 한 가지 일 곧 하나님은 그들을 사랑하신다는 것을 이해하기를 원하셨다.

만약 우리가 자신만을 위해 산다면, 수고의 열매는 분명할 것이다. 먼저는 주목을 받을 것이고, 행한 것에 대해 인정받으며 물질적인 대가를 위해 계속적인 노력을 할 것이다. 자기중심적인 생활을 네 가지 단어 곧 편의와 안락, 탐욕과 타협으로 요약할 수 있다.

종됨과 개인적인 희생 그리고 남을 위한 참된 사랑은 그리스도 중심적인 삶의 표지이다. "주님, 당신이 이런 특별한 상황 속에서 당신께 영광을 돌리는데 어떻게 나를 사용하시겠습니까? 당신이 나를 통해서 누구를 사랑하시는 것입니까?"를 물어 보라. 사람들이 당신의 선한 일을 보고 하늘에 계신 너희 아버지께 영광을 돌리게 하는 방법으로 당신의 삶을 살게 해 주시기를 기도하라.

주님, 나는 그리스도 중심적인 삶이 가장 효과적인 삶이라는 것을 압니다. 나를 통해 사랑하시고 나의 삶으로 당신께 영광을 돌리게 하시옵소서.

하나님의 계획의 중단

본문읽기 ★ **엡 2:1-10**

요절 ★ 우리는 그의 만드신 바라 그리스도 예수 안에서 선한 일을 위하여 지으심을 받은 자니 이 일은 하나님이 전에 예비하사 우리로 그 가운데서 행하게 하려 하심이니라 (엡 2:10)

결승점을 불과 오십 피트 앞에 두고 코스를 완주하지 않고 달리기를 중단하기로 결정한 마라톤 선수가 있다면 어떤 생각이 드는가? 당신은 앤드 존으로부터 5 야드되는 곳에서 멈춘 미식축구 선수를 얼마나 존경하겠는가? 스포츠 계에서 팬들(fans)은 열성적으로 경기를 하지 않는 선수들에게는 거의 박수를 보내지 않는다. 대신에 관중들은 승리를 획득하기 위해 모든 장애물에 과감하게 도전한 사람들에게 열렬한 박수를 친다.

그리스도인의 생활은 많은 점에서 스포츠 경기와 같다. 이런 이유로 해서 사도 바울은 자신의 영적인 생활을 그의 서신서에서 5번이나 "경주"로 부르고 있다. 이 경주에는 준비와 결심 그리고 부지런함이 필요하고, 그것은 완주를 요구한다.

에베소서 2장 1-10절은 하나님의 계획을 그의 자녀들에게 자세히 설명한다. 첫째로, 하나님은 죄인들을 향해 놀라운 인내를 보이신다. 둘째로, 그분은 그를 찾는 자들에게 그의 은혜를 베푸신다. 많은 사람에게 이 두 단계는 중요한 것이다.

그런데 하나님의 계획의 세번째 부분은 아주 핵심같다. 세번째 단계는 구원과 더불어 오는 책임을 받아들이는 것이다. 구원은 선한 행위를 통해서 얻어지는 것이 아니지만, 아울러 경건한 변화는 그리스도인의 생활에 필수적이다.

당신은 하나님의 은혜로 말미암아 외적 행동을 변화하도록 했는가 그렇지 않으면 당신은 당신의 삶을 향한 하나님의 계획을 중단시켰는가? 당신이 경주를 마치기 위해 노력하고 있다면 하나님의 능력을 위해 기도하라.

주님, 나는 당신의 계획을 중단시키기를 원하지 않습니다. 나로 경주에서 승리할 수 있도록 하나님의 능력을 주시옵소서.

하나님을 의지함

본문읽기 ★ 고후 5:1-8
요절 ★ 이는 우리가 믿음으로 행하고 보는 것으로 하지 아니함이로라 (고후 5:7)

오늘날 믿음에 관하여 많은 책이 쓰여졌다. 우리는 하나님을 신뢰하는 것에 관해 생각하고 말하고, 비록 때론 넘어지기도 하지만 믿음으로 행하려고 노력한다. 항상 우리를 넘어지게 하는 것은 우리의 노력이다.

하나님은 우리가 보는 것으로 행하지 않고 믿음으로 행하는 삶을 배우기를 원하신다(고후 5:7). 이것은 그분은 우리가 스스로 행할 수 없는 것을 행할 수 있는 능력을 가지고 계시다는 것을 생각하고 사는 것을 의미한다. 얼마나 영광스러운 생각인지! 그것은 또한 의심과 염려 그리고 불신앙으로부터 자유를 경험할 수 있는 곳에 초대하는 것이다.

온전히 하나님을 신뢰하기 전에 우리가 도움을 줄 자가 없다는 순간까지 와야 한다. 우리가 단순히 그것을 전혀 할 수 없고 필요한 것을 얻을 수 없으며 해결할 길이 없다고 깨닫게 되는 곳이 바로 이 순간이다. 만약 우리가 할 수 있다고 한다면 하나님의 도움은 필요가 없을 것이다. 우리는 전부 지배하고 있고 매우 교만해 할 것이다.

하나님이 우리의 문제들을 해결할 능력을 우리에게 주시지만, 그분의 큰 소원은 우리가 그분을 의지하고 살아가는 것이다. 하나님을 의지하는 것은 약함의 표시가 아니라 측량할 수 없는 능력과 확신의 표시이다. 하나님만이 해결할 수 있는 인생의 문제들과 그분만이 실행할 수 있는 일들과 그분이 주시는 지혜로만 발견될 수 있는 해결책들이 있다.

믿음의 기초적인 근거는 당신이 자신을 신뢰하지 않고 하나님을 신뢰하는 것이다. 당신이 이것을 할 때 지혜와 미래의 소망을 얻게 되는 것이다.

아버지, 나는 장래에 더욱 당신을 의지하기를 원합니다. 나는 당신만이 해결할 수 있는 문제들과 당신만이 할 수 있는 일들 그리고 당신의 지혜를 통해서만 발견될 수 있는 해결책들이 있음을 압니다.

주님에게 속한 양

본문읽기 ★ 벧전 2:21-25

요절 ★ 너희가 전에는 양과 같이 길을 잃었더니 이제는 너희 영혼의 목자와 감독 되신 이에게 돌아왔느니라 (벧던 2:25)

종종 성경에서 하나님은 우리가 이해하기 쉬운 방법으로 묘사되곤 한다. 아마 하나님의 가장 마음에 와 닿고 감동적인 표현은 시편 23편에서 보게 되는데, 다윗은 그분을 목자로 묘사하고 있다.

옛날에 목자들은 그들의 가축들과 특별한 관계를 가지고 있었다. 그들은 매일 동물들과 함께 보내면서 길을 인도하고, 위험에서 그들을 보호하며 길을 잃은 동물들을 붙잡아 오는 일을 했다. 양에게 목자는 양이 실제로 목자의 음성을 알아듣고 그가 부르는 소리에만 반응할 정도로 자랄 때까지 변함없는 친구였다.

시편 23편에서 다윗은 자신의 위치를 대 목자장 지시 아래 있는 방황하는 양이라고 고백하고 있다. 그런 입장으로 그는 주님의 양떼의 일부로서 은혜롭고 사랑스러운 인도를 받고 있음을 즐거워하고 있었다.

다윗은 하나님의 보호하심과 인도하심을 확신했기 때문에, 담대히 외칠 수 있었다. "내가 사망의 음침한 골짜기로 다닐지라도 해를 두려워하지 않을 것은 주께서 나와 함께 하심이라" (시 23:4). 이것은 정말로 주목할만한 설명이다. 왜냐하면 다윗은 고난을 당하고 있음을 알고 있었지만 하나님은 그 가운데서 그를 안전하게 돌보아 주신다는 확신을 가지고 휴식할 수 있었다고 나타낸다. 바로 목자가 그의 양떼를 아는 것처럼 하나님도 당신을 알고 계신다. 당신은 그분의 양떼의 일부이다.

오 주님, 내가 매우 감사한 것은 당신이 당신의 축복의 목장에서 풀을 먹이고 계시기 때문입니다. 심지어 앞에 놓인 고난의 때에도 나는 당신이 고난 가운데서 나를 안전하게 인도하실 것을 압니다.

기다리는 인내력

본문읽기 ★ 욥 19:23-26

요절 ★ 그가 이르되 그대의 말이 어리석은 여자 중 하나의 말 같도다 우리가 하나님께 복을 받았은즉 재앙도 받지 아니하겠느뇨 하고 이 모든 일에 욥이 입술로 범죄치 아니하니라 (욥 2:10)

욥은 고통을 아는 사람이었다. 우리는 욥의 인생에서 모든 것-그의 가정과 재물 그리고 건강-을 잃었다고 욥기 1-2장에서 읽게 된다. 이 때에 욥은 아무것도… 믿음 외에 소유한 것이 없었던 것이 분명하다. 욥은 그의 인생에서 그런 드라마틱하고, 견딜 수 없는 일을 당하게 되었는지를 알지 못했다. 그런데 그는 하나님이 그의 인생을 회복시키실 것이라는 확신에는 변함이 없었다.

욥기 1-2장에서 두 번씩이나 본문은 욥은 상실의 때에 죄를 짓거나 하나님을 외면하지 않았다(욥 1:22: 2:10)고 말한다. 더욱이 욥은 "우리가 하나님께 복을 받았은즉 화도 받지 아니하겠느냐?"(욥 2:10)고 선언하면서 하나님의 전적 주권을 강조했다.

그러나 욥이 가식으로 그의 고통을 가리지 않았고 비난으로부터 하나님을 보호하기 위해 자신의 문제들을 작게 하지도 않았다는 것을 보는 것은 중요하다. 욥은 그의 절망에 관해 솔직했다.

그런데 그는 찢어졌음에도 불구하고, 하나님의 신실하심을 찬양했다. 19장은 그가 잃었던 모든 것에 대해 욥의 애끓는 이야기를 담고 있고 그의 구속자이신 하나님이 살려 주실 뿐만 아니라 잃은 것을 회복시킬 것이라는 확신으로 결론을 맺고 있고 있다. 가장 어두운 고통 가운데서 욥은 하나님이 통치하고 계심을 알고 있었다.

만약 당신이 시련 가운데 있다면, 하나님의 신실하심을 찬양하라. 하나님이 당신에게 그의 능력을 보여 주실 때까지 기다릴 수 있는 인내력을 하나님께 구하라.

주님, 역경 앞에서 낙심하는 것은 쉬운 일입니다. 우리가 당한 곤경이 아무리 깊다할지라도 당신의 팔은 거기에도 도달할 수 있음에 감사합니다.

주권자

본문읽기 ★ **막 9:17-27**

요절 ★ 예수께서 이르시되 할 수 있거든이 무슨 말이냐 믿는 자에게는 능치 못할 일이 없느니라 하시니 (막 9:23)

오늘 본문에서 한 아버지가 귀신들린 아들을 예수님께 데려왔다. 이 아버지에게서 그의 아들이 고침을 받은 것을 보는 것보다 중요한 것은 아무것도 없다. 그리고 그는 예수님이 그것을 하실 능력이 있음을 알고 있었다.

그가 마지막으로 예수님께 이르렀을 때, 아버지는 그의 믿음이 보잘 것 없음으로 망설였다. 그는 간구하기를 " 그러나 무엇을 하실 수 있거든 우리를 불쌍히 여기사 도와 주시옵소서"(막 9:22)라고 하였다. 예수님은 그 사람에게 미묘한 의심이 있음을 아시고 대답하셨다. "할 수 있거든이 무슨 말이냐 믿는 자들에게는 능치 못할 일이 없느니라"(막 9:23). 지체없이 아버지는 그의 말과 행동 사이에 불균형이 있음을 깨닫았고 그는 탄원했다. "주님, 내가 믿나이다 나의 믿음 없는 것을 도와 주시옵소서"(막 9:24).

얼마나 신기한 말씀인가! 우리는 무슨 생각이 나는가? 이 사람은 믿음이 있는가 없는가? 자세히 살펴보면, 이 아버지는 온전히 염치없이 정직함으로 부르짖고 있다. 그는 예수님 앞에서 그의 믿음을 부풀리려고 애쓰지 않았다. 대신에 그는 사실 예수님의 구원의 능력을 믿음과 동시에, 그의 아들에 대한 관심과 같은 하나님을 믿는 믿음을 방해할 수 있는 것이 있다는 것을 겸손하게 인정했다.

당신은 하나님이 당신의 삶을 변화시킬 능력이 있으시다는 것을 믿는가? 당신은 외부의 영향력이 예수님에 대한 믿음에 영향을 주게 하려고 하지는 않는가? 그렇다면 당신의 흔들리는 믿음에 관하여 하나님께 정직하라.

주님, 나의 믿음이 약할때 당신은 약해지지 않고, 내가 가장 무력할때, 당신의 능력은 변함없음에 감사합니다. 나의 믿음없음을 도와 주시옵소서.

기다림을 배움

본문읽기 ★ 예레미야 애가 3:24-26
요절 ★ 사람이 여호와의 구원을 바라고 잠잠히 기다림이 좋도다 (애 3:26)

우리는 우리가 원하는 것을 얻기 위해 오래 기다리지 않는 시대에 살고 있다. 최근에 레스토랑 체인점 광고를 알기 쉽게 풀어서 말하면, 우리의 삶의 결과들이 "우리 방식대로, 곧 바로" 나타나기를 원한다는 것이다.

당신의 점심시간이 끝나갈 때, 당신 앞에 있는 누군가가 무엇을 먹어야 할지 결정하지 못한 상태에 있다고 생각해 보라. 누군가 당신의 시간을 방해하고 있다.

이런 성급함은 기도생활에서도 똑같이 적용된다. 우리는 하나님이 예라고 응답하시면 즐거워하고, 그가 아니요 라고 말씀하시면 이해하려고 노력한다. 그런데 기도에 세번째 응답이 있다. 그것은 가장 낙심할 응답이 될 것지도 모르는데 "기다리라"는 것이다.

우리가 영적으로 성숙하게 되면, 하나님이 지혜로운 결정을 내리는데 더 시간을 필요로 하기 때문에 우리를 기다리게 하는 것이 결코 아니라고 깨닫게 된다. 그분은 우리가 구하기 전에 기도에 가장 좋은 응답을 알고 계신다. 대신에 우리는 종종 주님을 기다리게 되는데 그것은 우리가 예든지 아니든지 받을 준비가 되어 있지 않기 때문이다.

인간의 입장은 우리의 시간의 틀과 환경에 몹시 한정되어 있다. 하나님은 그렇게 방해받지 않으신다. 오늘 심지어 우리가 원하지 않는 때라도 기다리는데 있어서 그분의 지혜를 주심을 감사하는 시간을 가지라.

주님, 나의 방식으로 곧바로 일이 되기를 원하는 경향이 있습니다! 당신의 방해받지 않으시는 지혜로서 당신은 나에게 기다리라고 요구하십니다. 왜냐하면 당신은 최상의 것을 아시기 때문입니다.

당신의 영원한 생명

본문읽기 ★ 롬 3:10-12
요절 ★ 수고하고 무거운 짐진 자들아 다 내게로 오라 내가 너희를 쉬게 하리라 (마 11:28)

예수님께서 이 세상에 계실때, 인류를 향하여 구원의 일반적인 부르심을 말씀하시기를, "수고하고 무거운 짐 진 자들아 다 내게로 오라 내가 너희를 쉬게 하리라"(마 11:28)고 하셨다. 이 구절은 만약 우리가 반응한다면 하나님이 죄책감과 죄의 형벌로부터 우리를 구원하시고 우리를 그분과의 관계를 회복시켜 주실 것이라는 확신을 각 사람에게 주시고 계신 것이다.
구원은 우리가 획득하는 것이 아니라, 하나님이 우리에게 값없이 주시는 것이다. 만약 어떤 사람이 그가 도덕적으로 구원받을 정도로 선하다고 생각한다면, 그의 자신의 교만이 그를 속이게 하고 있는 것이다. 교만의 본질은 사람에게 하나님이 필요 없다. 그러나 오히려 그는 자기 의를 통해 하늘의 보상을 얻을 수 잇을 것이라고 말한다.
로마서 3장 10-12절에 우리에게 인간의 마음에 하나님의 견해를 나타낸다. "의인은 없나니 하나도 없으며". 아무도 자기를 구원할 만한 공로를 가지고 있지 못하다. 우리 중에 아무도 이 세상에서 구원받지 못했다. 우리는 우리의 행위와 행동 때문이 아니라, 마음의 상태 때문에 타락한 영혼을 가지고 태어났다.
우리가 구원받기 위해 할 수 있는 유일한 일은 절대적이고 전적인 겸손함으로 전능하신 하나님 앞에 무릎을 꿇고 그분에게 감사하며 세상에 내려오셔서 죄로부터 우리를 구원해 주신 것을 찬양하는 것이다.
그의 자비와 은혜, 선하심과 사랑으로, 그분은 우리를 그의 참된 자녀로 삼아주시고 우리의 이름을 어린양의 생명책에 기록하시고 우리의 영원한 생명을 확신시켜 주셨다.

주님, 나는 당신이 주신 구원의 선물을 얻기 위해 아무 것도 할 수 없습니다. 나는 당신이 내가 할 수 없는 것을 이미 성취하심을 알고 당신의 은혜만 의지할 수 있음에 감사합니다.

영원한 생활 방식

본문읽기 ★ 눅 11:1–14

요절 ★ 예수께서 한 곳에서 기도하시고 마치시매 제자 중 하나가 여짜오되 주여 요한이 자기 제자들에게 기도를 가르친 것과 같이 우리에게도 가르쳐 주옵소서 (눅 11:1)

하나님이 우리 인생을 향한 목적과 계획을 가지고 계신 것처럼, 그분은 우리 기도생활을 향해서도 똑같은 마음을 가지고 계신다. 누가복음에서, 우리는 예수님께서 제자들에게 기도를 어떻게 가르치셨는지를 읽을 수 있다. 이것은 그분이 우리 각자에게 틀림없이 행하기를 원하신 것이다. 그런데 그것은 단지 우리에게 기도하는 법을 가르치심의 문제가 아니다. 대신에 기도에서 성령에 대해 민감하게 되는 방법을 배움의 문제이다.

경건의 시간에 기도하게 되면, 빨리 성경말씀을 읽고, 인쇄된 기도를 서둘러서 "미리 준비된" 기도같이 소리내는 것을 반복한다. 그 때 하루를 시작하기 위해 서둘러 떠난다. 하나님이 원하시는 것은 우리와 좋은 시간을 보내는 것이다. 그분이 원하시는 것은 우리가 그분을 친밀하게 아는 것이다.

예수님이 누가복음에서 기도의 유형을 주시면서, 그분은 그 지점에서 우리에게 멈추라는 뜻으로 말씀하신 것이 결코 아니다. 주님은 항상 성령과의 일치하기를 구하면서 하늘에 계신 아버지를 온전히 기쁘시게 하기 위해 사셨다.

그런데 우리가 기도의 유익을 즐기기 전에 하나님을 알려는 변함없는 열망이 있어야 한다. 이것은 마음 속에 하나님의 음성을 듣고자하는 열망이 있음을 의미한다. 기도는 인격적이고 자비로우시고 거룩하신 하나님이 우리와 교제하기를 열망하는 곳인 하나님의 보좌가 있는 방으로 우리를 안내한다. 기도는 영생을 위해 살만한 가치가 있는 생활 방식이다.

주님, 나는 당신을 더 알기를 원합니다. 당신의 보좌가 있는 방에서 당신과 더 많은 시간을 보내고자하는 깊고 영속적인 열망을 나에게 주시옵소서.

완전한 구주

본문읽기 ★ 눅 2:25-32
요절 ★ 내 눈이 주의 구원을 보았사오니 이는 만민 앞에 예비하신 것이요 (눅 2:30-31)

베들레헴에 있는 다른 사람에게 그 날은 불가사의한 날이 아니었다. 의식적인 할례를 받는 그 아이도 특별한 것이 없었다. 그럼에도 불구하고 누가복음 2장 30-31절에는 시므온이 소리쳤다고 기록하고 있다. "내 눈이 주의 구원을 보았사오니 이는 만민 앞에 예비하신 것이요."
하나님은 예수님을 인간을 위한 완전한 대속물로 주셨다. 예수님이 다시 오실때, 그분은 한 아기가 아니라 위대한 전사나 왕으로 오실 것이다. 그런데 왜 예수님이 처음에는 태어나셨는가? 왜 그리스도는 목수의 일을 하시기 위해 하늘의 보좌를 버리셨는가? 왜 그분은 33세의 인간으로 오지 않으셨는가? 무죄한 3년으로 충분하지 않으셨는가?
그리스도께서 인자(사람의 아들)가 되기 위해서 그분은 출생에서 죽음까지 모든 것을 참으셔야만 했다. 그분이 인간과의 교제를 위해서 그의 모든 부분을 만나야만 했다. 베들레헴 사람들에게 특별한 일이 없었다. 왜냐하면 그리스도는 그분이 매일 만나는 것을 경험하셨던 것이다. 그럼에도 불구하고 온전한 능력과 지식 그리고 사랑을 소유하신 하나님은 인간의 모든 면에 참여하시고 그분은 당신을 위해 중보하실때 은혜의 보좌에 앉으신 기적을 생각해 보라.
예수님은 당신의 삶이 무엇과 같은지를 아는데 한 순간도 놓치지 않으셨다. 하나님의 지혜로 그분은 참으로 완전한 대속물과 구주가 되셨던 것이다.

주 예수님, 당신의 죽음과 부활을 통해 나를 왕의 자녀의 삶으로 올리기 위하여 천한 인간의 자리로 낮아지셨습니다. 무슨 말로 감사해야 할지 모르겠습니다.

성탄절의 메시지

본문읽기 ★ 눅 2:1-13

요절 ★ 천사가 이르되 무서워 말라 보라 내가 온 백성에게 미칠 큰 기쁨의 좋은 소식을 너희에게 전하노라 (눅 2:10)

밤에 베들레헴 외곽에서 양을 지키던 목자들에게 갑자기 나타난 빛으로 두려워 하였다. 하늘에서 밝게 빛나는 영광스러운 천사들이 그의 눈을 비벼 보게 할 만하였고 다시 보고… 그리고 도망하게 될 정도였다.

그러나 천사들의 입에서 나온 첫 마디는 그들의 놀란 가슴을 가라앉히는 말씀이었다. "두려워 말라"(눅 2:10). 우리가 성탄절 이야기로부터 배울 수 있는 메시지 중의 하나는 평화이다. 하나님은 항상 굉장한 모습으로 나타나셨지만, 그분과 함께 그분의 아들의 탄생을 발표하실 때에 평화가 울려 퍼졌다는 확신을 우리에게 주시기를 원하신다.

성탄절 메시지로부터 받는 평화는 우리의 마음을 고요하게 하고 우리에게 모든 것이 하나님을 신뢰하는 동안에는 잘 될 것이라는 것을 알게 해 준다. 그런데 또한 예수님과 그분의 가르침의 방법들은 우리를 하늘에 계신 아버지께로 이끄시려고 계획된 것이라는 확신을 주는 평화의 메시지를 포함한다.

예수님의 탄생은 다르지 않았다. 구원은 곧 온 인류를 위한 것임을 깨닫게 될 것이었다. 어떤 사람은 결코 성탄절의 메시지를 듣지 못했다. 그들은 그 목적을 이해하지 못한다. 우리가 그들에게 말하면 그들은 놀라워한다. 그런데 하나님이 두려워할 필요가 없다고 목자들에게 확신을 주시기를 원한 것처럼, 그분은 우리가 그를 복종하는데 필요한 평화를 우리에게 주신다.

사랑하는 아버지, 당신은 겸손한 목자들 앞에 구원의 강력한 계획을 놓으셨습니다. 오늘날 스스로 당신 앞에 겸손해지는 사람들은 똑같이 복된 소식을 받을 수 있게 됨을 감사합니다.

하나님의 놀라운 사랑

본문읽기 ★ 눅 2:15-20

요절 ★ 목자가 자기들에게 이르던 바와 같이 듣고 본 그 모든 것을 인하여 하나님께 영광을 돌리고 찬송하며 돌아가니라 (눅 2:20)

큰 두려움과 온전한 존경으로 목자들은 아기 예수님을 바라 보았다. 그것은 사실이었다. 하늘의 천사들이 그들에게 전한 모든 말씀들은 사실이었다! 구주가 태어나셨다!

그리고 거의 동시에 목자들은 이 소식이 숨길 것이 아님을 깨달았다. 다른 사람들에게 구주가 태어나셨다-심지어 예언이 성취될 예정이라는 것을 알게 할 필요가 있었다. 이들이 최초의 선교사들인가? 아니다. 이들은 첫 번째 증인들이었는데, 이 큰 소식을 알았음으로 다른 사람에게 전할 책임을 가지게 되었음을 이해하였다.

우리가 그리스도와의 관계가 증진되고 친밀한 교제를 통해 그를 깊이 알게 되면, 우리는 이 소식을 간직할 필요가 없다. 그리스도가 우리를 위해 행하신 일-그분의 탄생 뿐만아니라 그의 죽음과 부활을 통해-에 비추어서 우리는 이것을 다른 사람과 나누기를 원해야만 한다.

다른 사람에게 복음을 전하는 방법은 다양하다. 그러나 우리가 그리스도를 선포하는 방법에 관계없이 성탄절의 메시지-인류를 향한 하나님의 놀라운 사랑-는 반복적으로 증거되어야 할 소식이다.

주님, 우리는 베들레헴의 목자들이 했던 것처럼 확실히 세상에 있는 당신의 증인들입니다. 우리로 동일한 열정과 긴급함으로 성탄절의 메시지를 전하도록 도와 주시옵소서.

오직 예수님(예수님 외에 아무도 없다)

본문읽기 ★ 마 1:18-25

요절 ★ 이 예수는 너희 건축자들의 버린 돌로서 집 모퉁이의 머릿돌이 되었느니라 다른 이로서는 구원을 얻을 수 없나니 천하 인간에 구원을 얻을 만한 다른 이름을 우리에게 주신 일이 없음이니라 하였더라 (행 4:11-12)

예수님이 세상에 겸손한 모습으로 오신 것에서 즉시 권력과 권위의 이미지가 떠오르지는 않는다. 그럼에도 불구하고 그것은 죄로부터 세상을 구원하시려는 하나님의 계획의 시작이었다. 그것은 능력과 권위이다. 예수님 외에는 아무도 사람의 삶에 그런 근본적인 변화를 가져올 수 없었다. 우리가 하나님과의 관계 속으로 들어갈 수 있는 것은 오직 예수님의 삶과 죽음 그리고 부활을 통해서이다.

구유 속에 누워계신 예수님은 그분이 영원히 세상을 변화시키실 사람의 기원이 되는 것처럼 보이지 않았을지 모른다. 그러나 그렇지 않다. 그분은 단지 또 하나의 아기가 아니셨다. 예수님의 죽음과 부활 이후에 베드로가 관원과 종교지도자들에게 행한 도적적인 설교에서, 왜 예수님이란 이름을 가진 이 사람이 매우 다른가를 설명하기를, "이 예수는 너희 건축자들의 버린 돌로서 집 모퉁이의 머릿돌이 되었느니라 다른 이로써는 구원을 받을 수 없나니 천하 사람 중에 구원을 받을 만한 다른 이름을 우리에게 주신 일이 없음이라" (행 4:11-12).

예수님의 탄생은 오래 전에 그의 오심에 대한 예언들이 성취되기 시작한 것이다. 그리고 그의 임박한 삶은 똑같을 것이고 세상에 구주가 필요함을 깨닫도록 돕고 그들이 영생을 얻을 수 있는 것은 오직 그를 통해서라고 알게 하는 것이다. 예수님 외에는 아무도 역사를 변화시킬 수 있는 사람이 되지 못한다.

아버지, 당신의 나라의 모퉁이돌이 비천한 구유 속에 계십니다. 베들레헴에서 나에게까지 복음을 전해지게 하신 당신의 희생과 인간적인 성실하심이 창조의 시작으로부터 당신에게 일려졌으니 감사합니다.

하나님의 약속

본문읽기 ★ 요 14:1-4
요절 ★ 내 아버지 집에 거할 곳이 많도다 그렇지 않으면 너희에게 일렀으리라 내가 너희를 위하여 처소를 예비하러 가노니 (요 14:2)

예수님은 구원을 위하여 세상에 오셨다. 그분은 당신이 아버지와의 관계가 회복되고, 당신이 아버지의 집에서 당신의 특별한 처소를 가질 정도로 친밀한 관계를 갖기를 원하셨다(요 14:1-4). 요한복음 14장 2절에, 예수님은 "내 아버지 집에 거할 곳이 많도다 그렇지 않으면 너희에게 일렀으리라 내가 너희를 위하여 처소를 예비하러 가노니"라고 말씀하셨다.
성탄절은 하나님이 우리와 함께 하시고 그분의 집을 만들기 위해 오신 것을 축하하는 날이고, 그분은 하늘에 그분과 함께 할 우리의 영원한 집을 만들기 위해 오신 것이다. 찰스 웨슬리는 예수님이 세우신 관계를 다음과 같이 묘사한다.
하늘에서 탄생하신 평화의 왕을 환호하여 맞이하라! 의의 태양을 환호하여 맞이하라! 빛과 생명을 모든 자에게 오게 하시고, 그분의 능력으로 회복시키셔서 다시 소생시키셨도다.
온순함으로 그분의 영광을 버리시고, 사람을 더 이상 죽지 않도록 하기 위해서 탄생하셨고, 세상의 아들들을 다시 살리시기 위해서 탄생하셨으며, 그들을 거듭나게 하시기 위해서 탄생하셨도다. 자 가라! 기쁜 소식을 전하는 천사들은 "탄생하신 왕께 영광을 돌리라"고 노래하도다.
그리스도의 탄생은 하나님이 당신에게 오신 것이다. 그 절기를 축하하라. 하나님이 당신을 매우 사랑하셔서 그분이 당신과 사랑스러운 관계를 세우기 위해 하늘의 모든 영광을 버리셨음을 알고 즐거워하라. 성탄절은 하나님이 당신을 위해 준비하신 천국이 있음을 의미한다. 그것은 천사들이 노래한 것 이상이 되어야 한다!

주님, 나는 당신의 아들, 예수님의 탄생을 통해 당신과의 관계가 회복되고 나를 위해 천국을 준비해 주심을 매우 감사합니다.

성탄절의 축하

본문읽기 ★ 마 2:1-12
요절 ★ 참 빛 곧 세상에 와서 각 사람에게 비취는 빛이 있었나니 (요 1:9)

어떤 사람이 당신에게 생일파티를 열어준 적이 있는가? 어쩌면 당신의 인생의 어떤 점에서 당신의 생일을 축하하기 위해 함께 한 당신의 친구들과 가족을 가진 것에 대한 기쁨을 발견하게 된다. 그것이 당신을 어떻게 느끼게 하는가? 당신의 생일을 축하함으로서 그들은 당신의 존재가 무엇보다도 그들이 자신의 삶을 더 좋게 만든다는 사실을 증거할 것이다.

지금 두번째 질문은 생일파티에 초대받지 않은 소년이나 소녀가 참석한 적이 있는가? 물론 아닐 것이다. 누군가를 위해 파티를 열었으나 존귀한 손님을 초대하지 못했을때의 기분은 어떠했는가?

오늘은 성탄절이다. 아마 당신이 이미 한 두번 크리스마스 파티에 참석한 적이 있었을 것이고 그렇지 않으면 오늘 늦게 계획을 하고 있을지 모른다. 당신은 크리스마스 파티가 무엇이라고 알고 있는가? 그것은 단순히 친구들이 모이는 것인가? 선물을 교환하는 기회인가? 평일 중에 자유롭게 모이는 한 시간인가? 만약 이런 것들 중의 어떤 것이 당신이 참석하는 모임이라고 말한다면 그 땐 당신의 진정한 크리스마스 파티는 아닐 것이다.

크리스마스 파티는 궁극적으로 화려한 생일 쇼이다! 우리가 크리스마스를 축하하는 것은 예수님이 우리의 삶을 무한히 좋게 만든다는 것을 증거하기 위한 것이다. 이번 주에 열리는 크리스마스 파티에 예수님이 계신가? 잠시 공휴일의 소동을 피해서 당신의 구주의 생일을 즐거워하는 시간을 갖도록 하자.

주님, 당신은 나에게 영생을 주시기 위하여 누더기에 쌓여 오셨습니다. 만약 나의 포장지와 화려함이 당신에게는 없다면, 나로 나의 초점을 재조정하도록 도와주시옵소서. 이 위대한 선물을 주신 당신께 감사합니다.

대 명령

본문읽기 ★ 마 28:19-20

요절 ★ 오직 성령이 너희에게 임하시면 너희가 권능을 받고 예루살렘과 온 유대와 사마리아와 땅 끝까지 이르러 내 증인이 되리라 하시니라 (행 1:8)

만약 하나님이 우리의 구원을 관리하고 계시고, 우리를 회개에 이르게 하시는 분이 그분이라면, 왜 크리스챤이 전도나 사역을 해야 하는가? 그 대답은 단순히 복종하라는 것이다. 예수님은 "너희는 온천하에 다니며 만민에게 복음을 전파하라"(막 16:15)고 말씀하셨다. 그분은 게다가 선언하셨다. "아버지께서 나를 보내신 것 같이 나도 너희를 보내노라"(요 20:21). 만약 크리스챤이 "가서 복음을 전하라"는 부름에 응답한다면, 그분은 자신의 힘으로 그 일을 수행하기 위해 떠나지 않는다. 그리스도의 어떤 제자가 추수에 부르심을 받았을때, 그는 성령의 능력을 받고 그리스도를 위해 유능한 증인이 되기 위해 채비를 갖출 것이다(행 1:8).

그리스도가 모든 그리스도인을 불신자에게 증거하라고 권고하셨을 뿐만 아니라 그분은 우리에게 하나님의 방법으로 새신자를 훈련시키라고 가르치셨다. "그러므로 너희는 가서 모든 민족으로 제자를 삼아… 세례를 베풀고 내가 너희에게 분부한 모든 것을 가르쳐 지키게 하라"(마 28:19-20).

그리스도인이 복음을 전하도록 부르심을 받았을지라도 우리는 구원 자체가 하나님께로 떠나는 것임을 기억해야 한다. 아무도 그리스도를 통하지 않고서는 아버지께로 갈 자가 없다(요 14:6). 누가 구원을 받고 누가 구원받지 못하는가는 궁극적으로 우리의 책임이 아니다.

우리가 대 명령-예수 그리스도의 복음을 하나님이 허락하시는 한 멀리 그리고 넓게-에 복종할 때, 우리의 남은 임무는 주님께서 잃어버린 영혼 가운데서 기적을 행하시는 것을 지켜 보는 것이다.

주님, 나는 언제나 전도할 용기가 없고 뿌린 씨앗이 성장할 것이라고 믿는 인내력이 없습니다. 나로 '가서 복음을 전하고' 그 결과를 당신께 맡기게 도와 주시옵소서.

미래를 위한 믿음

본문읽기 ★ 사 40:27-31
요절 ★ 피곤한 자에게는 능력을 주시며 무능한 자에게는 힘을 더하시나니 (사 40:29)

당신은 감정적으로 전환할 곳이 없어 몹시 지쳐있다. 당신의 염려가 너무 커서 아무도 그것을 이해할 사람이 없다고 믿는가. "하나님은 내가 혹사당하고 있다는 것을 알지 못하시는가?" 당신은 스스로 묻는다. "그분은 내가 어떻게 느끼는지를 알지 못하는가?"

우리 모두는 수시로 이런 때를 경험할 것이다. 그러나 이사야 40장 27절은 큰 격려를 준다. 주님은 결코 피곤하지 않으시다. 대신에, "피곤한 자에게는 능력을 주시며 무능한 자에게는 힘을 더하시나니"(29절). 덧붙여 28절은 하나님의 이해력은 우리의 이해를 훨씬 뛰어넘는다고 설명한다. 그러므로 하나님은 언제나 복잡한 것과 관계없이 우리의 곤경을 이해하실 것이라고 확신에 차 있어야 한다.

마치 주님의 능력과 이해력이 충분하지 않은 것처럼, 31절에서 그분은 좀 더 말씀하신다. 우리가 하나님을 기다리면 독수리가 날개를 치며 올라가듯이 그분은 우리에게 새힘을 주실 것이다. 완전히 절망하였을 때에 대해 얼마나 놀라운 상상력인지.

당신이 삶 속에서 어려움을 생각할 때, 비상하는 독수리의 장점과 능력으로 갑자기 올라가서 그것을 넘을 수 있는 능력을 하나님으로부터 받음을 스스로 상상해 보라. 만약 당신이 피로함을 버리고 하나님의 도움을 얻으려고 한다면 이 놀라운 능력이 오늘날 당신에게도 효력이 있을 것이다.

이 은혜와 도움을 얻기 위해 당신이 할 수 있는 일은 아무것도 없다. 단순히 그를 신뢰하고 희망없어 보이는 것을 맡기고 그분이 장래를 위한 당신의 믿음을 회복하도록 하라.

주님, 독수리가 공기 흐름을 이용하여 땅 위를 나는 것처럼 나에게도 당신의 능력으로 곤경과 복잡한 것들을 넘을 수 있게 하시옵소서.

상황이 어려울때

본문읽기 ★ 사 40:9-12

요절 ★ 누가 손바닥으로 바닷물을 헤아렸으며 뼘으로 하늘을 재었으며 땅의 티끌을 되에 담아 보았으며 명칭으로 산들을, 간칭으로 작은 산들을 달아 보았으랴 (사 40:12)

상황이 어려울 때 삶 가운데서 하나님의 능력을 받는 법을 알고 있는가? 미래에 대한 모든 소망이 잿더미인 것처럼 보일때 그분 안에서 쉬는 법을 알고 있는가? 만약 당신이 알지 못한다면, 오늘 본문 말씀 속에서 위로를 찾아라. 그것은 우리가 해야 하는 것과 우리가 가장 어려울때에 중요하게 여겨야 할 부분에 대한 놀라운 조언을 준다.

이사야 40장 9절은 단순하지만 강력한 말씀을 담고 있다. "여기에 하나님이 계신다!" 여기서부터 우리는 중요한 첫 단계-염려가 생길때 우리는 곧 하나님께 초점을 맞추어야 함-를 추론할 수 있다. 10절은 그의 큰 능력을 설명한다. 하나님은 전지전능하신 분임을 알게 해준다. 그래서 환경을 극복하기 위해 필요한 모든 것이 그분 안에서 쓸모 있음을 알고 있다.

11절에서는 계속 하나님의 온화하고 긍휼이 많은 성품을 조언한다. 그분은 그분의 양들의 생활을 친밀하게 관여하시는 선한 목자이시며, 그들을 사랑하시기 때문에 그들이 너무 피곤해서 걸을 수 없을 때 그들을 가까이 모으시고 그들을 옮기신다.

마지막으로 12절에서 우리는 '큰 그림' 을 제공받는다. 하나님은 우주의 최고의 통치자요 만물의 창조주이시다. 그리고 그분의 큰 계획은 우리 각 자를 포함하고 있다. 당신의 문제가 극복할 수 없는 것처럼 보일 때 당신의 걱정을 능력있고 긍휼이 많으시고 완전하신 하나님께 맡기라. 그분과 같은 자가 없고 아무도 그분만큼 신뢰할 만한 자가 없다.

주님, 당신은 나의 하나님이십니다! 당신은 하늘을 측량하시고, 산의 무게를 재시며 각 사람의 인생을 계획하시는 분이십니다. 나는 당신에게 나의 인생의 통치권을 드리고 나를 위한 당신의 계획을 믿습니다.

위험을 감수하라

본문읽기 ★ 행 9:1-20
요절 ★ 아나니아가 떠나 그 집에 들어가서 그에게 안수하여 가로되 형제 사울아 주 곧 네가 오는 길에서 나타나시던 예수께서 나를 보내어 너로 다시 보게 하시고 성령으로 충만하게 하신다 하니 (행 9:17)

많은 그리스도인들은 이성적으로 결과를 확실히 하기 위하여 가능한 한 많은 사실들을 모으고, 분석하고, 선택함으로 안전하게 게임을 하기를 좋아한다.

사람의 견해로 볼때, 불확실성을 제거하는 것이다. 그러나 하나님은 불확실성을 어떻게 보시는가? 우리가 위험을 감수해야 할 때가 있는가? 그분이 모험을 하라고 요구하는 분일 때에는 그 대답은 철저히 '예' 이다. 하나님의 견해로 볼때 불확실성은 없다. 왜냐하면 그분이 만물을 지배하시고 그분의 선하신 목적들을 반드시 성취하실 것이기 때문이다.

성경은 살아계신 하나님에게 복종하기 위해 위험을 무릅쓴 사람들로 가득 차 있다. 한 사람은 아나니아 곧 새로 개종한 사울에게 사역하기 위해 하나님에 의해 보냄을 받은 제자이다. 아나니아는 그의 명성과 생명을 걸었다. 단 한사람은 사울 자신인데 그와 그들이 매우 격렬히 반대했던 바로 그 복음을 유대인들에게 전하기 위해 명령을 받은 사람이다. 하나님과 그분의 성품과 그분의 약속들에 초점을 맞추고 그 두 사람은 불확실성과 의심 그리고 두려움에도 불구하고 복종했다.

우리는 불확실성을 갖고 살지 않거나 위험을 무릎 쓰지 않는다면 성숙한 신앙으로 성장하지 않을 것이다.

주님, 나로 기꺼이 위험을 감수하고 나의 불확실성과 의심과 두려움에도 불구하고 당신과 당신의 성품과 당신의 약속에 초점을 맞추도록 도와 주시옵소서.

모두 충만한 하나님

본문읽기 ★ 고후 3:1-6

요절 ★ 우리가 무슨 일이든지 우리에게서 난 것같이 생각하여 스스로 만족할 것이 아니니 우리의 만족은 오직 하나님께로서 났느니라 (고후 3:5)

많은 사람이 불충분함을 일종의 축복이라고 하는 것을 비웃는다. 우리 중에 아주 많은 사람이 그것에 의해 복을 받기 보다는 그런 생각으로 말미암아 고통을 당하고 있다. 동시에 크리스챤들은 그것을 축복의 디딤돌로서 사용할 수 있다.

1. 우리의 불충분함은 우리로 성령의 능력으로 일을 하도록 한다.
2. 우리의 한계를 깨닫는 것은 우리를 스스로 하나님의 뜻을 행하려는 무거운 짐에서 해방시켜 줄 수 있다. 성령이 없이 우리는 감당할 수 없는 무게로 말미암아 부수어지게 될 것이다.
3. 어떤 축복은 그런 인식은 주님이 우리를 최대로 사용하시도록 '자유롭게 하는 것' 이다. 우리가 필요를 느낄만큼 낮아지면 그 때 하나님은 우리를 높이 올리실 것이다.
4. 우리의 부족함을 인정하는 것은 하나님이 그분의 사역을 위해 모든 영광을 받으시게 하는 것이다. 영적인 것에 관심이 있는 사람은 어떤 것이 하나님께 속할 때와 속하지 않을 때를 말할 수 있다.
5. 불충분함은 우리로 만족함과 마음의 평정 속에서 살 수 있게 한다. 우리의 짐을 하나님께 맡기고 분투하는 것을 중단하든지 우리 스스로의 힘으로 나아가다가 뒤엎어지든지 할 것이다.

사도 바울처럼 우리는 스스로 능력을 주장하지 말고 오히려 우리의 만족이 하나님으로부터 옴을 인정해야 한다(고후 3:5). 지배권을 포기하고 앞으로 하나님의 축복을 주시하라.

주님, 나의 삶의 전체 지배권을 포기합니다. 나의 부족함을 인정하고 앞으로 당신의 충만함을 의존하겠습니다.

365

잘 끝내야 할 과제

본문읽기 ★ 빌 1:3-6
요절 ★ 너희 속에 착한 일을 시작하신 이가 그리스도 예수의 날까지 이루실 줄을 우리가 확신하노라 (빌 1:6)

한 저술가는 위대한 중국선교사, 허드슨 테일러에 관한 이야기를 저술했다. 그는 중국정부가 부정적으로 선교사를 표현하는 자서전을 쓸 것을 의뢰했다고 보고하고 있다. 그럼에도 불구하고 연구의 목적은 예상을 빗나가고 말았다. "저자가 연구를 하고 있을때, 그는 점점 테일러의 경건한 성품과 생활에 의해 감동을 받았고 분명한 의식을 가지고 그의 연구를 수행하기 어렵다는 것을 알게 되었다. 마침내 그는 목숨을 잃을 각오를 하고 팬을 놓고 그의 무신론를 단념하고 예수님을 그의 개인적인 구주로 영접했다.

테일러의 인생은 내세에서 하나님의 선하심에 대해 말하였다. 그는 신실하게 그리스도를 따랐고 그에게 주신 선교를 수행함에 대한 보상을 받았다. 이 원칙은 그리스도인에게 장래의 후손에게 영향을 주게 될 신실하고 경건한 삶을 계속해서 살 것을 격려하는 것이다.

사도 바울은 개인의 삶에서 만들어지는 진정한 차이는 그를 그리스도에게 알리는 것이다. 그는 죽을 때까지 그의 임무를 신실하게 수행했고, 그의 증거는 계속되고 있다.

당신은 하나님의 은혜가 당신 안에서 나타나고 잘 마무리 되기를 요구한다. 바울과 허드슨 테일러처럼 사람들은 당신의 성실하심을 듣게 될 것이고, 그들이 하나님을 믿게 될 것이다.

끝까지 용기있게 경건한 삶을 살아라.

하늘에 계신 사랑하는 아버지, 당신의 사랑으로 한해동안 돌보아 주시니 감사합니다. 내가 금년을 훌륭하게 마무리할 뿐만 아니라 세상에서 사는 동안에 똑같이 잘 마무리 하도록 용기있는 경건함을 주시옵소서.

찰스 스탠리 박사는 죠지아주 애틀랜타에 위치해 있는 15,000명의 성도가 모이는 제일침례교회의 목사이고, 국제 인터치 사역(the international In Touch Ministries)의 대표로 있다. 그는 남침례회의 총회장으로 두번 선출되었고 국제적으로 라디오와 텔레비젼 프로그램인 In Touch로 잘 알려져 있다. 그의 많은 베스트 셀러 중에 "원수가 공격할때, 평화를 발견하라, 그의 얼굴을 구하라, 하나님의 길이 성공이다. 그의 문으로 들어가라, 나의 힘의 근원 그리고 하나님의 음성을 듣는 법 등이 있다.

특히 엘맨출판사에서 출판된 베스트셀러 《기도의 핸들》은 전 세계적으로 400만부 이상이 팔린 대표적인 역작이다. 대한민국의 모든 크리스챤들에게 일독을 권한다.

2007년 8월 10일 완역